ORIENS CHRISTIANUS

Hefte für die Kunde des christlichen Orients

Band 68

ORIENS CHRISTIANUS

Hefte für
die Kunde des christlichen Orients

Im Auftrag der Görres-Gesellschaft unter Mitwirkung
von Hubert Kaufhold herausgegeben von Julius Aßfalg

Band 68 · 1984

OTTO HARRASSOWITZ · WIESBADEN

Manuskripte, Besprechungsexemplare und Sonderdrucke werden erbeten an:
Prof. Dr. Julius Aßfalg, Kaulbachstr. 95, 8000 München 40

Gedruckt mit Unterstützung der Görres-Gesellschaft
und der Deutschen Forschungsgemeinschaft

Gesamtherstellung: Imprimerie Orientaliste, Leuven. Printed in Belgium

ISBN 3-447-02475-5

INHALT

ANSCHRIFTEN DER MITARBEITER

Prof. Dr. LUISE ABRAMOWSKI, Brunsstraße 18, D-7400 Tübingen.

Prof. Dr. JULIUS ASSFALG, Kaulbachstraße 95/IV, D-8000 München 40.

Prof. Dr. P. EDMUND BECK OSB, Abtei, D-8354 Metten.

Prof. Dr. J. NEVILLE BIRDSALL, 1 Bideford Drive, Selly Oak, Birmingham B29 6QG, England.

Prof. Dr. SEBASTIAN P. BROCK, The Oriental Institute, Pusey Lane, Oxford OX1 2LE, England.

Prof. Dr. ADELBERT DAVIDS, Berg en Dalseweg 39, NL-6522 BA Nijmegen, Niederlande.

Prof. Dr. WAKHTANG DJOBADZE, 1485 Benedict Canyon, Beverly Hill, California 90210, USA.

Prof. Dr. B.W.W. DOMBROWSKI, Keplerstraße 10, D-3400 Göttingen.

Dr. FRANZ A. DOMBROWSKI, Lotzestraße 14, D-1000 Berlin 45.

Dr. GIANFRANCO FIACCADORI, Via P. Torelli 30, I-43100 Parma, Italien.

Dr. JOSEPH HABBI, Chaldean Bishop's House, Mosul, Iraq.

Prof. Dr. WOLFGANG HAGE, In der Gemoll 40, D-3550 Marburg/Lahn.

Dr. Dr. HUBERT KAUFHOLD, Brucknerstraße 15, D-8000 München 80.

Dr. GUSTAV KÜHNEL, Ben Zakkaistraße 64/35, Jerusalem, Israel.

Dr. ULRICH MARZOLPH, Orientalisches Seminar, Kerpener Straße 30, D-5000 Köln 41.

Dr. MARGOT SCHMIDT, Aumühle 3, D-8078 Eichstätt.

Prof. Dr. ERNST CHR. SUTTNER, Schottenring 21, A-1010 Wien.

Dozent Dr.Dr. BERND M. WEISCHER, Brüggenfeld 16, D-4740 Oelde.

Prof. Lic. Dr. KLAUS WESSEL, Nadistraße 18/V, D-8000 München 40.

ABKÜRZUNGEN

AnBoll	= Analecta Bollandiana
Bardenhewer	= O. Bardenhewer, Geschichte der altkirchlichen Literatur, Freiburg i.B., I^2 1913, II^2 1914, III^3 1923, IV 1924, V 1932.
Baumstark	= A. Baumstark, Geschichte der syrischen Literatur mit Ausschluß der christlich-palästinensischen Texte (Bonn 1922)
BGL	= Bibliothek der griechischen Literatur
BHG	= Bibliotheca Hagiographica Graeca
BHO	= Bibliotheca Hagiographica Orientalis
BK	= Bedi Kartlisa. Revue de kartvélologie
BKV^2	= Bibliothek der Kirchenväter, 2. Auflage
BSOAS	= Bulletin of the School of Oriental and African Studies
BullSocArchCopt	= Bulletin de la Société d'Archéologie Copte
ByZ	= Byzantinische Zeitschrift
CChr. SL	= Corpus Christianorum, Series Latina, Turnhout 1953ff.
ChrOst	= Der christliche Osten
CSCO	= Corpus Scriptorum Christianorum Orientalium
CSEL	= Corpus Scriptorum Ecclesiasticorum Latinorum
DACL	= Dictionnaire d'archéologie chrétienne et de liturgie
DHGE	= Dictionnaire d'histoire et de géographie ecclésiastiques
DThC	= Dictionnaire de théologie catholique
EI	= The Encyclopaedia of Islam. New Edition
GAL	= C. Brockelmann, Geschichte der arabischen Literatur I-II (Leiden ^{2}1943-49)
GALS	= C. Brockelmann, Geschichte der arabischen Literatur—Supplementbände I-III (Leiden 1937-42)
GAS	= F. Sezgin, Geschichte des arabischen Schrifttums, Leiden 1970ff.
GCS	= Die griechischen christlichen Schriftsteller der ersten drei Jahrhunderte
Graf	= G. Graf, Geschichte der christlichen arabischen Literatur I-V = Studi e testi 118 (Città del Vaticano 1944), 132 (1947), 146 (1949), 147 (1951) und 172 (1953).

HO	= B. Spuler (Hrsg.), Handbuch der Orientalistik
JSSt	= Journal of Semitic Studies
JThS	= Journal of Theological Studies
LQF	= Liturgiegeschichtliche Quellen und Forschungen
LThK	= Lexikon für Theologie und Kirche (^{2}1957 ff.)
MUSJ	= Mélanges de l'Université Saint-Joseph (Beyrouth)
OLZ	= Orientalistische Literaturzeitung
OrChr	= Oriens Christianus
OrChrA	= Orientalia Christiana Analecta
OrChrP	= Orientalia Christiana Periodica
OrSyr	= L'Orient Syrien
OstkSt	= Ostkirchliche Studien
PG	= P. Migne, Patrologia Graeca
PL	= P. Migne, Patrologia Latina
PO	= Patrologia Orientalis
POC	= Proche-Orient Chrétien
PTS	= Patristische Texte und Studien (Berlin)
RAC	= Reallexikon für Antike und Christentum
RE	= Realencyklopädie für protestantische Theologie und Kirche (Leipzig ^{3}1896-1913)
REA	= Revue des Études Arméniennes
RGG	= Die Religion in Geschichte und Gegenwart (^{3} 1957 ff.)
ROC	= Revue de l'Orient Chrétien
RRAL	= Rendiconti della Reale Accademia dei Lincei
ThLZ	= Theologische Literaturzeitung
ThWNT	= G. Kittel † — G. Friedrich (Hrsg.), Theologisches Wörterbuch zum Neuen Testament
TU	= Texte und Untersuchungen zur Geschichte der altchristlichen Literatur
VigChr	= Vigiliae Christianae
ZA	= Zeitschrift für Assyriologie
ZAW	= Zeitschrift für die alttestamentliche Wissenschaft
ZDMG	= Zeitschrift der Deutschen Morgenländischen Gesellschaft
ZKG	= Zeitschrift für Kirchengeschichte
ZNW	= Zeitschrift für die neutestamentliche Wissenschaft und die Kunde der älteren Kirche
ZSem	= Zeitschrift für Semitistik und verwandte Gebiete

EDMUND BECK

Grammatisch-syntaktische Studien zur Sprache Ephräms des Syrers

Man weiß von den alten Sprachen her, welche Schwierigkeiten das genaue Erfassen des Sinnes kleiner Partikeln bereiten kann. Ähnliches gilt auch für das klassische Syrisch, wie es vor allem Ephräm vertritt. Bei der Edition seiner Werke habe ich mir seinen Wortschatz verzettelt und mit dem so gesammelten Material bereits zwei grammatische Themen behandelt, nämlich: Die Vergleichspartikel *a(y)k* in der Sprache Ephräms[1] und: Die konditionale Periode in der Sprache Ephräms[2]. Hier sollen nun in ähnlicher Weise die Ausrufpartikel *ō*, die Partikeln *aw*, *gēr*, *âf* und *wĕ* sowie das dem Syrischen eigentümliche, auf ein Nomen zurückgehende *īt (layt)* behandelt werden, und zuletzt auch noch Teilpunkte des syr. *dĕ* mit seiner umfassenden Bedeutungsweite.

I. ܐܘ *(ō)*

Zu dieser Interjektion sei gleich angemerkt, daß ich die andre Form, nämlich ܐܘܢ = *ōn*, die z.B. die Pešitta (Peš) in Matth. 17,16, in dem: o generatio incredula bietet (*ōn šarbtâ*), bei Ephräm nicht angetroffen habe. Dazu vergleiche man Marc. 15,29: et praetereuntes blasphemabant eum ... dicentes: vah (οὐὰ) qui destruis, wo die Peš *ōn šârē* hat, die Vetus Syra (VS) dagegen unser *ō (šârē)*[3].

1) Für den einfachen Fall mit unmittelbar nachfolgendem Nomen sei Hy. de fide 34,3 (Schluß) angeführt: *ō ʿâbōdâ ḥakīmâ*, wo das Nomen im

1 In der Festschrift für A. Spitaler: *Studien aus Arabistik und Semitistik* (1980), S. 16-41.

2 In OrChr 64 (1980), S. 1-31.

3 Hier sei angemerkt, daß ich die gleichgeschriebene Partikel *(ʾ)ūn*, das griech. οὖν, nur im syrischen Kommentar zum Diatessaron gefunden habe und zwar sehr oft; vgl. Ed. Leloir S. 52,7; 60,13; 62,21; 68,21; 70,7; 86,7; 96,17; 98,21; 108,2,8; 116,18; 128,17; 160,9; 170,12. Das ist doch wohl eine ganz große stilistische Abweichung des Kommentars von der Sprache Ephräms und bestärkt mich in meinen Bedenken gegen eine unmittelbare Autorschaft Ephräms. Das in der VS sin hier sich findende altertümliche *ʿōd* habe ich bei Ephräm auch nicht angetroffen.

Nominativ (und nicht virtuell im Vokativ) steht, also «o der weise Schöpfer». Das geht aus dem anschließenden Relativsatz hervor, der lautet: «der in ihnen (in den Tieren) uns selber gezeigt hat (*ḥawwī*)«. Hier kann statt des Nomens auch ein Partizip stehen wie in Hy. de ieiunio, wo noch dazu dieses Partizip im Gegensatz zu dem vorangehenden Fall vokativisch gefaßt erscheint, in den Worten: »Wer ist wie du, *ō myaqqar parṣōpan* = o der du unser Antlitz ehrtest«, indem du auf die Erde spiest und nicht dem zu heilenden Blinden ins Gesicht (Jo. 9,6).

An die Stelle des Partizips kann auch ein Relativsatz treten. Dabei tritt im ersten Beispiel eine Eigenart des ephrämischen Stils in Erscheinung, ein nicht seltener, für uns hart klingender Wechsel von zweiter und dritter Person in ein und demselben Satz. So erscheint hier in Hy. contra haer. 21,14 in dem als Ausruf eingeführten Relativsatz die dritte Person und in der unmittelbaren Fortsetzung die zu erwartende zweite. Die Stelle lautet: »Bei meinem Herrn schwöre ich: *ō da-ṭʿaw d-teddʿūn da-b-ḥubbâ wa-b-ḥaššâ ʿemlet beh b-šarbkōn* = o die in die Irre gegangen sind, daß ihr (doch) erkennet, daß ich in Liebe und Leid mich um eure Sache abgemüht habe!« Man sieht: wir würden hier ein: *ō da-ṭʿaytōn* = »o ihr, die ihr in die Irre gegangen seid«, erwarten. Daß dies auch bei Ephräm möglich wäre, zeigt das zweite Beispiel für einen mit der Interjektion *ō* eingeleiteten Relativsatz, nämlich CNis 3,4. Hier wird das von seiner Belagerung befreite Nisibis mit den Worten angeredet: *pūmē ʿlayk(ī) ō d-etḥbešt(ī) * pūmē ʿlayk(ī) zmar(ū) da-nṣaḥt(ī) w-etpaṣṣīt(ī)* = »(Menschen)münder, o die du eingeschlossen warst, Münder haben von dir gesungen, daß du gesiegt hast und gerettet wurdest!«

2) Schon der Thesaurus Syriacus bemerkt: saepius cum *lĕ* personae vel rei. Daß damit nur ein formaler Unterschied und nicht auch ein sachlicher gegeben ist, zeigt klar Hy. de fide 17,11. Die Strophe beginnt mit dem doppelten Anruf an Christus:

*ō breh d-bârōyâ * ō la-breh d-naggârâ*

d.h. »o Sohn des Schöpfers, o Sohn des Zimmermanns!« Das *la-* des zweiten Gliedes ändert nichts an der vollen Parallelität der beiden Anrufe. Es stört die formale Gleichheit, ist aber notwendig gemacht durch das Metrum; denn die Strophenzeile besteht hier nicht aus 5 + 5 sondern aus 5 + 6 Silben!

Für dieses *ō* mit *lĕ* seien die folgenden Beispiele angeführt. In Hy. de fide 8,1 beginnt die Strophe mit dem Ausruf: *ō l-zīweh d-Mūšē* = »o über den Glanz des Moses«. Daß hier in der Fortsetzung: *d-layt da-sfaq d-neḥzēw* = »den keiner (an)zusehen vermochte«, die dritte Person bleibt, ist bei dem sachlichen Gegenstand des Ausrufs das gegebne. Sie bleibt aber auch bei einer Person als Gegenstand in Hy. de fide 27,2, wo am Schluß der Strophe der Ausruf steht: *ō l-šabrâ d-gaš nafšeh wa-sbar leh d-hâ mâšeh la-gnîzâ* = »o über das (einfältige) Kind, das sich selbst betastete und glaubte, den verborgenen (Gott) ertastet zu haben!« Ebenso auch in Hy. de fide 37,2, wo im Schluß der Strophe Christus mit den Worten angerufen wird: *ō la-brīkâ d-men aykâ l-aykâ qrâʿūn(ī) raḥmaw* = »o über den Gepriesenen, von woher (und) wohin hat sein (sic! nicht »dein«) Erbarmen mich gerufen!« Am auffälligsten ist hier Hy. de fide 54,12, wo der linke Schächer in der zweiten Person angerufen wird und wo dann der anschließende Relativsatz in die dritte Person übergeht. Denn hier heißt es: *ō lâk, psīq sabrâ, d-âf kad qbīʿ wa-zqīf l-mâreh mḥassed hwâ* = »o über dich, Hoffnungsloser, der angeheftet und gekreuzigt seinen Herrn geschmäht hat!« Drei weitere Stellen mit *ō lĕ*, die ich mir notiert habe, nämlich Hy. contra haer. 17,9 und 19,4 sowie Epist. ad Hypatium (Overb. S. 26,17), bringen nichts Neues. In Hy. c. haer. 17,9 wird die manichäische Finsternis angeredet, in Hy. c. haer. 19,4 die sich widersprechenden *qâlē* (Stimmen) der Häretiker und im Brief an Hypatios die menschliche Bedürftigkeit, überall mit einer Fortsetzung in der dritten Person.

3) Hervorzuheben ist hier, daß zwischen *ō* und *lĕ* ein partikelloser Vokativ treten kann, wie das die zwei folgenden miteinander ganz nah verwandten Beispiele zeigen. Das erste findet sich in Hy. de ecclesia 1,6. Hier beginnt die Strophe mit: »Sehr viel bitterer als Schlingen sind die bösen Gewohnheiten, die des Mammons und der Ruhmsucht, der Begierde und der Habsucht«. Darauf folgt als dritte Strophenzeile: *ō Mâr(ī) l-pakrē ḥlayâ w-marīrē* = »O, mein Herr, über die Fesseln, die süßen und bitteren!« Ein in sich geschlossener Ausruf, zu dem die folgende vierte Strophenzeile die Erklärung gibt: »denn, wer mit ihnen gebunden ist, den erfreut und befriedigt der Schmerz der Fessel«. Zweifellos schiebt sich also hier das vokativische *Mâr(ī)* zwischen das *ō* und *lĕ* des eigentlichen, thematischen Ausrufs.

Beim zweiten Beispiel fände sich nach der einen Handschrift das gleiche *Mâr(ī)* eingeschoben. Doch ist wohl das *ber(ī)* der anderen, verlässigeren Handschrift vorzuziehen. Die Struktur des Einschubs bleibt in beiden Fällen die gleiche. Es geht um Hy. contra haer. 32,17, die Schlußstrophe des Hymnus, der das Bild vom Spiegel zur Erklärung der Anthropomorphismen des AT heranzog und nun zum Schluß in einer überraschenden Wendung das gleiche Bild auf das Verhältnis von Vater und Sohn überträgt, wobei die letzte Strophe mit den Worten beginnt: *ō ber(ī) l-maḥzītâ glītâ d-âf kasyâ hâ ettṣīr leh bâh* = »o, mein Sohn, über den Spiegel, den sichtbaren, in dem sogar der unsichtbare (Vater) abgebildet ist!«

4) Zuletzt sei noch der Fall angeführt, daß unser *ō* sich mit dem *mâ* bzw. *kmâ* des Ausrufs vor einem Adjektiv oder einem passiven Partizip verbindet in der Bedeutung »o wie (sehr)«. So heißt es in Hy. de fide 49 in der ersten Zeile der ersten Strophe: *ō mâ zhē hwâ Nūḥ* = »o wie (sünden) rein war Noe!« Auch in Hy. contra Jul. 4 beginnt die erste Strophe mit einem: *ō mâ ṣnīʿ kūrâ d-baḥrâh l-ba(r)t malkâ* = »o wie schlau (war) der (Läuterungs)ofen (der Verfolgung durch den Apostaten), der die Königstochter (die Kirche) geprüft hat!« Und in CNis 45,3 lautet die letzte Strophenzeile: *ō mâ ptīl kulleh šarbeh d-ṭâʿayâ* = »o wie verkehrt ist das ganze Gerede der Irrenden!«

Den Schluß bilde eine Stelle aus dem syrischen Kommentar zum Diatessaron, Ed. Leloir S. 194,2, wo der Vokativ *Mâran* einem vorangehende *ō lĕ* nachgestellt erscheint und durch ein ausrufendes *kmâ* fortgeführt wird. Es geschieht dies im Zusammenhang mit der Erweckung des Lazarus, wo die das Wissen des Herrn verratende Aussage: Lazarus mortuus est (Jo. 11,14) mit seiner Frage: ubi posuistis eum (Jo. 11,34) zusammengestellt wird und darauf der Ausruf folgt: *ō l-ḥekmâtâk Mâran kmâ ʿrīmân* = »o über deine weisen (Aussprüche), o unser Herr, wie schlau sind sie!«

II. ܐܘ *(aw)*

Das syrische *aw* umfaßt nicht nur wie das griechische ἤ das lateinische aut und vel sondern auch die Abschwächung des lateinischen vel zu einem rein addierenden et.

1) Für das disjunktive *aw* in seiner Verdoppelung (aut...aut) sei Hy. de paradiso 3,8 angeführt, wo es vom Baum der Erkenntnis heißt: »Jeder der von jener Frucht aß, *aw ḥzâ w-etbassam * aw ḥzâ wettannaḥ* = hat entweder gesehen und sich gefreut oder gesehen und gestöhnt«. Dieses disjunktive doppelte *aw* hat man auch in Hy. contra haer. 37,2. Hier folgert Ephräm gegen den »guten« Gott Markions aus dem Umstand, daß er ohne eigne Schöpfung ist: *aw bīšâ hū aw ḥasīrâ hū* = »(daß er deswegen) entweder böse oder (macht)los ist«.

Vereinzelt steht dieses *aw* in disjunktiven Doppelfragen wie in Hy. contra haer. 10,4. Hier betont Ephräm gegen die Astrologen die Schwierigkeit der Wirksamkeit des Geburtssternes in einer späteren Lebenszeit, indem er fragt: »Kommt etwa (*kay*) eine fremde Macht und zwingt uns oder (*aw*) kehrt der Stern zurück, um dem Greisenalter zu geben, was er ihm am Tage der Geburt bestimmt hatte?« Die Fragepartikel *kay* im ersten Glied fehlt in Hy. contra haer. 20,7, überflüssig geworden durch eine einleitende

Frage. Denn hier zitiert Ephräm zunächst Is. 1,2: filios enutrivi et exaltavi und fügt dem frei hinzu: sie aber verdarben und sündigten. Dazu stellt er dann die Frage: »wen müssen hier die Hörer tadeln: *l-alâhâ d-yaqqar aw l-aylēn d-ṣaʿrū(h)y* = (etwa) Gott, der (sie) erhöhte oder jene, die ihn entehrten?«

In Sermones II 1, 1807-1816 erscheinen rhetorisch gehäuft gleich drei disjunktive Fragen, die auf eine Einleitungsfrage folgen. Es fehlt dementsprechend auch hier in den beiden ersten Doppelfragen ein *kay* im ersten Glied, es erscheint aber dann im letzten Glied. Die Stelle findet sich gegen Ende des wahrscheinlich authentischen Sermo auf Jonas und Ninive. Hier wird erzählt, daß die geretteten Niniviten den heimkehrenden Jonas königlich geleiteten und, an der Grenze seines Landes angelangt, einen hohen Berg bestiegen, um einen Blick auf das »heilige« Land zu werfen. Doch (Z. 1807): »Die Niniviten erschraken über die Vergehen, die sie dort sahen. Einer sagte zum andern: sehen wir etwa (*da-l-mâ*) einen Traum? *hâḏâ (h)y arʿâ d-mulkânâ * aw la-Sdom hū ḥâzēn-nan*? (1813) *hânaw zarʿeh d-Abrâhâm * aw da-l-mâ daywē pgaʿ(ū) ban*? (1815) *bnay nâšâ kay ḥâzēn-nan * aw rūḥē a(y)k ṭelâlē?* = Ist das das Land der Verheißung oder sehen wir Sodoma? Ist das der Same Abrahams oder sind etwa Dämonen uns begegnet? Sehen wir Menschen oder (nur) Geister wie Schatten?« Formal ist hier noch hervorzuheben, daß in der zweiten Doppelfrage (1813), wie eingangs hervorgehoben wurde, das *kay* fehlt, dafür aber hier im zweiten Glied das fragende *da-l-mâ* wieder auftaucht.

Ein letztes Beispiel dieser Art bietet Sermo de Domino Nostro im 50. Kapitel[4]. Hier wird zum Erweis dafür, daß das Jesuskind in den Armen des (Priesters) Simeon nicht die Opfergabe war, sondern umgekehrt Simeon die Opfergabe des göttlichen Kindes, auf das Wort Simeons verwiesen: »Siehe meine Augen haben dein Erbarmen (*ḥnânâk*) gesehen« (nach Luc. 2,30), mit der Aufforderung, selber daraus die Folgerung zu ziehen in der Beantwortung einer Doppelfrage mit den Worten: »Laßt uns also erkennen und (ein)sehen: *ḥnânâ hūyū ḥâʾen la-ḥrēn aw hūyū metḥnen men ḥrēn* = erbarmt sich das Erbarmen, es selber, eines andern oder empfängt es selber von einem anderen Erbarmen?« Hier fehlt jede Fragepartikel; Fragesätze können auch im Syrischen durch den bloßen Sprechton von affirmativen unterschieden sein (vgl. Nöldeke, Grammatik § 331).

2) Daß das ephrämische *aw* über die alternierend addierende Bedeutung des lateinischen vel hinaus wie dieses lateinische vel auch die rein addierende Bedeutung eines et haben kann, das geht wohl klar genug aus den folgenden Beispielen hervor.

4 Meiner Edition und Übersetzung in CSCO vol. 270/syr. 116.

In Hy. de fide 7,5 schildert Ephräm den Glauben der das Kind anbetenden Magier und gewinnt daraus zu Beginn von Hy. 7,6 die gegen die Arianer gerichtete Aufforderung: »Kommt laßt uns die Männer bewundern, die den König in der Erniedrigung sahen *w-lâ ʿaqqeb(ū) aw bʿaw*, wörtlich übersetzt: und nicht forschten oder fragten (untersuchten)«. Nun sind die beiden Verba *ʿaqqeb* und *bʿâ* so gut wie Synonyma, die immer wieder von den sophistischen Arianern ausgesagt werden. Das sie verbindende *aw* kann daher unmöglich disjunktive Bedeutung haben. Es muß einem addierenden »und« ganz nahe stehen. Den Beweis dafür liefert die Variante der verlässigen Handschrift B, die für dieses *aw* ein *âf* bietet!

Noch besser läßt sich ein ähnlicher Beweis in dem folgenden Beispiel führen. Im 30. Hymnus de fide spricht Ephräm in den Strophen 1-4 davon, daß Gott über allen geschöpflichen Kategorien steht. Er zählt dabei zweimal eine Reihe von drei Kategorien auf, wobei die Dreizahl darauf zurückgeht, daß er sie in der letzten Strophe symbolisch mit den drei göttlichen Personen verbindet. Das erste Mal, in Strophe 2, lehnt er sie für die göttliche Natur mit den Worten ab: »(die göttliche Natur) *zkâ enēn hây d-aykan aw d-aykâ aw da-kmâ*«. Man sieht: das *aw* muß addierende Bedeutung haben und wird daher wohl am besten mit »und« übersetzt: »sie hat sie (die Kategorien) besiegt, die (Kategorie) des quomodo und die des ubi und die des quantum«. Den Beweis für die Richtigkeit dieser Übersetzung bringt die Wiederholung der gleichen Reihe in Strophe 4, indem sie hier den Geschöpfen zugewiesen wird mit den Worten: *l-beryâtâ īt l-hēn hây d-aykan w-âf* (sic!) *da-kmâ w-âf d-aykâ*. Man sieht: die gleiche Reihe nur mit *w-âf* anstelle des *aw*! Klarer könnte der Beweis für dieses *aw* gleich *w-(âf)* nicht sein. Und daran ändert auch nichts, daß die Handschrift B in der zweiten Form der Reihe im letzten *w-âf* wieder zu dem *aw* der ersten Reihe zurückkehrt.

Klar beweisend ist auch der folgende dritte Fall. Hier hat man im 35. Abschnitt des Briefes an Hypatios[5] sieben gleichgebaute, zweigliedrige Aussagen gleichen Inhalts, wo in den ersten fünf die Glieder mit *aw* und in den noch folgenden zwei mit *wĕ* verbunden sind. Ephräm führt hier zum Erweis der menschlichen Freiheit an, daß sogar bei ein und demselben Menschen an einem einzigen Tag sich seine Freiheit in vielen Widersprüchen bewegt: *d-nehwē ṭâbâ aw bīšâ, sanyâ aw šapīrâ, mraḥmânâ aw d-lâ raḥmīn, marīrâ aw basīmâ, mbarrkânâ aw layyâṭâ, pâraʿ ṭaybūtâ w* (sic!)*-ṭâlem ṭaybūtâ, da-ndammē b-alâhâ wa* (sic!)*-b-Sâṭânâ* = »gut und böse zu sein, häßlich und schön, barmherzig und unbarmherzig, bitter und süß, segnend

5 Nach den Abschnitten meiner kommentierten Übersetzung in OrChr 58 (1974); hier hat man auch die Verweise auf den von Overbeck edierten Text.

und fluchend, dankbar und undankbar, um (so) Gott und dem Satan sich anzugleichen«. Ich habe gleich durchgängig mit »und« übersetzt. Ein »oder« würde eine falsche disjunktive Bedeutung nahelegen.

Eine ähnliche rhetorische Häufung von vier gleichgebauten Aussagen gleichen Inhalts, diesmal untereinander mit einem *aw* verbunden, findet sich in den zwei Schlußzeilen der die ganze Sammlung der Hymnen de paradiso abschließenden Strophe de paradiso 15,17. Sie lauten mit der vorangehenden einleitenden Zeile:

Str. 17,4) *ḥnânâ lwât pē(ʾ)rēh* * *nmannʿan(ī)*
5) *d-aw ṭaʿmhōn naḥḥēn(ī)* * *aw rēḥhōn nemḥēn(ī)*
6) *aw zahrhōn nemṭēn(ī)* * *aw ṭallhōn nasḥēn(ī).*

Die Partikel *aw* kann hier unmöglich disjunktiv sein. Die darauf folgenden Subjekte (Geschmack, Duft, Glanz und Tau) werden ja alle zusammengefaßt durch ihren gemeinsamen Ursprung aus den Paradiesesfrüchten. Sie wechseln auch nicht alternativ, sondern wirken zusammen. Die Bedeutung der *aw* ... *aw* ... *aw* ... wird daher die von et ... et ... et ... sein. Im Deutschen halte ich es für besser, die Glieder unverbunden aneinanderzureihen und übersetze daher: »Das (göttliche) Erbarmen lasse mich zu den Früchten (des Gartens des Lebens) gelangen, deren Geschmack mich belebe, deren Duft mich treffe, deren Glanz zu mir dringe, deren Tau mich bade!«

Zum Schluß noch zwei Stellen mit einem schwer zu erklärenden *aw*, das aber wohl auch nur addierenden Sinn haben kann. In Hy. de ecclesia 44,8 fragt Ephräm folgendermaßen nach dem Wunder, wie Gott die Tafeln des Gesetzes schrieb:

b-ṣâyrâ[6] *aw ba-nḥâšâ* * *b-qanyâ aw ba*[7]*-dyūtâ.*

Wörtlich übersetzt: »mit Griffel oder mit Erz, mit Rohr oder mit Tinte?« Hier ist es zunächst im zweiten Glied völlig klar, daß Rohr und Tinte aufs engste zusammengehören. Man vergleiche nur die Wendung aus dem Brief an Hypatios, Abschnit 5 (Overb. 23,6)[8], wo es heißt: »schweigend spricht der Brief mit zwei stummen Zungen; die eine ist *qanyâh da-dyūtâ* = das Rohr der Tinte = das Rohr mit seiner Tinte«. Das zweite Glied kann also nur den Sinn haben: mit Rohr und Tinte. Ähnliches gilt dann auch für das erste Glied; auch hier gehören (eiserner) Griffel und Erz(platte) zusammen. Man fragt sich, woher trotz dieser klaren Lage das *aw* kommt.

6 Dieses seltene Wort erscheint auch in der bekannten Jobstelle 19,24, wo parallel zu *qanyâ d-parzlâ* (stilus ferreus) ein *ṣâyrâ d-abbânâ* (plumbi) steht. Die Jobstelle selber scheidet mit seiner Textverwirrung für die Erklärung unsrer Stelle aus.

7 Dieses *ba* ist wie das vorangehende in *ba-(nḥâšâ)* sprachlich überflüssig und aus metrischen Gründen zu streichen; denn die Zeile besteht aus zweimal fünf Silben.

8 Vgl. Anm. 5.

Liegt etwa eine unlogische Verschiebung der Partikel vor? Denn ein trennendes *aw* wäre voll am Platz zwischen den beiden Gliedern. Die Verschiebung in die Mitte der Glieder hat dann eine Verschiebung des Sinnes hin zu einem addierenden *aw* mit sich gebracht.

Sehr merkwürdig ist zuletzt auch das doppelte *aw* in Hy. de virginitate 20,5. Hier kann man vielleicht sehen, wie das addierende *aw* auf ein zur Wahl stellendes zurückgeht. In der Strophe heißt es von Christus: *lâ ṣbâ d-neʿṣē memtom aw ṣebyânan aw ḥērūtan*, wörtlich überzetzt: »Christus wollte niemals sei es unseren Willen oder unsere Freiheit (mit Gewalt) zwingen«. Nun kann nicht der geringste Zweifel daran bestehen, daß hier »unser Wille« für sich allein schon unser freier Wille ist und daß also das nachfolgende »unsre Freiheit« das gleiche besagt. Das geht schon aus der Aussage selber hervor und kann darüber hinaus durch den Sprachgebrauch Ephräms belegt werden. Dazu genügt, die Definition anzuführen, die Ephräm selber im 23. Abschnitt des Briefes an Hypatios von diesem unserem *ṣebyânâ* gibt. Hier sagt er nämlich auf die Frage: »Was ist denn also dieser Wille (*hânâ ṣebyânâ*)?« kurz und bündig: *ḥērūtâ mšalltâ* = selbstherrliche Freiheit. Wir haben es also mit zwei so gut wie tautologischen Ausdrücken zu tun, die auf keine Weise durch das doppelte *aw* auseinandergehalten werden können. Höchstens sprachlich. Man müßte dann einen erklärenden Zusatz in die wörtliche Übersetzung einfügen, etwa: Christus wollte niemals sei es unseren Willen oder (was das gleiche besagt) unsere Freiheit zwingen. Umgekehrt würde auch eine Übersetzung des *aw* ... *aw* mit et ... et der Identität der beiden Begriffe nicht gerecht. Denn sie bilden ein Hendiadyoin, das man zusammenfassend mit einem »unsere Willensfreiheit« übersetzen könnte.

3) Zum Schluß noch zwei Einzelheiten. Der Thesaurus Syriacus verweist zu der Notiz aus BB, daß *aw* gelegentlich auch die Bedeutung von *ellâ* = »wenn nicht, außer« haben kann, darauf, daß Bernstein das *aw* der Peš in Is. 27,5, in: *aw nē(ʾ)ḥod b-ʿušn(ī)* in diesem Sinn verstanden hat[9]. Ich fand dieses *aw* an einer Stelle des Briefes an Hypatios, im Schluß des 11. Abschnittes (Overb. S. 28,5), wo es heißt, daß die Wogen des arianischen Wortstreits viel stärker und mehr zu fürchten seien als die Wogen des Meeres: *b-gallē gēr d-yammâ pagrē hū methanqīn, b-gallē dēn da-bʿâtâ reʿyânē hū ṭâbʿīn aw metdallēn* = »denn in den Wogen des Meeres ertrinken die Körper, in den Wogen des Forschens dagegen versinkt der (menschliche) Geist, wenn er nicht herausgezogen wird«.

9 Gesenius-Buhl hält für das entsprechende hebr. *ʾō* dieser Stelle die Bedeutung »es sei denn daß« für möglich mit Berufung auf das arabische *ʾaw*, das nach Belot auch: a moins que bedeuten kann.

Zuletzt muß noch das *aw* erwähnt werden, das nach einer komparativen Aussage unter dem Einfluß des griechischen ἤ die Bedeutung von »als« gewonnen hat. Dieses *aw* findet sich in der Peš, nicht aber in der VS. Es scheint daher erst verhältnismäßig spät im Syrischen heimisch geworden zu sein. Bei Ephräm habe ich kein derartiges *aw* gefunden. Dazu vergleiche man, wie er in einer Verwendung von Matth. 10,15 in dieser Frage auf seiten der VS und gegen die Peš steht! In Hy. de paradiso 6,19 verwendet er nämlich, um die Macht der Heiligen zu schildern, auch Matth. 10,15 mit den Worten: *karkâ da-ʿlaw napšū(h)y l-ḥellhōn, la-Sdom pšīḥ meneh* = »die Stadt, gegen die sie ihren Staub ausgeschüttet haben, Sodom (wird) es erträglicher (gehen) als ihr«. Man sieht: für das komparative »als« steht das rein syrische *men*. Dieses hat in der erweiterten Form von *yatīr men* auch die VS an unsrer Stelle zusammen mit dem *pšīḥ (nehwē pšīḥ ... yatīr men da-l-karkâ haw)*. In der Peš heißt es: *nehwē nīḥ* (statt *pšīḥ*) ... *aw* (sic!) *la-mdī(n)tâ hây*.

Ein zweites ähnliches Beispiel bietet auch der Ephräm zugeschriebene syrische Kommentar zum Diatessaron. Hier wird auf S. 130,14 der Ed. Leloir Luc. 15,7 frei zitiert mit den Worten: *l-mânâ dēn hâwyâ ḥadūtâ ʿal ḥaṭṭâyē d-tâybīn yatīr men d-ʿal zadīqē d-lâ ḥṭaw*? Damit ist das volle *yatīr men* übernommen, das die VS auch in dieser Stelle hat in den Worten: *tehwē ḥadūtâ ... ʿal ḥad ḥaṭṭâyâ d-tâʾeb yatīr men ...*, während in der Peš dafür das gräzisierende *aw* erscheint in: *tehwē ḥadūtâ ... ʿal ḥad ḥaṭṭâyâ d-tâʾeb aw ʿal tešʿīn w-tešʿâ zadīqīn d-lâ metbaʿyâ l-hōn tyâbūtâ.*

III. ܓܝܪ (*gēr*)

Ich gehe kurz auch auf diese Partikel ein. Beispiele für ihre unter dem Einfluß des griechischen γάρ stehenden Bedeutung »denn« anzuführen, ist überflüssig. Solche gibt es genug. Wichtiger ist es, Fälle beizubringen, in denen dieses *gēr* die gegenteilige Bedeutung eines »aber« aufweist. Beide Bedeutungen sind wohl auf ein neutrales »fürwahr« zurückzuführen, was dann für Brockelmann spricht, der wohl sicher mit Recht dieses *gēr* für rein semitisch hält und mit dem arabischen *gaira* (Belot: assurément) in Verbindung bringt[10].

Dazu nun Beispiele aus Ephräm für das adversative *gēr*. In Hy. de fide 15,8 stellt Ephräm die suchenden und forschenden Arianer an die Seite von Leuten, die sich verirrt haben, mit den Worten: »Jeder, der sucht, ist Genosse eines, der sich verlor, und einer, der forscht, ist Nachbar eines,

10 Der Thesaurus Syriacus gibt die Bedeutungsweite des *gēr* mit den drei Punkten an: a) coniunctio causalis; b) saepe redundat; c) ponitur pro gr. *de* = sed, vero, autem.

der in die Irre ging«. Darauf folgt nun nicht eine Begründung, sondern eine Einschränkung des Bildes mit den Worten: *lâ gēr (!) memtom b'â abīdâ w-eškah nafšeh ba-dmūt dârōšâ* = «niemals aber (!) hat einer, der sich verlor, sich selbst gesucht und gefunden, wie (das beim) Disputierer (= Arianer) (der Fall ist)«. Einer, der sich verlor, der sich verirrte, sucht nicht sich selbst, sondern den rechten Weg, der Arianer sucht und forscht nach Gott und findet dabei nur sich selbst, ein ephrämischer Gedanke, wie er z.B. in der schon im ersten Abschnitt zitierten Stelle Hy. de fide 27,2 zum Ausdruck kam. Bei diesem Gedankengang kann das *gēr* nur mit »aber« übersetzt werden[11].

Noch klarer ist ein zweites Beispiel, nämlich Hy. de fide 77,1-2. Hier beginnt die 1. Strophe ganz unvermittelt mit dem Zitat von Marc. 13,32: »Jene Stunde kennt er nicht«, ein Zitat, das die Arianer immer wieder für ihre Lehre anführten. Dazu Ephräm: »Die Einfältigen wogen sie (die Stunde) ab gegen den Sohn, und sie (die Stunde) hat scheinbar überwogen«. Daran schließt die 2. Strophe unmittelbar so an: *en gēr* (!) *l-abâ * yâda' bukrâ * mânaw d-rab kay * meneh d-abâ * d-lâ yâda' leh* = »wenn aber (!) der Erstgeborne den Vater kennt, was ist dann größer als der Vater, daß (der Sohn) es nicht kennen sollte!« Eine Übersetzung des *en gēr* mit »denn wenn« ist hier aufgrund des Gedankenganges unmöglich.

In einem dritten Beispiel geht dem adversativen *gēr* ein begründendes voran, während das adversative anschließend durch ein *dēn* an gleicher Stelle erhärtet wird. In Pr. Ref. I 44,18ff. argumentiert Ephräm gegen die markionitische Lehre, daß der fremde Gott sich wie das Licht ausbreitend in das Reich des gerechten Gottes gekommen sei, mit der Unterscheidung, daß die festumgrenzte Sonne als *qnōmâ asīrâ*[12] das grenzenlos sich erstreckende Licht an realer Existenz übertrifft. Als ein weiteres Beispiel dieser Art führt er dann auch noch die Spezereien mit ihrem Duft an und sagt dazu in Pr. Ref. I 52,1ff: »Wir sagen nicht, daß der Duft der Spezereien mehr sei als sie oder der Duft von Salben mehr sei als die Salben: *henōn gēr qnōmhōn b-ṭīmē hū mezdabbnīn*; *rēḥhōn gēr d-herōmē d-magân hū l-kul man da-l-hōn qâreb*. Hier kann man auf Grund des Zusammenhangs nur übersetzen: »denn diese (*henōn gēr*), ihre Substanz, verkauft man um einen (bestimmten) Preis, ihr Duft aber (*gēr*) (steht) unentgeltlich jedem, der sich nähert, (zur Verfügung)«. Daß hier das zweite *gēr* mit einem »aber« oder »dagegen« zu übersetzen ist, geht auch aus dem anschließenden dritten Beispiel hervor, wo es heißt: »Und das Rauchfaß kann nicht ein Haus ausfüllen; *'eṭrâ dēn* (sic!) *d-meneh* = der Rauch aber, der aus ihm (auf-

11 Gegen meine eigne Übersetzung mit »denn« in der Übersetzung zur Textausgabe.
12 Vgl. zu diesem Begriff und zum ganzen Zusammenhang E. Beck, *Ephräms Psychologie und Erkenntnislehre* in CSCO subs. 58, S. 58ff.

steigt), überragt das Haus«. Hier steht ein *dēn* genau an der Stelle des vorangehenden *gēr*.

Dazu kann ein Passus aus dem Prosasermo de Domino Nostro gestellt werden, wo zu einem solchen *gēr* als Variante ein *dēn* erscheint. Denn hier bemerkt Ephräm im 23. Abschnitt[13] zu den Worten Jesu, die er in Luc. 7 zu dem Pharisäer spricht: »Simon, ich habe dir etwas zu sagen«, daß Liebe und Zurechtweisung in diesen Worten zu spüren seien, so wie sie Freunde unter sich gebrauchen. Anders bei Feinden: *lâ gēr šâbqâ šnâyūtâ d-ḥemtâ* = »denn nicht läßt es der Wahnsinn des Zornes zu, daß Feinde wie mit Vernunft untereinander reden«. Dem wird das Verhalten Christi entgegengesetzt mit den Worten: *haw gēr* (Var: *dēn*) *d-baʿâyâ ʿal zâqōfaw hwâ hwâ* = »jener aber, der für seine Kreuziger zum Fürbitter wurde«, (sprach so ruhig zu Simon). Zu der Variante muß betont werden, daß die beiden Handschriften, die sie liefern, in gleicher Weise sehr alt sind.

Aus dem gleichen Sermo de Domino Nostro sei noch eine Stelle herangezogen, aus der man sehen kann, wie schwierig es bei der nicht selten lockeren und sprunghaften Gedankenführung Ephräms sein kann, den jeweiligen Sinn des doppeldeutigen *gēr* festzulegen. Ephräm beginnt hier, im 29. Abschnitt, mit dem Zitat von Ex. 33,20: »Es sieht mich kein Mensch und bleibt am Leben«. Dazu stellt er die Doppelfrage: *meṭul rugzâ hū kay d-ḥemteh mâʾet hwâ d-ḥâzē hwâ leh aw meṭul zīwâ d-ītūteh* = »starb (wer Gott sah) wegen des Zürnens seines Zornes oder wegen des (übermächtigen) Glanzes seiner Wesenheit?« Wenn nun hier Ephräm, unmittelbar an das letzte Wort der Frage anknüpfend weiterfährt: *ītūtâ gēr hây d-lâ ʿbīdâ w-lâ baryâ d-neḥzyânâh ʿaynē ʿbīdâtâ w-baryâtâ lâ maṣyân*, so ist das die Begründung einer bejahenden Antwort auf die zweite Frage. Ergänzt man daher gedanklich vor dem Satz ein »das zweite trifft zu«, dann ist das folgende *gēr* begründend und die Übersetzung lautet: »denn jene Wesenheit, die nicht gemacht und geschaffen ist, können gemachte und geschaffene Augen nicht sehen«. Ohne Ergänzung wäre wohl zu übersetzen: »Fürwahr jene Wesenheit ...«. Nun folgt auf diesen zuletzt zitierten Satz unmittelbar eine ablehnende Stellungnahme zu der ersten Frage mit den Worten: *en gēr* (!) *meṭul rugzâ hū lâ ḥâyē man d-ḥâzē leh, hâ l-Mūšē meṭul ḥubbeh hū sagīʾâ ya(h)b leh d-neḥzēw*, wo dann dieses zweite *gēr* klar die Bedeutung »aber« gewinnt in der Übersetzung: »wenn aber wegen des Zornes, siehe dem Moses hat er (Gott) wegen seiner großen Liebe es gegeben, ihn zu sehen«.

Zum Abschluß noch einmal ein ganz klares Beispiel für *gēr* = aber. In den Epiphaniehymnen zweifelhafter Authentizität findet sich in Hy. 10,13

13 Vgl. CSCO vol. 270/syr. 116, S. 21,6.

der Satz: »Alles vermag der Zwang Gottes. *lâ gēr gabyâ leh da-qṭīrâ * a(y)k hây d-ṣebyânâ pârōšâ* = doch gefällt ihm die (Sache) des Zwangs nicht (ebenso sehr) wie die (Sache) des einsichtigen (freien) Willens«.

IV. ܐܦ *(âf)* und ܘ *(wĕ)*

1) Brockelmann gibt für das isolierte *âf* die Bedeutungen etiam, quoque und stellt dazu ein *âf* ... *âf* mit der Bedeutung von et ... et, wo dann an die Stelle des zweiten *âf* auch ein *wĕ* eintreten kann. Der Thesaurus Syriacus gibt darüber hinaus ein *w-âf*, das für das griechische καί ... γε (und zwar) erscheint; dazu auch noch ein *lâ w-âf* ... *w-âf* mit der Bedeutung eines einfachen neque ... neque. Das was ich im Folgenden dazu ausführe und vor allem auch zu dem anschließenden *wĕ*, will nicht eine umfassende und systematische Bedandlung des Themas sein. Ich verarbeite nur die Stellen, die ich mir notiert habe.

Für das alleinstehende *âf* zitiere ich zunächst Hy. de fide 3,13, wo ein auffälliges *âf* erscheint, das nur durch eine Ergänzung zu erklären ist. Denn hier sagt Ephräm in einer indirekten Polemik gegen die Arianer: »Glücklich, wer erkannt hat, mein Herr, daß du im Schoß der *ītūtâ* (der göttlichen Wesenheit, bei Ephräm auch gleich Vater) bist, und der daran gedacht hat, *d-âf hū* = daß auch er (zurück)fallen wird in den Schoß der Erde, seiner Mutter«. Das »auch« hat nur Sinn, wenn man ergänzt: auch er (als Mensch wie alle übrigen Menschen)[14].

Eine ähnliche Ergänzung ist wohl auch in Hy. de fide 87,13 notwendig, um einem sehr mißverständlichen *âf* = auch einen möglichen Sinn zu geben. Hier stellt Ephräm die Irrlehren unter den Christen als eine zweite Passion Christi hin. Dabei beginnt Strophe 13 mit folgendem Vergleich: »Anstelle jenes Rohres, das dem Sohn das erste (= jüdische) Volk in die Hand gab, sind die Letzten (= die Christen) (getreten), die verwegen in ihren Schriften mit dem (Schreib)rohr schrieben: *d-âf bar nâšâ (h)ū* = er sei auch Mensch«. Das klingt ganz orthodox, weil sich die Ergänzung aufdrängt: neben Gott auch Mensch. Es muß aber eine häretische Lehre sein, die man erhält, wenn man ergänzt: er sei auch (wie wir nur) Mensch.

14 Ein völlig sinnwidriges *âf* hat der Text beider Hss in Hy. de fide 63,13. Hier wird zunächst gesagt, daß, wenn Gott seine Namen uns gibt, die Wirklichkeit (*šrârâ*) bei ihm ist, bei uns (nur) das Bild. Im umgekehrten Fall, wenn Gott sich selber mit Namen seiner Knechte benennt, dann gilt: *kyânâ lwâtan hū * lwâteh âf kunnâyâ*. Der Sinn fordert hier für das *âf* ein »nur« in der Übersetzung: »Die Natur (*kyânâ* hier gleich *šrârâ*) ist bei uns, bei ihm nur die Bezeichnung«. Das *âf* kann wohl sicher diese Bedeutung nicht haben. Die Lösung gibt das Metrum. Das *âf* ist zu streichen; denn so erhält man die zwei Fünfsilbler des Metrums: *kyânâ lwâtan hū* (5) * *lwâteh kunnâyâ*.

Aus dem gleichen Hymnus de fide 87, dem Schlußhymnus der ganzen Sammlung, ist noch als Sonderfall Strophe 2 zu zitieren, wo offenbar ein *w-âf* auseinandergerissen und das *âf* gegen den Schluß des Satzes hin verschoben wurde. Hier wird von den Irrlehrern gesagt: »Den Sohn, der feiner ist als der (menschliche) Geist, wollten sie erforschen«. Darauf folgt in Viersilblern, aus denen hier die Strophe besteht: *wa-l-rūḥ qudšâ* * *d-lâ metgaš(ĕ)šâ* * *sbar(ū) d-âf gaššūh*. Hier besteht wohl kein Zweifel, daß das *âf*, welches im 3. Glied steht, an den Anfang nach dem *wĕ* und vor *rūḥ qudšâ* zu ziehen ist, was dann die voll befriedigende Übersetzung ergibt: »Und auch den Heiligen Geist, der nicht ertastet wird, wähnten sie, ertastet zu haben«. Daß bei einer solchen Umstellung zwar das erste Glied seine vier Silben beibehalten, das dritte dagegen auf drei zusammenschrumpfen würde, darin wird der Grund der Auseinanderreißung liegen.

Wie das *âf* in seiner Bedeutung »auch« sich über »und auch« einem bloßen »und« annähert, kann man aus Hy. contra haer. 36,1 sehen, wo zu Beginn in einer Polemik gegen Markioniten mit ihrer Kritik am alttestamentlichen Gott gesagt wird: »Schau, mein Sohn, auf Gott, der hier in die Mitte trat *baynât ʿuddâlē d-menan âf meneh* = zwischen Tadel von uns(rer Seite) und (auch) von ihm (selber)«. Das Folgende erklärt die Situation: Gott hat sich erniedrigt in den anthropomorphen Aussagen des AT, um uns zu helfen. Die Markioniten tadeln ihn deswegen. Hätte daher Gott es unterlassen, dann hätte er sich selber getadelt, daß er wegen der Schmähung von seiten schwacher Menschen davor zurückgeschrocken sei, seinen Geschöpfen zu helfen. Das einfache syrische: *(menan) âf (meneh)* wäre wohl auch zutreffend mit einem bloßen »und« zu übersetzen.

Die Bedeutung eines einfachen »und« ist nun sicher gegeben in dem von Brockelmann angeführten *âf* ... *âf* = et ... et, wo für das zweite (und dritte) *âf* auch *wĕ* eintreten kann. Dazu vergleiche man Pr. Ref. I 18,14. Hier wendet sich Ephräm gegen die manichäische Lehre vom Mond als Lichtbehälter, der in einem halben Monat durch das sich herausläuternde und aufsteigende Licht voll wird und in den folgenden zwei Wochen, dieses Licht weitergebend, abnimmt. Aus der unveränderten Gleichmäßigkeit dieses Vorgangs gewinnt Ephräm den Einwand, daß in den letzten hundert Jahren durch das Auftreten Manis und der Verbreitung seiner Lehre mehr Licht sich läutern und aufsteigen müßte, was eine Kürzung der Zeit des Anwachsens des Mondes zur Folge hätte. Er sagt hier wörtlich: »Und wenn die Läuterung des Lichts, damals und jetzt (*hâydēn w-hâšâ*), nicht gleich ist, wie füllt er sich, damals sowohl wie jetzt (*âf hâydēk âf hâšâ*), in gleicher Weise in fünfzehn Tagen (bis zum) Vollmond?« Man sieht, wie aus dem einfachen *hâydēn w-hâšâ* bei seiner betonten Wiederholung ein *âf hâydēk âf hâšâ* wird!

Im Sermo de Domino Nostro werden auf S. 17,6 zwei daß-Sätze durch ein *âf* ... *âf* koordiniert mit einer gewissen Steigerung des zweiten. Denn hier heißt es im Zusammenhang mit der Sünderin von Luc. 7, daß der Herr dem Pharisäer mit seinem Gedanken »wenn dieser ein Prophet wäre...« eilend kundtat: *âf d-ḥaṭṭâytâ hī âf d-sagīʾat ḥṭâhē hī* = »sowohl daß sie eine Sünderin sei als auch daß sie eine mit vielen Sünden sei«.

Neben diese zwei Beispiele mit *âf* ... *âf* können die folgenden zwei mit *âf* ... *wĕ* treten. Im ersten, in Hy. de crucif. 8,8, bleibt es bei einem zweigliedrigen *âf* ... *wĕ*. Hier wird dem bekennenden rechten Schächer der Verräter Judas mit den Worten gegenübergestellt: *Īhūdâ âf nakleh w-ašlmeh* = »Judas hat ihn (den Herrn) betrogen und ausgeliefert«. Hier ist wohl kaum eine Verschiedenheit in der Akzentuierung der beiden Glieder gegeben, eher nur eine engste Verbindung, die mit der Übersetzung: »er hat ihn betrügerisch ausgeliefert« zum Ausdruck gebracht werden könnte.

In dem andern Beispiel, in Hy. de ieiunio 10,10, wird die Reihe durch ein zweites *wĕ* weitergeführt in einer Aufzählung gleichwertiger Nomina. Hier wird nämlich das himmlische Manna, das das Volk mit Murren aß, mit den Worten geschildert: *hânâ kēt mannâ da-mʿaṭṭaf hwâ âf gawnâ w-rēḥâ wa-ṭʿâmâtâ* = »dieses Manna also, das gehüllt war sowohl in (himmlische) Farbe wie Duft und Geschmack«.

Zuletzt ein Sonderfall des doppelten *âf*, wo an der Stelle des zweiten *âf* ein *w-âf* erscheint. Hy. de nativitate 16,1 beginnt mit den Worten der Mutter des Herrn an ihr Kind: »Ich will nicht eifersüchtig sein, mein Sohn, *d-âf ʿamm(ī) tehwē* w-âf ʿam kulnâš* = daß du sowohl mit mir wie auch mit jedem sein wirst«.

Die gleichfalls alte Handschrift D hat hier statt des *w-âf* ein bloßes *âf*, also die normale Verbindung von *âf* ... *âf*. Diese Variante eines bloßen *âf* neben einem *w-âf* ist überaus häufig. Sie findet sich nicht nur im Verhältnis der Handschriften untereinander, auch in den einzelnen Handschriften wechseln *âf* und *w-âf* ohne jeden sachlichen Grund. Als Beispiel führe ich die einschlägigen Varianten der drei alten Handschriften A, B und C in Hy. de fide 16 und 17 an. Hier hat in de fide 16,6 die Hs A ein bloßes *âf*, Hss B und C ein *w-âf*; in 16,9 dagegen haben A und C das *w-âf*, Hs B das bloße *âf*. In 16,10 haben A und C das einfache *âf* und B das *w-âf*. Und in 17,9 steht das *w-âf* in A und B, und in C nur *âf*. Wie weit in diesem *w-âf* noch das bloße *âf* in seiner Bedeutung von »auch« vorherrscht oder die Bedeutung eines einfachen »und« gegeben ist, ist oft schwer zu entscheiden.

Ein klares *w-âf* = auch findet sich in Sermo de Domino Nostro[15] S. 28,6, wo zuerst eine Kritik an Gott angeführt wird des Inhalts: »Das hätte

15 Vgl. Anm. 13.

sich für Gott geziemt, dem Menschen die Freiheit nicht zu geben«. Dazu Ephräm: »Nicht wage ich zu sagen: es hätte sich geziemt, nicht zu geben, damit nicht auch ich werde (*d-lâ ehwē w-âf enâ*) ein Belehrer jenes (Gottes), der kein Lernen kennt«.

In den folgenden zwei Beispielen steht hier neben dem *w-âf* die Variante eines bloßen *âf*. So heißt es in Hy. de fide 4,5: *d-b-īdayâ nmūšâk*, *w-âf* (Hs B: *âf*) *lâ mad'â d-qaṭīn meškaḥ da-nmūš* = »Dich mit den Händen zu ertasten, auch der (menschliche) Geist, der feiner ist, kann das nicht!« In Hy. de nativitate 16,6 ist die gleiche Lage gegeben. Hier wird als Vorzug des eucharistischen Brotes vor dem »Körper« des Herrn angeführt: »Es sahen deinen Körper *w-âf* (Var: *âf*) *kâfōrē* = auch die Leugner, nicht aber sehen sie dein lebendiges Brot«.

Daß aber *w-âf* auch rein addierende Bedeutung haben kann wie das normale *wĕ*, das zeigt klar Hy. de fide 12,18 mit seinen Varianten. Die Strophe lautet: »Dein Same harrt der Felder, daß sie bebaut werden. Bei den Kleinen komme dein Same dreißigfach, *âf* (Hs A; Hss B, C, D *wĕ*!) *b-meṣ'âyē nē(')tē ba-štīn*, *âf* (Hss A und D; Hss B und C: *w-âf*) *ba-gmīrē nē(')tē ḥad ba-m(')â* = und bei den Mittleren komme er sechzigfach und bei den Vollkommenen hundertfach«. Die erste Variante, wo ein bloßes *wĕ* für ein bloßes *âf* eintritt, findet sich genau so auch in Hy. de fide 14,2[16].

Doch scheint dieses *âf* und *w-âf*, das durch ein bloßes *wĕ* = »und« ersetzt werden kann, die Ausnahme zu sein. In der Regel überwiegt hier der Begriff »auch«. Das ist von Wichtigkeit für das Thema, das im anschließenden Abschnitt über *wĕ* im Mittelpunkt stehen wird, für die Frage, ob im Syrischen in einer Periode der Nebensatz mit dem Hauptsatz durch ein *wĕ* verbunden werden kann. Hier sind wohl Fälle mit einem *w-âf* anstelle des bloßen *wĕ* wenig beweisend, weil ja dieses *w-âf* für ein »auch« stehen kann. Ein Beispiel dieser Art, wo allerdings ein *âf* ohne *wĕ* erscheint, bilde den Schluß der Ausführungen über *âf*. In dem folgenden Satz aus CNis 2,19 ist eine irreale Periode eingeschoben, in den Worten: »(Der Nisibis belagernde Perser) mühte sich ab und vermochte nichts; und damit er nicht glaube, er wäre auch (schon) eingedrungen und hätte uns (schon) gefangen genommen, wenn er eine Bresche geschlagen hätte, schlug er eine Bresche und nicht (nur) einmal und wurde (dennoch) zuschanden«. Die irreale Periode

16 Zu dem *w-âf* sei angemerkt, daß ich mir einen einzigen Fall notieren konnte, in dem umgekehrt ein *âf wĕ* mit der gleichen Bedeutung von »auch« erscheint, nämlich Hy. de Abrâhâm Kīdūnâyâ 2,3. Hier heißt es zunächst von dem Heiligen, daß er Apostel und Propheten an seinen Gliedern abgebildet habe. Daraus wird die Folgerung gezogen: »Jeder, der dich schaute, *âf wa-l-hōn bâk ḥâzē hwâ* (7 Silben) = hat auch sie in dir gesehen«. In einer späten liturgischen Hs fehlt das *wĕ*. Es wird aber, wie das Zitat zeigt, vom Metrum gefordert.

lautet syrisch: *ellū tra', âf 'al(l) w-lan šbâ.* Man sieht: das den Nachsatz einleitende *âf* hat deutlich die Bedeutung »auch«.

2) Nun zu *wĕ*. Es wurde schon im Schluß des vorangehenden Abschnittes über *âf* gesagt, daß hier vor allem die Frage des *wĕ*, das den Hauptsatz einer Periode einleitet, erörtert werden soll. Den Ausgangspunkt bilde die Auffassung, die hier Nöldeke im § 339 seiner Grammatik vertritt. Er sagt zunächst negativ: »Die Conjunction *wĕ* dient nicht dazu, den Nachsatz einzuleiten (wie deutsches »so« u. s.w.)«. Dazu bemerkt er noch im Folgenden, was sich mit meinen Ausführungen im letzten Teil des vorangehenden Abschnittes berührt: »Nun hat *wĕ* aber so ziemlich den ganzen Umfang der Bedeutung des griechischen καί übernommen[17] und ist oft »auch«, wo es dann mit *âf* oder *w-âf* wechselt; ein solches *wĕ* »auch« kann an den verschiedensten Stellen des Satzes, also ev. selbst am Anfang des Nachsatzes stehn«. Dazu muß auch noch genommen werden, was Nöldeke in ZDMG 65 (1911) auf S. 579 Anm. 2 in seiner Besprechung von F. Schultheß' Ausgabe und Übersetzung von Kalila und Dimna sagt. Hier geht er von der Kritik Bevans aus, der zu dem oben zitierten Satz: »Die Conjunction *wĕ* dient nicht dazu, den Nachsatz einzuleiten« bemerkt hatte, er sei nicht aufrecht zu erhalten. Dagegen meint Nöldeke hier: »Der Satz dürfte für die theologischen Originalschriftsteller durchweg gelten. Aber in volkstümlichen Schriften scheint dieses *wĕ* gern zu stehen«. Für volkstümliche Schriften verweist er anschließend auf die von Budge edierte History of the blessed Virgin Mary sowie auf die einschlägigen Varianten der VS, die Burkitt in Evangelion da-Mepharresche, 2. Band S. 69ff. zusammengestellt hat.

Wie ist nun die Lage bei Ephräm, der sicher einer der ersten und bedeutendsten »theologischen Originalschriftsteller« ist? Ich übergehe dabei zunächst die Fälle mit einem *w-âf* als Einleitung eines Nachsatzes auf Grund dessen, was im Vorangehenden dazu gesagt wurde, und beschränke mich auf Fälle mit einem einfachen *wĕ* an dieser Stelle. Ganz klar ist hier die Lage in Hy. de paradiso 15,16, wo es von der Schlange, der Verführerin, heißt: »Die Schlange bog ab (*sṭâ*) und ließ abbiegen (*asṭī* = verführen, ein Wortspiel mit *Sâṭânâ*), um uns zu verderben. *d-pattlâh l-tar'ītan* (5 Silben) * *w-pattlâh l-mardīteh* (5 Silben)«. Diese Strophenzeile von zweimal fünf Silben bildet eine Periode für sich. Das beweist der zitierte vorangehende Satz und der selbständige Satz, der folgt, nämlich: »Ihr (der Schlange) Pfad belehrt über sie, daß sie unseren Weg gekrümmt hat«. Die syrisch zitierte Strophenzeile ist also zu übersetzen: »Da sie unseren Sinn gekrümmt hat,

17 Für Ephräm und seine Sprache halte ich einen solchen Einfluß des Griechischen für wenig wahrscheinlich.

hat er (Gott) ihr Gehen gekrümmt«. Das *wĕ* zu Beginn des Hauptsatzes ist hier rythmisch überflüssig (es bildet keine eigne Silbe) und auch sachlich ohne eigne Bedeutung.

Eine zweite Stelle aus den Hymnen de fide bietet insofern etwas Neues als hier auch schon zu Beginn des Vordersatzes ein *wĕ* steht, zu dem dann das den Hauptsatz einleitende *wĕ*, als wäre es ein zweites koordinierendes *wĕ*, hinzutritt. Hier ist in de fide 62,3 davon die Rede, daß den Beinamen des Herrn Realitäten entsprechen. Er wird »Weg« genannt, weil er uns zu seinem Vater führt. Er wird mit einer Tür verglichen, weil er uns in den Himmel eingeführt hat, und er wird Lamm genannt, das für unsre Entsühnung geschlachtet wurde. Das wird zusammengefaßt in der anschließenden vierten Strophenzeile von zweimal fünf Silben: *w-aykan d-etkannī* (5) * *wa-šlem l-purqânaw* (5) = »und wie er (auch) benannt wurde, es steht im Einklang mit seinen Heilstaten«. Auch hier ist das zweite, den Hauptsatz einleitende *wĕ* ohne jede eigne Bedeutung und daher überflüssig für den Sinn, nicht aber für den Rythmus; denn das *wa-(šlem)* ist durch den Fünfsilbler gefordert. Daß wir es auch hier mit einer geschlossenen Periode zu tun haben, beweist die Fortsetzung, wo mit einem *kmâ kay* neu einsetzend die gegen die Arianer gerichtete Folgerung gezogen wird: wie sehr stimmt dann auch sein Name »Sohn« mit der Realität überein.

Die beiden *wĕ* hat man auch in Hy. de fide 72,15. Die aus fünf Viersilblern bestehende Strophe lautet: *w-en dēn tamraḥ* * *a(y)k da-l-meqdam*, * *wa-kmâ (h)u teqdom* * *da-l-kul qâdem* * *d-lâ metqaddam* = »Und wenn du verwegen sein solltest * wie um (Gott) zuvorzukommen, * wie[18] wirst du zuvorkommen * dem, der allem zuvorkommt, * dem Unüberholbaren!«[19].

Daß bei diesen zwei *wĕ* das erste vor dem Nebensatz nicht notwendig ist, das zeigt Hy. de ecclesia 33,1 mit der gleichen konditionalen Periode wie im vorangehenden Beispiel. Hier wird eine Schutzwehr für die Blicke empfohlen mit einem Hinweis auf den Fall Davids: *d-en Dâwīd da-l-ʿaynaw asgī taḥḥem, zahīrâ, šrâ, w-aykan zâkē rafyâ d-pâhē ḥyâreh ʿal kul* = »Denn wenn (schon) David, der seine Augen sehr umgrenzte (vgl. Ps. 101,3), der vorsichtige, strauchelte, wie wird siegen der Nachlässige, dessen Blick überall umherirrt!«

Das doppelte *wĕ* hat man dagegen wieder in einer dritten ähnlich konditionalen Periode, in CNis 72,12. Sie lautet: »Und wenn (*w-en*) du vor dem Schwert (des Richters) dich fürchtest, so daß du nicht tötest, um nicht dein Leben zu verlieren, und nicht stiehlst, um nicht verbrannt zu werden, siehe (*w-hâ*) dein Richter ist ein Mensch...«.

18 Zu *kmâ*, abgeschwächt zu einem bloßen »wie« vgl. das folgende Zitat!

19 Das *wa* des Nachsatzes ist auch hier vom Metrum gefordert; denn der Viersilbler ist zu lesen: *wa-kmaw teqdom*.

Verhältnismäßig zahlreich sind in den Prose Refutations die Fälle mit unserem *wĕ*, und zwar durchgehend in einer konditionalen Periode wie wir sie in den drei letzten Beispielen angetroffen haben. Dazu sei gleich hier ergänzend angeführt, in welchen Perioden das den Hauptsatz einleitende *wĕ* erscheint. Im ersten Beispiel (in Hy. de paradiso 15,16) wurde der Vordersatz mit einem kausalen *dĕ* eingeleitet, im zweiten durch ein konzessives *aykan dĕ*. Darüber hinaus habe ich mir nur noch zwei Fälle notiert, in denen nicht das konditionale *en* erscheint, sondern ein temporales *kad*.

Dieses findet sich in CNis 74, wo von der Größe des Menschen die Rede ist, welcher der Tod ein Ende bereitet. Denn hier heißt es in Strophe 12: *kad l-aryâ ḥâbeš * w-âsar tanīnâ, * w-leh b-neqʿâ da-Šyol * mawta ḥâbeš leh* = »während er (der Mensch) den Löwen einschließt und den Drachen fesselt, schließt ihn (selber) der Tod in der Höhle der Scheol ein«. Das gleiche *kad* … *wĕ* erscheint zweimal nacheinander auch im (Prosa)kommentar zur Genesis, und zwar im zweiten Fall um ein erstes *wĕ* vor *kad* erweitert, was dann dem *w-en* der zuletzt zitierten Beispiele entspricht. Beide Stellen finden sich in der Erzählung von der ersten Rückkehr der Brüder Josephs aus Ägypten zu ihrem Vater Jakob ohne den als Geisel zurückgehaltenen Simeon (Gen. 42, 29 ff.). Dazu heißt es auf S. 103,5 ff. (der Ed. Tonneau in CSCO vol. 152/syr. 71): *kad menhōn dēn hâlēn qdâm abūhōn âmrīn hwaw wa-ḥrânē ṭūb ṭaʿnayhōn msappqīn hwaw, w-hâ kespeh d-ḥad ḥad menhōn eštkaḥ leh b-pūm ṭaʿneh* = »während nun die einen von ihnen vor dem Vater diese Dinge (ihr Mißgeschick in Ägypten) erzählten und ferner die anderen ihre Säcke leerten, siehe da fand sich das Silber(geld) der einzelnen in der Öffnung des Sackes«. Die den Hauptsatz einleitende Verbindung von *w-hâ* fand sich auch schon in CNis 72,12, dort nach einem *w-en*. Unmittelbar anschließend ist vom Verhalten des Vaters mit den Worten die Rede: »Jakob aber war betrübt über das, was ihnen zugestoßen war, besonders über den gefangenen Simeon«. Darauf folgt: *w-kad kul yōm mpīsīn hwaw leh da-nšaddar ʿamhōn l-Benyamīn, w-hū meṭul qenṭeh d-Yawsef lâ mqabbel hwâ* = »Und während sie Tag für Tag auf ihn einredeten, mit ihnen Benjamin zu schicken, nahm er aus Furcht vor (dem Schicksal des) Joseph (das) nicht an«. Hier erscheint also dem *w-en* … *wĕ* entsprechend ein *w-kad* … *wĕ*.

Und nun zu den zehn Beispielen aus den Prose Refutations, die alle im Vordersatz das konditionale *en* haben und wo darüber hinaus auch alle Hauptsätze mit einem Fragewort beginnen, mit einem *w-aykan(â)*, *w-aykâ*, *w-mânâ*, *w-ʿal mânâ*, *wa-l-emat(ī)*; nur im letzten Beispiel wird eine einfache Aussage den Hauptsatz bilden.

In Pr. Ref. I 7,7-13 erhebt Ephräm gegen die manichäische Anschauung, daß Licht sich ständig aus den Körpern herausläutere, die Frage, warum das nicht auch mit der Lichtseele geschehe. Daran anschließend wird gegen einen konditional eingeführten manichäischen Erklärungsversuch folgendermaßen erneut gefragt: »*w-en nē(ʾ)mrūn* = und wenn sie sagen sollten, daß der Böse die Seele im Körper festgemacht habe, damit sie gefesselt sei, *w-aykan lâ qabʿeh l-haw nahīrâ d-meṣṭallal* = wie hat er (dann) nicht (auch) jenes Licht, das sich (heraus-) läutert, festgemacht?«

Genau so gebaut ist die Periode von Pr. Ref. I 169,1 ff. Auch hier wendet sich Ephräm polemisch gegen Manichäer seiner Zeit und seiner Umgebung, die der menschlichen Freiheit einen beschränkten Spielraum (bis zum Überwiegen eines der beiden Mischungsbestandteile) zugestehen wollten, wieder mit den Worten: *w-en nē(ʾ)mrūn d-ḥērūtâ hū īt l-hēn l-nafšâtâ, w-aykan kay eštakḥat ḥērūthēn da-tgaddefʿal īṯūthēn w-aykanâ etmṣē ṣebyânhēn d-netpallagʿalʿeqqârhēn w-aykanâ kay mṣē ḥad ītyâ d-nehwē saqublâ la-qnōmeh* = «Und wenn sie sagen sollten, daß die Seelen Freiheit hätten, wie fand es sich dann, daß ihre Freiheit ihr Wesen schmäht, und wie war es dann möglich, daß ihr Wille sich gegen ihre Wurzel entzweite, und wie könnte ein und dasselbe (göttliche) Wesen gegen sich selber sein?» Man sieht, wie hier das erste den Hauptsatz einleitende *w-aykan* durch zwei weitere fortgeführt wird.

Die gleiche Formel: *w-en nē(ʾ)mrūn* ... *w-aykan* der beiden vorangehenden Polemiken erscheint auch in Pr. Ref. I 47,20. Hier werden Schwierigkeiten erörtert, die sich aus der Lehre Markions vom Reich des Fremden über dem Reich des Schöpfers und von seinem Kommen aus seinem Reich in das des letzteren ergeben. Dazu heißt es in I 47,11 ff. «Und wenn sie sagen sollten (*w-en nē(ʾ)mrūn*), daß er (der Fremde) grenzenlos weit entfernt sei von ihm (dem gerechten Gott), wenn *(en)* das eine nicht meßbare Entfernung und ein endloser Weg und eine weite, nicht auszufüllende Erstreckung ist, *w-aykan* = wie konnte (dann) der Fremde (diese Strecke zurücklegen)».

Auch alle noch folgenden Beispiele stammen aus Polemiken gegen Mani und Markion. Pr. Ref. I 89,19 ff. steht in dem Zusammenhang einer umfassenden Kritik an der manichäischen Eschatologie, die von einem späten und nachträglichen Sieg des Lichts über die Finsternis spricht. Dazu sagt Ephräm: «*en kyânâ hū* = wenn (das Licht) eine Natur ist, die aus und in sich diese Macht (zu siegen) hat, *w-aykâ hwât men qdīm* = wo war sie (diese Macht) zuvor?» In der anschließenden Periode, die den gleichen Gedanken abwandelt, fehlt das *wĕ* zu Beginn des Nachsatzes. Denn hier heißt es: «*w-en dēn men atar hū ḥrēn* = und wenn nun von anderswo her diese Tapferkeit (die Finsternis zu besiegen) kam, *l-mânâ kay lâ men qdīm* = warum (dann) nicht (schon) zuvor?»

Daß hier auch ein *wa-l-mânâ* stehen könnte, beweist das folgende Beispiel, das wenig später immer noch im gleichen Zusammenhang in Pr. Ref. I

91,36ff. erscheint. Hier ist nämlich vom endzeitlichen Grab (Kerker) der Finsternis die Rede. Dazu wirft Ephräm die Frage auf, woraus der Baumeister des Lichtreiches das Grab für die Finsternis bauen wird. Nachdem er eine etwaige Antwort: «aus der Natur des Bösen» zurückgewiesen hat, nimmt er auch die andre Möglichkeit vor, nämlich: «aus der Natur des Guten» und wendet dagegen ein: «*w-en dēn īt* = und wenn es nun aus und in jener Natur (des Lichts) etwas gibt, das härter ist als jene Seelen (d.h. jene miteinzusperrenden verdammten Seelen), *w-ʿal mânâ lâ* = warum hat (dann) nicht (der Baumeister daraus eine Mauer gebaut, die das Eindringen der Finsternis verhindert hätte)». Das *w-ʿal mânâ* kommt einem *wa-l-mânâ* gleich[20].

Aus Prose Refutations II können zunächst zwei weitere Beispiele für das schon öfters festgestellte Schema: *(w-)en … w-aykan(â)* geboten werden. Zuerst Pr. Ref. II 72. Hier ist in einem Sermo gegen Markion davon die Rede, daß sein Fremder (der gute Gott) nicht nur die Gebote, sondern auch unsre Natur hätte ändern müssen, damit wir sie erfüllen könnten. Nun haben Propheten und Heilige des Alten Bundes bereits die Gebote des Fremden erfüllt. Ephräm nimmt an, daß *Īšūʿ* (Jesus), um das zu ermöglichen, ihre Natur verändert hat. Dazu heißt es dann in II 72,20ff.: *w-en la-nbīyē mšaḥlâfū šaḥlef enōn, aykan* … = «Und wenn er die Propheten geändert hat, wie predigt er dann uns, sie (die Gesetze) zu tun, während er unsre Natur noch nicht geändert hat». Man sieht: unsre Formel ohne *wĕ* vor *aykan*. Im weiteren Verlauf dieser Ausführungen, in 72,37ff. wird dann in einem zu Beginn unsicher entzifferten Text gesagt, daß das Nichtändern unsrer Natur entweder darauf zurückgehe, daß er es nicht kann oder nicht will. Dazu die Kritik: *ellâ* (= *en lâ*) *mṣē, aykanâ etmṣī w-šaḥlfeh kyânâ d-qadmâyē; w-en kad mṣē mṣbâ lâ ṣbâ, w-aykanâ eṣṭbī w-šahlef d-qadmâyē* = «wenn er (es) nicht kann, wie konnte er (dann) die Natur der Früheren ändern; und wenn er, obwohl dazu fähig, (unsre Natur) nicht (ändern) will, wie hat er (dann) gewollt und geändert die (Natur) der Früheren». Hier hat man also beide Formen nacheinander; zuerst ein *en … aykanâ* und darauf folgend ein: *w-en … w-aykanâ*!

Genau so folgen die beiden Formen auch in Pr. Ref. II 212 unmittelbar aufeinander. Hier, in dem abschließenden Sermo gegen Mani, entwickelt Ephräm breit die Widersprüche, die sich aus Manis Lehre von der Mischung der Elemente ergeben, was das Schädigende und Nützende ein und desselben Elementes erklären soll, wie beim Feuer und seiner Wärme bzw.

20 Hierher gehört wohl auch das im gleichen Zusammenhang in Pr. Ref. I 62,24f. erscheinende: »*w-mânâ kay elṣat* = was war es da für jenen Guten notwendig, die reinen Seelen, die aus ihm sind, beschmutzen zu lassen«.

Hitze. Dabei heißt es in II 212,17ff.: *en gēr hâdē ḥamīmūtâ ba(r)t kyânhōn hī d-pagrē hâlēn, aykanâ mšanneq w-meštannaq haw d-ḥad ītyâ men nafšeh* = «denn wenn jene Hitze mit diesen Körpern (aus der Finsternis) verwandt ist, wie wird (dann) das, was aus sich ein einziges (göttliches) Wesen ist, quälen und (zugleich) gequält?» Auf diesen Satz mit *en* ... *aykanâ* (ohne *wĕ* in beiden Gliedern) folgt sofort: *w-en men haw kyânâ ḥrēnâ ītēh, w-aykan eškah saybreh hânâ metnakyânâ l-hây makkyânītâ* = «und wenn sie (die Wärme/Hitze) von jener andren (guten) Natur ist, wie konnte diese Schaden erleidende (gute Natur) jene schädigende (Hitze) dulden?» Hier hat man also wieder unser *w-en* ... *w-aykanâ*. Vielleicht ist dabei auch noch hervorzuheben, daß im ersten Fall, beim Fehlen des *wĕ* vor *aykanâ*, dieses *wĕ* auch vor *en* gefehlt hat.

Zum Abschluß noch zwei Beispiele. Das erste, das wie das zuletzt angeführte aus dem Zusammenhang von Pr. Ref. II 212f. stammt, weicht nur darin von den vorangehenden ab, daß statt des fragenden *aykanâ* (wie) ein fragendes *l-emat(ī)* (bis wann) erscheint. Das Beispiel tritt damit an die Seite der schon oben zitierten, wo an dieser Stelle ein »wo«, »was« und »warum« sich fand. In Pr. Ref. II 213,33ff. fragt Ephräm zur manichäischen Mischung der Elemente nach der von gutem und bösem Feuer mit den Worten: *d-en nūrâ b-nūrâ etmazgat, w-l-emat(ī) kay meṣṭall(ĕ)lân wa-prīšân ḥdâ men ḥdâ* = »denn wenn Feuer mit Feuer sich gemischt hat, bis wann werden sie (dann) von einander durch Läuterung getrennt werden?«

Auf das zweite und letzte Beispiel wurde schon oben vorverwiesen. Denn es ist der einzige Fall unter allen aus den Prose Refutations zitierten Stellen, wo der durch *wĕ* eingeleitete Nachsatz nicht ein Fragesatz, sondern ein schlichter Aussagesatz ist. Das geschieht in Pr. Ref. I 31,20ff., wieder in einer Polemik gegen die Manichäer. Hier sagt Ephräm spöttisch zum Erbrechen genossener Speisen: »Wenn nämlich *(en gēr)*, wie sie sagen, jener süße Geschmack, der in den Speisen ist, jenem Licht angehört, das in sie gemischt ist, *w-zâdeq* = dann müßte der Mund, so wie er jene Süßigkeit beim Eintreten wahrnahm, sie wieder auch beim Herausgehen (d.h. beim Erbrechen) wahrnehmen«.

Die vorangehenden Beispiele für ein den Hauptsatz einleitendes *wĕ* haben wohl klar genug bewiesen, daß der zu Beginn zitierte Satz Nöldekes in seiner Grammatik: »Die Conjunction *wĕ* dient nicht dazu, den Nachsatz einzuleiten« nicht zu halten ist. Denn auch das später von ihm gemachte Zugeständnis, daß dieses *wĕ* in volkstümlichen Schriften gern zu stehen scheine, genügt nicht, weil die damit verbundene Einschränkung seiner Regel auf theologische Originalschriftsteller durch das Beispiel Ephräms widerlegt wird. Die Regel muß lauten: Die Konjunktion *wĕ* dient nicht selten auch dazu, den Nachsatz einzuleiten.

Nun noch kurz zu dem *w-âf* an dieser Stelle. Ich habe schon zu Beginn gesagt, daß man solche Fälle nicht allgemein zu dem Nachweis eines *wĕ* als Verbindung von Haupt- und Nebensatz heranziehen kann, da ja *w-âf* auch die Bedeutung eines bloßen *âf* = auch haben kann. Es kann aber auch für ein rein verbindendes *wĕ* stehen. Trifft das für ein *w-âf* an der Spitze eines Hauptsatzes zu, dann sind solche Fälle neben die mit einem einleitenden *wĕ* zu stellen. Nur wird es hier nicht leicht sein, eindeutig bei einem solchen *w-âf* die Bedeutung zu bestimmen, ob und wie weit noch die Bedeutung »auch« mitwirkt oder schon ganz verschwunden ist, so daß nur mehr ein »und« anzusetzen ist.

Ich habe mir vier derartige Fälle notiert. Davon weist nur eine Stelle, nämlich CNis 56,16 deutlich ein dem bloßen *wĕ* entsprechendes *w-âf* auf. Hier fordern in einem dichterischen Streitgespräch Sünde und Scheol den Tod und Satan zur Eintracht auf. Dazu fügt Strophe 17: »Seht: *mayâ d-en etbaddar, w-âf eštappal; w-en etkannaš, et῾aššan* = wenn Wasser sich zerstreut, wird es schwach; und wenn es sich sammelt, wird es stark«. Daß hier im zweiten Nachsatz das bloße *et῾aššan* steht, spricht wohl eindeutig dafür, daß in dem völlig parallel gebauten vorangehenden Satz das *w-âf* einem einfachen, Haupt- und Nebensatz verbindenden und für uns überflüssigen *wĕ* entspricht.

Anders ist die Lage in Hy. de paradiso 4,2. Hier heißt es von Adam, daß er mit dem Essen der verbotenen Frucht des Baumes der Erkenntnis den Eintritt in das innere Heiligtum (Zelt) des Paradieses und damit den Zutritt zum Baum des Lebens gewinnen wollte: *w-d-amraḥ d-ne῾ol leh l-haw mašknâ da-l-gaw, w-âf lâ b-haw da-l-bar arpēw* = »und weil er wagte, jenes innere Zelt zu betreten, hat es ihn auch nicht in jenem äußeren belassen«. Hier spricht der Zusammenhang ganz klar dafür, daß *w-âf* die Bedeutung eines bloßen *âf* = auch hat.

Auch in Hy. de fide 16,9 wird man aufgrund des Zusammenhangs ähnlich urteilen müssen. Hier betet Ephräm in einem Bild um das Wachstum seines Glaubens mit den Worten: *w-en hū d-ḥeṭṭâ b-῾afrâ ῾etrat, w-âf men gâzâk te῾tar haymânūt(ī)* = »und wenn (schon) das Weizenkorn im Staub (der Erde) reich wird, dann möge auch (!) mein Glaube reich werden aus deinem (Gnaden)schatz!«

Unklar bleibt das letzte Beispiel. Hier vergleicht Hy. de fide 82 (= de margarita 2), 12 Kreuzigung und Verherrlichung des Sohnes mit dem Durchbohren der Perle, um sie an einer Krone anzubringen. Dazu sagt dann Str. 13: *w-en ḥâs(ū) ῾alayk(ī), w-âf lâ raḥmūk(ī)*. Hier kann man schwanken, ob man besser mit oder ohne »auch« übersetzt, also entweder: »und wenn man dich (o Perle) verschont, dann hat man dich auch nicht geliebt« oder (auch mit der möglichen Änderung des deutschen Tempus): »und wenn man dich schont (und nicht durchbohrt), liebt man dich nicht«. Für die zweite Übersetzung scheint mir die anschließende ganz kurze Periode zu sprechen, nämlich: *d-en ḥašt(ī), amlekt(ī)* = »denn wenn du gelitten hast (o Perle), gelangst du zur Königswürde (in der Krone)«. Das völlig alleinstehende *amlekt(ī)* als Nachsatz scheint mir dafür zu sprechen, daß auch in der vorangehenden Periode dem Sinn nach das *w-âf* fehlen könnte, also: *w-en ḥâs(ū) ʿalayk(ī), lâ raḥmūk(ī).*

Mit den von mir gesammelten Stellen kann ich nicht auf alle Fragen eingehen, die man zu der Partikel *wĕ* stellen könnte. Nur für einen Punkt habe ich mir mehrere Beispiele notiert, der an das behandelte, für uns überflüssige, ja störende *wĕ* zu Beginn eines Nachsatzes erinnern kann. Es geht hier, wie Nöldeke im § 316 seiner Grammatik sagt, um »die Trennung des Subjekts vom Prädikat durch *wĕ* in kurzen auf einander folgenden Sätzen«. Wir werden sehen, daß bei Ephräm das Vorkommen dieser Konstruktion nicht auf »kurze, aufeinanderfolgende Sätze« eingeschränkt ist.

Zunächst Beispiele der von Nöldeke angegebenen Art. So heißt es in Hy. de paradiso 14,12 von den seligen Kindern im endzeitlichen Paradies: *šufrhōn w-lâ ḥâmē * zīwhōn w-lâ pâkah* = »ihre Schönheit, sie welkt nicht; ihr Glanz, er schwindet nicht«. Die zwei Fünfsilbler der Strophenzeile zeigen, daß das pleonastische *wĕ* rythmisch nicht gefordert ist.

Zwei aufeinanderfolgende Glieder dieser Art hat man auch in Hy. de crucifixione 8,7. Hier wird zu Beginn der Strophe die Kreuzesaufschrift des Pilatus als ein prophetisches Bekenntnis der heidnischen Völker hingestellt und in Gegensatz gesetzt zu den Kreuzigern (Juden), die mit ihrem Tun die eignen Propheten mißachteten. Dazu sagt dann die drittletzte Strophenzeile: »Die Prophezeiung der Völker hat laut gerufen«. Darauf folgen die zwei Schlußzeilen mit unsrer Konstruktion: *sefrayhōn w-etparsīw * qâlayhōn w-sâhdīn, [d-ʿammâ qṭal Mâreh]* = »ihre (der Propheten) Bücher, sie wurden enthüllt; ihre Stimmen, sie bezeugen, (daß das Volk seinen Herrn getötet hat)«.

Auch in Hy. de nativitate 28,7 bleibt es bei zwei aufeinanderfolgenden Gliedern, die hier zwei völlig parallel gebaute siebensilbige Strophenzeilen bilden. Die Strophe spricht davon, daß der Herr auch nach seiner Geburt in seiner Mutter blieb: »Denn ganz strahlte er hervor aus deinen Gliedern (o Mutter):

> *zīweh w-ʿal šufrek(ī) prīs hwâ * ḥubbeh w-ʿal kullek(ī) mšīḥ hwâ*
> = »Sein Glanz, er war über deine Schönheit gebreitet, * seine Liebe, sie war über dich ganz (wie Öl) ausgegossen«.

Man sieht: beide Male ist *wĕ* nicht silbenbildend und daher rythmisch überflüssig. Es gehört zum rhetorisch dichterischen Stil.

Dieses rhetorische Element kommt voll zur Entfaltung in den vier Gliedern des Beispieles aus dem 19. Hymnus de virginitate. Dieser Hymnus redet Sichem an und preist seine Symbole. Dabei erwähnt Strophe 8 das Feld, das Jakob um hundert Schafe (nach Septuaginta und Peš in Gen. 23,19) gekauft hatte, hundert, ein Symbol »der Rechten«, der beim Gericht zur Rechten stehenden Auserwählten. Dazu werden die vier viersilbigen Sätzchen gestellt: *klīlek(ī) w-etḥtem * ṭupsek(ī) wa-šlem * râzek(ī) wa-gmīr * kaylek(ī) wa-mlē* = »deine Krone, sie ist besiegelt; dein Typus, er ist erfüllt; dein Symbol, es ist vollendet; dein Maß, es ist voll«.

Das waren Beispiele, die der Charakterisierung Nöldekes mit »in kurzen aufeinanderfolgenden Sätzen« entsprachen. Nun finden sich aber bei Ephräm auch solche, die ganz vereinzelt inmitten einer sprachlich normal gebauten Umgebung auftreten. So gleich auch in den Hymnen de virginitate, aus denen das letzte Beispiel mit den vier Gliedern zitiert wurde. Denn hier spricht Ephräm in Hy. 25,2 von der Szene am Kreuz, in der Jesus seine Mutter dem Johannes anvertraute mit folgenden Worten: »Selig, o Weib! Dein Herr und Sohn hat dich anvertraut und gegeben dem nach seinem Bild Geformten. *ḥubbek(ī) w-lâ ṭlem; bar ʿubbek(ī) hū wa-l-bar ʿubbeh agʿel ya(h)bek(ī)* = »Deine Liebe, er hat den Dank dafür nicht versagt; er ist der Sohn deines Schoßes und er hat dich anvertraut und gegeben dem Sohn seines Schoßes«. Man sieht: das *ḥubbek(ī) w-lâ ṭlem* bleibt der Konstruktion nach völlig isoliert!

Ein zweites Beispiel dieser Art findet sich in Hy. de crucifixione 3,7. Hier heißt es zunächst: »In dir (o Abendmahlsaal) sah man auch Abraham, wie er mit dem Kalb zu den Engeln kam (um sie zu bewirten, als Symbol der Eucharistie). Darauf folgt: *Srâfē w-etrahhab(ū) da-ḥzaw la-Brâ kad seddōnâ mḥē hwâ b-ḥaṣṣaw w-reglaw b-gaw laqnâ mšīg hwâ* = »Die Serafim erschraken, die den Sohn sahen, wie er, angetan mit dem Linnen an seinen Hüften, die Füße (der Jünger) im Becken wusch, den Schmutz des Diebes, der ihn auslieferte«. Auch hier steht, wie man sieht, das *Srâfē w-etrahhab(ū)* völlig vereinzelt.

Am auffälligsten ist das plötzliche Auftreten und Verschwinden unsrer Konstruktion in Hy. de virginitate 27,6. Die Strophe spricht vom Jubel und Lobgesang der auferstehenden Gerechten und der Engel, während es von den Bösen heißt, daß ihr Anteil »Verschluß des Mundes« sein wird. Daran knüpft Ephräm, mehr nur äußerlich assoziativ, die persönlichen Worte: *d-qâlâ w-layt lī, zammar bī d-ezammar lâk* = »Da mir die Stimme fehlt, singe du in mir, damit ich dir singe!« Warum steht hier statt eines einfachen: *d-qâlâ layt lī* ein *d-qâlâ w-layt lī*? Ein rythmischer Gund scheidet aus; denn die Silbenzahl ist in beiden Fällen die gleiche. Das *w-layt lī* klang wohl feierlicher als das bloße *layt lī*.

Dazu sei eine ganz dichterische Stelle aus einer, kaum echten, *Sōgītâ* nachgetragen, wo wieder zwei aufeinanderfolgende Glieder mit unserem *wĕ* erscheinen, das aber nicht wie in allen von Nöldeke und oben von mir angeführten Stellen unmittelbar auf ein bloßes Nomen folgt, sondern auf ein Nomen verbunden mit einem kurzen Relativsatz. In Sog. 2,6 spricht nämlich Maria so zu ihrem Kind:

*Ber(ī) d-īledteh w-qašīš men(ī) * Mâr(ī) da-ṭ'anteh wa-ṭ'īn lī*
= »Mein Sohn, den ich gebar, er ist älter als ich; mein Herr, den ich trug, er trägt mich.«

Zum Schluß seien noch zwei Fälle angeführt, in denen ich ein *wĕ* sehe, das einen reinen Zustandsatz einleitet. Zu diesen sagt Nöldeke am Schluß des § 334 seiner Grammatik, sie seien »in syrischen Originalschriften selten, da hierfür das deutlichere *kad* dient«.

Das erste Beispiel dafür finde ich in Sermo de fide 1,37ff. Hier ist von der die Engel wesenhaft überragenden Größe des Sohnes in zwei parallelen Sätzen die Rede, die je eine Ganzzeile des rhythmischen Sermo von 7 + 7 Silben füllen. Der erste lautet:

bēt Srâfē lâ pâraḥ[21] * *w-īqâreh men yamīnâ (h)ū*

Das *wĕ* vor *īqâreh* gibt hier wörtlich übersetzt, auch als ein adversatives »aber«, keinen Sinn. Es ist offenbar die Einleitung eines Zustandsatzes, das mit einem »während« wiedergegeben werden kann, also: »Unter den Serafim fliegt er (der Sohn) nicht, während (doch) sein Ehren(platz) zur Rechten (des Vaters) ist«. In dem völlig parallel gebauten zweiten Satz erscheint an der Stelle des *wĕ* ein *dĕ*, das hier wohl wie auch an andren Stellen[22] für ein *kad* steht. Die Zeile lautet:

*'am da-mšammšīn lâ ītaw * d-'am yâlōdeh meštammaš*
= »er ist nicht zusammen mit den dienenden (Engeln), da (während) ihm (doch) mit seinem Erzeuger gedient wird«.[23]

Hat hier der Zustandsatz eine adversative Färbung, so ist er nach meiner Auffassung im zweiten Beispiel rein zeitlich. In Hy. de azymis 20,6 ist im Zusammenhang davon die Rede, daß die ans Kreuz genagelten Hände des Herrn nicht seine göttliche Macht gefesselt haben. Zur Begründung heißt es dazu in Strophe 6: »Auch als *(âf kad)* die Hände unseres Herrn frei waren, *law b-īdaw ṭa'neh l-mītâ wa-nfaq* = hat er nicht mit seinen Händen den toten (Lazarus) getragen, während er (aus dem Grab) hervorkam«.

21 In dieser Halbzeile fehlt eine Silbe, leicht zu ergänzen durch ein *hū*, oder ähnlich.
22 Davon ausführlich in dem folgenden Abschnitt über *dĕ*.
23 Man kann das *dĕ* auch relativisch nehmen, also: »(er), dem ... gedient wird«, was den gleichen Sinn ergibt. Übrigens habe ich nachträglich zu *w-īqâreh* in einer späten liturgischen Hs die Variante *d-īqâreh* gefunden, das aber wohl sicher sekundär ist gegenüber der lectio difficilior: *w-īqâreh*.

Anhangsweise sei auch noch das seltene, aber für die Erklärung nicht unwichtige *wĕ* explicativum angeführt. Ein sicheres Beispiel dafür liefert Pr. Ref. I 176,38ff. mit den Worten: *marwē lan âf Bīšâ hâkēl w-Sâṭânâ* = »es berauscht uns also auch der Böse (das ist) Satan«. Für den ganzen Zusammenhang kann ich auf *Ephräms Polemik gegen Mani* (CSCO subs. 55, S. 46) verweisen.

(Fortsetzung folgt)

MARGOT SCHMIDT

Das Auge als Symbol der Erleuchtung bei Ephräm und Parallelen in der Mystik des Mittelalters*

Die geistige Bedeutsamkeit des Auges und des Blickes, wie sie in der antiken, griechisch-philosophischen Auffassung immer wieder zum Ausdruck kommt nämlich, daß »Augen wie eine Lichtquelle strahlen«, wird auch in die christliche Vorstellungswelt übernommen[1]. Das Charisma des hl. Antonius ist nach Athanasius in seinen Augen gelegen, die Erleuchtung im Glaubenswandel sprach sich beim hl. Augustinus (nach seinen 'Confessiones') in seinen Augen und in seiner Stimme aus; die durchgängige Wahrhaftigkeit Bernhards von Clairvaux strahlte als »gehaltenes Feuer aus seinem großen Auge«. Mechthild von Magdeburg (13. Jh.) schreibt über ihre göttliche Begnadung: »Meine Augen wurden strahlend in deinem feurigen Lichte« (II,18), denn »Gott speist sie mit dem Glanze seines hehren Antlitzes« (II,3); ihre jüngere Zeitgenossin, Mechthild von Hackeborn, berichtet, daß Gott ihr »seine Augen« gab, von dessen Licht sie ganz durchdrungen wurde, so daß sie gleichsam wie »mit göttlichen Augen schaute«[2].

Wie bekannt, zeichnen sich die Schriften des Dichtertheologen Ephräm (303 bis 373) durch eine reiche Bildersprache aus, in denen auch das Bild vom Auge seinen eigenen Stellenwert hat. Über den Gebrauch und das Verständnis der Bilder hat Ephräm in seinen Schriften verstreut einige grundsätzliche Bemerkungen gemacht[3]. Aus ihnen ergibt sich, daß der einzig möglich Weg zur

* Dieser Beitrag ist als Vortrag anläßlich der Generalversammlung der Görres-Gesellschaft in Bonn am 28.IX.82 gehalten worden und wurde für den Druck leicht überarbeitet.

1 Platons Timaios 45b-46a enthält eine Parallele zur Vorstellung vom Auge als einer lichtspendenden Lampe. Vgl. D. Frei, Dämonie des Blickes, Wiesbaden 1953, S. 267ff. Vgl. H. Leisegang, Der Heilige Geist. Das Wesen und Werden mystisch-intuitiver Erkenntnis in der Philosophie und Religion der Griechen, 1919, Bd. I. A. Diehle, Vom sonnenhaften Auge, in: Platonismus und Christentum, Festschrift für H. Dörrie, hrsg. von H.D. Blume und F. Mann, Münster 1983 (Jahrbuch für Antike und Christentum, Ergänzungsband 10) S. 88.

2 Zitiert nach Frei, a.a.O., S. 270. Vgl. J. Görres, Die christliche Mystik, Regensburg 1839, Nachdruck in 5 Bd., Graz 1960, Bd. I, S. 253. Gall Morel, Mechthild von Magdeburg, Das fließende Licht der Gottheit, Regensburg 1869, Reprint Darmstadt 1963, S. 37,6u, und S. 28,14f.u.; deutsche Übersetzung von M. Schmidt, Einsiedeln-Zürich-Köln 1955, S. 99 und S. 88. Mechthild von Hackeborn, Liber specialis gratiae, Ed. Solesmensium O.S.B. Monachorum ... Revelationes Gertrudianae ac Mechtildianae II, Paris 1875, Lib. II, cap. 34, S. 179.

Erkenntnis des Göttlichen und zur Vermittlung des Heiles allein über Symbol (*rāzā*), Typos (*ṭupsā*), Bild (*dmūtā*), Zeichen (*nīša*) und Namen (*šmā*) führt, die fast immer von der abstrakten Bedeutung »Geheimnis« hinwegstreben und dagegen die viel konkretere Bedeutung »verhüllte Erscheinungsform« ausdrücken. In der damit involvierten Rückschau auf das Urbild, das für Ephräm zwar in seiner Wesensdurchdringung nie einsichtig wird, steht er in der platonischen Tradition des Exemplarismus mit seiner ganzen unerschöpflichen Aussageweise, kraft deren Ephräm zum Vertreter eines ausgeprägten Symbolismus wird.

Ferner bevorzugt Ephräm die urtümliche Lebendigkeit des Bildes gegenüber der rationaleren Form der Allegorie (*matlā*) und fordert wegen der darin liegenden intellektuellen Versuchung ihren maßvollen Gebrauch. Als ein Kriterium der Allegorie nennt Ephräm in KDiat XIII,15 ihr »flüchtiges Kleid« (*lbūšā la-mlē šāʿā*). Ihre ausschweifende Anwendung verfälscht nach ihm das Wort. Anstatt, daß sich der Geist durch »alle Einkleidungen der Allegorie verliere«, sei es viel wichtiger, die »(Bedeutungs-)kraft des Bildes (*ḥaylā da-dmūtā*) und die (Bedeutungs-)kraft des Gleichnisses (*ḥayleh d-matlā*) zu erfassen. Ähnlich mahnt er in KDiat XIII,5 : »Verstehe den geistigen Sinn (*reʿyānā*) der Worte und schau auf die (Bedeutungs)kraft (*ḥaylā*), die in ihnen verborgen ist«[4]. Das Maß der Sinnentfaltung muß nach Ephräm vom Wort, vom Bild selbst her begründet sein, so daß er in der Handhabung der spirituellen Deutung eine gewisse Mittelstellung zwischen antiochenischer und alexandrinischer Schule einnimmt.

Vor diesem sachlichen und sprachlichen Verstehenshorizont habe ich bereits an anderer Stelle das bisher nicht behandelte Bild vom Auge bei Ephräm unter dem Gesichtpunkt »Das Auge Gottes« und »Das Auge als Symbol der Inkarnation« behandelt. Die weitere Darlegung des Bildes vom Auge und den damit verbundenen Aussagen über die Art menschlichen Sehens, die zugleich eine Stufe der Differenzierung bedeutet, soll unter dem Gesichtspunkt stehen, in welchem Maße sich im Gebrauch dieses Bildes die analytische Fähigkeit in der Distinktion zeigt, indem sich die einzelne Bedeutung charakterisierend abhebt, und ob diese Fähigkeit eine ebenso große Kraft

3 M Schmidt, Die Augensymbolik bei Ephräm und Parallelen in der deutschen Mystik, in: Typus, Symbol, Allegorie bei den östlichen Vätern und ihren Parallelen im Mittelalter (Eichstätter Beiträge 4) Regensburg 1982, S. 278ff.

4 KDiat = Saint Ephrem, Commentaire de L'Evangile Concordant. Textes Syriaque (Manuscript Chester Beatty 709) édité et traduit par Dom Louis Leloir, OSB., Dublin 1963, S. 104/105. Die Zurückhaltung Ephräms gegenüber der Allegorie kann auch von Tatians 'Oratio ad Graecos' mit bestimmt sein, der in c. XXI sich heftig gegen die einfältigen Versuche der Griechen wendet, ihre Götter allegorisch auszudeuten (PG VI, 852B). Vgl. H. de Lubac, Exégèse médiévale II, Paris 1964, S. 132.

der Synthese gegenübersteht, damit die einzelne Bedeutung nicht untergeht, vielmehr im Ganzen ihren eigentümlichen Schwerpunkt hat.

Ausgangspunkt der Betrachtung ist der Bildvergleich in Hy. d(e) F(ide) 48,3:

> »Unsere Geschöpflichkeit ist wie *das Auge*,
> das aus und für sich (allein) blind ist — und nicht
> imstande ist, die Farben zu unterscheiden ohne Licht.«

Neben der allgemeinen Beschränktheit menschlicher Erkenntnis wird »das beherrschende Wirken des sich offenbarenden Gottes schroff herausgestellt«[5]. Wie das körperliche Auge ohne das erschaffene Licht nicht sehen könnte, so wenig könnte der Geist das unsichtbare Göttliche ohne die Hl. Schrift sehen: »Das Licht ließ er für die sichtbaren Dinge aufleuchten, seine Schrift (*ktābeh*) für die unsichtbaren« (HdF 48,4). Die Schrift wird als ein eigenes, höheres Licht neben dem geschaffenen Licht verstanden.

Was hier weiter auffällt, ist das Verschmelzen von körperlichem und geistigem Sehen. Die auffälligste Verbindung von körperlichen und geistigen Sinnen zeigt nach E. Beck[6] die Stelle, wo Satan darüber klagt, daß durch die Geburt Jesu seine bisherige Arbeit vernichtet zu werden droht. C(armina) Nis(ibena) 41,5:

> »Statt durch Ketten habe ich durch Trägheit die
> Menschen gefesselt ... Ich entzog ihren Sinnen
> alles Gute — den Augen die Lesung, dem Mund die
> Preisung, — dem Verstand die Belehrung.«

Das Lesen mit den Augen ist sowohl ein sinnlicher wie ein geistiger Akt. Die enge Verbindung, ja die gegenseitige Abhängigkeit zwischen sinnlichem und geistigem Sehen und damit das Einssein beziehungsweise die Begrenztheit der je einzelnen Sinne, deren fruchtbare Tätigkeit erst von der Einsicht des Herzens und seinem Urteil gespeist wird, verdeutlicht Prose Ref(utations) II, 144,31-42:

> »Es hört das *unerfahrene Auge*, das (nur) alle Gestalten sieht, auf den Mund, der (nur) jeden Geschmack prüft, um (so) die Süßigkeit einer Frucht kennenzulernen. Ferner hört das unerfahrene Ohr, das (nur) alle Worte hört, auf das Herz, das alle Worte prüft, um die Bedeutung der Worte kennenzulernen.«

5 E. Beck, Ephräms des Syrers Psychologie und Erkenntnislehre (CSCO vol. 419, Subsidia t. 58) 1981, S. 13-17.
6 Ebda, S. 137.

Hier schlägt Platons Lehre im 'Theiaitetos' von der Einheit der Sinne in der Seele durch[7]. Ähnlich kontrastiert später Meister Eckhart[8] die einzelnen Sinne, wenn auch in einer viel abstrakteren Ausdrucksform nämlich, daß bei aller Vielheit in der Seele nichts anderes grundgelegt ist als das Eins-Sein: »Der Mund nimmt den Geschmack wahr, dazu kann das Auge nichts beitragen, das Auge nimmt die Farbe wahr, davon (wiederum) weiß der Mund nichts, das Auge verlangt das Licht, der Geschmack besteht auch in der Nacht. Die Seele weiß von nichts als vom Einen (Eins-Sein)«. Beide Autoren haben das Eins-Sein im Auge, der Unterschied zwischen ihnen ist, daß bei Ephräm Sinnliches und Geistiges unlöslich verflochten erscheinen und zwischen beiden nicht allein das Verhältnis einer bloßen Abhängigkeit besteht, sondern Sinnliches und Geistiges auf einer höhren Ebene Eins sind. Dies wäre nicht möglich, wenn nicht auch das Sinnliche ein geistiges Durchdringen gestattet.

Nach Ephräm ist das Herz (*lebbā*) als Sitz des Verstehens und der Unterscheidungsgabe mit den verschiedenen Sinnestätigkeiten verbunden. Das Herz ist auch der körperliche Wohnsitz des Geistes (*re'yānā*, *madd'ā*), des *Hegemonikon*, es wird als »Gefäß der Lebensregungen der Seele« (Prose Ref I, 122) und als »Heerführer« und »Heerlager der Gedanken« (HdF 27,6) bezeichnet. Im Herzen fließen demnach die emotionalen und intellektuellen Kräfte zusammen und werden von ihm aus gelenkt. Unter »Lebensregungen der Seele« versteht Ephräm die sieben Sinne. Hier kommen neben den fünf klassischen Sinnen: visus, auditus, gustus, odoratus und tactus mit ihren Organen Auge, Ohr, Mund, Nase und Hand die zwei weiteren Sinne hinzu, das Sprachvermögen (*phōnētikon*) mit der Zunge und das Zeugungsvermögen (das *spermatikon*), die alle zusammen unter einem 8. Sinn, nämlich unter der Herrschaft des Geistes (*re'yānā*, *madd'ā*) stehen. Diese Herrschaft wird unter dem Bild des Königs und unter seinem »Heerführer«, dem Herzen (*lebbā*), veranschaulicht. All diesen aufeinander angewiesenen Sinnen (S(ermones) d(e) F(ide) I,59) — womit für Ephräm Körper, Seele und Geist eine untrennbare Einheit bilden, eine Einheit, die auch *madd'ā* und *re'yānā*, den Geist, als oberste Kraft der Seele einschließt — wird die Verwandtschaft mit dem Licht abgesprochen. Selbst der Geist und das Herz sind nicht imstande, das Licht zu erfassen, allein das Auge ist mit ihm verwandt. HdF 27,5:

> »... nicht ertastet man sein Licht —
> Das Sehen (Auge) allein ist verwandt (mit dem Licht) —
> und ihm gewachsen ...«

7 Theaitetos, 184d-e.

8 Meister Eckhart, Die Deutschen Werke, hrsg. von J. Quint, Stuttgart 1975 (= DW) Bd. III, Pr. 72, S. 549. Ebenso F. Pfeiffer, Meister Eckhart. Deutsche Mystiker II, 1857; Neudruck Aalen 1962, S. 116,26-29: »Dâ mîn ouge sîhet, dâ hoeret mîn ôre niht, dâ mîn ôre hoeret, dâ sîhet mîn ouge niht.« Vgl. hierzu DW I, 143,5-7 und Anm. 2.

So wird neben der Gleichstellung von Sinn und Intellekt für die Erkenntnis des Göttlichen ein eigenes Sehvermögen gefordert, über das der Mensch natürlicherweise nicht verfügt, das er aber anlagemäßig in sich trägt. HdF 27,5 erklärt am Beispiel des Sonnengestirns:

»(Die Menschen) bedenken nicht, daß sie (nur) einen
Sinn haben, welcher dem (Sonnen)gestirn verwandt ist, (während)
alle übrigen Sinne ihm entzogen und fremd sind. Seine
Farbe wird nicht verkostet, sein Geruch wird nicht
gerochen, sein Glanz wird nicht gehört, sein Licht
wird nicht ertastet.«

Bei der Wiederholung des gleichen Arguments treten anstelle der Sinne ihre Organe, und am Schluß der Strophe heißt es dann in HdF 27,6:

»Auch Verstand und Herz (*madd'ā w-lebbā*), der König
und sein Heerführer, und die Schar der Gedanken und
deren Heerlager, die Seele, haben das Licht nicht erfaßt.«

Im Hinblick auf die grundsätzliche Kontingenz besteht also zwischen sinnlichem und geistigem Erkennen kein Wesensgegensatz, sondern eine Gleichsetzung von *sentire* und *intellegere* wie es HdF 71,19-20 aussprechen:

»Siehe, alle Augen und alle Intellekte (*kul re'yānīn*)
sind viel zu schwach angesichts der (Übermacht der) Gottheit.«

Das Auge des Intellekts wird als geschaffener Intellekt vom Intellekt schlechthin, nämlich der Gottheit, unterschieden; HdF 70,21:

»Es kann unter den (geschaffenen) Intellekten (*re'yānē*)
keinen Schoß (*'ubbā*) geben, der den Intellekt (schlechthin = *l-hāy īda'tā d-alāhūtā*), die Gottheit, fassen würde.«

Gott wird als undurchdringbarer Geist, als Nous, als Logos bezeichnet[9], der für die noch so durchdringenden Augen des Intellekts verborgen bleibt. In scharfer Antithese wird die Unfähigkeit des natürlichen geistigen Auges in HdF 4,5 betont:

»... nicht einmal der Intellekt, der feine, kann dich
tastend ersuchen ... dich mit Augen sehen: — obwohl du
das offene Licht bist, — ist dein Anblick allen verborgen.«

Sein Sein trennt ihn nach HdF 69,11 vom Geschöpf durch einen Abgrund:

»Welches Geschöpf könnte die Gottheit erforschen?
Denn ein Abgrund (*peḥtā*) besteht zwischen ihm und dem Schöpfer.«

Dieser Abgrund ist nach HdF 63,12 für das Geschöpf »unüberschreitbar«.

9 Vgl. E. Beck, ebda, S. 166f. Vgl. M. Schmidt, Die Augensymbolik ..., a.a.O., S. 287f.

Immer wieder wird betont, daß die geistige Erkenntnis auf das *Das* eingeschränkt bleibt unter Ausschluß der Wesenserkenntnis: So heißt es in SdF 4,63:

»Nicht hast du, weil du erkanntest, daß etwas ist,
auch schon erfaßt, wie es ist«, und im KDiat 48,17:
»Wenn im Hören und Sehen (schon) das Erkennen (*īdaʿtā*)
wäre, dann hätte jeder, der unseren Herrn sah, ihn auch
(vom Wesen her) erkennen müssen«.

Dem begrenzten »Auge des Geistes« entspricht nach HdF 5,18 das begrenzte »Auge der Seele«:

»Dem Auge der Seele (*d-nafšā*) wäre es zu schwer, das verborgene Licht zu sehen«.

Auge (*ʿaynā*), Geist (*reʿyānā*) und Seele (*nafšā*) sind vertauschbar, werden synonym, weil *ʿaynā* für das geistige Sehen steht, so in SdF 2,189ff:

»Es schaute das Auge auf seine (Gottes) Gerechtigkeit,
es erfaßte seine Güte.
Es schaute der Geist (*reʿyānā*) auf sein Erbarmen ...«

»Die blinde Seele (*nafšā*), die nicht einmal sich selber
sehen kann, wie soll sie ihren Blick auf die Gottheit heften (können)?« (HdF 70,4).

In gleicher Weise meint auch das Verb »sehen« (*ḥzā*) sowohl das sinnliche wie das geistige Sehen, wenn über die Widersprüche der Schrift geredet wird, die im Geist Verwirrung stiften. SdF 2,196-198:

»Es irrt herum und staunt der Intellekt (*reʿyānā*),
es gerät in Verwirrung das Sehen (*metdawwad leh ḥzāyā*).«

Aufgrund der allgemeinen Kontingenz aller Kräfte erhebt sich in HdF 70,5 die Frage:

»Mit welchen Sinnen (*regšē*) sollte sie (die Seele)
es wagen, zu forschen nach jenem Schöpfer?«

Die hier angesprochenen Sinne sind alle sieben Sinne mit ihren Gliedern und dem Intellekt, als dem *principale*, dem *Hegemonikon*, der Führungskraft, die im Herzen ihren Sitz hat. Schließlich präzisiert Ephräm die Frage in HdF 70,1:

»Mit *welchem* Auge wird der Erschaffene schauen jenen Erschaffer?«

Die Antwort hierauf liefert H(ymni) d(e) Eccl(esia) 34,14,16:

»Nur dem (geistlichen) Auge offenbart er seine verborgenen
Symbole / das Schauen jenes (geistlichen Auges) hört und ... vernimmt«;

im Anschluß an Mt 6,22 heißt es in SdF I,47:

»Durch das Auge wird der ganze Körper licht.«

Hier wird wiederum das Auge sowohl als körperliches Organ wie auch als geistiges Erkenntnisvermögen mit den Sinnen, ja für den ganzen Körper als Lichtquelle in engste Verbindung gebracht. Bereits das biblische Logion vom Auge, das hier nach Mt 6,22 im Hintergrund steht: »Das Auge ist die Leuchte (Laterne/Lampe) deines Leibes. Ist dein Auge gesund (einfältig), so hat dein ganzer Leib Licht. Ist aber dein Auge krank, so ist dein ganzer Leib in Finsternis« ist der Ausdruck dafür, daß der Mensch »ein Organismus ist, der von seinem Lebensprinzip abhängig ist«[10]. Es ist die Grundlage für die Lehre über das organische Zusammenwirken menschlichen Handelns in all seinen Sinnen, Gliedern und geistigen Vermögen. Die Tragweite dieses Gedankens liegt darin, daß vom ganzheitlichen Zusammenspiel aller menschlichen Sinne und Kräfte sich die Bedeutung der göttlichen Ganzheitsforderung an den Menschen ableitet, die wiederum in den biblischen Satz einmündet: »Du kannst nicht zwei Herren dienen«.

Dieses hier involvierte biblische Verständnis, das nach dem Aufweis der Exegese an dieser Stelle keine psychologische Betrachtung enthält, sondern auf eine religiöse Grundhaltung im Zusammenspiel aller Kräfte verweist, ist der Verstehenshintergrund für Ephräms Sprechen vom Auge. So auch in HdEccl 38,9: »Es öffnete der Herr die blinden Augen, und licht wurde der Körper.«

Zur Verdeutlichung des Ephrämischen Bildes vom Auge sei gesagt: Nach Platon verfügt das Auge des Geistes über ein apriorisches Vorherwissen (*pro eidenai*, 'Phädon') des unbedingten Lichtes (in der Idee des Guten). Im Horizont dieses göttlichen Lichtes erkennt das Auge des Geistes die Wahrheit alles Erkennbaren. Ephräm steht in der platonischen Tradition, wenn er das volle, eigentliche Sehen von der Teilhabe an einem ursprünglichen Licht ableitet; daher ist nach ihm die sinnliche wie geistige Erkenntnis gleicherweise begrenzt; er warnt vor falscher Zielrichtung des Erkennenwollens in HdF 15.10:

> »Laßt uns nicht die Augen unseres Geistes (*d-maḥšabtan*)
> blenden durch das Forschen. Da unser Geist (*tarʿītan*)
> mit Blindheit geschlagen ist, kann er nicht wieder
> mit klaren Augen (*b-ʿaynā šfītā*) den Vater, den Sohn
> und den Hl. Geist betrachten.«

10 E. Edlund, Das Auge der Einfalt. Eine Untersuchung zu Matth. 6,22-23 und Luk. 11,34-35, Lund 1952, S. 110. E. Sjöberg, Das Licht in dir. Zur Deutung von Matth. 6,22f. Par., Studia Theologica V (1952) 89-105, deutet dieses Schriftwort nicht als rein intellektuelle Erleuchtung, sondern in ganzheitlicher Sicht als einen dem Menschen gegebenen Anteil am Licht. Diese Erklärung kommt der Deutung Ephräms vom blinden und lichterfüllten Auge sehr nahe. Cassian, Collatio II, deutet die Matthäusstelle so: »die weise Maßhaltung ist es nämlich, die im Evangelium Auge und Leuchte des Leibes genannt wird; vgl. weiter oben: das Auge als Symbol des Maßes.

Daher die Frage : Mit welchem Auge schaut der Mensch Göttliches? Ephräm setzt für die Erkenntnis des Göttlichen eine besondere Sehkraft mit einem speziellen ursprünglichen Licht voraus. Für das eigentliche Sehen heißt es angesichts der menschlichen Trägheit in HdJ(eiunio) 6,4 :

»Groß ist die Gabe, die vor uns Blinde gelegt ist;
obwohl jeder von uns zwei Augen hat, sind es wenige,
die die Gabe gesehen haben, was und wessen sie ist.«

Da die geistige Blindheit vom Menschen willentlich verursacht wurde, heißt es in Zusammenhang mit der Heilung des Blindgeborenen nach Joh 9,1-7 in HdJ 6,5 :

»Öffne, mein Herr, die Augen (des Geistes), die wir willentlich blind gemacht haben!«
»Uns, mein Herr, spei ins Gesicht und öffne die Augen,
die unser freier Wille verschloß!
Gepriesen sei jener, der das *Auge des Geistes* (hier : *d-hawnā*) gab,
jenes Auge, das wir blind gemacht haben.«

Die Lehre und Unterscheidung von den zwei Augen, von denen das innere Auge (des Geistes) durch falsche Bezogenheit blind geworden und somit der menschlichen Vernunft das ursprüngliche Licht entzogen ist, kennzeichnet Johannes Tauler in seiner Predigt «*Beati oculi*» (V 45) in drastischer Ausmalung als tödlichen Schaden[11]. Heinrich Seuse weiß, daß erst in der Eröffnung der »*inren ougen*« (der Vernunft)[12] Gott wahrgenommen werden kann, weil es »ein *wunderlichu blintheit menschlicher vernunft*« gibt und sich »*das Auge der Erkenntnis in seiner Schwäche … wie die Augen der Fledermaus zum hellen Sonnenlicht*« verhalten. Wegen der selbstverschuldeten Blindheit einerseits und dem konstitutiven impliziten aber nicht entfalteten göttlichen Erkennen andererseits bittet Bonaventura zu Beginn seines 'Itinerarium mentis in Deum (Prol.), Gott »möge unserem Geiste erleuchtete Augen geben«.

Der Ausdruck »Auge des Geistes« unterscheidet sich bei Ephräm hier sprachlich von den bisherigen, wo die syr. Worte *reʿyānā, tarʿītā, mahšabtā, maddʿā* verwendet wurden; bei *hawnā* handelt es sich offensichtlich um ein anderes »Auge des Geistes«, nämlich das Organ für das Erkennen dessen, was uns zum Heile gereicht.

11 Vgl. Louise Gändiger, Der Abgrund ruft den Abgrund. Tauler Predigt '*Beati oculi*' (V 45), in : A.M. Haas, H. Stirnimann, Das »einig Ein«, Studien zur Theorie und Sprache der deutschen Mystik, Freiburg/Schweiz 1980 (Dokimion Bd. 6), S. 174-180, 191.

12 Ed. K. Bihlmeyer, Heinrich Seuse, Deutsche Schriften, Stuttgart 1907, Nachdruck Frankf. a.M. 1961, Vita, cap. 51, S. 177,21f., 177,6f., 177,15ff. Vgl. A.M. Haas, Nim din selbes war. Studien zur Lehre von der Selbsterkenntnis bei Meister Eckhart, Johannes Tauler und Heinrich Seuse, Freiburg i. Schweiz, 1971, S. 174.

Wichtig ist nun die Frage: Wie erhält der Mensch das neue Auge des Geistes? An anderer Stelle habe ich ausführlicher dargelegt[13], daß der Logos als Auge der Inkarnation die ganze Schöpfung erweckte und durch dieses Auge auch der blinde Mensch die Möglichkeit für das eigentliche, geistige Auge erhält. Trotz seiner Blindheit besitzt er in sich das »unsichtbare Auge« als göttliche Anlage, die der Mensch nicht verloren hat; gerade weil er die organische Blindheit empfindet, trachtet er nach einer überorganischen Schau in dem Anruf: »Herr, erleuchte das Auge, das unsichtbare, das in mir blind ist« (HdEccl 13,15). Das innere, unsichtbare Auge sind die geschwächten und darum zu erleuchtenden »Augen der Herzens«; »gepriesen sei, der die Augen unseres Herzens [aynē d-lebban] erleuchtet hat« (HdEccl 46,1). Die »Augen des Herzens« sind eine Bildvorstellung im Anschluß an Eph 1,18, die im Mittelalter zum beliebten und vielseitigen Topos wird. Das bei Ephräm zum Ausdruck kommende Wissen um eine wiederzuerweckende Urschau ist eine Teilhabe am Göttlichen, die sich auf den ganzen Menschen bezieht, da »an allen Sinnen (*b-kul regšaw*) das Bild des Herrn geformt ist« (HdVirg[initate] II,12), das heißt, daß die sieben Sinne in ihrer und über ihre organische Funktion hinaus ein Abbild des Göttlichen sind. Deswegen sind sie alle nach HdEccl 27,10 zum Lobpreis Gottes aufgerufen:

> »Die Sinne, mein Herr, zusammen mit den Gliedern (*ʿam haddāmē*), der
> Geist (*reʿyānā*) gefalle dir durch sie alle!
> Meine Sinne (*regšay*), o mein Herr, möge deine Hoheit schmücken!«

Die über das Auge bis in alle Glieder reichende göttliche Abbildlichkeit verweist auf die göttliche Herkunft des Menschen; durch sie ist sein Wesen von einem ständigen Hunger nach Gott bestimmt, ohne je in diesem Leben gestillt werden zu können:

> »Die Blinden und Tauben, die vom Mutterschoß an hungerten, die nach dem Licht hungerten«

(HdPar[adiso] 7,13), tragen als vom Mutterschoße an Gezeichnete in unwandelbarer Treue das konstitutive Element Gottes in sich, von dem HdF 62,9 sagt:

> »Die Menschen wurden aus Gnade (in der Schrift) Götter (oder Söhne Gottes) zubenannt, verloren aber durch diesen Beinamen nicht ihre Natur, sie tragen (nach wie vor) ihre genauen Namen (*šmāhē ḥattītē*), Menschen. Der Name ist für sie die Probe.«

Die göttliche Anlage als das hungernde »unsichtbare Auge« ist das Einfallstor für das »Geschenk« von oben, um zum Sehen gebracht zu werden. Der verchristlichte platonische Gedanke heißt bei Ephräm: Das Auge kann die

13 M. Schmidt, Die Augensymbolik … a.a.O., S. 287ff.

Sonne nicht sehen, wenn nicht der Sonnenstrahl (Christus) zu ihm herabkommt[14]. Denn das Auge kann das Licht nicht durch sich selbst sehen; »ohne den Boten (von oben) kann das Auge nicht zu dem Gestirne gehen ... Sein Glanz zieht das Auge zu ihm« (HdF 25,5.6). Die Anziehung von oben als »Geschenk« erfordert aber dennoch die menschliche Mitwirkung. Die eben zitierte »Probe« des Menschen besteht im Verhalten der Willensfreiheit zum Angebot der Gnade. So wie das Auge durch den freien Willen des ersten Menschen blind wurde, entstand durch den freien Gehorsam des Sohnes das göttlich leuchtende und erleuchtende Auge. Die unterschiedlichen Verhaltensweisen aufgrund der Wahlfreiheit bestimmen das Schicksal des Menschen nach der Grundsatzaussage von HdEccl 37,4.5:

»Siehe, (die Menschen) gleichen in ihren Symbolen einem Körper, an dem das eine Auge blind und finster, das andere dagegen klar und leuchtend ist, alles erleuchtend.«

»Siehe die Menschheit! Zwei Augen sind ihr eingefügt — Eva, das blinde, linke Auge. — Das rechte, leuchtende Auge (ist) Maria.«

Das blinde linke Auge steht symbolisch für das Sich-Versagen, das Sich-Abwenden oder nach der Formulierung Taulers versinnbildet es den falschen Bezug; das rechte, leuchtende Auge besitzt in seiner totalen Zuwendung die Möglichkeit für das Einfließen des göttlichen Gnadenlichtes, das nicht allein das Geistesauge erhellt, sondern den ganzen Menschen bis in seine Sinne und Glieder erfaßt, so wie das paradiesische Glück als körperliche und geistige Vollkommenheit beschrieben wird: Die hier auf Erden »nach dem Licht hungerten und nicht sahen, — ihre Augen erfreut die Schönheit des Paradieses, und der Ton seiner Harfe tröstet ihre Ohren«[15].

Worauf es immer ankommt, ist die Einheit der körperlich-sinnlichen und geistigen Funktion aufzuzeigen und zu verteidigen, sowohl im natürlichen wie im übernatürlichen Bereich — daß jeder Sinnesakt auch eine geistige Komponente hat, wie umgekehrt sich der Geist in den Sinnen ausdrückt. In einem kühnen Bild von einer ehelichen Verbindung des Auges mit dem Licht verteidigt Ephräm die Ehe gegen die Ablehnung durch die Markioniten. Seine Argumentation im konkreten Bilde für das Spermatikon offenbart

14 Vgl. E. Beck, Rede gegen eine philosophische Schrift des Bardaisan, OrChr 60 (1976), S. 52, Anm. 109.

15 HdPar 7,13. Tauler spricht wie Ephräm von einem blind gewordenen inneren Auge, das Ephräm zusätzlich als linkes Auge mit der Typologie Evas präzisiert. Vgl. Ed. J. Quint, Textbuch zur Mystik des deutschen Mittelalters, Tübingen 1957^2, S. 72,21, wo Tauler von »*zweiger leige ougen*« spricht. Wenn er das »*innerliche ouge*« nicht hätte, wäre der Mensch »*ein hert snoed krank ding*« (72,24); aber dieses innere Auge ist »*alsus bermgklichen verblent*« (blind), »*das es dis woren liechtes nuht ensicht.*« (S. 72,27f.). In Anm. 4, S. 103 verweist J. Quint auf Augustinus. In Joh. tr. 13 n. 3 (PL 35) 1493, wo dieser vom äußeren und inneren Auge spricht.

die Einheit von sinnlichem und geistigem Akt. In H(ymni) c(ontra) H(aereses) 45,7-9 lautet die Gedankenführung[16]:

»Indem sie die eheliche Verbindung für unrein erklärten, sahen sie nicht ein, ... daß die Glieder (*haddāmē*) Brüder sind und die Sinne (*regšē*) Genossen und Verwandte. Und wenn nun der Gebrauch (auch nur) eines Gliedes unrein ist, dann ist es klar, daß alle Glieder unrein sind ...«

Daß dies nicht so ist, erklärt die folgende Strophe im Bild vom Auge und Licht: »So sollen sie also dem Auge das Licht entziehen; denn das ist eine (eheliche) Verbindung (*šawtāfūtā*) der beiden.«

Gedanklich bedeutet dies: Das Auge vereinigt sich im Sehakt mit dem Licht. Auge wird nicht auf das Objekt körperliches Organ reduziert, sondern steht für den ganzen Menschen in der Bedeutung als 'Leuchte für den Körper', und Licht ist nicht allein als körperliches Licht, sondern auch übertragen als Gnade zu verstehen, wie überhaupt 'Licht' durchgängig oder Metapher für das Göttliche ist. So wie das geschaffene Licht das körperliche Auge zum Sehen bringt, so kann das ungeschaffene Licht — die Gnade — das geistige Auge erleuchten, das heißt jeder wird erleuchtet, der in diese Welt kommt, wenn er will.

Im Anschluß an das aufgenommene Bild der *unio* von Licht und Auge, in dem das Zeugungsvermögen nicht auf einen rein biologischen Akt reduziert wird, sondern als Einheit eines sinnlich-geistigen Aktes die Teilhabe eines göttlich inspirierten Schöpfungswerkes ausdrückt, folgt die Verbindung von Ohr und Laut, von Wort und Zunge mit der Feststellung, daß dies reine, lautere Vermischungen sind und daher alle Sinne der Inspiration unterliegen für eine am Gesetz sich ausrichtende Vollkommenheit:

»Diese keuschen Vereinigungen rufen laut, daß die eheliche Verbindung rein ist. Und wenn nicht der Gebrauch der Sinne (*regšē*) und der Glieder (*haddāmē*) für sich (allein) unrein ist, außer der Mensch sieht und hört auf böse (sündhafte) Weise, dann ist sein (Gottes) Gesetz der Vollender unserer Natur — und sein Gebot der Verschönerer unseres Willens — und seine Lehre der Kranz unserer Freiheit.«

Der letzte Satz betont die an der Offenbarung, am göttlichen Gesetz verantwortete Freiheit im Umgang aller Sinnesvermögen, denn die Erleuchtung als »Geschenk des Wortes« (HdF 25,5), nämlich des »unsichtbaren Auges« der Gottheit Christi ist zugleich ein Symbol seiner göttlichen Macht. Nur durch den Blick dieses göttlichen »unsichtbaren Auges« wird der Mensch zum Göttlichen erhoben, nicht allein durch die menschliche Natur; dies enthält die Aufforderung, die menschliche Natur zu überschreiten. So ist über diese ver-

16 Vgl. E. Beck, Ephräms des Syrers Psychologie ..., a.a.O., S. 18 und Anm. 13 mit dem Hinweis, daß Ephräm das Bild von Bardaisan kannte, das er in anderer Verwendung in Prose Ref II,48,48 ff. bekämpft.

christlichte, in Antinomie sich ausdrückende Augensymbolik die transzendente Realität als Möglichkeit für den Menschen angesprochen und die Idee freigesetzt, daß der Mensch vergöttlicht werden kann und soll, ein alter Gedanke, den schon Origenes vertrat[17] und der vor allem bei Athanasius zum Tragen kam unter der Formel: In Christus ist Gott Mensch geworden, um den Menschen zu vergöttlichen[18]. In diesem Prozeß stehen Freiheit und Gnade in einem wechselseitigen, wenn auch wohl undurchdringbaren Prozeß. Warum? Weil hier die verborgene Wirkung der sakramentalen Gnadenzuteilung angesprochen ist, die jedoch einer Anstrengung unterliegt, der Bemühung von Erkenntnis und Willen und des judicium nach der Aufforderung in HdF 25, 21:

> »Wähle das Licht für deine Augen,
> und die Wahrheit für den Geist.«

Aber auch der Vorgang der freien Wahl bedarf wegen der menschlichen Schwäche göttlicher Mithilfe. Diese Einsicht über die notwendige Verbindung von Gnade und Eigentätigkeit führt zu dem Anruf in HdF 25,21:

> »Gib meiner Weichheit deine starken Antriebe, damit ich meine schwache Seele zu deiner Majestät erhebe.«

Beim Vorgang der Erhebung als Hinwendung zum Göttlichen betont Ephräm in HdNat(ivitate) 4,140 wieder stärker die eigene Leistung:

> »Die Türen der (unsichtbaren) Augen (*d-bābātā?*) und die Tür des Mundes — kann der Wille öffnen und schließen.«

Dies geschieht durch das »Auge des Glaubens« (HdEccl 38,2), welches das »klare Geistesauge« ist. Der Wille drückt sich aus in der bereitwilligen Zuwendung, wie sie exemplarisch in Maria als »gesundes Auge« vorliegt. Wer hingegen den Sohn durch Forschen ausschließlich in seiner Menschheit betrachtet wie die Arianer, hat ein »dunkles und nacktes Auge« (HdVirg 51,5), das heißt er ist ohne Sehvermögen, weil er auf die Betrachtung und Erleuchtung des Göttlichen verzichtet.

Neben der Tatsache, daß das göttliche Wort in Christus allein mit dem »unsichtbaren Auge« seiner Gottheit die Menschen erleuchtet (HdF 73,17-19), ist Maria exemplarisch das gesunde, sehende, leuchtende und erleuchtende Auge kraft ihrer Geisterfüllung und der gottmenschlichen Verschmelzung in der Menschwerdung: HdEccl 36,2: »In Maria nahm wie im Auge das Licht Wohnung«[19]. Daß die Gestalt Mariens unter dem Bilde des Auges wieder

17 Origenes, Contra Celsum, III 28 (PG 11) 955/6: »Zweck der Menschwerdung ist die Vergöttlichung (*génetai theĩa*) der menschlichen Natur.«

18 Vgl. M. Schmidt, Die Augensymbolik ..., S. 296, Anm. 24.

19 Vgl. S. Brock, St. Ephrem on Christ as Light in Mary and in the Jordan: Hymni De Ecclesia 36, Eastern Church Review 7 (1976), S. 137-144.

nicht allein das äußere, körperliche Organ und Sehen meint, sondern eine im Auge wirkende göttliche Kraft von oben, die alle körperlichen und geistigen Sinne vollendet, erläutern die anschließenden Zeilen: Das Licht »reinigte ihren Geist und läuterte ihr Denken, heiligte ihren Sinn und verklärte ihre Jungfräulichkeit«.

Noch deutlicher wird Maria im Anschluß an Mt 6,22 in HdEccl 37,2 das übernatürlich erleuchtende Auge, das alle Sinne des Leibes erstrahlen läßt:

> »Aufgrund des Auges (= Maria) wird der Körper mit seinen Gelenken — leuchtend in seinen Verbindungen, schön in seinem Benehmen, — geschmückt in allen seinen Sinnen und strahlend in seinen Gliedern.«

Die als Auge personifizierte Gestalt Mariens symbolisiert im Sinne der Unversehrtheit die Schönheit und Leuchtkraft des ganzen Menschen in seiner geistigen und körperlichen Gestalt, so daß wer mit dem ganzen Leibe leuchtet, auch mit ihm sehen kann. Auf diese Weise enthüllt sich die Vollkommenheit Marias ausdrücklich in der absoluten auch den Leib erfassenden sich selbst durchdringenden Sehfähigkeit. Diese von der göttlichen Lichtquelle genährte totale Identität betont der antithetische Vergleich mit Moses in den vorhergehenden Strophen HdEccl 36,6:

> »Der Glanz, in den Moses sich kleidete, war nur eine äußerliche Hülle ... — der Körper (= Maria), in dem er (= Christus) wohnte, erstrahlte von innen.
>
> Und wie Moses in Herrlichkeit erstrahlte, — weil er (nur) ein wenig den Hauch (Gottes) sah, wie mußte da gestrahlt haben — der Körper, in dem er wohnte ...«.

Die in Maria aufscheinende Manifestation göttlicher Herrlichkeit als ein in jeder Hinsicht vollkommenes Sein schließt die Herrschaft aller Sinne ein, klare Erkenntnis und Schönheit nach der ersten Strophe von HdEccl 36,1:

> »Das Auge wird rein, wenn es sich mit der Sonne (= Christus) verbindet, — und siegt durch ihre Waffe und wird klar durch ihre Helle — und strahlend durch ihren Glanz und geschmückt durch ihre Schönheit.«

Die Wirkungen des göttlichen Lichtes im Auge sind demnach Ausdruck der ontologischen, gnoseologischen, ethischen und ästhetischen Vollendung, wobei die Differenzierungen nur nachträgliche Zerlegungen einer ursprünglichen organischen Einheit sind, versinnbildet im Auge als dem Ort der geistig-sinnlichen Einheit als Synthese aller Kräfte.

Die hier auf Maria angewandte tiefsinnige und komplexe Augensymbolik mit der dogmatischen Implikation der Immaculata conceptio und der Vorstellung von Maria als der ganz und gar vom Geist erfüllten Schau ist ein Sinnbild der sich dauernd erneuernden Kraft durch das Geheimnis des unversehrten, nicht gespaltenen Menschen und enthält die Botschaft, daß die lenkende geistige Schau kein Monopol des Mannes ist. Diese Augensymbolik hat ihren Nachklang in der frühmittelhochdeutschen Dichtung, dem St. Trudperter Hohelied (12. Jh.), wo es heißt: Maria war »*daz ouge, daz christ her in dise welt gezoch*«[20].

Etwa zur gleichen Zeit verbindet Hildegard von Bingen Marias Gabe der Schau mit der Unversehrtheit und Schönheit in der Anrufung: »Du Augapfel der Reinheit«[21]. Ihre auf einer jenseitigen Voraussetzung beruhende Schaukraft erläutert Hildegard: »Die Pupille weist auf das innere Gesicht der Augen, das leiblicher Erfahrung unbekannt ist«[22]. Das Bild »*Du Augapfel*« (*pupilla*) läßt die Einengung auf die körperliche Reinheit weit zurück und umschreibt auch hier Mariens Privileg der Immaculate conceptio, erhärtet durch den kühnen Vergleich: »Divinitas pulcherrimam filiam aspexit, sicut aquilam in solem oculum suum ponit«[23]. Die Gottheit ist der Adler, der sein Auge auf die Sonne — Maria — heftet. Die Sonne, sonst ein Symbol des Göttlichen, versinnbildet bei Maria ihre seinsmäßige Strahlkraft, weshalb ihr Hildegard den heilsbewirkenden Titel »illuminatio omnium creaturarum«[24] zuspricht. Diese Erleuchtungs- und Inspirationskraft spezifiziert Honorius Augustodinensis in der Aussage, daß Maria das »Auge der Kirche« ist[25].

In der schon rein sprachlich glanzvollsten Marienpreisdichtung des Mittelalters, der »Goldenen Schmiede« des Konrad von Würzburg (13. Jh.), wird Marias untrügliche Schaukraft mit den Augen des Adlers verglichen, die hier zwar mit dem Topos »Augen des Herzens« bestimmt werden, aber ähnlich wie bei Ephräm die versammelte Kraft der Sinne und des Geistes meinen, die in den Glanz der Gottheit, das heißt in die ewige Liebe eingetaucht sind[26]:

20 St. Trudperter Hohelied, Ed. M. Menhardt, 54,14f., Halle/Saale 1934.

21 Hildegard von Bingen, Lieder. Nach den Handschriften hrsg. von P. Barth, M.I. Ritscher und J. Schmidt-Görg, Salzburg 1969 (= Lieder), S. 22, Nr. 12. Vgl. M. Schmidt, Maria — »materia aurea« in der Kirche nach Hildegard von Bingen, Münchener Theologische Zeitschrift 32 (1981), S. 23f. und Anm. 56.

22 Hildegard von Bingen, L(iber) D(ivinorum) O(perum) III 7, n. 12; PL 197, col. 974B.

23 Lieder, 226, Nr. 14. Vgl. M. Schmidt, Maria — »materia aurea« ..., a.a.O., S. 24, Anm. 57.

24 Lieder, 286, Nr. 70.

25 Sigillum beatae Mariae ubi exponuntur Cantica Canticorum, PL 172, col. 505f.; zitiert nach W. Beinert, ... Die Kirche — Gottes Heil in der Welt. Die Lehre von der Kirche nach den Schriften des Rupert von Deutz, Honorius Augustodinensis und Gerhoch von Reichersberg. Ein Beitrag zur Ekklesiologie des 12. Jahrhunderts, Münster 1973, S. 356.

26 Konrad von Würzburg, Die Goldene Schmiede, Ed. Edward Schröder, Göttingen 1926, v. 1116-1121 nie mensche mit des herzen gir
noch mit dem gelouben sîn
möht an der gotheite schîn
geblicken alsô vaste nie
sam dînes herzen ougen ie
tâten unde ouch iemer tuont.

Vgl. H. Kolb, Der Begriff der Minne und das Entstehen der höfischen Lyrik (Hermaea Bd. 4), Tübingen 1958, hier das Kapitel: Die Mystik des Auges und des Herzens,

»Kein Mensch hat mit dem Verlangen des Herzens
und mit der (Kraft) seines Glaubens
so tief in den Glanz der Gottheit geschaut,
wie deine Augen des Herzens es je taten und immer tun werden.« (v. 1116-1121)

In der Tradition dieser Idee, daß in Maria die Frau über eine einzigartige Erleuchtung und Schau des Göttlichen verfügt, wodurch jede Vereinzelung und Verwirrung aufgehoben und der Mensch geheilt wird, läßt sich Goethes 'Faust' ansiedeln. Fausts Rettung zu neuem Leben geschieht am Schluß durch die Mater gloriosa, in deren »Retterblick« der Doctor Marianus »auf dem Angesichte anbetend« versinkt, da er in diesem Blick die »Offenbarung ewigen Liebens« schaut.

Kommen wir zu unserer Frage zurück: Wie erhält der Mensch das neue, erleuchtete Auge, das in Maria zum Sinnbild einer einzigartigen Ebenbildlichkeit der verklärten und verklärenden körperlichen und geistigen Vermögen wurde und dennoch nach Konrad von Würzburg ein »unbilde« (v. 566f.) ist, weil es niemand mit Worten ergründen kann?

Auffallend ist, daß wiederholt vom zu reinigenden Auge und vom »reinen Auge« gesprochen wird.

Die Idee der Reinheit ist bei Ephräm ein zentrales Thema; es konzentriert sich in unserem Zusammenhang auf die Frage der Gottförmigkeit oder Ebenbildlichkeit. Das aufgezeigte Ziel, die Menschheit des Sohnes zu überschreiten, um zu seiner Gottheit zu gelangen, ist mit der Erleuchtungsinvokation verbunden: »Reinige und mach klar die Augen deines Geistes (*ʿaynē tarʿītāk*) und steig empor, mit den Schwingen des (reinen) Gedankens steige auf« (HdF 53,12). »Reinheit forme sich in deinen Augen« (HdVirg 2,15); »die Augen sollen sich mit Reinheit (Keuschheit) füllen zu jeder Stunde« (HdVirg 33,7). Das reine Auge entspricht den reinen Gedanken (*tarʿīta špītā*). Reinheit ist sowohl die Bedingung als auch das Mittel für die Erleuchtung. Welche Reinheit aber ist die Bedingung, oder besser, wovon soll sich das Auge reinigen?

Die Reinigung wird durch verschiedene Bilder veranschaulicht.

In Antithese zum kontingenten Auge leitet sich die Größe des Menschen von der Gottesliebe her. Das platonische Motiv der Neidlosigkeit[27] bestimmt nach Ephräm in HdF 71,11 die Beziehung zwischen Gott und Mensch: »Es ist nicht Neid zwischen dem Schöpfer und den Geschöpfen, denn er ist in Liebe zu seinem Besitz gehüllt«. Auch die Zeugung des Sohnes geschah aus selbstloser Liebe, daher die Frage: »Warum ist dein Auge neidisch?« (HdF

S. 18-38. W. Gewehr, Der Topos »Augen des Herzens« — Versuch einer Deutung durch die scholastische Erkenntnislehre, Deutsche Vierteljahresschrift für Literaturwissenschaft und Geistesgeschichte 46 (1972), S. 926-649. R.R. Grenzmann, Studien zur bildhaften Sprache in der »Goldenen Schmiede« Konrads von Würzburg, Göttingen 1978, S. 53.

27 Vgl. E. Beck, Ephräms des Syrers Psychologie ..., a.a.O., S. 158.

43,3). Die Frage erinnert an Gn 4,5.6, nach welchem Bericht der menschliche Urzwist aus Neid und Mißgunst Kains gegen seinen Bruder Abel ausbrach. Das erste Anzeichen dieses zerstörerischen Dämons äußert sich im Auge: »Und Kains Blick senkte sich« und »Der Herr sprach zu Kain: 'Warum senkt sich dein Blick'?«. Neid und Mißgunst behindern den erhobenen Blick, das klare Sehen, sie sind eine Form der inneren Unreinheit.

Unrein wird das Auge des Geistes, das heißt des Gedankens, auch durch die alles verderbende Streitsucht und vermessenes Forschen; sie trüben den Geist (HdF 45,2)[28] ebenso wie die Bitterkeit der Gedanken (HdPar 7,14).

Eine Steigerung dieser geistigen Unreinheit ist der Frevel, von dem sich die intellektuelle Reinheit abhebt. Für den halsstarrigen Frevler gibt es keine reinigende Sühne, wie bei Judas, »dem dem Gericht Verfallenen«. Er »verkaufte das Leben, weil seine Augen die Macht(taten) sahen ... ohne daß sein Herz (davor) gezittert hätte«[29]. Dem Frevel voraus geht die mangelnde Gottesfurcht. Ihre Anwesenheit im Menschen ist die erste reinigende Grundhaltung für jede Erleuchtung, indem sie die Beziehung zwischen Schöpfer und Geschöpf auf die geziemende Basis des ehrfürchtigen Abstandes stellt. Im Urstand, sagt Ephräm, waren »die Augen (der Stammeltern) geöffnet und zugleich geschlossen, damit sie die Herrlichkeit und die Niedrigkeit nicht sähen« (HdPar 3,6)[30]. Aber nach dem Fall wurden ihnen diese zwei schützenden Hüllen fortgenommen. Adam »sah die Herrlichkeit des Allerhöchsten und (er) erzitterte«[31]. Der paradiesisch unbeschwerte Umgang mit dem göttlichen Faszinosum wird für den Menschen nun auch zu einem Tremendum, da die transzendente Bindung jetzt von der Schwäche des gefallenen Menschen und der Übermacht göttlicher Herrlichkeit bestimmt wird. Wegen dieser unüberbrückbaren Distanz ist der erste Schritt der Reinigung die Ehrfurcht vor Gott, um über sie mit dem Auge der Liebe schauen zu können: »Der Verstand nähert sich in (Ehr)furcht und (erst dann) in Liebe zur Höhe der göttlichen Majestät« (HdPar 9,21).

28 Ferner: HdF 42,2: »Wie haßt das Auge, was in es hineinfällt. Schlimme Streitsucht liegt in unserem Denken. Ein Stäbchen ist dem Auge gefährlich, wie gefährlich also für die Seele die Streitsucht, die alles verderbende zu jeder Zeit. — Nichts nützt dem Auge, daß der Finger in es hineinstoße, und auch nicht dem Geist, daß das Grübeln über ihn komme«.

29 Sermones (in) Hebd(omadam) Sanct(am) III, 337-377.

30 Vgl. Ed. R.-M. Tonneau, In Genesim, Sectio II, § 12-17, S. 25ff. Augustinus erklärt Gen 3,7: »beiden gingen die Augen auf« in: 'De Genesim ad litteram' XI c. 31, n. 40, 41 in anderer Weise als Ephräm. Nach Hildegard von Bingen verlieren die Stammeltern nach dem Fall die »Schau des geistigen Auges« und »die Augen des Fleisches« und mit ihnen die Erkenntnis des Bösen öffneten sich. Epist. Frage 6 der 35 Fragebeantwortungen Hildegards an den Mönch Guibert von Gembloux, Johannes Baptista Pitra (zitiert Pitra), (Analecta Sacra t. VIII), Analecta S. Hildegardis ... Monte Casinensis 1882, Reprint Farnborough 1966, S. 391, ebenso PL 197, col. 1042B.

31 HdPar 9,21.

Ebenso wie beim Menschen ist »die charakteristische Haltung der Engel nach Ephräm die der Ehrfurcht, ja, der Furcht und des Zitterns vor der unnahbaren Größe und Unerforschlichkeit Gottes« nach dem Aufweis von Cramer. Der Grund für die Furcht der Engel ist, »ihren Herrn zu schauen« (HdPar 3,15), weswegen sie ihr Antlitz mit den Flügeln verhüllen.

So wie Ephräm sieht Hildegard von Bingen in der Gottesfurcht die grundlegende Bedingung für die Erleuchtung und Inspiration. Unter einem Bild existentieller Betroffenheit verstärkt sie diesen Gedanken in der Eröffnungsvision ihres 'Scivias', wo die Gottesfurcht als augenübersäte Kräftepersonifikation vor dem Allmächtigen, dem »Lichtherrlichen«, zitternd und staunend steht — »ein Wesen, über und über mit Augen bedeckt, von dem nicht einmal mehr die menschlichen Umrisse zu erkennen sind«. Die nach allen Seiten hin geöffneten Augen als eine die menschliche Gestalt überschreitende Kraft symbolisieren die aus der Demut stammende unerschütterliche Wachheit der Gottesfurcht, die allem Denken und Handeln angesichts göttlicher Größe das richtige Maß verleiht. In der Gottesfurcht werden demnach die intellektuellen und voluntativen Kräfte unter dem Gesichtspunkt des Maßes gereinigt.

Das so gereinigte Auge als Ausdruck eines Vollkommenheitsstatus, der alle Kräfte umfaßt, nicht allein die Intelligenz, versinnbildet die Teilhabe an der göttlichen Reinheit bis zur erstrebten Identität, denn Gottes Auge soll unser Auge werden (HdF 3,5): ein Bild für das gegenseitige Einander-Innewerden von Gott und Mensch. Dieser Ansatz einer mystischen Augensymbolik, wovor selbst die Engel zurückweichen (SdF I 109-113), erscheint später bei Mechthild von Magdeburg in der Weise, daß über das Auge wie bei Ephräm alle Glieder in die *unio* und Abbildlichkeit hineingenommen werden[32]:

»Und da leuchtet Aug in Auge, / Und da fließet Geist in Geist, /
Und da greifet Hand zu Hand, / Und da redet Mund zu Mund, /
Und da grüßet Herz zu Herz.«

Ein Höchstmaß von Identität verdeutlicht das Bild vom Austausch der Augen als gleichsam totale Durchdringung von Gott und Mensch bei Mechthild von Hackeborn: »Ecce, do tibi oculos meos ... In hoc verbo Deus animam illam sibi totaliter intraxit et ... univit, ut videretur sibi quod Dei oculis videret[33].«

Meister Eckhart[34] verwendet dieses Bild der *unio* als Ausdruck der Reinheit dessen, der alles gelassen hat, in dem keine Ungleichheit mehr ist,

32 Gall Morel, Mechthild von Magdeburg, Das fließende Licht der Gottheit, Regensburg 1869, Reprint, Darmstadt 1963, S. 108, 2.u. Deutsche Übersetzung von M. Schmidt, Einsiedeln-Zürich-Köln 1955, S. 192, ebenso S. 92.

33 Mechthild von Hackeborn, Liber specialis gratiae II c. 34 ... a.a.O., Anm. 2.

34 Ed. J. Quint, Deutsche Werke I, Stuttgart 1958, S. 201. Vgl. DW V, 31,7ff.

so daß in höchster Vollkommenheit nur noch Einheit und Gleichheit herrscht, wenn er in seiner deutschen Predigt Nr. 12 ausführt:

> »Mein Auge und Gottes Auge, das ist ein Auge,
> und ein Sehen und ein Erkennen und ein Lieben.«

Aber schon Ephräm kennt das Auge als Bild der *unio*, in der die Seele auf wunderbare Weise verzaubert wird und im Staunen bis zur Besinnungslosigkeit versinkt, wie es später vor allem Richard von St. Viktor und Mechthild von Magdeburg thematisieren.

> »Das blinde Auge, das geöffnet wurde, ist ganz verwirrt, die Schönheit zu sehen ... Auf das süße Licht starrte es, sich daran satt zu (trinken) und zu schauen und zu sehen, wem es gleiche« (HdEccl 38,11).

Das geöffnete blinde Auge wird zum Auge der Liebe bei »jener Maria, deren Auge ... nur auf die eine Schönheit schaute. Selig ihre Liebe, die trunken war ohne Besinnung« (HdVirg 24,7).

Da für Ephräm das Paradies »der Ort der Reinheit ist« (HdPar 2,7), ist die Vorstellung von Reinheit nicht allein Bedingung für die Erleuchtung, sondern auch das Ziel in der *unio*, so daß Reinheit und Gegenwart Gottes identisch sind. In der Reinheit liegt die höchste Ebenbildlichkeit. Exemplarisch erscheint dieses Ebenbild in Maria aufgrund ihrer innigsten Verbindung mit dem Göttlichen, denn sie »ist wie das Auge, in das sich das Licht niederließ« (HdEccl 36,2). Dieses »Auge wird rein, weil es sich mit der Sonne (der Gottheit) verbindet« (Ebd. 36,1). Reinheit und Göttlichkeit sind identisch. Die Reinheit wird in Maria zum Mittel der Besiegung des Bösen, da aus ihr »die unsichtbare Macht (Gottes) aufging, die Satan fällte« (HdNat 4,112). — Unter dem Gesichtspunkt, sich von allem zeitlichen Denken zu lösen bis hin zur geistigen Armut, spricht Meister Eckhart zu wiederholtem Mal vom »reinen Auge«. Neben der ihm eigentümlichen abstrakten Rede veranschaulicht er seinen Gedanken in einem höchst konkreten Bild, um die Vorstellung vom ungereinigten Auge zu evozieren: »Manche Leute wollen Gott mit den Augen ansehen, mit denen sie eine Kuh ansehen, und wollen Gott lieben, wie sie eine Kuh lieben. Die liebst du wegen der Milch und des Käses und deines eigenen Nutzens. So halten es jene Leute, die Gott um äußeren Reichtums oder inneren Trostes willen lieben, die aber lieben Gott nicht recht, sondern sie lieben ihren Eigennutz«[35]. In diesem Bild liefert Eckhart eine drastische Abwehr gegenüber ausschließlich materialistischer und positivistischer Erkenntnis, die der gereinigte Blick übersteigen muß. Desgleichen kann das rein zeitliche, irdische Denken nicht zur Gottesschau gelangen, entsprechend der Aussage Ephräms: du mußt die

35 Ebda, S. 274,1 ff.

menschliche Natur überschreiten, um zur göttlichen zu gelangen. Eckart präzisiert dies so:

> »Wollte ich Gott ansehen mit jenen Augen, mit denen ich die Farbe ansehe, so täte ich gar Unrecht daran, denn dieses Schauen ist zeitlich. Nun ist aber alles, was zeitlich ist, Gott fern und fremd. Solange der Mensch Zeit und Raum hat, und Zahl und Vielheit und Menge, so ist er gar unrecht daran, und Gott ist ihm fern und fremd.«

Ebenso wie das erleuchtete Auge als Sinnbild höchster Ebenbildlichkeit an das Rein-Werden und Rein-Sein gebunden ist, verknüpft es sich mit der Idee des Maßes. Denn das Paradies ist »der Ort der Reinheit«, aber »der Schlüssel des Paradieses ist das Maß« (HdPar 2,2), da selbst »die Himmlischen wie die Irdischen sich an ein Maß halten« (Prose Ref I-III und XXXI). Weil »die volle Wucht seiner Herrlichkeit nur sein Gezeugter fassen kann« (HdPar 9,25), »nährt er (Gott) alle mit Maß — sein Anblick (wird) unserem Auge entsprechen« (HdPar 9,27); deswegen zeigt Gott jedem »nach seinem Vermögen wie durch einen Spalt seine unsichtbare Schönheit und seine strahlende Majestät« (HdPar 9,25). Diese stufenweise und bruchstückhaft gewährte Schau vermittelt Ephräm als Tatsache göttlicher Erfahrung unter dem Bild von Wärme und Auge in HdF 75,4.5, aber eine Wesensschau gibt es nicht:

> »Nicht wird gesehen die Wärme jenes Strahles
> von den Augen, denn sie ist (etwas ganz) geläutert(es).
>
> Sowohl die Augen besiegt es durch seine Wärme —
> wie auch die Hände durch seine Feinheit: — sie
> ertasteten und sahen nicht.«

Daß die *unio* des Menschen mit Gott bei aller Erfahrung ein Nichtsehen, Nichterkennen einschließt, erklärt später Robert Grosseteste[36] in seinem Kommentar zu Pseudo-Dionysius und sagt: »In der Gotteserkenntnis der *unio* ist der Verstand ohne Augen«. Er erläutert diese Aussage: »Das soll nicht heißen, daß der Verstand überhaupt keine Augen hat (*inoculatus*), sondern daß die Augen der irdischen Erkenntnisfähigkeit in der *unio* für die Wesenserkenntnis Gottes geschlossen sind«. Sie befinden sich im Dunkeln. Das Dunkel ist ein Bild für die Unzugänglichkeit. Dies entspricht der Aussage Ephräms, daß der Mensch für den vollen göttlichen Glanz schlechthin kein Auge hat, er bleibt auch dem (Auge des) Geist(es) verschlossen. Mechthild von Magdeburg sagt über ihre Ekstase: »Im schönsten Licht ist sie blind in sich

36 Dieses Zitat von Robert Grosseteste aus seinem Kommentar zur 'Mystischen Theologie' des Pseudo-Dionysius, Ed. U. Gamba, Milano 1942, 37,23-29 findet sich in der mittelhochdeutschen Übersetzung des Werkes von Rudolf von Biberach, Die siben strassen zu got, nach der Handschrift Einsiedeln 278, Ed. M. Schmidt, Florenz 1969, S. 139, 8-12.

selbst ... in der größten Klarheit ist sie tot und lebendig«[37]. In der Gnade ihrer mystischen Schau sieht sie einen Vorgeschmack der ewigen Seligkeit, ohne jedoch diese Schau erklären zu können[38]:

»Selig sind die Augen,
die das Minnefließen ewig schauen
und dieses Wunder hier (bereits) erkennen:
Ich kann es nicht benennen.«

Analog dazu reflektiert Meister Eckhart[39]: Wenn das Auge Gott sieht, »sieht es das Nichts, und das Nichts ist Gott«. Das »Nichts« ist kein Ausdruck des Nihilismus, sondern eine Unfaßlichkeitsbezeichnung. So wie bei Ephräm[40] erscheint bei den genannten Autoren das Unfaßliche, das Nichtwissen, als ein zweites höheres, abgestuftes Wissen neben dem irdischen Wissen. Selbst in der *visio beatifica* gibt es eine abgestufte Schau, je nach dem Maße der im Diesseits errungenen Vollkommenheit. HdPar 9,26:

»Wie ein jeder das Auge im Diesseits gereinigt hat, —
so wird er (dort) schauen können die Herrlichkeit des Allerhöchsten.«

Das Maß der Reinigung entscheidet über die Sehschärfe. So wie Ephräm der Würde und Befehlsgewalt der Engel eine entsprechende Geistesschärfe und Erkenntniskraft zugrunde legt, bildet auch beim Menschen das Wissen und die tiefere Einsicht die Grundlage einer echten Rangordnung[41]: nach HdEphiph(ania) 9,4:

»Ist das Wissen eines Menschen groß,
dann überragt sein Rang den seiner Brüder.
Und der Größe seines Glaubens entspricht auch die Verheißung,
und seiner Einsicht seine Krönung. Es ist wie mit dem Licht:
während dieses ganz hell ist, und ganz sich selber gleicht,
ist ein Auge heller als das andere.«

Das heller erleuchtete Auge aufgrund einer tieferen Einsicht in göttliche Geheimnisse, die ihre je verschiedene »Krönung« erhält, symbolisiert wie bei der Ordnung der befehlsmäßigen Engel nach Cramer aufgrund ihrer Erkenntniskraft den höheren Rang. Das Bild vom Auge lehrt, daß es sich nicht um einen Wesensunterschied handelt, sondern um eine Stufenordnung unter den Menschen infolge von Wissen und Geistesschärfe. Vor dieser Sicht verliert einerseits jeder Geburtsadel vor dem Geistesadel, besser re-

37 G. Morel, a.a.O., S. 11,18ff., Übersetzung M. Schmidt, S. 65.
38 Ebda.
39 Pr. 71, Ed. J. Quint, DW III, 545.
40 HdPar 12,16: »Das Wissen der sichtbaren Dinge, und das Wissen (der) verborgenen (Dinge) von den Sternen abwärts«, daß der Mensch nicht von sich aus erringen kann.
41 Vgl. W. Cramer OSB, Die Engelvorstellungen bei Ephräm dem Syrer, (OrChrAn 173) Roma 1965, S. 86.

ligiösem Adel, seine Bedeutung, und verbietet sich andererseits jede soziale Einebnung und Gleichmacherei. Aber auch für die *visio beatifica* in der abgestuften Schau gilt die unauflösliche Verbindung und damit Verklärung von Leib und Geist, da »alle Sinne seiner Verherrlichung dienen« (HdVirg 33,7). Ebenso nach HdPar 7,14:

> »Wer rein hielt den Blick seiner Augen, — den blickt strahlende Schönheit an. Wer gemildert hat die Bitterkeit seiner Gedanken, — in dessen Gliedern regen sich Quellen der Süßigkeit.«

Die bei Ephräm so auffallende Betonung vom Zusammenspiel aller Sinnes- und Geisteskräfte mit der Begründung in Hy. c(ontra) H(aereses) 43,17:

> »Unser Herr heilte die Füße des Körpers und seine Hände und seine Augen und seine Ohren und seine übrigen Sinne«

findet sich als zentrale Aussage im Denken Hildegards von Bingen wieder. Unter dem Primat des Auges weist Hildegard mit Nachdruck auf die Funktionseinheit von Leib, Seele und Geist hin, da sich »Gott im Gewande des Fleisches, das er so sehr liebt«, der Welt offenbarte. Der Ausgangspunkt ist wie bei Ephräm: »Das Wort ist Fleisch geworden«. Von daher leitet sich die Bejahung und Schätzung der ganzen menschlichen Natur wie bei Ephräm ab, die Hildegard zu dem Schluß führt: »Der Geist wird nicht zu Fleisch noch Fleisch umgewandelt in Geist. Mit Fleisch und Geist aber wird der Mensch vollendet. Anders kann der Mensch nicht Mensch genannt werden ...«. (L[iber] D[ivinorum] O[perum] IV n. 105). An anderer Stelle habe ich genauer belegt[42], daß Hildegard so wie Ephräm die Inkarnation des Logos als göttliches Auge aufleuchten sieht.

Außer dieser sehr ungewöhnlichen Parallele sieht Hildegard wie Ephräm den Leib in seiner gesamten sinnenhaften Ausstattung als ein »Zeichen göttlicher Allgewalt« (LDO IV n. 120), wobei unter den Sinnen das Auge als Organ der geistigen Erkenntnis hervorragt: »Das Sehen und der Sinn des Auges, womit der Mensch alles anschaut und begreift, hält mit Recht unter den übrigen Sinnen die Spitze« (LDO IV n. 48). Zu den Sinnen rechnet Hildegard wie Ephräm neben den fünf klassischen Sinnen als sechsten Sinn das Sprachvermögen (*phōnēticon*; »die Worte werden durch die Zunge geformt«, LDO IV n. 40) und als siebten das »Zeugungsvermögen in seiner Grünkraft«. Über die Funktionseinheit der Kräfte heißt es bei Hildegard im LDO IV n. 37 (vgl. n. 14,15):

> »Durch das Sehen der Augen werden das Hören und Riechen, die Vernunft des Mundes sowie das Tasten gelenkt und erkannt.«

42 M. Schmidt, Die Augensymbolik ..., a.a.O., S. 289f.

Vom erleuchteten »Auge des Herzens« wie bei Ephräm als den »Fenstern der Seele« (HdEccl 38,8) werden alle Sinne des Menschen gelenkt als »Werk des Menschen« (*opus hominis*), als ein geordnetes Ganzes, welches im Bilde der auf- und absteigenden Leiter der Sinne eine dauernde Bewegung und Mitteilung zwischen Leib und Geist ausdrückt (LDO IV n. 15). Die Augen spiegeln das »Wissen des Herzens« wieder[42a], und die lenkende und leitende Funktion des Auges steigert sich bei Hildegard wie bei Ephräm bis zum erleuchteten göttlichen Wissen und der Vorherschau im Blick der Augen als Zeichen göttlicher Inspiration: »Weiterhin offenbart Gott in den Augen des Menschen sein Wissen, durch das er alles vorhersieht und vorher weiß[42b].«

Vom Auge des Herzens wird nach Hildegard »das Denken geordnet und der Wille großgezogen« entsprechend der Aussage Ephräms: Im Herzen werden vom Auge des Geistes (oder der Seele) »wie von einem Gärtner alle Sinne großgezogen« (HdEccl 27,10). Hildegard präzisiert: Die Seele hat mit ihren vier Flügeln, den Sinnen (*sensus*), dem Erkennen (*scientia*), dem Wollen (*voluntas*) und der Einsicht (*intellectus*) je »Augen«. Sie schaut mit diesen »vier Augen« im Wissen um Gut und Böse voraus und zurück (LDO IV n. 95). Die Funktionseinheit von sinnlichem und geistigen Erkennen unter der ethischen Implikation des Gewissens vertritt Hildegard wie Ephräm unter der Idee des Maßes; wichtig für das Sehen als Gabe der Unterscheidung ist das richtige Maß der »vier Augen« der Seele. Die körperlichen Augen zeugen bereits im Aufbau und ihrer Stellung im Organismus vom richtigen Maß und der Einheit in allen Dingen: Bei Ephräm ist das Bild vom einheitlichen oder einfältigen Blick beider Augen ein Mahnmal für den »gespaltenen Menschen« und das richtige Maß von Wahrheit und Liebe, von Erkennen und Wollen. In HdF 20,13 heißt es:

> »Einen einzigen Blick bildet auch die Bewegung der beiden (Augen)pupillen; und obgleich die Nase der Trenner ist, ist er nicht gespalten. Denn auch nicht einen Augenblick (lang) kann — gleichsam ein Auge dem anderen sich entziehen. (Sie verbleiben beide auf dem gleichen Maß.)
>
> Füße und Augen mögen Anklage erheben gegen das Zwiespältige. Der gespaltene Mensch sammle sich wieder und werde eine Einheit von dir.«

Das gleiche Bild der Symmetrie der Augen dient Hildegard als Signal gegen die Aufspaltung der Kräfte, die unter der Idee des Maßes einheitlich verbunden sind:

42a Hildegard von Bingen, Expositio Evang., Pitra, S. 269: »oculi mei, id est scientia cordis mei«, ebenso Pitra, S. 267, 307.

42b Hildegard von Bingen, LDO I,4 n. 105 (PL 197, 889D): »Sed etiam in oculis hominis scientiam suam, per quam omnia praevidit et praescit, declarat«.

»Wie keine sichtbare Gestalt ohne Namen ist, so ist auch keine ohne Maß. Und so haben auch die beiden Augen des Menschen ihr ebenmäßiges Maß, und ihre spiegelnden Gefäße existieren gleichmäßig (einheitlich) in ihrem Umkreis« (LDO IV n. 33).

Das Auge als Symbol des Maßes und der Einheit macht den Menschen erst zum lebendigen, schöpferischen Wesen. Hierdurch unterscheidet er sich grundlegend vom Tier. Denn die Grade der Reinigung für die immer größere Einheit sind durch den Akt der Willensfreiheit festgelegt. Aufgrund jeder größeren Einsicht und Einheit muß die Entscheidung immer wieder neu auf das neu Erkannte hin gesetzt werden unter Berücksichtigung aller Vermögen, damit der Mensch nicht in eine fiktive Existenz gerät unter Abschneidung der Sinne als Vermittler für den Geist. Die unterschiedliche Erkenntnis als Erleuchtung von Oben und der irdischen Wahrnehmung der Sinnes- und Geistesvermögen erfordert die Reinigung aller Kräfte; in dieser ständigen Bewegung der zielgerechten Entschlußkraft, die im Mittelalter zum *oculus intentionis* wird[43], liegt die schöpferische Tat des Menschen.

Ein besonders auffallendes Bild vom erleuchteten Auge kennt Ephräm innerhalb seiner Engellehre. In HdEccl 36,9 heißt es: »Die Hohen (*d-ʿellāyē* = Engel) bedürfen für ihre Augen kein anderes Licht, weil ihre (eigenen) Augen Licht fließen lassen ...«. Gedanklich symbolisiert dieses Bild höchste Einheit. Die passive Aussage weist auf eine Dienstfunktion hin. Cramer hat in seiner Studie über Ephräms Engelvorstellungen aufgezeigt, daß die Cherubim zu Trägern des »auffahrenden« Christus werden und daß die Rangstufen unter den Engeln durch den verschiedenen Grad der Erkenntnis des Christusgeheimnisses und der darauf basierenden Befehlsgewalt bestimmt werden[44]. In diesem Kontext läßt sich das genannte und von Cramer nicht berücksichtigte Bild dahin deuten, daß die dem Christusgeheimnis am nächsten stehenden Engel — die Hohen — kraft ihrer Nähe vom Gottessohn so durchdrungen sind, daß sie sein Licht auf die Erde fließen lassen, zumal im gleichen Hymnus der letzten Strophe ausdrücklich das Licht als »Symbol unseres Erlösers« bezeichnet wird (HdEccl 36,15). Die höchsten Engel werden parallel zu den Cherubim zu Trägern und Spendern des göttlichen Wissens und der Erleuchtung, die denen, »welche vom Mutterschoße an hungern nach Licht«, die Schau verheißen, weil die göttliche Inkarnation ein Vorgang des herabfließenden Lichts ist.

Da in Ephräms Engelbild aufgrund seiner Vorzugsvokabel *ʿyr* das »Wachsein« ein Wesenszug der himmlischen mit der Gottheit verbundenen Wesen

43 Die Vorstellung: 'oculus intentionis' spielt bei Rudolf von Biberach, 'De septem itineribus aeternitatis', I dist. 4,5 im Anschluß an Augustinus und Bernhard von Clairvaux eine bedeutende Rolle, vgl. die alemannische Übersetzung. Ed. M. Schmidt, 1969, S. 144*.

44 W. Cramer, Die Engelvorstellungen ..., a.a.O., S. 132-134, 168.

ist[45], das zugleich nach Cramer ontische und ethische Heiligkeit ausdrückt, wird diese Aussage durch das Bild der lichtfließenden Augen ergänzt und verstärkt. Die Engellehre ist aber für Ephräm nichts anderes als eine Fortsetzung und Ausweitung seiner Anthropologie, d.h., so wie der Engel aus engster Verbindung mit dem Gottessohn dessen Licht fließen läßt, so soll auch der Mensch zum Verkünder und zum Zeugen göttlichen Wissens werden. Wenn das zu reinigende Auge den ganz und gar auf Gott ausgerichteten Aufstieg bedeutet, dann versinnbildet »das Auge, das Licht fließen läßt« den Abstieg, um aus dem neugeschaffenen Sein als Lichtträger und Lichtspender in der Welt zu wirken.

Diese Vollendung findet, wenn auch in leicht modifizierter Form abermals eine Parallele bei Hildegard von Bingen. In ihrer Engellehre, die ebenfalls wie bei Ephräm die Fortsetzung ihrer Anthropologie ist, kennt sie das Bild vom »Menschensohn« im Auge des Engels. Sie deutet diese Schau wie folgt: »In jedem Auge erscheint ein Spiegel und darin ein Menschengesicht (des Menschensohnes)... Das sind die Cherubim. Sie versinnbilden das Wissen Gottes. In ihm schauen sie die Mysterien himmlischer Geheimnisse und verhauchen ... ihr innerstes Hinstreben zu ihm«[46].

Statt dem stärkeren Bild: »Licht fließen lassen« heißt es bei Hildegard rationaler: sie »verhauchen ihr innerstes Hinstreben«. Die Sache ist dieselbe: Der Engel ist auf das Wissen der Inkarnation hingeordnet. Der Menschensohn im Auge des Engels ist ein Zeichen dafür, daß der Mensch wie der Engel ein Mitwisser Gottes darüber ist, daß Gott Mensch geworden und darum auch der Mensch vergöttlicht werden soll.

Während bei Ephräm und Hildegard von Bingen der Ausgangspunkt der heilsgeschichtliche Gedanke vom Fall und der Wiederherstellung des Menschen ist, Meister Eckhart sein zentrales Thema: die Ebenbildlichkeit und *unio* des Menschen reflektiert, ist bei Mechthild von Magdeburg die existentielle Erfahrung der Anlaß für ihr Sprechen. Die auffallende Vorstellung Ephräms vom »fließenden Licht« als einer Offenbarung göttlichen Wissens ist unter den vielen von Mechthild von Magdeburg verwendeten Bildern eine zentrale Aussage für Gottes Wesen, seine Offenbarung und Beziehung zwischen Gott und Mensch. Für sie ist Gott die Sonne und das fließende Licht. Im Prolog erklärt sie, daß Christus selbst ihrem Buch den Titel gegeben hat: »Es soll heißen ein fließendes Licht meiner Gottheit«, das für die Erleuchtung »Herzen, die da leben ohne Falschheit«[46a] voraussetzt. Das Auge unterliegt dem einfallenden Lichte Gottes, das wiederum seine Energie

45 Ebda, S. 179.

46 Hildegard von Bingen, Scivias I,6, Ed. Führkotter, coll. A. Carlevaris, Corpus Christianorum, Cont. Med. 43 et 43A, Turnholti 1978, S. 106, 190-202.

46a G. Morel, a.a.O., S. 3; Übersetzung, M. Schmidt, S. 53.

dem ganzen Menschen mitteilt. »Wenn ich scheine, so mußt du leuchten«[47] sagt Gott im Zwiegespräch zur Seele. Das Leuchten ist nicht nur der Ausdruck einer neuen Erkenntnis, sondern der Reflex einer den ganzen Menschen ergreifende Lebendigkeit und Beseligung.

In Parallele zu Ephräm, Pseudo-Dionysius und Hildegard von Bingen erfährt Mechthild Gott als den Herrn aller Ordnungen und des Maßes, in die auch die Einheit von Leib, Geist und Gnade eingebunden ist. Gleichfalls findet sich bei David von Augsburg[48] und Richard Grosseteste[49] als Kommentator von Pseudo-Dionysius die Vorstellung, daß das Licht der Erleuchtung oder Schau dem schwachen menschlichen Auge von Gott angepaßt (*getempert*) wird, damit er es ertragen kann.

Den Aufstieg über das zu reinigende Auge kennt auch Mechthild in der Aufforderung Gottes: »Deine Augen, / sollen sie zu meiner Anschauung taugen, / müssen verklärt sein mit sieben Dingen«[50]. Die Reinigung als sittliche Läuterung mündet in der Zusammenfassung: »rein werden von Schuld und bereit, alles zu empfangen«[51]. Der Vorgang der Reinigung und Erleuchtung ist auch bei Mechthild in der Entschlußkraft des Willens verwurzelt. Gott grüßt sie »mit seinen seligen Augen« — ein Bild der *unio* — in der die Augen erwachen. Der Weckruf: »Tu auf deine blinden Augen« verlangt die Setzung des Willens, so daß sie dann mit den »lichten Augen« ihrer Seele sieht[52]. Das »lichte Auge« ist nicht Ausdruck einer sittlichen Vollkommenheit wie das »reine Auge«, sondern ein Sinnbild der Unfaßlichkeit des neuen Sehvermögens. Dieses neue Erkennen und Wissen wird als »ein Wunderschauen« bezeichnet, das sie »in Gott gesehen«[53], also auch hier ein zweites, höheres Wissen neben dem irdischen. Unterscheidend zum »Licht der Vernunft«[54] erklärt Mechthild: »Ein Licht ward mir dazu geliehen, daß ich dich könne besehen, sonst wäre es mir nie geschehen«[55]. Dieses Licht entstammt nicht irgendeiner menschlichen Kraft, sondern ist transzendentalen Ursprungs: »Der Strahl der Gottheit durchschießt sie mit einem unbegreiflichen Licht«.

47 Ebda S. 34,20. Übersetzung, M. Schmidt, S. 94.

48 David von Augsburg, »*Wan uns aber dîn gotlich brenender schîn ze starc was von unser ougen broedikeit, dô tempertest dû daz licht* ...«; Ed. F. Pfeiffer, Deutsche Mystiker, Bd. I, Leipzig 1845, Reprint Aalen 1962, S. 342, 19-21.

49 Robert Grosseteste, Zitat bei Rudolf von Biberach, Die siben strassen zu got ..., a.a.O., Ed. M. Schmidt, S. 56,24ff.

50 G. Morel, a.a.O., S. 42,15u. Übersetzung M. Schmidt, S. 106.

51 Ebda. Zum Folgenden vgl. auch F. Rotter/R. Weier, Nähe Gottes und »Gottesfremde«. Mystische Erfahrungen der hl. Mechthild von Magdeburg, Aschaffenburg 1980, bes. S. 27-33.

52 G. Morel, S. 26,9 u. M. Schmidt, S. 85.

53 G. Morel, S. 39,26. M. Schmidt, S. 102.

54 G. Morel, S. 24,3. M. Schmidt, S. 82.

55 G. Morel, S. 38,6f. M. Schmidt, S. 100.

Das Verb »durchschießen« als Ausdruck des Plötzlichen evoziert die blitzartige ekstatische Erleuchtung. »Der Heilige Geist berührt sie mit einer fließenden Flut«[56]. Und in einer nochmaligen Steigerung: »Das allergrößte Licht hat sich aufgetan den Augen meiner Seele«[57], um die außerordentliche Gewalt der göttlichen Lichtquelle zu verdeutlichen. Sie wird davon erschüttert bis in alle Sinne des Körpers. Im Gegensatz zu jeder Spekulation erklärt sie: »Ich will und kann nichts schreiben, ich sehe es denn mit den Augen meiner Seele und höre es mit den Ohren meines ewigen Geistes und empfinde in allen Gliedern meines Leibes die Kraft des Heiligen Geistes«[58].

Ähnlich sagt Hildegard von Bingen[59]: »Alles, was die Seele schaute, empfand sie mit dem Leibe.«

Das Fließen des Lichts als gegenseitige Verschmelzung wird zum »Anblick Gottes und der Seele«[60], in den die Seele »hineingebunden« ist[61] wegen ihres reinen »grundlosen Verlangens«. Wie bei Ephräm ist das göttliche Konstitutivum im Menschen für die göttliche Urbindung der Hunger nach Erkenntnis.

Deswegen wünscht sich Mechthild das »geliehene Licht« der besonderen Gnade auch für ihre letzte Stunde, auf daß noch einmal in der *unio* die »Augen der Seele sich in der Gottheit widerspiegeln« und sie »die Fülle der süßen Lust nach dem Maße ihrer langen Sehnsucht schauen« darf. Die Todesstunde wird zum höchsten Liebesakt, in der das Zusammenspiel von Leib, Geist und Gnade im Sinne einer Göttlichen Konnaturalität seine letzte Wirklichkeit erfährt, wo Gottes Lust »durch die ganze Seele fließen wird«[62]. Auch in der übernatürlichen Schau ist der Zusammenfall von *sentire* und *intellegere* wie bei Ephräm, wenn auch die Sinne auf einer anderen Ebene angesprochen werden, aber immer ist es der ganze Mensch, der sie erfährt. Über das Das der erleuchteten Schau gibt es für Mechthild keinen Zweifel, aber über das Wie gibt es keine Erkenntnis, nur antithetische Umschreibungen, die im Paradox münden.

Nach diesem ausgewählten Durchgang komme ich zur Ausgangsfrage zurück, in welchem Maße der Gebrauch des Bildes vom Auge die Analyse mit der Synthese verbindet und welcher eigentümliche Schwerpunkt in dieser Bildhaftigkeit liegt.

56 G. Morel, S. 28,23ff. M. Schmidt, S. 88.
57 G. Morel, S. 28,4f. M. Schmidt, S. 87.
58 G. Morel, S. 107,16ff. M. Schmidt, S. 190.
59 Epist., Frage 24 der 35 Fragebeantwortungen, die Hildegard an Mönch Guibert von Gembloux übersandte, hier zu Paulus, ob er innerhalb oder außerhalb des Leibes entrückt worden sei, Pitra, S. 391; PL 197, col. 1048C.
60 G. Morel, S. 129,4f. M. Schmidt, S. 217.
61 G. Morel, S. 50,15. M. Schmidt, S. 116.
62 G. Morel, S. 170,6f. M. Schmidt, S. 267.

Unter systematischem Gesichtspunkt ergeben sich für die verstreut angeführten Bildaussagen, daß es um die Frage der Gottebenbildlichkeit geht. Auge-Sein heißt Abbild-Sein. Weil der Mensch capax Dei ist, reduziert sich das Mensch-Sein nicht auf das rein Menschliche, der Mensch ist mehr als das aufgrund seiner göttlichen Herkunft, wie es Ephräm im Bild von Auge und Licht umschreibt in HdNat 4,106:

> »Es zeigt uns das Licht, daß es sich ähnlich macht das Auge,
> das Lichtentstammte.«

In diesem Vergleich kommt aufs neue der griechische Gedanke und Sprachgebrauch zum Ausdruck, der Auge und Lichtquelle zusammenfaßt sowie im christlichen Gewande der von Empedokles zu Platon führende Gedanke, »daß Gleiches nur durch Gleiches erkannt werde«[63]. Damit steht Ephräm in der platonischen Tradition, die unter anderem Meister Eckhart im Mittelalter mit einem Bernhardzitat in einer seiner deutschen Predigten wieder aufgreift: »Nur das Auge nimmt den Himmel in sich auf, nicht das Ohr, weil es himmelartig ist«[64], oder wie später Goethe diesen Gedanken in seinen 'Zahmen Xenien' variiert:

> »Wär nicht das Auge sonnenhaft, / wie könnten wir das Licht erblicken? Lebt' nicht in uns des Gottes eigne Kraft, / wie könnt' uns Göttliches entzücken?«

Was Ephräm mit dem zu weckenden »unsichtbaren Auge« als innere göttliche Anlage und ursprüngliches Licht versinnbildet, meint Eckhart mit dem »Ungeschaffenen« in der Seele, dem »vünkelīn«, als »bilde sunder bilde und bilde über bilde«[65].

63 A. Dihle, Vom sonnenhaften Auge ..., a.a.O., S. 85, 88f. Die Stellen bei Platon als Grundlage für das »unsichtbare Auge« oder das ursprüngliche, transzendentale Licht sind folgende: 'Phaidon', 83a: »Alle Betrachtung durch die Augen ist voller Betrug, deshalb muß man sich von diesen zurückziehen ... und in sich selbst sammeln ...«. 'Alkibiades I', 133c: Mit dem göttlichen Teil seiner selbst erkennt der Mensch alles, was göttlicher Art ist und erkennt sich selbst damit am meisten. »Wenn demnach ein Auge sich selber sehen will, so muß es in ein Auge blicken, ... in welcher die eigentliche Tüchtigkeit (= Göttlichkeit) des Auges ihren Sitz hat, in die Pupille«. 'Der Staat', 507c: »Wenngleich in Augen sich ein Sehvermögen befindet ..., so weißt du doch, daß, falls nicht ein eigenes dafür geschaffenes drittes Etwas vorhanden ist, der Gesichtssinn nicht sieht, und die Farben unsichtbar sind«. Dieses »Etwas« ist »das Licht«. »Das Auge ist am sonnenartigsten unter allen Sinneswerkzeugen«. '7. Brief Platons', 341c, hier ist die Tendenz zum raptus: »es entsteht plötzlich (*exaiphnes*) wie ein Funke in der Seele und nährt sich aus sich selbst; ähnlich im 'Symposium', 210e, am Ende der Diotima-Rede, die von der »plötzlichen Schau« (*exaiphnes theoria*) handelt. Die Platonstellen verdanke ich den Gesprächen im Rahmen des Seminars über 'Probleme zur philosophischen und theologischen Mystik', das ich mit meinem Kollegen Dr. Franz Bader gemeinsam gehalten habe.

64 Meister Eckhart, Ed. J. Quint, DW III, Pr. 70, S. 540.

65 Meister Eckhart, Ed. J. Quint, DW I, 380,7f. Vgl. 332f. Lat. Werke IV, Sermo 15 n. 187, S. 175,3-8.

Die eigenmächtig verschüttete göttliche Wesensverwandtschaft — bei Ephräm das »blinde Auge« —, kann im zielgerichteten Streben durch das Auge der lauteren Absicht (*oculus intentionis*) über das »reine Auge« als Symbol des stufenweisen Aufstiegs sittlicher Läuterung die Bedingungen schaffen für die Erweckung des »unsichtbaren (göttlichen) Auges« oder des »lichten Auges« (Mechthild) als Zeichen der Unfaßlichkeit einer vom Menschen nicht bewirkten Illumination oder Inspiration. In dieser Erleuchtung werden terminologisch Stufen unterschieden: bei Ephräm bildlich offener in den Bezeichnungen von Strahl, Glanz gegenüber dem Licht, der Sonne, dem Feuer. Als weiteres übernatürliches Licht nennt Ephräm das inspirierte Wort der Hl. Schrift[65a]. Hildegard von Bingen unterscheidet deutlich über der Vernunft zwei Stufen der inspirierten Schau: sie sieht im »Schatten des Lebendigen Lichtes« und in selteneren Fällen bis ins hohe Alter im »lebendigen Licht« bzw. im »wahren Licht«[66]. Mechthild von Magdeburg nennt über dem »Licht der Vernunft« das zeitweilig »geliehene Licht« der besonderen mystischen Gnade und das »allergrößte Licht« im raptus, sie spricht vom »wahren« und »unbegreiflichen Licht« und sehr viel häufiger: vom »feurigen Licht der Gottheit« und fragt: Wer kann da nur bleiben eine Stunde?« Schließlich unterscheidet auch Meister Eckhart über der Vernunft zwischen dem geschaffenen »Licht der göttlichen Gnade« das zugunsten des ungeschaffenen »göttlichen Lichtes« — auch »Licht des Himmels« oder dem »ungemischten Licht« zurückgelassen werden muß. In diesen Distinktionen liegen Ansatzpunkte einer bisher nicht ausgearbeiteten Inspirationslehre.

Das neue Auge mit der neuen Sehkraft ist an vier Voraussetzungen gebunden[67].

1. An das Vorhandensein des ursprünglichen göttlichen Lichtes, das zugleich Dunkelheit ist. 2. An das Geheimnis der gott-menschlichen Vereinigung in Christus, an die Durchdringung von Sinnen und Geist, an die körperliche und geistliche Wirklichkeit im Menschen, d.h., an das göttliche Wirken und die göttliche Präsenz im Menschen. 3. An die Tatsache der grundsätzlichen Einheit vor Gott als Imago, die alles Geschöpfliche bestimmt. 4. An die Unergründlichkeit des menschlichen Herzens als dem Ort des Lichtes, aus dem der erwachende Blick entspringt.

65a Die inspiratorische Auffassung der (Schrift) Lehre und des Eucharistiesakramentes betont Ephräm in HdPar 15,4ff.: »Als ein Heerlager Elisäus umringte, — da war das Wort der Schlüssel für die Augen seines Dieners. — Und als die Augen der beiden Jünger verschlossen waren, — da war das Brot der Schlüssel und ihre (Augen) wurden geöffnet ... Die Einsicht fürwahr gleicht einem Schatzmeister, der auf seinen Schultern trägt die Schlüssel der Lehre ...«.

66 A. Führkötter, Hildegard von Bingen, Salzburg 1972, S. 12f.; M. Schmidt, Art.: Lumière au Moyen âge, in: Dict. de Spiritualité ascetique et mystique, Paris 1976, col. 1158-1173, bes. 1168.

67 Vgl. hierzu R. Maisonneuve, L'œil visionnaire et ses symboles, in: Vision et perception fondamentales, Actes du Colloque 20 et 21 Juin 1981, Lyon S. 47-61, bes. 48.

Die Tatsache der übernatürlichen Erleuchtung verbindet sich mit dem Problem von Freiheit und Gnade in der existentiellen Forderung, keine intellektuellen Verflüchtigungen vorzutäuschen, sondern im Maße der Einsicht jeweils neue Entscheidungen in eigener Verantwortung zu treffen, um Verwandlungen zu bewirken, die allein das Böse überwinden können, wie es in dieser Tradition Angelus Silesius wiederholt[68].

»Die Sonne muß ihr Licht all'n die es woll' gewähr'n,
der Teufel würd' erleuchtet, wollt' er zu Gott sich kehr'n.«

Die Erleuchtung bewirkt ferner ein zweites, höheres, abgestuftes Wissen. Der Grad der Einsicht und Erkenntnisschärfe ist bei aller Wesensgleichheit die Ursache der Rangunterschiede unter den Menschen, so daß die Würde und Auszeichnung des Menschen in seinem geistlichen Adel liegt. Die Frage nach dem höheren, ruhmvolleren Rang diskutierte schon Origenes. Nach ihm hat die Verschiedenheit ihre Ursache im eigenen freien Entschluß der Geschöpfe[69].

Das nicht nur ethische sondern auch seinsmäßig »reine Auge«, daher das »gesunde Auge« — eine Vorstellung Ephräms, die auch die pseudoaugustinische Schrift 'De spiritu et anima' mit der Forderung: Die Seele soll ein gesundes Auge haben über Hugo von St. Viktor in die deutsche Sprache eindringt[70] — ist exemplarisch in der Gestalt Mariens verkörpert, nach Ephräm »das Auge, in dem das Licht Wohnung nahm«, eine Ausdrucksweise, die noch nach Jahrhunderten fortlebt und symbolisch die ursprüngliche Integrität aller Kräfte versinnbildet. Gegen die Aufspaltung des Menschen steht warnend die Symbolik der Augensymmetrie als Einheit der sinnlichen und geistigen Kräfte, die er unter der Idee des Maßes harmonisiert, eine Auffassung, die sowohl jedem Quietismus als auch Aktivismus den Boden entzieht und die uralte Spannung von actio-contemplatio auszugleichen versucht

Neben der Figur des Aufstieges im zu reinigenden Auge steht das lichtfließende Auge in der Figur des Abstieges. Der Abstieg aus der Erleuchtung wird bestimmt von der Selbsthingabe als Zeuge und Verkünder des göttlichen Wissens der Inkarnation. Dieses Wissen wird zu einem Wissen der Liebe und bei einer Reihe von Autoren im Mittelalter wie Richard von

68 Cherubinische Wandersmann, VI,40. Ebda II,89: »*Freund, willst du an ihm selbst das Licht der Sonne sehn, / so mußt du dein Gesicht hin zu dem Anfang drehn.*«

69 De principiis II 9,6 (übers. und hrsg. von H. Görgemanns und H. Karpp, Darmstadt 1976) S. 413; zitiert nach C.F. Geyer, Zu einigen theologischen Voraussetzungen der Geschichtsphilosophie bei Origenes, Franziskanische Studien 64 (1982), S. 8.

70 De spiritu et anima c. 10 (PL 40), S. 785. Vgl. Ed. M. Schmidt, Rudolf von Biberach, Die siben strassen zu got' ..., a.a.O., S. 146*. Basilius vergleicht die Sehkraft des »gesunden Auges« mit der Wirkkraft des Hl. Geistes: De Spirito Sancto c. 26,61, PG 32, col. 179.

St. Viktor, Gilbert von Hoilanda, Ivo und Mechthild von Magdeburg zum »*oculus amoris*« und zum »feurigen Auge der Liebe« bis hin zu der berühmten Formulierung: »*ubi amor. ibi oculus est*«, nach welcher in der Erkenntnis die Liebe führend ist[71].

In dieser langen platonischen Tradition ist das Auge nicht im aristotelischen Sinne als *intellectus praecise* zu verstehen, sondern als eine den ganzen Menschen ergreifende, auf seine ursprüngliche Integritität zurückführende Kraft zu sehen, die den Ausgleich zwischen den lebensnotwendigen Tätigkeiten des Leibes und einem höheren, übernatürlichen Sinn in verantwortlicher Freiheit erstrebt. Es symbolisiert unter dem Aspekt der Freiheit und Gnade die aktive und passive Rolle des Auges, dessen besondere Beweglichkeit ein Hinweis darauf ist, daß der Mensch über ein Bewegungs- und Energiezentrum verfügt, das ihn »Pneumaströme« empfangen und aussenden läßt, die den Menschen bis in psycho-physische Vorgänge ergreifen oder ihn ganz über sich hinausheben können, d.h. Anteil am göttlichen Licht zu bekommen, so daß er seinerseits bis in alle Glieder davon erstrahlt. Die früh bei Ephräm auftretende Symbolik von den zwei Augen, dem linken und dem rechten, dem blinden und erleuchteten Auge, hat im Mittelalter mit spezieller Akzentuierung ihre Parallelen bei einzelnen Autoren wie Meister Eckhart[72], Tauler und in der 'Theologia Deutsch' des Frankforters[73]. Sie entfaltet sich in der Geschichte der Spiritualität über Hugo von St. Viktor[74] zu dem Theologumenon von den drei Augen, dem 'oculus carnis', 'rationis' und 'contemplationis', das u.a. von Richard von St. Viktor[75],

71 Vgl. A. Solignac, Art. Oculus, in: Dict. de Spiritualité ..., a.a.O., t. 11, 1982, col. 596-601, bes. 598f. Ed. M. Schmidt, Rudolf von Biberach, Die siben strassen zu got' ..., a.a.O., S. 147*.

72 Ed. J. Quint, Meister Eckhart. DW I, S. 145,4ff.

73 »Der Franckforter« Theologia Deutsch, kritische Textausgabe von W. v. Hinten, München-Zürich 1982, (Münchener Texte und Untersuchungen zur deutschen Literatur des Mittelalters, Bd. 78) 7. cap. S. 77f. Übersetzung von A. Haas »Der Francforter«, Theologia Deutsch, Einsiedeln 1980, S. 47f. Das Bild von den zwei Augen in Kap. 7 als rechtes und linkes Auge verwendet der Verf. der 'Theologia Deutsch' rein symbolisch im christologischen Sinne für die Gottheit und Menschheit Christi in der Weise, daß der gleichzeitige Gebrauch der zwei Augen zum Ausdruck der hypostatischen Union wird, eine einmalige Erscheinung, die dem Menschen nicht zukommt. Daher decken sich bei diesem der Gebrauch des rechten Auges in seiner Ewigkeitsschau nicht mit dem Gebrauch des linken Auges, den Werken in der Zeit. Es handelt sich also zunächst nicht um die Disjunktion von aktivem und kontemplativem Leben, sondern um die Herausstellung der hypostatischen Union Christi, ein ganz anderer Gedanke als der bei Eckhart von den »zwei ougen, einz inwendic und einz ûzwendic.« (Quint, DW 1, 165,4ff.). Dies in Präzisierung zu A. M. Haas, Die <Theologia Deutsch>, in: <Das Einig Ein>, Studien zur Theorie und Sprache der deutschen Mystik ..., a.a.O., S. 399-401 und in dessen Übersetzung, S. 19.

74 De sacramentis II,X 2 (PL 175) 329 CD; In hierarchiam, lib. III (PL 175), col. 976A. Rudolf von Biberach, (Ed. M. Schmidt) »Die siben strassen zu got« ..., a.a.O., S. 144*, S. 51,25 - 52,4.

75 Benjamin Major I 3 (PL 196), col. 66f.

Bonaventura[76], Rudolf von Biberach[77], Matthäus von Aquasparta[78] übernommen wird. Das zu öffnende »blinde Auge der Schau« bei Hugo von St. Viktor entspricht der Vorstellung Ephräms vom »blinden Auge«, das durch die Gnade als inneres geistliches Auge geweckt werden muß.

Die Ephräm'sche Antithese vom blinden und klaren Auge entspringt dem Widerstreit zwischen Verblendung, Selbstzerstörung und Macht des Bösen einerseits, sowie der siegreichen Kraft einer lebensspendenden und erhaltenden höchsten Macht andererseits und macht das Auge in seiner ontologisch-theologischen Bildaussage zu einem Symbol der Lebensbewahrung und Lebensfülle. Die ungeheure Bewegung der Anspannung im zu reinigenden Auge zielt auf den Grundwert der Reinheit als ethische und ontische Reinheit; daher ist die Vorstellung vom lichtfließenden Auge — das kein physikalisches Bild bedeutet sondern Zeichen des göttlichen Eros ist —, die vollkommenste Teilhabe am göttlichen Leben und in der totalen Verwandlung ein Bild vom Heil-Sein und höchster Seligkeit.

Die Vorstellung Ephräms von einer im Innersten schlummernden Lichtquelle ist deswegen so bemerkenswert, weil sie eindrücklich im vom Auge her leuchtenden Körper auf die Harmonie von Geist und Leib in seiner vollendeten Durchdringung hinweist und nicht der Spaltung des Menschen das Wort redet, eine Harmonie, in der sich Wahrheit und Schönheit vereint finden. Dennoch ist die volle Harmonie erst der ewigen Vollendung vorbehalten. Über das Wesen verklärter Heiliger heißt es in HdPar 9,28:

> »Wer sah (je) Scharen, / deren Namen aus Herrlichkeit /, deren Kleid aus Licht / und deren Antlitz aus Glanz besteht?«

Die Aporie von Wissen und Nichtwissen bleibt. Diese Tatsache von Schau und Dunkelheit oder Nacht, von Lebendigkeit und Tod, die sich mit dem überhellen Glanz oder mit dem göttlichen Abgrund des Lichtes verbindet als Ausdruck eines konstitutiven Primärwissens, das zu seiner Entfaltung des göttlichen Funkens bedarf, beschreibt als Vertreter der klassischen spanischen Mystik der hl. Johannes vom Kreuz abermals in einer unnachahmlichen Augensymbolik[79].

> »O kristallene Brunnenquelle,
> wenn in deinen Silberwellen
> plötzlich du erscheinen ließest
> diese so ersehnten Augen,
> die ich tief im Herzen eingezeichnet trage!«

76 Breviloquium P. 2, c. 12 n. 5; Collationes in Hexaëmeron, vis I, coll. II 24.
77 De septem itineribus aeternitatis, II d. 2. Vgl. Anm. 64.
78 Quaestiones de fide et de cognitione n. 66.
79 Geistlicher Gesang, hrsg. von P.A. ab Immac. Conceptione. Sämtliche Werke, IV. Bd., München-Rom 1925, S. 10/11. Vgl. H. Schipperges, Die Welt des Auges, Zur Theorie des Sehens und Kunst des Schauens, Freiburg-Basel-Wien 1978, S. 140.

SEBASTIAN P. BROCK

East Syrian liturgical fragments from the Cairo Genizah[1]

Among the many thousands of fragmentary manuscripts originating from the Cairo Genizah that make up the Taylor-Schechter collection in the University Library, Cambridge, are seven very fragmentary pieces on oriental paper all evidently belonging to a single manuscript of the thirteenth or forteenth century containing East Syrian liturgical texts. These fragments, which have recently been placed between sheets of Melinex and bound into large volumes as part of the conservation and cataloguing project being carried out under the direction of Dr S.C. Reif, have been allocated the following numbers: TS.NS.306.224, 227-9, and TS.AS.213.18-20.

Contents

A glance at the text of these fragments at once indicates that we have to do with an East Syrian hymnary containing texts for the Sunday after the Nativity (probably), the Commemoration of the Virgin (Second Friday after the Nativity), and Epiphany; this identification allows us to place the fragments in their correct sequence:

TS.NS.306.224	?
227	?
229	Sunday after the Nativity, Commemoration of the Virgin
228	Commemoration of the Virgin
TS.AS.213.20	Commemoration of the Virgin
18	Epiphany
19	Epiphany.

1 I am grateful to the Syndics of the Cambridge University Library for permission to publish these texts, and to Dr. S.C. Reif, Director of the Taylor-Schechter Genizah Research Unit, for his assistance on many occasions; he informs me that the Additional Series (AS) Syriac fragments were first discovered by Professors Israel Yeivin and Ezra Fleischer when they were working with him in 1974 on sorting the AS fragments as part of a joint Cambridge University Library/Israel Academy of Sciences and Humanities project. I owe my own knowledge of their existence to Professor Simon Hopkins.

Do the texts belong to a *Ḥudra* (hymnary for Sundays and main feasts) or a *Gazza* (festal hymnary)?[2] As will be seen, parallels are to be found in both Cambridge Add. 1980 (a *Gazza*) and Add. 1981 (a *Ḥudra*), and in several places texts are common to both. As a matter of fact the work which our fragments represent must clearly have been very much shorter than either of the Cambridge hymnaries; and the same applies when one compares the rather older British Library Add. 7177 (a *Ḥudra* of 1484) and Add. 7178 and 7179 (both *Gazzas*, of 1545 and fifteenth century respectively). This being so, it is probably better not to characterize the Cambridge fragments as either from a *Gazza* or from a *Ḥudra* until further work has been done on the early development of these liturgical books.

Although there was evidently great variety in the ordering and in the contents of individual hymnaries, it is remarkable that, where parallels for particular texts have been found, there would not appear to be very much textual variation; the only variant of any real interest that is witnessed by the Cambridge fragments occurs in TS.AS.213.20c (see below). More striking is the variation between the East and West Syrian traditions to be found in the single text for which I have noticed a Syrian Orthodox parallel (in TS.AS.213.19R; see below).

Date

The hand of the Genizah fragments is remarkably similar to that of a small paper fragment in the Freer Gallery of Art (Washington D.C.), published photographically by J.R. Price and P.M. Seymour[3], and subsequently identified by W. Macomber[4] as part of an East Syrian hymnary for the Feast of St Peter and St Paul (in the East Syrian Calendar this occurs on the Second Friday after Epiphany); Macomber tentatively dated the fragment to the fourteenth century.

So close is the similarity between the two hands that one is even led to suggest that the Washington and Cambridge fragments in fact belong to the same manuscript. On investigation this suggestion turns out not to be so far-fetched as it might at first appear, for, although the Freer fragment was found by Price and Seymour between the leaves of the only other Syriac

2 For the differences see J. Mateos, *Lelya-Sapra. Essai d'interprétation des matines chaldéennes*, OrChrA 156 (1959), pp. 5-12.

3 "Syriac manuscripts in the Freer Gallery of Art, Washington DC", OrChr 55 (1971), pp. 161-3 (library number : 37.41A).

4 "An interesting fragment of an East Syrian Festal Hymnary of the fourteenth century", OrChr 57 (1973), pp. 72-8.

manuscript (a New Testament)[5] in the collection of the Freer Gallery of Art, there is a definite possibility that it *could* originally have come from the Cairo Genizah, seeing that the Freer Gallery does indeed possess a collection of documents certainly originating from the Genizah which had been bought by Charles L. Freer in 1908 from a dealer in Gizeh[6]. One has only to suppose that Gottheil and Worrell, when preparing the publication of the material, on coming across a seemingly extraneous Syriac fragment, put it aside, and at a date subsequent to 1937 it was inserted for safe-keeping and future cataloguing between the leaves of the only other Syriac manuscript belonging to the Freer Gallery.

The Washington fragment, then, may well also have come from the Cairo Genizah, in which case it is perfectly possible that it could belong to the same manuscript to which the Cambridge fragments belonged. Two considerations of an internal nature, however, invite a certain caution here:

(1) In the Cambridge fragments the lines of writing normally contain rather over 30 letters each, although there are some lines where there are as few as 26-28; Macomber's identification of a couple of lines in the Washington fragment in the Chaldean Breviary (ed. Bedjan III, p. 460) indicates that these two lines must have contained 26 and 28 letters each, certainly shorter than the *average* in the Cambridge fragments, although not unattested there.

(2) While the general impression of the two hands is very much the same, certain minor details point to two different scribes (this in itself would not rule out the possibility that all the fragments came from the same manuscript); in particular the following points should be noticed: (a) final *alaph* is more frequently upright in the Cambridge fragments that it is in the Washington one; (b) final *nun* is almost horizontal in the Washington fragment,

5 The manuscript was written in 1213/4 by Gabriel in the church of "Mar Gavrona established in the country of Beth Bedey" (*sic*, is this a misreading of Beth Zabdai?); Mar Gavrona is subsequently described as being "of the house of Shamona" (*OrChr* 55 (1971), p. 162). This would appear to be the East Syrian monastery of Mar Gabrona, mentioned in the *Liber Castitatis* (ch. 51), on which see J.-M. Fiey, *Nisibe* (CSCO Subsidia 54; 1977), pp. 171, 212-3, 252; if this is correct, then the colophon is, along with Paris Syr. 32, of 1217/8 (= Hatch, *Album of Dated Syriac Manuscripts*, plate CLXX), witness to the continued existence, at least of the church, in the 13th century (I am most grateful to Dr Kaufhold for drawing my attention to the Paris manuscript). The Freer manuscript was in Mardin, in Syrian Orthodox hands, in 1310/1, according to an owner's note. Mr Esin Atil, Curator of Islamic Art at the Freer Gallery, kindly informs me that the Freer Gallery bought the manuscript in 1937 from Mr H.H. Serunian of Worcester Mass., and that it had been in the possession of Mr Serunian's mother for some time before that.

6 See R. Gottheil and W.H. Worrell, *Fragments from the Cairo Geniza in the Freer Collection*, New York, 1927, pp. v-vi, xiv.

but regularly slanted in the Cambridge fragments; (c) the upright of *tau*, when separate, is almost vertical in the Cambridge fragments, but markedly tilted to the left in the Washington fragment (cp table below).

Probably it would be safest to leave the matter open; but in any case the two hands must be more or less contemporary. Macomber's fourteenth-century dating is based on a comparison with Hatch, plate CLXXV (Vat. syr. 22, AD 1301, copied in India). With the Cambridge fragments as well in mind, one might also compare plate CLXXIII (Berlin syr. 88 of AD 1259/60), although in matters of detail neither of these two hands is all that close to those of the Washington and Cambridge fragments. On the whole I myself am inclined to give a thirteenth/fourteenth century date to both sets of fragments, and would in particular note the absence from them of the later East Syrian ligature for final *tau* + *alaph*. The following gives in tabular fashion the main letter forms of the Cambridge fragments:

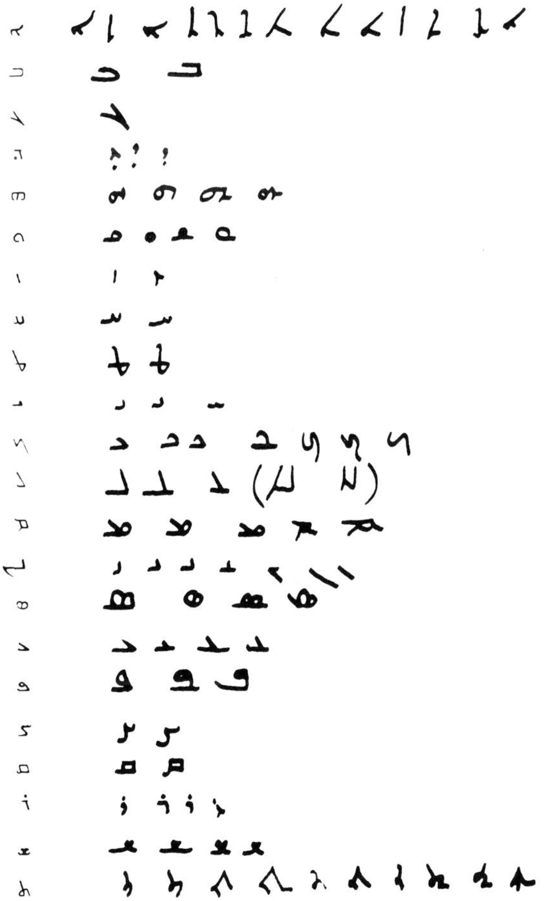

Provenance

The presence of an East Syrian liturgical manuscript in the Cairo Genizah is certainly surprising: most of the other Christian texts from this source are on vellum and were reused as palimpsests[7]. On the whole it would seem most likely that our paper fragments were reused in a different way, in a binding; this, however, does not entirely solve the problem, for it is most unlikely that worn out manuscripts from the areas where the Church of the East had most adherents (i.e. Iraq) would have made their way to Cairo; accordingly it would be better to assume that they came from some nearer East Syrian community, either in Syria/Palestine[8], or, most likely, in Egypt itself, where there were Nestorian communities in Cairo and elsewhere at least until the twelfth century[9]; towards the end of that century and during the following one, however, there was apparently a sharp decline, although it should be recalled that East Syrian writers exercised a strong influence on several Coptic authors of the thirteenth century[10].

Codicological details

— Width of writing: 11.5 cms (cf. 20b)[11].
— Lines of writing: c.0.7 cms apart.
— Height of letters: c.0.3 cms.
— Lines per folio: c.22 (can be deduced from restoration on .20).
— Letters per line: usually ± 33, but occasionally as few as 26.
— Outer margin: c.2.5 cms (.10R-V and .18R-V)[12].

7 See M. Sokoloff and J. Yahalom, »Christian Palimpsests from the Cairo Genizah", Revue d'histoire des textes 8 (1978), pp. 109-32.

8 For evidence for East Syrian communities there see D.C. Baramki and St. H. Stephan, "A Nestorian hermitage between Jericho and the Jordan", Quarterly of the Department of Antiquities in Palestine 4 (1934), pp. 81-6 (esp. 83-6), and O.F.A. Meinardus, "A note on the Nestorians in Jerusalem", OrChr 51 (1967), pp. 123-9. Most of the Syriac manuscripts in the library of the Greek Patriarchate in Jerusalem derive from a former East Syrian monastery in Jerusalem: cp A. Rücker, "Ein alter Handschriftenkatalog des ehemaligen nestorianischen Klosters in Jerusalem", OrChr III ser. 6 (1931), pp. 90-96.

9 O.F.A. Meinardus, "The Nestorians in Egypt", OrChr 51 (1967), pp. 112-29; J.-M. Fiey, "Coptes et syriaques: contacts et échanges", Studia Orientalia Christiana, Collectanea 15 (1972/3) [1976] pp. 332-40.

10 See for example Fiey, *art. cit.*, pp. 361-2, and the diagram in R. Cowley, "Scholia of Aḥob of Qatar on St John's Gospel and the Pauline Epistles", Le Muséon 93 (1980), p. 340.

11 For the sake of brevity I abbseviate the reference numbers of the fragments to just the serial number within the two series: i.e. (TS.NS.306).224, 227-9 and (TS.AS.213).18-20. For the terms .20a-d, see the introduction to the edition of TS.AS.213.20 below.

12 This indicates that the margin on 228R and V (c.2.4 cms) will be an outer one.

— Inner margin : 1.5 cms (on .20).
— Upper margin : 1.4 cms (on .18) to 1.7 cms (on .19).
— Lower margin : 1.2 cms (on .20).
— Ruling : vertical and horizontal incisions are used to frame the area of writing (clearly present on .20a and d, .18R and .19R).
— The recto of .18 and .19 has four dots just above the beginning of the first line of writing at the top of the folio.

The following is the probable position within a gathering of the main fragments (that of .224 and .227 remains unclear) :

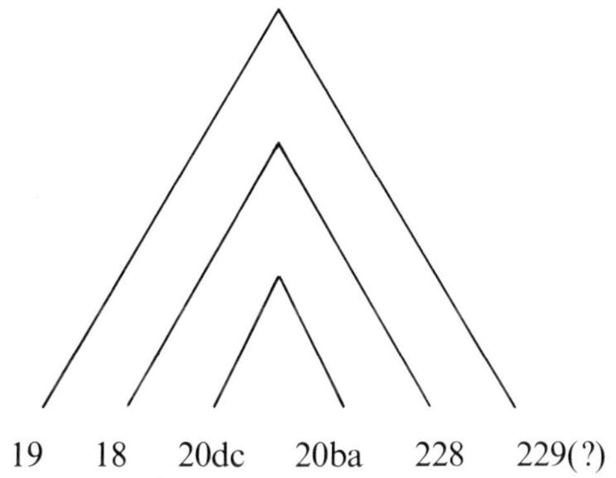

(The sequence is to be read from right to left).

Orthography

Attention might be drawn to a few orthographical features :

(1) Certain frequently recurring pairs of words are written as one word; thus *mrkl* (224V, 20c), *šbḥlk* (19V, 20d), *mrnyšwʿ* (20b), *šlmlky* (20b).
(2) 229R attests the abnormal suffix form *nḥzwhy* (for *nḥzywhy*)[13].
(3) 20c contains a word break over two lines : [*ksyw*]|*tk*[14].
(4) On 229R repeated *qoph* is employed as a line fill.

There are a small number of scribal errors : 228V *dwṣ* (for *dwṣy*); 20b *šlmky* (for *šlmlky*); 18R *mrḥmnʾ* repeated.

13 If my reading is correct (which is far from certain) there is another instance in 20d *bḥdbš|bʿ*.
14 Cp T. Nöldeke, *Kurzgefasste syrische Grammatik* (ed. A. Schall), Darmstadt, 1966, pp. 140, 325.

The present edition and translation

In the description of the individual fragments I follow their probable sequence in the original manuscript from which they derive[15]; the terms recto (R) and verso (V), however, refer to the *present* positioning of the fragments in the albums containing TS.NS.306 and TS.AS.213, and these in some cases certainly do not correspond to the position of the fragments in the original manuscript. In all cases the maximum width and height (in that order) of each fragment is given.

Supplements have been made where possible with the assistance of the following sources[16]:

BC = *Breviarium iuxta ritum syrorum orientalium id est Chaldaeorum*, I (ed. P. Bedjan; reprinted Rome, 1938).
H = *Ḥudra*, I (Trichur, 1960).
A = London Add. 7178 (AD 1545), *Gazza*.
B = London Add. 7179 (15th cent.), *Gazza*.
C = Cambridge Add. 1980 (AD 1723), *Gazza*.
D = Cambridge Add. 1981 (AD 1607), *Ḥudra*.

In the edition of the Syriac text a dot indicates an uncertain letter and a sublinear circle denotes traces of an identifiable letter. In the translation the symbols ⌜ ⌝ denote the beginnings and ends of passages for which I have found parallels in the editions and other manuscripts consulted. Both the edition and the translation reproduce the line arrangement of the fragments.

TS.NS.306, 224 and 227.

I have been unable to locate the text of these small fragments in any of the manuscripts or editions consulted; the content of 227V perhaps suggests that it belongs to the Nativity or the following Sunday, but it it is also possible that it comes from the Commemoration of the Virgin.

224R. 6.1 × 3.1 cm. Ends of five lines (only a very small part of the left hand margin is preserved).

15 The sequence is certain for all but the fragments TS.NS.306.224 and 227.

16 References to the manuscript sources are not exhaustive; on the whole C has proved to be of most help. Precise details will be found attached to the translation of each fragment.

17 *mmky'* (sic) is puzzling; hesitantly one might suggest that it is a corruption from *mmkk'* ('abased'), and that this belongs to a series of the type 'yesterday abased, but today exalted'.

].ܒ..[ ].ܐ ܒܗܘ ܒܥܕܬܐ]

]ܬܚ̈ܬܐ ܕܢܚܐ ܦ.. ܒܒܒܐ]

].ܒܗ ܐܬܡܠܝ ܕܡܒܡܝܐ]

]ܐ̣ ܒܡܪ̈ܘܡܐ ܥܠܝ̈ܐ]

]..ܠܣܒܪܐ [ܛܒܐ]]

[ ]. in the church

[ ] *stanzas* Radiance ...

[ ] yesterday ...

[ ] in the supernal heights

[good] hope

224V.

[ ]ܟܠܬܐ ... [ ]

[ ]ܬܘ.[ ],ܡܪܐ ܠܟܠ[ ]

[ ],ܗܘܐ ܡܢ ܪܘܡܐ ܕܡܫܝ[ ]

[ ]ܫ.ܡ ܒܗ .... ܘ[ ]

[ ]ܦ[ ]

[ ] Lord of all [ ]

[ ] was from the height [ ]

227R. 6.3 × 4.8 cms. From the middle of a folio.

[ ].ܬܒ̣[ ]

[ ]ܘ ܝܫܘܥ[ ]

[ ].ܕܐܘܪܚܐ ܒܪ[ ]

[ܥܠ ܟܠܗ̇ ܒܪܝܬܐ ܕ[ ]

[ ]ܘܦܠܓ . ܗܘܬ ..[ ]

[ ]ܦܟܐ[ ]ܛܝܒܘܬܐ ܘܕ[ ]

line 3: or].ܪܐܘܕܝܢܐ ܒܪ[

[ ] Jesus [ ]

[ ] the way (*or* judge), son [ ]

[o]n all creation [ ]

[ ] and was [ ]

[ ] grace [ ]

227V. Only a few letters of the fifth line can be made out.

]ܠܪܗ̇ ܘܡܝܒ[

TS.NS.306.229

10 × 7.5 cms. The recto preserves part of the left hand margin, the verso part of the right margin.

The recto (lines 5-11) has a parallel in A and D: in A the passage belongs to the Nativity, but in D to the First Sunday after the Nativity. The rubric *d-barrek*(*w*)[18] indicates that the text on the recto belongs to *Sapra* (Matins).

On the verso lines 1-2 and 4-12 are found in C and D (Commemoration of the Virgin on the Second Friday after the Nativity)[19]; lines 4-9 also occur in A (but are there allocated to the Nativity) and H (Commemoration of the Virgin). The rubric *d-Basaliqe*[20] on the verso shows that the fragment belongs to *Ramsha* (Vespers).

229R.

] [ܐܒܪܗܡ ܕܒܪܟ[ܘ]

] ..[ܪ̈ܒܘܬܐ ܘܡܪ̈ܒܝܢܘܬܗ

] [ܗܘ ܡܠܟܐ ܗܘ ܘܐܠܗܐ ܗܘ

] [ܬܠܠܒ ❖ ܡܛܠ ܕܐܝܬ ܡܪܝܐ ܗܘ

] ܫܒ[ܚܘ ܠܡܪܝܐ ܒ ܐܦ ܘܙܕܩ ܡܪܝܐ

[ܕܫܒܚܝܢ ܠܡܫܒܚ[ܢܘܬܐ ܕܠܒܘܫܬܟ ܡܛܠ ܕܗܡܢܬ

[ܠܟ ܡܫܝܚܢ ܐܘܕ[ܝܢ ܥܒ̈ܕܝܐ ܗܘܢ ܕܒܫܠܝܚܘܬܗܘܢ
ܡܠ̈ܐܟܐ

[ܪܚܡܝܟ ܕܢܣܘܪ[ܘܢ ܘܐܫܬܘ ܠܡܫܒܚܘܬܟ ܕܒܪܐ
ܕܡܬܘܪܒ

[ܠܟ ܕܒܫܡܐ ܕܒܫܡܝܐ] ܘܒܪܥܝܐ ܫܘܚܠܦܗ, ܟܠ ܡܠܟܘܬܐ ܐܦ̈ܐ
ܠܥܘܒܟܐ

[ܦܐܝܐ ܕܪܒܘܬܟ ܘܒ[ܠܗܒܐ ܬܘܒ [ܡܚ ܫܬܠܘܬ]ܐ
ܥܒ̈ܝܕܐ ܘܐܡܪ

[ܡܫܝܚ [ܡܫܝܚ ܡܫܝܚܬ ܐܠܗ]ܐ.]ܐ ܪܘ

] ܗ, [ ] ..ܒ[ ]

18 I.e. the Song of the Three Children.

19 This is the date given in the manuscripts and in H; in BC it has been altered to 26th December (as in the Syrian Orthodox and Maronite calendars).

20 Sc. *'onitha* (for the term, see Mateos, *op. cit.*, p. 485).

] Abraham. *Of 'Bless'*
] shepherds their gifts
] he is Word and he is God
] *For you are Lord* (Ps 86:5)
] *Praise the Lord, twice.* ⌜It is right and fitting, Lord,
that we should praise the compas]sion of your grace, for you gave to us in your mercy those] glorious [mysteries], in awe of which the angels
long to gaze,] and you held us worthy in your grace that when there is offered
to you the pure] and holy [sacrifice] we might all see with uncovered face the [radiant] glory
of your majesty and cry] out again [with the] heavenly [powers] and say
'Holy, holy,] holy are you, O God' [ ] they depicted

lines 5-11 = A f. 24a-b, D f. 25b.1.

229V.

[ܒ]ܩ̈ܠܐ ܕܬܘܕܝܬܐ ܐܡܪ̈ܝܢ [ܫܘܒܚܐ ܠܐܠܗܐ ܒܡܪ̈ܘܡܐ]
[ܘܫܠܡܐ ܥ]ܠ [ܐ]ܪܥܐ ܘܣܒܪܐ [ܛܒܐ ܠܒ̈ܢܝܢܫܐ.]
ܒܡ....... ܟܠܗ ܫܘܒܚܗ ✤ ܘ [✤]
ܐܨܛܠܒ ✤ ܡܐ ܛܒ ܗܘ ... ܐ .. [ܒܐܝܐܝܬ]
ܡܪܝܐ ܠܟ ܫܪܒܬܐ ܛܝܒܘܬܐ ܡܩܒܠ ܠܗ [ܠܟܘܠܗܘܢ ܡܕܒܪܢܘܬܐ]
ܒܪ ܟܪ ܒܛܝܒܘܬܐ ܘܡܫܒܚܢ̈ܘܬܐ ܕܢܚܘܬ[ܐ ܡܛܠܒ
ܗܘܐ]
[ܠܚܝ̈ܐ ܕܒܢܝ̈ܢܫܐ ܡܫܝܚܐ ܗܘܬ ܒܡܪܟ]ܒܬܗ ܠܟ ܡܪܝܐ]
[ܕܐܬܝܬ ܠܐܒܐ ܡܫܝܚܐ ܘܠܘܬ ܕܢܘܚ [ܐܒܘܟ ܪܘܚ]
ܒܒ̈ܢܝܐ ܫܘܒܚܐ ܠܟ ܕܡܫܠܡܢܐ.. [ ]
ܐܠܗܐ ܒ ܗ ܘܟ[ ] ܫܘܒܚܗ ܠܡܪ[ܝܐ
ܠܥܕܬ]
[ܠ]ܡܫܝܚܐ [ܒܬܘܕܝܬܐ ܡܒܪܟܝܢ] ܫܘ̈ܒܚܐ [ܕܪܘܚ ܩܘܕܫܐ]
[ܕܒ]ܗ ܐ[ܬ]ܦܠܓ ܡܪܟܒ ܠܡܫܝܚܐ ܥܠܡ ܕܐܬܐܡܪ.]

⌜[with] voices of thanksgiving they say ['Praise to God in the heights]
[and peace o]n earth and [good] hope [to mankind'.]'
On [ ] all its glory. [ ]
was crucified. *How good* (Ps 133(132)). Grant [⌜Rightly]

Lord, do all generations call blessed the [holy virgin]
for when in the error and the tempests of pagan[ism] the race of mankind [was submerged]
she was escorting in her wom[b you, O Lord,]
who are the peaceful harbour, and there is none who has sanctified [like you O lover of]
mankind, praise to you'. '*Of the Basaliqe*' [ ]
God [ ] '*Praise the Lo*[*rd*'. 'She who gave birth]
[to] Christ, [the Virgin,] the glorious [abode of the Holy Spirit]
[in wh]om [the Lord of all was pleased to renew our image that had become corrupted].

lines 1-2 = C f. 56a.2, D f. 25b.2.
4-9 = A f. 25b, C f. 56b.1, D f. 26a.1, H p. 586 3-7.
10-11 = C and D.

TS.NS.306.228

9.2 × 11.11 cms. The recto contains a left hand margin and verso a right hand margin (the latter contains the reverse impression of some letters from the facing folio). The lost eleventh line is almost certainly the last line of the folio (the margin alone is preserved down to the bottom of the page).

Commemoration of the Virgin. The recto belongs to Compline (*Subba'a*), and lines 2-9 are to be found in C. The verso has parallels for lines 1-11 in A, C and H.

228R.

]   [...
]   [ܣܘܒܥܐ
] ܠܦܘܩܕܢܟ ܐܘ[ܡܪܝܐ ܐܠܗܐ
]ܡܪܢܬܐ. ܕܒܢܘܗܝ ܠܡܫܝܚܐ] ܠܒܝܬ ܗܘܬ. ܐܬܐ
]ܠܒܪ ܒܫܘܒܚܗ ܐܠܗܐ ܠܟ. ܘܫܡ[ܠܐ ܡܢ ܠܒܝܫ ܗܡܢܝܪܐ
]ܠܐܦܪܘܗ. ܘܗܝܐ ܐܬܬܘܗܝ ܡܘܫܐ[ܡܢ ܡܫܡ ܐܒܐ ܘܒܪܐ
]ܫܠܘ ܚܠ. ܘܐܬܝܬ ܠܗ ܫܘܠ]ܛ[ܢ]ܐ ܥܠ ܟܠ ܡܢܐ ܕܒܐܪܥܐ
]ܘܟܠ ܡܢܐ ܕܒܫܡܝܐ. ܢܘܕܐ ܠܗ̣ ܘܠܗ ܕܐܫܟܚ ܪܚܡܗ
ܘܡܘܗܒ
]ܠܗ ܫܒܚܐ ܕܒܪܬܗ ܡܢ ܟܠ[ܠܗ ܫܘܒܚܐ ✣ ܐܬܡܠܠ ܚܠܡܐ

] ..ܐ.. ܗܘܐ ܪܘܚܐ ܕܩܘܕܫܐ]
]ܒܠ ... ܒܛܢܐ ....]

[ ]⌜*Compline*⌝.
[⌜Blessed are you, O] Mary, mother,
[the blessed one, for in your womb] you bore [Christ.] For [God] has come
[in his love unto us and he too]k from our race a hostage
[to his honour; and behold to-day he is] on the right hand of the Father and he supplicates
[for us all; and he has authori]ty over all that is on earth
[and over what is in heaven. Let us thank h]im who greatly exalted him and gave
[him a name excellent above all.] To him be praise⌝. *I will speak of you.*
[ ] was the Holy Spirit
[ ] conception [ ]

lines 2-9 = C f. 56b.2 (lines 3-9 also on f. 71a.1).

228V.

ܬܫܒܘ ܛܝ[ܒܘܬܐ]
ܢܚܕܘܢ ܫܡܝܐ ܚ̈ܕ[ܝܢ ܘܪ̈ܘܙܝܢ ܟܠ ܒܪ̈ܝܬܐ ܒܬܫܒܘܚܬܐ]
ܒܠܘܕܐ ܕܐܬܝܠܕܬ[ܐ ܕܒܛܠܬ ܘܠܝܬ ܕܐܟܘܬܗ ܒܬܘܠܬܐ]
ܡܪܝܡ ܕܠܐ ܙܘܘܓܐ ܡܢ ܚ[ܝܠܐ ܕܪܘܚܐ ܕܩܘܕܫܐ ܒܪܐ
ܕܐܠܗܐ]
ܦܪܘܩܐ ܕܟܠ ܡܪܐ ܕܡܠ̈ܟ[ܐ ܘܕܒܣܝܡܐ ܕܒܫ̈ܝܢܐ ܪܚܡ]
ܚܠܦ ܥܡܡܐ ܒܪ ܕܡܢ ܘܣܪܝ، [ܛܥܡܬ ܛܥܡܘܬܐ ܒܡܘܬܐ]
ܘܕܫܬܐ ܢܦܫܬܐ ܡܪܝܡ ܐܡ[ܗ ܕܡܫܝܚܐ. ܕܡܣܒܪܢܐ]
ܫܡܥܝܢܐ ܗܘܐ ܠܗ ܪܫܝܐ ܕܡܠ̈ܟܐ [ܐܘ ܐܡܐ ܕܒܬܘܠܬܐ]
ܠܝܬ ܕܡܪܝܐ ܘܡܠܐܟܐ ܘܦ[ܪܘܩܐ ܕܥ̈ܠܡܐ. ܘܡܛܠ ܗܕܐ]
ܐܦ ܚܢܢ ܫܘܒܚܐ ܡܫܡܠ[ܝܢ ܠܬܘܠܕܬܟܝ ܒܗ. ܐܡܪܝܢ]
[ܫܘܒܚܝ ܕܫܘܬܝ، ܕܬܗܘܐ ܠܗ ܐܡܐ ܘܐܡܬܐ ܕܡܪܢ.]

Teshbo(hta). G[race]
Let the heavens rejoice (Ps 96:11). ⌜[All creation] rejoic[es and exults with praise]⌝

at the Child of wonder [when the Virgin] Mary [conceived and bore in purity]
without intercourse as a result of the p[ower of the Holy Spirit. O Son of God,]
the Saviour of all, Lord of ange]ls and of the race of mankind, have mercy]
upon us. *Listen...*[21] Exult and rejoice, [O Virgin full of grace,]
holy, chaste, Mary, mother [of Christ, for] the heavenly [announcer]
came to you, the chief of angels; [O mother who in virgin-wise]
gave birth to the Wonderful, and the Counsellor, the Sa[viour of the worlds; and for this reason]
we too call blessed [your virginity as we say]
['Blessed are you who were worthy to become the mother and maidservant of our Lord'.]'

lines 2-11 = A f. 80a (6-11 also = A f. 28b, 81a), C f. 90a, H p. 598[11-20].

TS.AS.213.20

21.7 × 13.7 cms. This comparatively large fragment represents the bottom half of a bifolium, of which the present recto (as now bound) represents the inside bifolium of a gathering; thus the correct sequence in which the texts should be read is: verso left hand column + recto right + recto left + verso right, and it is in this order that I give the texts and translations; for convenience I refer to the texts in their true sequence as 20a-d.

Commemoration of the Virgin. For 20a parallels are available in C, H and BC (Vigil Service, *Qale d-shahra*), for 20b in A, C and H (*Lelya*), for 20c in A, C, D, H and BC (*Lelya*, followed by *Sapra*), for 20d in C, D, H and BC (*Sapra*).

20a

.... ܗܡ]   [
ܐܕܪܝܚ ..]   [
ܫܪ̈ܒܬܐ ܢܬ[ܠ   [
ܡܠ ܀ ܟܠ.ܘ]   [
ܟܒܗ ܀ ܘ]ܐܡܪܬ ܡܪܝܡ ܡܘܪܒܐ[ܢܦܫܝ ܠܡܪܝ]ܐ ܘܚܕܝܬ[
ܪܘܚܝ ܒܐܠܗܐ ܡܚܝܢܝ ܕܚܪ ܒܡܟܝܟܘܬܐ ܕܐ[ܡ]ܬܗ ܗܐ

21 The manuscript clearly has *šm'w br*; C and H have at this point *šabbaḥ b-šurray(a)*.

ܗܐ ܡܢ ܗܫܐ ܛܘܒܐ ܢܬܠ ܠܝ ܫܪ̈ܒܬܐ ܟܠܗܝܢ ܕܥܒܕ ܠܘܬ[ܝ]
ܪ̈ܘܪܒܬܐ ܗܘ ܕܚܝܠܬܢ ܘܩܕܝܫ ܫܡܗ ܘܚܢܢܗ
ܠܕ̈ܪܐ ܘܫܪ̈ܒܬܐ ܥܠ ܐܝܠܝܢ ܕܕܚܠܝܢ ܠܗ ܥܒܕ ܙܟܘܬܐ
ܒܕܪܥܗ. ܘܒܕܪ ܫܒܝܪ̈ܝ، ܒܬܪܥܝܬܐ ܕܠܒܗܘܢ
ܫܕܐ ܬܩܝܦܐ ܡܢ [ܟܘܪܣ]ܘܬܐ ܘܐܪܝܡ ܡܟܝ̈ܟܐ ܟܦ[ܢ̈ܐ]
ܣܒܥ ܠܛܒ̈ܬܐ ܘܥܬܝܪ̈ܐ [ܫܪܐ ܣ]ܦܝܩܐܝ[ܬ]. ܥܕܪ ܠܐܝܣܪ[ܝܠ]
ܥܒܕܗ. ܘܐܬܕܟܪ ܚܢܢܗ [ܐܝܟ ܕܡܠܠ ܥܡ ܐܒܗ̈ܝܢ]
ܥܡ ܐܒܪܗܡ ܘܥܡ ܙܪܥܗ ܠܥܠܡ [ ]
ܐܟܘܬܟ. ܩܠ ܀ ܐܪܘܡܡܟ. ܘܡܘܣܦ [ ]
ܡܝܟܐ ܀ ܡܢ ܀ ܒ ܀ ܡܟܝܠ ܫܡܥܘ ܡܕܡ ܕܐ[ܡܪ ܡܪܝܐ]
ܥܕܡܐ ܠܡܛܠ ܕ[ܝܕܥ ܙܕܝܩܘ]ܬܗ ܕ[ܡܪܝܐ] ܥܘܢܝܬܐ
ܒܦܘܬܚ، ܡܢܘ ܣܦܩ ܀ ܐܪ̈ܟܢ ܫܡܝܐ ܀ ܘܦܪܚ ܥܠ

was escorted [ ]
let the peoples [ ]
Qal(a). All [ ]
with him. ⌜And [Mary said,] My soul [magnifies] the Lord
and my spirit [has rejoiced] in God my Saviour who has looked upon the lowliness of his handmaid; for
behold from henceforth let all the peoples call me blessed, for he has done with [me]
great things, he who is mighty and whose name is holy. And his compassion
is for generations and peoples; upon those who fear him he performs victory
with his arm, and he has scattered the proud in the thoughts of their heart;
he has thrown down the mighty from (their) thr[ones], and raised up the lowly; the hu[ngry]
he has filled with good things, and the rich [he has dismissed e]mpty. [He has helped Israel]
his servant, and remembered his compassion, [just as he spoke with our fathers,]
with Abraham and with his seed for ever.⌝[ ]
like you. *Qal*(*a*). I will magnify you. *And he adds* [ ]
Micha, section 2: ‘Henceforth listen to what [the Lord has said]
as far as ‘Because [he knows the righteous]ness of [the Lord’.] *Onitha.*
At the opening: Who is sufficient. The heavens inclined. And he flew down upon

lines 5-14 = C f. 89b.1-2, H p. 597^{11-20}, BC p. 365^{23}-366^{4}.
16: the lection from Micha 6:1-5 is specified in C and D (f. 29b.1).

20b-c.

(20b) [ܫܠܡ ܠܟܝ ܐܡܗ ܕܦܪܘܩܐ ܕܒܪ̈ܝ]ܬܐ ܫܠܡ ܠܗ
[ܠܛܠܝܟܝ ܕܡܢ ܒܪܘܟܐ ܘܫܪ̈ܟܐ ܡܬܐܡܪ.] ܫܠܡ ܠܗ
[ܠܒܪܟܝ ܕܡܢ ܡܠܘ̈ܫܐ ܘܡܢ ܪܒܘ̈ܬܐ ܡܫܬ]ܠܛܢ. ܫܠܡ ܠܟܝ
[ܕܐܫܬܘܕܝܬ, ܕܬܐܘܣ ܠܡܘܒܠܗ ܕܐܠܗܐ ܒ]ܠܬܐ ܫܠܡܟܝ
[ܕܗܘܝܬ,] ܠܡܐܢܐ ܠܒܢ̈ܝ [ܢܫܘ̈ܬܐ ܟܠܗܘܢ. ܫܠ]ܡ ܠܟܝ ܝܠܕܬ ܕܠܐ
ܘܠ[ܘܩܒܠ] ܐܡܝܢܐ ܕܐܡܪ ܐܫܥܝܐ ܫܠܡ ܠܗ ܠܟܘܟܒܐ ܕܝ[ܠܕܬ] ܙ
ܛܒ ܡܢ ܫܡܫܐ ܫܠܡ ܠܟܝ ܡܚܝܢܐ ܕܡܠܟܬ ܛܠܝܐ ܡܢ
ܙܘܗܪܐ ܫܠܡ ܠܗ̇ܘ ܠܫܢ̈ܐ ܕܐܬܡܚܠܘ ܠܗ̇ ܚܘܐ ܫܠܡ
ܠܟܝ ܕܡܢܟܝ ܡܬܡܠܝ. ܡܠܟܐ ܡܫܝܚܐ ܘܠܠܗܐ ❖ ܒܪܬ
ܡܠܟܐ ܛܘܒܝܟܝ ܐܘ ܡܪܝܡ ܐܡܗ ܕܡܪܢ ܝܫܘܥ ܗܘܝܬܝ. ܒܪܬ
ܦܪܕܝܣܐ ܕܬܕܡܘܪܬܐ ܕܦܐ[ܪܐ] ܡܚܝܢܐ ܫܘܚ ܡܢܟܝ
[ܡܘܬܐ ܕ]ܡܠܬ ܚܘܒ[ܬܐ ܡܢܟܝ ܙܘܗܪܐ ܗܘ ܐܒܬܪܗ
[ܠܡܠܟܐ ܡܫܒܚܐ ܫܒܚܐ ܕܒ]ܪ̈ܗ ܐܬܬܢܝܚ ܘܫܪ̈ܝ ܗ̈ܘ
[ܕܐܬܘܗܝ, ܪܒܢܐ ܛܒܐ ܘܒܒܐ] ܘܐܫܒܚܘܗ ܠܒܪܟܐ ܕܛ̈ܠܠܐ
[ܡܢ ܒܛܢܗ.] ܠܛܠܝܟܝ ܐܬܒ̈ܥ̈ܝܬ ܘܒܟܝ ܡܠܟܬ
[ܛܘܒܘܗܝ ܕܒܢܝ. ܐܝܣ]ܘܗܝ, ܡܫܝ̈ܚܐ ܫܠܘܗ ܢܣܒ ܟܠ ܟܠܢ ܗܠ
[ ]ܙܠ ܡܒ.....ܐ ܐܝܟ ܗܘ̣ܝܐ ܘܡܠܟܬܐ
[ܘܡܫܒܚ]ܠܬܐ ܕܗܦܡ ܠܗ ܠܡܠܟܐ ܕܡܪܚܡܢܘܬܗ

(20c) [ܕܠܐ ܡܫܬܘܩ ܡܪܢܐ ܗܘ ܕܐܝܬܘܗܝ, ܡܬܘܡܝܐܝܬ ܘܩܕܡ]
[ܒܠܥ̈ܕܐ ܐܠܗܘܬܗ. ܕܠܐ ܙܒܢܐ ܐܬܝܠܕ. ܡܠܬܐ ܕܡܢ ܐܒܐ]
[ܒܫܘܠܡ ܙܒܢܐ ܐܬܓܒܠ ܦܓܪܐ ܘܢܦܫܐ ܡܫܠܡܢܐܝܬ ܡܢ ܐܡܗ
ܗܝ]
[ܕܝܠܕܬܗ ܘܦܓܪܐ ܕܒܬܘܠܘܬܗ ܠܐ ܐܬܚܒܠ ܘܡܛܠ ܗܕܐ]
[ܝܠܕܬ ܡܫܝܚܐ ܐܬܩܪܝܬ. ܘܡܛܠ ܗܝ ܕܐܦܠܐ ܗܘ ܐܬܡܣܟܢ]
ܒܝ [ܝܠܕܐ ܘܐܬܒܠܥ ܒܐܢܫܘܬܐ. ܐܘ ܒܘܡܘܐ]
ܕܒܬܪܐ ܘܚ[ܒܒܬܐ ܕܐܠܗܐ. ܕܒܪܘܫܗ̇ ܕܚܘܐ ܕܟܠܘܛܬܐ]
ܚܘܒܬ ܕܒܟܬ̈ܒܐ ܬܐ[ܠܝ ܒܢ̈ܝܐ ܗܘܬ ܠܗ̇ ܡܒܣܝܐ ܕܗܘܢܐ]
ܣܢ̈ܐ ܕܠܒܠܡ ܕܠܐ ܪܒܐ [ܒܠܝܬ ܘܡܠܕܬ ܘܠܒܝܫܡ ܡܫܘܬܐ ܡܢ]
ܣܒܠܐ ܫܪܬ ܘܣܪܪܬ ܠܗ̇ ܗܘ [ܡܫܡܫܝܢ ܒܟܝ ܘܐܡܪܝܢ]
ܠܐ ܡܬܕܪܟܢܐ ܡܪܟܒ ܫܘܒܚܐ [ܠܟ]
ܒܕܬܐ ܚܕܝ ❖ ܬܫܒܘ... [ ]
ܡܠ ❖ ܐܟܘ ܕܒܫܡܝܐ ❖ ܛܘܒܐ [ܠܡܢ ܠܗ̇ ܫܘܒܚܐ ܠܥܠܡ]

ܠܒܬܘܠܬܐ ܡܪܝܡ ܐܡܗ ܕܡܫܝܚ]ܐ [

ܕܒܪܗ ܒܪܘܚ ܒܬܘܠܬܐ ܘܕ[ܚܠܬܐ [

ܘܬܘܕܝܬܐ ܠܡܫܝܚܐ ܕܕܢܚ [[

ܐܒ]ܪܗܡ ܬܫܒܘܚܬܐ ܠܐܠܗܐ [[

ܦܪܘܩܗ ܃ ܒܪܬ ܡܠܟܐ ܡܪܝܐ [ܕܟܠܐ ܠܟ ܡܘܕ̈ܝܢ ܡܕ̈ܢܚܬܐ

ܕܐܝܟ ܥܡܟ ܘܕܒܪܬ ܠܡܪܝܡ [ܥܡ ܟܢܫܗܘܢ. ܘܐܙܠ ܒܫܡܐ]

ܬܟ ܐܬܚܙܝܬ ܒܗ ܕܒܫܠ ܙܘܥܐ [ܡܢܗ ܕܢܚ ܡܫܝܚܐ]

ܦܪܘܩܗ ܕܒܠܟܐ ܘܒܪܬ ܘ[ܘܕܥܐ ܗܘ ܡܫܝܚܐ ܠܥܠܡ]

ܘܕܒܢܝܗ ܕܒܬܘܠܬܐ [ ]

(20c) line 9 ܕܒܠܟܘܢ] ܕܠܒܘܒܐܠ AC.

10 ܫܪܝܬ] ܫܪܝܬܗ C (ܘܫܪܝܗ ,ܦܪܝܗ A).

⸢[Peace to you, Mother of the Saviour of crea]tion; peace to [your Child who is honoured by the cherubim;] peace to [your Son who is worshipped by the Magi and the shepherds;] peace to you [who were held worthy to escort the temple of God the Wo]rd; peace to you [who became] the haven for [all] prophecies; [pea]ce to you, who gave birth without [inter]course, just as Isaiah said; peace to the star that is more excellent than the sun; peace to you, fountain which received dew from the height; peace to the life that has been conveyed to Eve; peace to you, for from you is born the king, Christ, halleluiah. *The daughter of the king* (Ps 45:10). Happy are you, Mary, mother of our Lord Jesus, for you have become a paradise of wonder, since a life-giving fruit has sprung forth from you. [O ark which] received trea[sure fr]om on high which enriched [the world; O glorious tabernacle where]in there rested and resided he [who is the good Shepherd, who sought] and found the sheep that had strayed [from his flock.] Supplicate your Child and request, O lady full [of grace, that through] his many [mercies] he may pour his compassion on us all⸣. *Qal*(*a*) (20b)

[ ] ⸢What mind or word [or hea]ring can suffice for [the uncontainable] sea of your mercifulness, [O Lord, who exist eternally and divinely before the ages:] (20c)
[born outside time from the Father, and at the end of time]
[he was clothed in a body and a soul completely by the mother who bore him;]
[and the seals of her virginity were not destroyed,]

[wherefore she was called 'bearer of Christ', and because he did not undergo change]
when [he wished to be revealed in our humanity. O the profundity]
of the wealth and w[isdom of God, for in the womb of Eve, who under the curse]
was defeated so that she had to bear children] in pain, there proved to be for her a fountain that gives]
eternal life[22]; without seed [she conceived and gave birth]
and released and freed [our mortal race from] corruption. Him do [we all praise and say]
'O unattainable Lord of all, praise [to you.']
O Church, rejoice. *Teshbo(ḥta)* [ ]
Qal(a). ⌜Our Father who are in heaven. [Let all peoples call] blessed
the Virgin Mary, the mother of Christ.⌝ [ ]
Bless. At the memorial of the holy virgin [ ]
and thanksgiving to Christ who shone out [ ]
[Ab]raham. *Glory to God* [ ]
his Saviour. *The king's daughter* (Ps 45:10). ⌜Lord [of all, to you do the holy women give thanks]
because they have loved your name and because you have chosen Mary [from their race,]
and you caused [the symbol of your hiddenness to reside in her, so that through the power of the Spirit [there shone forth from her Christ]
the Saviour of the world, and the h[oly] church [honours the day]
of the memorial of the virgin.⌝ [ ]

20b lines	1-9	=	C f.89b.2-90a.1, H p. 598 1-9.
	10-16	=	A f.64b, C f.57a.2.
	17-18	=	A f.64b, C f.72a.1.
20c lines	1-11	=	A f.64b, C f.72a.1.
	13-14	=	C f.91a.2, H p. 611 20-21, BC p. 370 12-13 ('Mother of Christ' has been altered to 'Mother of God').
	18-22	=	C f.91b.1, D f.29a.2-b.1, H p.613 11-14, BC p.371 15-18.

20d.

] ܘܡܒܣܡ ܟܠܗ ܒܢܝ̈ܢܫܐ ܒܥܠ[ܡܐ
]ܐܬܬܫܝܬ ܘܠܡܟܣ̈ܒܘܗܝ ܕܢܨܚ ܐܫܠ[ܝܐ ܐܬܟܠܬ
]ܬܘܪܩܡ ܐܪ̈ܙܐ ܕܡܕܒܪܢܘܬܟ ܡܪܝ[ܐ ܫܘܒܚܠܟ ܕܢܒܥ

22 eternal life] life to Emmanuel A C.

[ܦܓܪܐ ܠܐ ܡܬܚܒܠܢܐ ܘܟܣܐ ܕ]ܕܡܐ ܝܩܝܪܐ ܕܦܪܘܩܢ ܕܟܠ
[ܠܡܫܝܚܐ ܢܣܒ ܒܚܕܐ ܐܘܝܘ]ܬܐ ܘܒܡܘ̈ܬܗ ܚܢ ܕܚܠܦܝܢ
[ܟܠܢ ܡܟܪܙܝܢܢ. ܐܦ ܒܩ]ܝܡܬܗ ܕܝܠܗ ܡܗܝܡܢܝܢ
[ܥܡ. ܘܥܡ ܡܠܐ̈ܟܐ ܐܝܟ ܕܝܐܐ ܠܗ] ܗܠܠܘܝܐ ܀ ܒ̈ܬܐ ܛܘܒܝܟܝ ܡܪܝܡ
[ܕܛܢ̈ܢ ܠܟܝ ܢܫ̈ܐ ܘܐܦ ܒ]ܬܘܠ̈ܬܐ ܒܢ̈ܬ ܚܐ̈ܪܐ ܘܥܡ ܛܘܒܝܟܝ ܡܪܝܡ
[ܕܫܡܟܝ ܥܠܝ ܘܐܬ]ܪܝܡ ܡܛܠ ܥܘܠܟܝ ܀ ܘܥܡ ܀ ܛܘܒܝܟܝ
[ܡܪܝܡ ܠܗ]ܒܐ ܗܘܐ ܠܟܝ ܟܠܗ ܥܠܡܐ ܀
ܕܚܣܝܕܢ
[ܒܐ ...] ܀ ܚ ܀ ܦܬ ܀ ܡܪܝܐ ܪܘܬܟ
[...]...ܠ ܕܒܬܪ ܐܘܕܝܐ ܠܟ ܡܪܝܐ
[...].ܘܪܐ ܕܙܘܥܐ ܐ[ܝ]ܟ ܕܥܠܡܐ ܢܘܚܐ
[...].ܪ̈ܐ[ ]ܝ، ܒܕܒܘܬ ܥܒܠܗ
[ܕܐܬܗܪ ܗܘ ܕܐܦܪܘܩ ܗܘܡ]ܐ ܡܬܠܘܬܐ ܒܛܠܬ ܗܘܬ ܐܘ ܠܐ
[ܡܗܝܡܢܘܬܐ ܗܘܕܝܐ ܗܘ ܠܥܠܡ ܕܠܐ ܕ]ܝܢ ܦܘܩܐ ܥܝܒܐ
[ܐܘܟܝ ܗܘܐ. ܡܬܠܘܬܐ ܕܡ] ܕܠܐ ܠܒܪ[ܝܐ] ܘܠܐ ܙܢܝܐ ܒܛܠܬ

(end of folio)

[ܗܘܬ ܒܩܘܡܝ ܐܠܗܐ [

line 5 ܘܒܡܘܬܗ] ܗܘ ܡܘܬܗ CDHBC.

[⌜… and in the flesh because of mankind in the wo]rld
[did you appear, and as a doc]tor [for the diseases of our nature] were you revealed.
[Many are the symbols of your providence, O Lor]d, praise to you. *Of the Bema.*
[The incorruptible body and the cup of] the honoured blood of the Saviour of us all,
[of Christ, let us receive in single acco]rd, for it is his death on behalf
[of us all that we proclaim, likewise in] his [res]urrection do we believe,
[and along with the angels it is fitting to sing to him] 'Halleluiah'. *Stanzas*: Happy are you, O Mary,
[for women are zealous for you, and so too the virg]ins, the daughters of nobles. *And with.* Happy are you, O Mary,
[for your name is exalted and ra]ised up because of your Child⌝. *And with.* Happy are you,

[O Mary, because] has called you [ha]ppy because of your Child. *Of Sun[day]* (?).
[ ] 8. Versicle: *Lord I have called you.*
[ ]. *After.* I will give thanks to you, Lord
[ ] *The righteous like a palm* (Ps 92:13). There shall spring
[ ] ⌜Like the rod of
[Aaron which sprouted, so] has the virgin conceived, O un-
[believing Jew: (the rod)] without being planted and without irrigation
[sprang up, while the virgin] without a ma[n] and without seed conceived
[at the bidding of God⌝.

lines 1-9 = C f. 92a.1, D f. 30a.1, H p. 615[1-10] (cp p. 589[5-7]).
3-9 = BC p. 372[7-11].
14-18 = D f. 30a.2, H p. 174[16-19], BC p. 107[10-13].

TS.AS.213.18 and 19

12 × 10 and 10.6 × 10.2 cms respectively. These two fragments, which are shown to be consecutive by the presence on 19v of traces of ink blotted on from 18R line 10, probably follow immediately on AS.213.20. The original sequence of the pair of fragments was 18V + 18R + 19V + 19R. The writing on 18V has been lost almost entirely, apart from traces (some of which are due to blotting from an adjacent folio): only the rubric *dbtr* is clearly visible in line 3. On 18R the right hand margins are preserved, and on 18V and 19R the left hand; on all the top margin is present, and so line 1 represents the first line of each page.

Both fragments belong to Epiphany (*Ramsha, Lelya, Sapra*). For 18V there are parallels in A, B and C, for 19V in A and C, for 19R in B and C.

18R.

÷ ܕܡܫܝܚܐ ܗܘܐ ܘܐܬܥܡܕܬ ܐܝܬܝܐ [ܠܐܒܪܗ ܚܝܐ ܕܐܠܗܐ ܕܗܘܐ ܗܘܘ]
ܫܡܥ ܣܗܕܘܬܗ ܕܐܠܗܐ ܥܠܝܗ [ܐܦ ܒܪܢܫܐ ܡܫܡܫܝܢ]
ܗܘܠܐ ܐܢܐ ܕܒܬܘܠܬܐ ܕܒܪܢܗ ܘܣܦ[ܪܐ ܟܠܗܘܢ ܕܡܫܒܪ ܗܘܐ]
ܐܦ ܣܩܕܝܢ ܡܪܢܐ ܒܓܠܐ ܘܥ[ܡܗܘܢ ܘܣܗܕܐ ܟܠ ܕܫܡܥܝܢ]
ܘܡܫܒܚܝܢ ÷ ..] [
ܒܪܝܟܐ ܐܝܪܢܝܘܣ ܒܫܘܕܝܢ ܢܘܗܪܐ [ܐܒܘܗܝ ܘܫܡ ܠܐܒܪܗ]
ܕܐܠܗܐ ܘܗܘ ܩܠܐ ܗܘܐ ܡܢ ܫܡܝܐ ܘܪܘܚܐ ܕܩܘܕ[ܫܐ ܕܫܪܝܐ]
ܒܕܡܘܬ[ܐ ܕ]ܝܘܢܐ ܕܡܫܡܫܐ ܢܚܬܬ ܘܫܪܬ [ܥܠ ܪܫܗ]
ܕܪܘܫܡ ܡܢ [ܒ]ܬܪ ܕܥܡܕ ܕܐܪܝܐ ܒܡܠܬܗ ܡܪܢ] [

ܪܒܐ ܗܝ ܡܘܗܒܬܟ ܕܠܘܬ ܡܝܘܬܐ ܡܪܐ ܡܪ[ܚܡܢܐ]
ܡܪܚܡܢܐ ܒܡܝܐ ܪܘܚܟ ܐܠܒܫܬܢ [ܒܠܚܡܐ ܦܓܪܟ]
[ܐ]ܘܟܠܬܢ ܘܒܕܡܟ ܚ[ܝܐ ܩܕ]ܫܬܢ ܘܚܒܪ ܪ̈ܘܚܢܐ ܫܠܛܬܢ [
[ܘܡܢ ܐܪܥܐ ܠܪܘܡܐ ܐܣܩܬܢ [

('..he cast from him the habits of greed)
which he had gained, and the harlot found [the living Lamb of God who]
bore the sin of the world; [the leper too, at your command,] cast off
the multitude of his body's marks and all [the sins he had performed.]
Wipe out our sins, too, Lord, and fo[rgive and remit all that we have done]
5 and have mercy on us.' [ ]
blessed. *I will exalt you.* 'In the river Jordan [did John baptize the Lamb]
of God, and when he went up from the water the Spirit of hol[iness of truth]
in the bodily form of a dove descended and dwelt [on the head]
of our Saviour after he had been baptized'. *Of the Mysteries.* At the voice. *Lord*
[ ]
10 'Great is your gift towards mortals, O com[passionate] Lord,
O compassionate one, in the water did you clothe us with your Spirit; [with bread, your body,]
have you fed us, and with your li[ving] blood [have you sanctified us, joining us with the spiritual beings]
[and raising us from earth to the height ...']

lines 1-5 = B f. 64b.2-65a.1.
6-9 = A f. 88b, C f. 96a.2.
10-12 = C.

19V.

] ܗܒܠܢܐ[ܟܕ ܐܬܛܒܠܬ ܕܢܬ[ܢܗܪ]
]ܥܡܘܕܐ ܠܗ ܕܡܫܝܚܐ ܡܪܢ ܟܡܐ [ܫܘ]ܒܚܟ ܕܫܘܠܡܐ ܒܪܗ
] ܠܗܘ ܕܠܠܝܐ ܒܨܘܪ،
]: ܘ :،
] ܒܝܕ ܡܥܡܘܕܝ [ܒܥܡܕ]ܬ ܗ[ܘܬ] ܡܢܝܬ
[ܠܡܥܡܕܐ ܘܚܒ] ܡܢܗ ܐܬܬܪܝܡܬ ܗܘܬ ܐܘܣܝܐܬ
[ܠܡܫܘܚܬܐ ܐܦ ܐ]ܝܟܢܐ ܚܘܒܬܐ ܐܬܚܠܠ ܡܠܐܟܐ ܟܢ
[ܡܫܘܪܝܐ ܝܫܘ]ܥ ܗܘܘ ܕܢܫܡܥܘܢ ܐܝܟ ܫܘܒܚܐ ܘܡܢ
[ܟܠ ܟܢܫܝ ܡܢܝ ܟܠ]ܗܘܢ ܘܢܫܘ ܘܢܫܘ ܡܠܟܐ ܕܐܬܐ
[ܘܩܘܡ ܒܝܘܡ]ܗ ܘܐܬܬܘܕܝ ܠܝ ܡܠܟܘܬܐ ܠܗ ܫܘܒܚܐ

ܡ[ܠܐ ܨܒ... ܕܢܬܦܪܩ ܥܠ ܓܢܣܐ ܡܝܘܬܐ ܫܘܒܚܐ ܠܟ]

ܕܒܣܝܠܝܩܐ ܕܒܪܟܘ ܘܐܝܬܘܗܝ ܘܐܬܗܘܪ ܠܐ ܐܪܥܐ] ܫܒܚܘܢ ܟܠܗܘܢ

ܕ]ܠܠܝܐ ܠܟ [

lines 1-2 ܕܬܚܪܪ ܠܓܢܣܐ] ܕܢܬܚܪܪ ܓܢܣܐ AC

['..for thus] were you pleased for there to be liberated
[the whole race of mortals, O our Lord, pra]ise to you'. *Of the Basaliqe.* Bless
[ ] all of them. *Of Lelya.* At the opening
[ ] 6:10
[*I will exalt you.*] When you [were baptized] in Jordan you sanctified
[the springs, and when] you were raised up from it, you caused to stand
[our fallen state. The h]erald [too] was filled with joy, for the angels
[hastened to come down] to you to offer up praise, and from
[all sides did] they [all call out] Holy, holy, holy, the king who came
[and delivered us at his baptism,] promising us the kingdom — to him be praise'.
[Lord [ ] *Of Sapra.* Qal(a) What shall we multiply for you.
'[O Christ, who was baptized and shone forth, illumining all; cause] your peace [to reside] on your people
[whom you have chosen']

lines 1-2 = A f. 95b, C f. 104b.1 (*vid*).
5-10 = A f.95b-96a, C f. 104b.1.
12-13 = C f. 123a.2.

19R.

ܪ̈ܒ[ܘ]ܬܐ ܕܦܘܪ̈ܩܢܐ ܬܘ.. ܘ] [
ܘܕܝܫܬ ܡܕܝܫܬ ܒܝܫܐ] [
ܕܗܘܬ ܠܟ ܦܘܡ ܕ[ ] [
ܕܒܗ ܒܢ̈ܝܐ ܠ[ܫ]ܒ[ܚ [
ܫܒܚܬ ܠ[ ] ❖ ܫܒܝܚܘ]ܗܝ [
❖ ܘܒܝܬܘܬܐ ܒܥܘܪ, ܬܘ ... ܐ ܬܘ ܫܒܝܚ[ܘ ܒܥܘܪܐܕܢ ܢܗܪܐ]
ܘܚܝܢ ܬܕܡܘܪܬܐ ܚܕܐ ܡܠܐܟ̈ܐ ܕܡܗ[ܠܠܝܢ ܘܣܘ̈ܦܐ ܕܡܫܒܚܝܢ]
ܘܠܥܘܠܡܐ ܕܡܕܝܢܐ ܕܢܣܬܬ ܘܒܠ ܪܢܗ [ܕܡܢ ܐܝܟܢܐ]
ܐܟܐ ܕܢܦܩܐ ܡܢ ܪܘܚܐ ܕܗܘܘ ܒܪ, [ܘܗܘܘ ܣܒܝܒܝ. ܒܪܝܟ]
ܠܟܐ ܕܠܒܫܗ ܠܐܕܡ ܡܢ ܡܫܟܐ ܕܡܒ[ܬܘܠܘܬܐ [
ܢܘܕܐ ܠܟ ܒܪܝܐ ܒܠܗܘܢ ܡ̈ܠܟܐ ܒܘܣܬ[ܐ [

ܫܒܛܗ ܐܪܚܫ ܠܒܝ ܐܡܪܗ ܕܐܠܗܐ [ܕܕܢܚ ܘܐܬܚܙܝ]
[ܒ]ܥܠܡܐ ܡ[ܛܠ ܦܘܪܩܢܢ ܘܒܝܕ ܕܒܚܐ ܕܩܢܘܡܗ ...]

line 9 ܫܒܚܝܢ ܘܗܘܘ C] ܫܒܚܐ A.

myriads of seraphs, come [ ]
Holy are you, holy are you, O Nature [ ]
who gave us our mouth to [ ]
so that with the wakers we may praise [ ]
you glorified [ ] praise him [ ]
Onitha (?)[23]. At the opening: Come [ ]. *Come, praise*. ⌜In the river Jordan]
John saw a wonder: angels singing 'hall[eluiah' and seraphs singing 'holy']
and the Spirit of holiness descended and [overshadowed] the head of [our Lord,]
the Father crying out from on high, 'This is my Son, [and this is my Beloved'. Blessed]
is the Good One who put on Adam from the waters of bap[tism.⌝]
Let all kings give thanks to you, Lord (Ps 138(137):4). *Onith*[*a*]
his rod. *My heart has burst forth* (Ps 45:1). ⌜The Lamb of God [who shone forth and appeared]
[in] the world f[or our salvation, and through the sacrifice of his own self...⌝]

lines 6-10 = B f. 65a.1-2, C f. 114b.2; also found in Syrian Orthodox *Fenqitho*[24] (Mosul edn.) III, p. 253-4.
12-13 = B f. 65b.1.

Postscript

A brief presentation of these texts is given in *Genizah Fragments* (Cambridge), no 6 (Oct. 1983), p. 2, where an illustration of T-S.AS 213.20 is provided. Since the present article was submitted a few further fragments of the same manuscript have been found in the Taylor-Schechter Collection (T-S. AS. 204.351-6); from a preliminary examination these also contain material for the period between the Nativity and Epiphany (an edition is in preparation). Attention might be drawn to another early East Syrian liturgical fragment which also belongs to Epiphany: E. Sachau, *Litteratur-Bruchstücke aus Chinesisch-Turkistan*, in *SbAW Berlin* (1905), pp. 964-78, esp. 965-6.

23 The *nun* has the final form; it appears that the scribe started out by writing just *ʿwn* as an abbreviation, but then decided to write the word out in full.

24 At *Ramsho* on Epiphany. There are the following variants (Genizah fragment to the left of bracket, F(enqitho) to right): line 7, *ḥza*] after *nahra* in F; *mhallin*] *myabbin (h)waw* F; *damqaddšin*] + *(h)waw* F; line 8, *dmaran aggnat*] *dabra šeknat* F; *whanaw*] *hanaw* F; line 10, *ṭaba dlabšeh*] *danḥet wlabšeh* F. (For the last line, see also *Fenqitho* VII, 97a, 254b).

LUISE ABRAMOWSKI

Sprache und Abfassungszeit der Oden Salomos

1. *Ode 11 und die Originalsprache der Oden Salomos*

Auch nach der Publikation der 11. Ode Salomos in griechischer Fassung[1] hat die wieder aufgelebte Diskussion über die Ursprungssprache keine allgemein akzeptierte Lösung gebracht. Für eine solche müßte man an wenigstens einer[2] Stelle den Nachweis führen können, daß der Weg von der einen in die andere Sprache nur in einer Richtung möglich und nicht auch die Umkehrung denkbar ist. Eine solche Stelle liegt m.E. in Ode 11,20b.21a vor. Die Passage ist ausführlich von Emerton in Diskussion mit Adam und Vööbus besprochen worden[3]; sie weist eine deutliche Differenz zwischen dem Syrischen und dem Griechischen auf, die man einfacher erklären kann, als bisher geschehen.

11,20.21a lauten in Emertons Übersetzung:

20 Behold, all thy labourers are excellent,
Who perform good works (ܕܥܒܕܝܢ ܥܒ̈ܕܐ ܛܒ̈ܐ)
21 And turn (ܘܗܦܟܝܢ) from wickedness to thy pleasantness.

Der griechische Papyrus hat dafür:

ιδου οι εργαζομενοι σου καλοι μεταβολας ποιουσιν αγαθας απο της πονηριας εις χρηστοτητα.

Was syrisch »gute Werke« heißt, ist griechisch »gute Verwandlungen«, »sie wenden sich« hat keine griechische Entsprechung. Der Unterschied ist nur durch eine Verlesung oder Verschreibung des syrischen Textes zu erklären: statt ܥܒ̈ܕܐ (mit *daleth*) wurde ܥܒ̈ܪܐ (mit *reš*) gelesen. ܥܒ̈ܪܐ heißt in beiden möglichen Vokalisationen »transitus«, »Übergang«; und »Übergang« ist eine der möglichen Bedeutungen von μεταβολή. Da mit der

1 Papyrus Bodmer XI ed. M. Testuz, Bibliotheca Bodmeriana 11, Genf 1959, p. 60-69. Vollständiges Faksimile bei M. Lattke, Die Oden Salomos in ihrer Bedeutung für Neues Testament und Gnosis Bd. 1a, Freiburg (Schweiz)/Göttingen, 1980, p. 60-64.

2 Zu dieser quantitativen Bescheidenheit ist man gezwungen, weil eben nur eine von 42 Oden in griechischer Gestalt vorliegt.

3 J.A. Emerton, Some problems of text and language in the Odes of Solomon. JThS N.S. 18 (1967), p. 373-406, hier: p. 382-385. — Für verschiedene bibliographische Hinweise habe ich meinem Kollegen S. Gerö zu danken.

Übersetzung μεταβολή der Gedanke des sich Wandelns bereits gegeben war, konnte auf Wiedergabe von ܘܗܦܟܝܢ verzichtet werden.

Die wörtliche Wiedergabe von ܥܒܪܐ wäre ohne Zweifel μετάβασις gewesen; μεταβολή wurde gewählt, weil es zwar »Übergang« übersetzen konnte, vom Zusammenhang her aber in seiner Bedeutung von »Wandel« erwünscht war, denn was sollten »gute Übergänge« für einen Sinn haben? Der Übersetzer hat sich also geholfen, so gut er es angesichts des vorliegenden Textes konnte.

Versucht man den umgekehrten Weg in Annahme der Priorität des griechischen Textes zu gehen, dann endet man bereits beim ersten Schritt, weil μεταβολή nicht mit ܥܒܪܐ übersetzt worden wäre, sondern mit einer Vokabel für Wendung oder Wandel, etwa ܗܘܦܟܐ oder ܫܘܚܠܦܐ. Damit wäre man über die bloße Wahrscheinlichkeit eines syrischen Ursprungs, bei der noch Emerton und jetzt wieder Schoedel[4] verharren, hinausgekommen und könnte einen solchen Ursprung als Tatsache betrachten.

Vom Inhalt der 11. Ode her paßt der neutestamentliche Ausdruck »gute Werke« ganz natürlich in den Zusammenhang, der von »ausgezeichneten Arbeitern« spricht (20a) und von »gläubigen Knechten« (22b, cf. Mt. 25, 21.23 δοῦλε ἀγαθὲ καὶ πιστέ, in der Pešitta derselbe syrische Ausdruck wie in Ode 11,22b: ܡܗܝܡܢܐ). »Gute Wandlungen« dagegen klingt höchst merkwürdig und ist gewiß nicht eine vorzuziehende lectio difficilior.

Ode 11,22a griechisch enthält eine sklavische Übersetzung von ܐܝܟ durch ὡς, wo κατά erforderlich wäre, so richtig Emerton[5] und ihm folgend Schoedel[6]. Die eigentliche crux des Verses ist aber ܫܪܟܢܐ »Rest«: »Und alles wurde wie dein Rest, 22b und ein Gedächtnis in Ewigkeit deiner gläubigen Knechte«. Das Griechische hat für »Rest« θέλημα und schiebt außerdem eine Zeile ein zwischen a und b (entnommen einer anderen Ode: 6,13). Man hat versucht, die crux auf alle mögliche Weise zu bewältigen; nach Entdeckung des griechischen Textes gehörten zu diesen Versuchen die Angleichung der Texte an dieser Stelle in der einen oder anderen Richtung[7]. Emerton hat die Passage auf mehreren Seiten besprochen[8] und als Lösung eine innersyrische Konjektur vorgeschlagen, die nur eine partielle Änderung des Buchstabenbestandes erfordert: ܐܫܒܪܐ »Feld«, »Acker«. »The reading yields a sense in keeping with the agricultural imagery of the Ode«[9].

4 W.R. Schoedel, Some readings in the Greek Ode of Solomon (Ode XI). JThS N.S. 33 (1982), p. 175-182, hier: p. 182.
5 Emerton 1967, p. 387.
6 Schoedel l.c., p. 176.
7 Zuletzt Schoedel, p. 176.
8 Emerton 1967, p. 386-391.
9 Ibid., p. 390.

Ich selber möchte hier eine andere Möglichkeit vorschlagen, die noch näher am Buchstabenbestand bleibt, im Zusammenhang einen vorzüglichen Sinn ergibt und dazu noch das griechische θέλημα erklären kann. Statt ܛܪܒܢܐ wäre ܛܘܒܢܐ »Gabe, Gunst« zu lesen. Eine Verschreibung von ܘ in ܪ ist zwar dem, der für sich selbst die Serto-Schrift benutzt, wenig plausibel, sogar fernliegend; aber in der Estrangela haben die beiden Buchstaben genau den gleichen Duktus, und ein *reš* ohne Punkt kann aussehen wie ein nicht zuendegeschriebenes *waw* (oder umgekehrt): vergleiche ܛܘ mit ܛܪ. Der Verfasser hat wohl an die Bedeutung »Gabe« gedacht, der griechische Übersetzer hat die Bedeutung »Gunst« gehört und mit der deutlicheren Vokabel »Wille« übersetzt. 11,22 muß demnach lauten:

Und alles geschah als deine Gabe[10]
und (ist) ein ewiges Gedächtnis deiner gläubigen Knechte.

Gedächtnis kann den Sinn von Lobpreis haben, und der Lobpreis der »gläubigen Knechte« ist von Jesus selbst ausgesprochen worden, Mt. 25, 21.23: »Gehe ein in die Freude deines Herrn«. Der »Freude des Herrn« entspricht in der Ode die Beschreibung des Paradieses (11,18.23f.).

Ode 11,12[11] enthält ein weiteres Beispiel einer Differenz zwischen den beiden Versionen, die befriedigend nur durch Verlesung oder Verschreibung des Syrischen erklärt werden kann, nur hat in diesem Fall die griechische Fassung das Richtige aufbewahrt. Die Elemente für die Lösung des Problems der betreffenden Passage sind bereits zusammengetragen; es gilt nun, die richtigen Folgerungen daraus zu ziehen. Ich kann hier Emertons sehr klares Referat[12] abschreiben und meine Bemerkungen dazu anschließen: »The Greek words και ανεζωοποιησεν με in Ode XI.12 correspond to ܘܡܢ ܠܥܠ ܐܢܝܚܢܝ, 'and he gave me ... rest (*or* refreshment) from above' in the Syriac. I discussed this verse in my article of 1967 (pp. 381-2), and examined the theory of A.F.J. Klijn[13] that the Syriac is a corruption of ܐܚܝܢܝ, 'made me live'. To postulate confusion between two Syriac words is not, by itself, an argument in favour of the priority of the Greek: it is equally possible that the Greek was a translation of ܐܚܝܢܝ. Brock's contribution to the discussion[14] is to point out that, if the Syriac is original, then the translator

10 Man denke an die Häufigkeit von Gnade, Güte, Gabe in den Oden.

11 In W. Bauers Übersetzung (Kleine Texte 64; unverändert in Hennecke/Schneemelcher, Neutestamentliche Apokryphen): »Und von oben her schuf er mir unvergängliche Ruhe, / und ich wurde wie das Land, das sproßt und über seine Früchte frohlockt«. Lattke, l.c. Bd. 1, 1979: »Und von oben her brachte er mich unvergänglich zur Ruhe: so wurde ich wie die Erde, die sproßt und durch ihre Früchte frohlockt«.

12 J.A. Emerton, Notes on some passages in the Odes of Solomon. JThS N.S. 28 (1977), p. 507-519, hier: p. 513.

13 Klijn vertrat (und vertritt noch?) die These von der griechischen Abfassung der Oden.

14 sc. in der Besprechung der Oden-Ausgabe von Charlesworth, Bulletin of the school of Oriental and African studies 38 (1975), p. 142f., hier: p. 143.

has failed to represent 'from above' in Greek; if, however, the Greek is original, it is possible to explain the Syriac as an inaccurate attempt to represent the element ἀνα — in the Greek verb, and Brock gives some examples in Syriac translations of Greek works. This is a strong argument, and it is much better than most that have been advanced in favour of a Greek original. Yet it must be set alongside all the other evidence, and it is not conclusive in itself. There are other places where the Greek text of Ode XI is shorter than the Syriac (see verses 20,21), and Brock's explanation of the shorter text in verse 12 will not account for them. It may be that the translator was not over-scrupulous in keeping close to the original. If so, the hypothesis that a translator from Syriac into Greek ignored a couple of words is not a difficult one. Brock's argument is good, but it is not decisive«.

Brocks Argument läßt sich aber nicht halten, denn der griechische Übersetzer hat »von oben« sehr wohl übersetzt, nämlich mit der Vorsilbe ἀνα — des griechischen Verbs. ܡܢ ܠܥܠ ist wörtlich übersetzt ἄνωθεν, und, was Brock nicht berücksichtigt, ἄνωθεν konnte im späten Griechisch auch »aufs Neue« heißen; die Wiedergabe mit ἀνα — zeigt, daß der griechische Übersetzer ܡܢ ܠܥܠ so verstanden hat. (Was Brock von der Übersetzungspraxis in umgekehrter Richtung berichtet, bestätigt das nur!). Wenn nach Emertons Urteil das hier widerlegte Brocksche Argument »viel besser ist als die meisten« Argumente, »die für ein griechisches Original vorgebracht wurden«, aber selbst dieses Argument sich nicht halten läßt, dann ist ein griechischer Ursprung der Oden nach seinem Fortfall nicht mehr überzeugend zu begründen.

Die überlieferte syrische Lesart »Ruhe geben« in 11,12a gibt keinen üblen Sinn in Verbindung mit 12b, aber die durch die griechische Übersetzung bezeugte Lesart »lebendig machen« paßt viel besser zur zweiten Zeile: in ihr wird das Lebendigwerden illustriert mit dem Sprossen und Fruchtbringen der Erde. Wie leicht Verbformen, die aus den Buchstaben *ḥet*, *yod*, *nun* gebildet sind, miteinander verwechselt werden können, weiß jeder, der mit syrischen Handschriften zu tun hat. Ode 11,12 lautet also:

> Und von oben her machte er mich unvergänglich lebendig,
> und ich wurde wie die Erde, die sproßt und über ihre Früchte frohlockt.

2. *Die These vom antimanichäischen Charakter der Oden und die Frage der Datierung*

Bis zur Entdeckung des Papyrus Bodmer mit der 11. griechischen Ode war der absolute terminus ad quem durch das Oden-Zitat in den Institutionen des Laktanz gegeben; diese Schrift ist zwischen 304 und 313 geschrieben.

Die Pistis Sophia, in der reichlicher aus den Oden zitiert wird, ist selber nicht genau zu datieren. Der Papyrus rückt den terminus zurück ins 3. Jahrhundert [15], ohne daß man eine genauere Bestimmung vornehmen könnte. Aus dem Alter des Papyrus folgert Lattke, daß die Oden nicht später als Ende des 2. Jahrhunderts abgefaßt sein können [16]. Obwohl ich zu der gleichen Abfassungszeit neige, kann ich die Stringenz dieser Begründung nicht anerkennen; offenbar nimmt Lattke eine Altersbestimmung nach einer Formel X minus 50 vor [17].

Zu einer Spätdatierung des Papyrus wird Drijvers durch seine jüngste Spätdatierung der Oden gezwungen [18]. Nach seiner Meinung sind die Oden antimanichäisch, er beweist das an Ode 38 und zieht zum Vergleich das manichäische Psalmenbuch heran. Der terminus post quem für die Datierung der Oden ist Manis zweite Offenbarung von 240. »A date around 275 A.D., therefore, seems to be likely and possible taking into account the doctrinal elements in other Odes of the collection that seem to refer to christological controversies in the second half of the third century« [19]. Am Beginn des Aufsatzes wird (daher) als Zeitbestimmung des Papyrus Bodmer mit Ode 11 das *Ende* des 3. Jahrhunderts angegeben [20] (weil ja sonst der Papyrus vor der Abfassung der Oden geschrieben sein könnte); eine papyrologische oder paläographische Begründung wird nicht geboten [21]. Drijvers meint schließen zu dürfen, daß Ode 38 das »älteste bisher bekannte antimanichäische Dokument« ist, verfaßt während Manis Lebenszeit oder kurz danach [22]. Freilich muß er zugeben, daß der antimanichäische Charakter der 38. Ode nicht auf den ersten Blick erkennbar ist, nur Eingeweihte könnten die Anspielungen verstehen; er spricht von »the concealed manner of polemic in Ode 38, which is only understandable for insiders with a substantial knowledge of christian and manichaean doctrine and symbolism« [23]. Die

15 Man sollte aber nicht aus den Augen verlieren, daß es sich nur um eine wahrscheinliche Datierung handelt: »Nous disons de nouveau ... qu'il est très difficile d'assigner une date précise à cette écriture; on peu cependant la dater avec vraisemblance du IIIe siècle«, Testuz l.c., p. 9.

16 l.c. Bd. 1, p. 7: »Für die OdSal ist damit jedenfalls sichergestellt, daß die Sammlung nicht später als zu Ende des 2. Jh. entstanden ist«.

17 Dieselbe Datierungs»methode« bei Drijvers in den unten genannten Aufsätzen von 1978, 1979, 1980 — nur rechnet D. wegen der Andersartigkeit des jeweiligen Ausgangspunktes nach der Formel X *plus* 50; aus naheliegenden Gründen verfährt er jedoch im Artikel von 1981 (s. die nächste Anmerkung) nicht so.

18 H.J.W. Drijvers, Odes of Solomon and Psalms of Mani, in: Studies in Gnosticism and Hellenistic Religions presented to Gilles Quispel, Leiden 1981, p. 117-130.

19 p. 129. Welche christologischen Kontroversen meint Drijvers?

20 p. 119.

21 Dabei hätte Drijvers ja nur darauf hinzuweisen brauchen, daß die Datierung des Papyrus durch den Herausgeber nicht absolut, sondern nur wahrscheinlich ist (s. oben n. 15).

22 p. 129.

23 Ibid.

Beobachtung, daß »the wording and imagery of Ode 38 have exact parallels and counterparts in the Manichaean Psalm-Book« und daß sie »often give the impression that they are used on purpose in order to attack related concepts in Manichaean doctrine«[24], ist zunächst zu überprüfen.

1) »Das Licht der Wahrheit[25], zweifellos ein Titel Jesu in der syrischen Ode Salomos ... hat sein Gegenstück im Geist der Wahrheit«[26], womit Mani in den koptischen Bema-Psalmen bezeichnet wird. Drijvers zitiert Ps. 223 und 227. — Doch ist einerseits das Gegensatzpaar Wahrheit-Irrtum zu allgemein verbreitet, als daß daraus schon ein Querbezug abgeleitet werden könnte, andererseits sitzt im Spezifischen eine Differenz: die Ode redet von Christus, der manichäische Text vom Paraklet-Geist.

2) Zu Ode 38,3a (Die Wahrheit) »became to me a haven of salvation« bemerkt Drijvers[27]: »The symbolism of ship and haven, which is very frequent in patristic literature, is rather rare in the Syriac area. It occurs, but incompletely, with Aphraates and several times in the Acts of Thomas, next to this single instance in the Odes of Solomon. It is however very frequent in the Manichaean Psalms and in Manichaean literature in general«. Drijvers zitiert aus vier manichäischen Psalmen; »in the rather badly preserved Ps. CCLXII even the same Greek word for haven is used as in Ode 38 i.e. λιμήν«[28]. Aber aus Brockelmanns Lexicon kann man sehen, daß auch der syrische Psalter λιμήν als Lehnwort hat: Ps. 107,30. Ein Blick auf Ps. 107,23-30 zeigt, daß der Gedanke der gottgeleiteten sicheren Ankunft im Hafen nach gefahrvoller Meeresreise nicht der manichäischen Anregung bedurfte, sondern aus dem alttestamentlichen Psalter stammt, der dem Odisten so sehr vertraut ist. Eher läßt sich vermuten, daß das manichäische Psalmenbuch (in christlicher Umgebung) seinerseits auf Bilder des biblischen Psalters zurückgriff.

3) Drijvers Argumentation mit der Benutzung des griechischen Wortes κίνδυνος durch den Odendichter (Ode 38,5; 39,8) und den koptischen Übersetzer (Verfasser) des manichäischen Psalmenbuches[29] beweist nichts, κίνδυνος war ein gängiges Lehnwort.

4) In den »Giften des Irrtums« (38,8) eine mögliche verborgene Anspielung auf Manis Arztberuf und seine Wunderheilungen zu sehen[30], ist nur möglich, wenn die Beziehung der Ode 38 auf Mani über alle Ungewiß-

24 p. 123.
25 Drijvers betrachtet »Licht der Wahrheit« als Kombination von Joh. 1,5 und 1,14, aber cf. Ps 42,3 LXX »sende dein Licht und deine Wahrheit«.
26 p. 124.
27 p. 124f.
28 p. 125f.
29 p. 122. 126.
30 p. 127f.

heiten erhaben etabliert ist. Davon kann aber nach dem bisher Gesagten keine Rede sein. Auch die Tatsache, daß »Gifte« innerhalb der Oden nur hier vorkommt, genügt nicht.

5) Die »Pflanzung« von Ode 38,19-21 meint nach Vers 16 den vom Irrtum bewahrten Sänger der Oden; die von Drijvers zitierten zwei manichäischen Parallelen[31] reden ausdrücklich von der Kirche als Pflanzung, worin der Paraklet den Baum der Erkenntnis gepflanzt hat. Die Pflanzungen mit Paradieseszügen werden in den Oden oft als Bild gebraucht; auch wenn nur in Ode 38 ein bestimmtes Nomen für »Pflanzung« erscheint, besagt das nichts, denn das entsprechende Verb findet man auch in Ode 11.

Aus der Liste der »well-known Manichaean imagery like 'haven', 'danger', 'drugs', 'Bride and Bridegroom', 'drunkenness', 'planting' etc.«[32] sind nach dieser Durchsicht die meisten Bestandteile zu streichen, weil sie nicht spezifisch genug sind. Auch ihre Kombination reicht nicht aus, um sie als Anspielungen auf den Manichäismus zu deuten.

Über »Bräutigam und Braut« in Ode 38 wird seit der Entdeckung der Oden diskutiert. Sind damit konkrete historische Erscheinungen gemeint oder nicht? Harnack (1910)[33] zitiert Harris aus der ersten Ausgabe der Oden (1909): »We are tempted to believe that the writer had at one time been brought face to face with some special outbreak of erroneous teaching, one of the many Antichrists of the first century. There are some things which suggest Simon Magus and his Helena, who went about to mislead the faithful. It is, however, useless to try and define the situation more closely«. Harnack setzt hinzu: »Mir scheint, daß der Text nicht fordert, an eine bestimmte häretische Bewegung zu denken«. In der zweiten Ausgabe der Oden von Harris/Mingana (1916-20) erwägt Harris die Beziehung auf den Manichäismus, um sie aus chronologischen Gründen gleich wieder zu verwerfen; Drijvers[34] zitiert mit Zustimmung die entsprechende Passage bei Harris: »If it were not for the fact that antiquity has been established for the Odes, both as regards individual compositions, and as a collection, we should have been tempted to regard this attack on the heretical teachers who make man mad, as a conventional Patristic attack on Mani and his followers the Manichaeans«. Aber, fährt Harris fort,[35] schon Ignatius habe in seinen Briefen die Häretiker mit tollen Hunden verglichen, Mani sei also nur »eine späte Illustration« eines traditionellen polemischen Musters.

31 p. 128.
32 Ibid.
33 J. Flemming/A. Harnack, Ein jüdisch-christliches Psalmbuch aus dem ersten Jahrhundert (TU 35,4), Leipzig 1910, p. 69.
34 l.c. p. 121.
35 R. Harris/A. Mingana, The Odes and Psalms of Solomon II, Manchester etc. 1920, p. 395.

Greßmann (1924)[36] dagegen sieht in Braut und Bräutigam von Ode 38 »das widergöttliche Aeonenpaar, ähnelnd, aber entgegengesetzt dem Geliebten und seiner Braut (Iren I 7 1)«. Bauer spricht in seiner kurzen Inhaltsangabe von Ode 38[37] vom »teuflischen Paar Irreführer und Irrung«. Zu Vers 9ff. merkt er in Aufnahme der Greßmannschen Deutung und Formulierung an[38]: »Im Folgenden schaut der Seher ein dämonisches Äonenpaar, gleichend, freilich in völlig entgegengesetzter Weise, dem 'Geliebten und seiner Braut' (V. 11). Zu diesen echt gnostischen Ideen vgl. Irenäus I 7,1 über die Hochzeit des Soter mit der Sophia: 'Das ist der Bräutigam und die Braut, das Brautgemach aber ist das ganze Pleroma'«.

Drijvers jedoch findet[39]: »R. Harris' suggestion is worth reconsidering in the light of the imagery in the Coptic Manichaean Psalm-Book«. »The[40] imagery of Bride, Bridegroom and the Wedding-Feast is very common in Manichaean literature to denote the Manichaean church. Actually the Manichaeans are the only gnostics who used that symbolism often in combination with the parable in Matth. 25. Mani himself is called the Bridegroom of his Church«. Drijvers zitiert aus dem manichäischen Psalm 237 und fährt fort: »When Ode 38 emphasizes that the false Bride and Bridegroom cause the world to err and make men drunken, then this wording gives the impression that the Odist is perverting Manichaean statements about their own church«, z.B. manichäischer Psalm 248, wo Christus und die Kirche unterschieden werden vom Irrtum der Welt. »The[41] whole passage in Ode of Solomon 38 that describes the false Church seems to contain more hidden clues pointing to Mani, especially in stressing the madness he causes so that people become mindless and even do not have a heart. That fits very well with the traditional word-play on Mani's name that often is connected with Greek μανία and μανικός«. — Aber dieses Wortspiel gibt ja nur im Griechischen einen Sinn, und Harris selber hat schon daran erinnert, daß der topos von der Raserei der Häretiker älter ist als die antimanichäische Polemik.

Auch wenn ich die Beziehung auf die manichäische Kirche im Unterschied zu Drijvers in Ode 38 nicht erkennen kann, so stellt eine konkrete und nicht nur mythologische Deutung der Einsichten des Dichters eine Bereicherung des Verständnisses der Oden dar. Wenn Irreführer und Irrtum den Geliebten und seine Braut nachahmen (Ode 38,10f.), dann erscheinen sie offenbar als christliche Kirche; und anscheinend bestand für den Oden-

36 E. Hennecke, Neutestamentliche Apokryphen, 2. Aufl., Tübingen 1924, p. 468.
37 Hennecke/Schneemelcher, p. 617.
38 p. 618 n. 7.
39 l.c. p. 121.
40 p. 126f.
41 p. 127.

dichter die Gefahr, daß er sie als solche betrachtete und »in ihre Hände fiel« (38,15); die Wahrheit hat das rechtzeitig verhindert[42]. Vom Verderber heißt es in Ode 33,4 : »und er erschien nicht als böse«, er war also nicht auf den ersten Blick als solcher zu erkennen. Den Inhalt der Lehre des Verderbers erfahren wir leider im unmittelbaren Kontext nicht. So muß man sich auf die Aussage beschränken, daß die Gemeinde oder Gruppe des Odendichters sich von einer andern christlichen Gruppe absetzt, ohne daß wir in der Lage wären, Identifizierungen mit uns bekannten historischen Erscheinungen vorzunehmen.

Drijvers ist mit seinen verschiedenen Arbeiten im Lauf der Jahre zu immer späteren Datierungen der Oden gelangt : um 200, wegen antimarcionitischer Tendenz (1978)[43]; erste Hälfte des 3. Jhdts. (1979 und 1980)[44], wegen Parallelen zu apologetischen topoi; um 275, wegen verkappter antimanichäischer Polemik (1981)[45] — und wahrscheinlich hat ihn nur die ungefähre Papyrusdatierung durch Testuz davon abgehalten zu sagen, »um 300« wäre die vorzuziehende Datierung. Mit ihr hätte er seiner Neigung, die Oden und Ephräm möglichst nah aneinander zu rücken, auch chronologisch entsprechen können. Nachdem die Untersuchung von D.E. Aune (1982) ohne eigene Begründung einen Ansatz zwischen 75 und 125 vorschlägt[46], macht sich der höchst unbefriedigende Zustand, der sich aus dem Fehlen eines terminus a quo für die Beurteilung der Oden ergibt, aufs neue bemerkbar. Ein terminus a quo, der durch den Beginn der manichäischen Mission gesetzt wäre, könnte chronologisch durchaus unterge-

42 So auch Harris/Mingana II, p. 394 oben.

43 Die Oden Salomos und die Polemik mit den Markioniten im syrischen Christentum, in : Symposium Syriacum 1976 = OrChrA 205, Rom 1978, p. 39-55.

44 Kerygma und Logos in den Oden Salomos dargestellt am Beispiel der 23. Ode, in : Kerygma und Logos. Festschrift C. Andresen, Göttingen 1979, p. 153-172. The 19th Ode of Solomon : its interpretation and place in Syrian christianity. JThS N.S. 31 (1980), p. 337-355.

45 Oben n. 18.

46 D.E. Aune, The Odes of Solomon and early christian prophecy. New Testament Studies 28 (1982), p. 435-460, hier : p. 436. Aune diskutiert p. 439 die »Seher« von Ode 7,18f., »Seher« sei »der einzige mögliche terminus für 'Prophet'«, den man in den Oden finde, falls »Seher« hier Prophet meine. Auch Bauer stellt (Hennecke/Schneemelcher, p. 585 n. 11) Erwägungen über die »Seher« an, aber selbst die Kombination von Aune und Bauer trägt nicht sehr viel aus. Die beste Erklärung gewinnt man aus der Ode selber, Vers 12ab : »Er hat sich gegeben, von denen sich *sehen* zu lassen, die sein sind, / auf daß sie den *erkennen* sollten, der sie gemacht hat« (Bauers Übersetzung). Die Seher sind also diejenigen, die Erkenntnis haben, wie der Odensänger und seine Brüder. Die nächste Parallele scheint sich in den Qumrantexten zu finden, wobei dasselbe Verb für »Seher« etc. gebraucht wird : Hodajot II 15 »Seher (plur.) des Rechten«, IV 10 »Seher (plur.) von Trug« (vorher : »Deuter (plur.) von Lüge«), IV 18 »Schau von Erkenntnis«, IV 20 »Seher (plur.) des Irrtums«, XIV 7 »die Männer deiner Schau« (leider in einem sehr zerstörten Abschnitt; aber vorher »Männer der Wahrheit«). Auch hier hat das Sehen Erkenntnischarakter, auch hier sind die Glaubensgenossen des Verfassers gemeint. Die »Seher« sind weder in Ode 7 noch in den qumranischen Lobliedern Propheten.

bracht werden; aber inhaltlich fanden sich dafür nicht ausreichende Anhaltspunkte. Es lohnt sich jedoch, das Vergleichsmaterial Drijvers' für seine früheren Ansätze durchzusehen, ob sich in ihm Indizien finden, mit denen man zu einem allgemein akzeptablen Ergebnis in der Datumsfrage kommen könnte.

Der Ausgangspunkt für Drijvers waren seinerzeit (1978)[47] die sieben Stellen in den Oden, in denen von der Neidlosigkeit Gottes geredet wird. Nun ist das einerseits ein relativ verbreiteter topos, der auf Plato Timäus 29 E zurückgeht, andererseits aber berichten Irenäus und Theophilus von Antiochien aus Anlaß der Paradiesesgeschichte, daß »manche sagen«, Gott habe aus Mißgunst dem Adam die Erkenntnis vorenthalten. Solche Aussagen sind von Gnostikern bekannt, aber eben auch von Marcioniten[48]. Der gängige topos der Gotteslehre könnte hier also sehr wohl polemisch konkretisiert sein, schon weil er mehrfach erscheint. Dazu kommt, daß die Neidlosigkeit im Zusammenhang mit Erkenntnis genannt wird. So Ode 23,4:

Wandelt in der *Erkenntnis* des Höchsten,
Und dann werdet ihr *erkennen* die *Güte* des Herrn,
der *keine Mißgunst* kennt,
So daß ihr über ihn jubelt und seine *Erkenntnis* vollkommen wird[49].

In Ode 17,12 spricht Christus:

Und ich gab *meine Erkenntnis ohne Mißgunst*
Und meine Fürbitte durch meine Liebe[50].

Und in Ode 20,7 wird die Aufforderung, die Güte des neidlosen Herrn anzuziehen, parallelisiert mit der Einladung ins Paradies, wo der Gläubige sich einen Kranz vom Baum des Herrn flechten kann:

Zieh vielmehr an die Güte des Herrn, der *keine Mißgunst* kennt,
Und komm in sein *Paradies*
Und mach dir einen Kranz von seinem *Baum*[51].

Diese Motivkombinationen können in der Tat darauf hindeuten, daß ein gnostisches oder marcionitisches Verständnis der Paradiesesgeschichte vom Verfasser nicht geteilt und abgelehnt wird[52]. Bei der Interpretation der beiden schwierigen Oden 23 und 19 (1979 und 1980) hat Drijvers Anlaß,

47 Oben n. 43.
48 Drijvers 1978, p. 48.
49 Ibid., p. 46.
50 p. 44.
51 p. 45.
52 Aber es ist übertrieben, wenn Drijvers l.c., p. 52, von »*klaren* antimarkionitischen Tendenzen« spricht (meine Hervorhebung) und u.a. folgert: »Mittelbar sind die Oden dadurch ein Zeugnis geworden für die vorherrschende Stellung, die die Markioniten in der Geschichte des altsyrischen Christentums einnahmen«.

auf gedankliche Parallelen bei den Apologeten des 2. Jahrhunderts und bei kirchlichen Schriftstellern um 200 hinzuweisen. Auch das scheint mir hilfreich für die ungefähre Zeitgenossenschaft der Oden[53] (es besteht aber kein Anlaß, irgendwelche *Abhängigkeiten* der Oden mit entsprechenden Späterdatierungen zu konstruieren, wie Drijvers es tut).

Wie gesagt, es handelt sich bei all dem nicht um Beweise, sondern um nicht völlig eindeutige Indizien[54]. Aber in ihrer Kombination scheinen sie mir ausreichend für eine wahrscheinliche Lokalisation der Oden in der zweiten Hälfte des 2. Jahrhunderts. Eine Früherdatierung müßte wenigstens eine im Umfang vergleichbare Indiziensammlung vorlegen können. Das gleiche gilt für eine spätere Datierung *innerhalb* des theoretischen Spielraums zwischen ca. 150 und dem feststehenden terminus ad quem zu Beginn des 4. Jahrhunderts; Drijvers' Versuch, Indizien für eine antimanichäische Ausrichtung der Oden und damit eine sehr erwünschte *genaue* Datierung zu gewinnen, mußte als nicht gelungen beurteilt werden. Während man also in der Sprachenfrage zu einem sicheren Urteil kommen kann (die Oden sind syrisch verfaßt worden), bleibt man für die Abfassungszeit im Bereich des Wahrscheinlichen, der aber wenigstens nicht mehr der des bloß Beliebigen ist.

53 So förderlich Drijvers' Untersuchung von Ode 19 (1980) auch ist, so kann doch keine Rede davon sein, daß es sich in dieser Ode um eine »*well-defined* Trinitarian theology regarding the incarnation« handelt (meine Hervorhebung).

54 Zu diesen würde ich auch einen möglichen Kontakt zu Tatians Diatessaron rechnen, Drijvers 1980, p. 351.

HUBERT KAUFHOLD

Der Richter in den syrischen Rechtsquellen

Zum Einfluß islamischen Rechts auf die christlich-orientalische Rechtsliteratur

Herrn Professor Dr. Julius Aßfalg
zum 65. Geburtstag am 6.11.1984

I.

In der älteren ostsyrischen (nestorianischen) Rechtsliteratur finden sich nur wenig Vorschriften, aus denen wir entnehmen können, welche Eigenschaften ein Richter mitzubringen hatte und wie er sein Amt ausüben sollte.

Das ostsyrische »Buch der Synoden«, die Sammlung der Synodalentscheidungen der nestorianischen Kirche bis zum Ende des 8. Jhdts.[1], enthält vereinzelte einschlägige Kanones. Danach sollen diejenigen, die mit Gerichtssachen befaßt sind, gerecht, gottesfürchtig, unparteiisch und unbestechlich sein (Kanon 21 der Synode des Katholikos Ezechiel [A.D. 576]), barmherzig, gelehrt und kundig der kirchlichen Vorschriften (K. 19 der Synode des Īšōʿyahb [A.D. 585]).

Nach dem »Buch der Synoden« bezieht sich das Richteramt vorwiegend auf das Strafrecht, nämlich auf die Ahndung sittlicher Verfehlungen und Übertretungen kirchlicher Kanones; nur gelegentlich klingt an, daß auch zivilrechtliche Streitigkeiten zu entscheiden waren. Wir wissen aber aus den sonstigen Quellen, daß es — wie bei den anderen orientalischen Kirchen auch — eine Rechtsprechung in rein weltlichen Angelegenheiten gegeben hat[2].

Die Gerichtsbarkeit oblag grundsätzlich dem Bischof, der sie aber durch andere Kleriker, insbesondere den Archidiakon (vgl. K. 19 des Īšōʿyahb) oder durch Priester (vgl. K. 21, 22 des Ezechiel; K. 6 des Georg [A.D. 676]) ausüben konnte[3]. Es gab auch einen Instanzenzug in Anlehnung an die

1 O. Braun, Das Buch der Synhados, Stuttgart-Wien 1900 (Nachdruck Amsterdam 1975); J.B. Chabot, Synodicon Orientale ou Recueil de Synodes Nestoriens, Paris 1902.
2 W. Selb, Orientalisches Kirchenrecht. Band I: Die Geschichte des Kirchenrechts der Nestorianer, Wien 1981, 135, 206, 213ff.
3 Vgl. Selb 135, 137, 203.

kirchliche Rangordnung: Priester oder Archidiakon — Bischof — Metropolit; oberster Richter war das Haupt der nestorianischen Kirche, der Katholikos (vgl. K. 23 des Joseph [A.D. 554][4]; K. 6 und 13 des Ezechiel). Aber auch Metropolitansynoden oder die allgemeine Synode sind zur Entscheidung berufen (K. 16, 21 und 23 des Joseph; K. 18 des Īšōʿyahb).

Wieweit die Rechtsprechung in weltlichen Angelegenheit daneben in den Händen von Nichtklerikern lag, ist bisher nicht untersucht worden. Aus K. 13 des Joseph und K. 6 des Georg läßt sich aber entnehmen, daß auch Laien mit der Entscheidung von Rechtsstreitigkeiten befaßt werden konnten[5]. In den Rechtsentscheidungen des Katholikos Ḥnānīšōʿ I. (Ende des 7. Jhdts.), die größtenteils in Briefform abgefaßt sind, werden ebenfalls Nichtkleriker als Richter erwähnt[6].

Über ein organisiertes Rechtsstudium in dieser Zeit wissen wir übrigens nichts. Interessant ist in diesem Zusammenhang K. 23 des Katholikos Īšōʿyahb, der es Klerikern verbietet, als Anwälte vor einem »fremden Gericht«, also wohl einem nichtkirchlichen Gericht gegen Honorar aufzutreten. Ob die Kleriker, die dies getan hatten, besondere Rechtskenntnisse besaßen oder ob etwa bloße rhetorische Fähigkeiten dafür ausreichten, läßt sich schwer sagen. Im I. Brief des Katholikos Ḥnānīšōʿ lesen wir folgende Ermahnung an einen Bischof: »Wir haben nämlich auch den Brief, in dem du dich über die Meinungsverschiedenheiten der Richter untereinander beklagst, gelesen und haben mit Gottes Hilfe die von dir geäußerten Zweifel und Schwierigkeiten gelöst ... Du bist Bischof geworden, um Streitigkeiten, welche Geduld und Wissen erfordern, zu schlichten, nicht damit du dich mit dem Pallium und dem Bischofsstab schmückst. Denn wenn das alles wäre, was der Dienst der Kirche erfordert, so wäre es für jeden Bauern leicht, Bischof zu sein. Erweitere also das Gebiet deiner Erwägungen, mache weit deine Gedanken und gib dir Mühe mit dem Studium der Gesetze, indem du nachdenkst und Gott bittest, daß dir klar werden möge, was für schwer erachtet wird.«[7] Die Beschäftigung mit dem Recht erfolgte also — wenn überhaupt — wohl im Selbststudium.

In der sogenannten »Lehre des Apostels Addai«, einer griechisch verfaßten kleinen kirchenrechtlichen Schrift, die in syrischer und später arabi-

4 Die Synode des Joseph nennt zwischen Priester und Bischof noch Periodeut (Visitator) und Chorbischof.

5 Nach K. 19 der Synode des Īšōʿyahb konnte der Archidiakon zusammen mit Kirchenvorstehern entscheiden.

6 E. Sachau, Syrische Rechtsbücher, Band II, Berlin 1908, S. 14ff. (Nr. VII (?), X, XII, XVIII 3).

7 Sachau II 2f., der statt »Meinungsverschiedenheiten der Richter« (heryāyūṯā ḏ-ḏaiyānē) übersetzt »Streitsucht der Richter«, was meines Erachtens die Sache nicht trifft.

scher Sprache auch bei den Nestorianern verbreitet war, wird einem rechtsbeugendem und parteilichen Richter die Absetzung angedroht (Kanon 22)[8].

Auch in den meisten Rechtsbüchern, die sich mit weltlichen Angelegenheiten befassen, sind nur wenige Vorschriften über den Richter und die richterliche Amtsausübung enthalten.

So beauftragt Katholikos Ḥnānīšō' in mehreren seiner Briefe bestimmte Personen mit der Untersuchung und Entscheidung von Rechtsfällen, wobei er lediglich allgemein anordnet, die Parteien anzuhören, Zeugen zu vernehmen und Urkundenbeweis zu erheben; die materiell-rechtlichen Anweisungen stehen ganz im Vordergrund[9].

Katholikos Timotheos I. — er regierte von 780 bis 823 — spricht in seinem Rechtsbuch[10] öfter beiläufig und nur allgemein davon, daß in bestimmten Fällen eine Untersuchung anzustellen sei. Außerdem finden sich noch Regelungen dafür, wer als Zeuge in Betracht kommt (§§ 10, 76), und das Verbot der Eidesleistung (§ 80).

Sein unmittelbarer Nachfolger im Katholikat, Īšō'barnūn (regierte von 823 bis 828), verbietet in seinem Rechtsbuch[11] die Rechtsbeugung (§ 95) und die Bestechung (§ 116) bei der Entscheidung von Rechtsstreitigkeiten, also die beiden schlimmsten Vergehen eines Richters, die auch schon im Alten Testament häufig mißbilligend erwähnt werden[12]. Wie Īšō'barnun an einer weiteren Stelle sagt (§ 60), soll der als Richter tätige Priester entscheiden, »wie es ihm gut scheint, indem er in Liebe und Frieden den Streit unter ihnen schlichtet«. Anders als sein Vorgänger geht er von der Zulässigkeit der Eidesleistung aus (§§ 82, 83, 87); ferner ist mehrfach vom Zeugenbeweis die Rede (z.B. § 87)[13].

In dem Rechtsbuch des Metropoliten Īšō'boḵt (8. Jhdt.), der in Persien gelebt und in größerem Umfang einheimische Rechtsvorstellungen hat einfließen lassen, finden sich weitere Gesichtspunkte. Īšō'boḵt betont an einigen Stellen die Unterschiede zwischen weltlichen und kirchlichen Richtern, die sich nicht nur auf bestimmte Rechtsfragen beziehen, sondern auf die Art des Richtens überhaupt. So sollen die kirchlichen Richter nicht unbedingt dem

8 P. de Lagarde, Reliquiae Iuris Ecclesiastici Antiquissimae, Leipzig 1856 (Nachdruck Osnabrück-Wiesbaden 1967), 32-44 (syrisch), 89-95 (griechische Rückübersetzung); W. Cureton, Ancient Syriac Doc.ments, London 1864, 24-35 (mit englischer Übersetzung). Die Kanones der »Lehre des Apostels Addai« sind auch in spätere nestorianische Rechtssammlungen aufgenommen worden.

9 Z.B. Nr. VII, VIII, XIV, XXI 6 (Sachau II 14ff.). Zum Charakter der Rechtsentscheidungen vgl. auch Selb 215.

10 Sachau II 53-117.

11 Sachau II 119-177.

12 Vgl. Ex. 23, 6ff.; Lev. 19, 15; Deut. 16, 18ff.; 1. Sam. 8, 3; Amos 5, 7ff., Micha 3, 9ff.; 7, 3; usw.

13 Sachau II 144f.; 154ff.

Buchstaben des Gesetzes folgen, sondern Rat geben und ermahnen sowie auf eine gütliche Beilegung des Streits bedacht sein[14]. Īšō'bokt ist auch der erste, der in sein umfangreiches Werk ausführliche prozeßrechtliche Vorschriften aufgenommen hat, wobei es sich weitgehend um eine Übernahme persischen Rechts handeln dürfte. Die Überschriften der ersten sechs Kapitel des 6. Buches seines Werks lauten wie folgt (wobei der Inhalt zum Teil darüber hinausgeht):

I. Über den Kläger und Beklagten
II. Über eine gültige und eine anzweifelbare Urkunde
III. Über die Urkundenfälschung und eine falsche Urkunde
IV. Über rechtmäßigen und anzweifelbaren Besitz
V. Über glaubwürdiges und anzweifelbares Zeugnis
VI. Über den Eid[15].

Die wenigen prozessualen Vorschriften des sogenannten Syrisch-römischen Rechtsbuches[16] sind römisches Recht[17] und dürften bei den Nestorianern keine große Rolle gespielt haben, auch wenn diese Quelle durchaus bekannt war, abgeschrieben und zitiert wurde. Vorschriften über den Richter sind darin nicht enthalten.

Die erste systematische Rechtssammlung der Nestorianer, in die eine große Zahl der älteren Rechtsquellen Eingang gefunden hat, geht auf den Metropoliten Gabriel von Baṣra (Ende des 9. Jhdts.) zurück. Gabriel zitiert den erwähnten § 95 aus dem Rechtsbuch Īšō'barnūns[18]. Ob seine Sammlung weitere der genannten Texte enthalten hat, läßt sich wegen ihrer bruchstückhaften Überlieferung nicht genau sagen. Es ist aber wahrscheinlich. Im zweiten Teil des »Rechts der Christenheit« des Ibn aṭ-Ṭaiyib (11. Jhdt.), der im wesentlichen eine verkürzende arabische Übersetzung der Sammlung Gabriels darstellt[19], wird nämlich nicht nur § 95 des Īšō'barnūn zitiert, sondern Ibn aṭ-Ṭaiyib gibt — wohl in Übereinstimmung mit seiner

14 E. Sachau, Syrische Rechtsbücher, Band III, Berlin 1914, 14f. (= Buch 1, VI. Kap.), 383 (= Index, s.v. weltliche Richter).

15 Sachau III 182ff. Die Kapitel VIIff., die zum Teil auch noch prozeßrechtliche Bestimmungen enthalten haben dürften (vgl. die Inhaltsangabe S. 182f.) sind in den Handschriften schon früh verlorengegangen, vgl. H. Kaufhold, Die Rechtssammlung des Gabriel von Baṣra und ihr Verhältnis zu den anderen Rechtssammlungen der Nestorianer, Berlin 1976, 99.

16 Ausgaben und Übersetzungen: K.G. Bruns - E. Sachau, Syrisch-römisches Rechtsbuch aus dem fünften Jahrhundert, Leipzig 1880 (Nachdruck Aalen 1961); E. Sachau, Syrische Rechtsbücher, Band I, Berlin 1907; A. Vööbus, The Synodicon in the West Syrian Tradition II, Louvain 1976 (CSCO 375/376), 100-155 (Text), 106-157 (Übersetzung).

17 Vgl. W. Selb, Zur Bedeutung des Syrisch-römischen Rechtsbuches, München 1964, passim.

18 Kaufhold 314f.

19 Kaufhold 42ff., 57ff.

Vorlage — in anderem Zusammenhang die ebenfalls schon erwähnten Bestimmungen der Synode des Georg und des § 116 des Īšōʿbarnūn wieder, ferner die prozeßrechtlichen Abschnitte aus dem Rechtsbuch des Īšōʿbokt, ergänzt um einige Paragraphen aus dem Syrisch-römischen Rechtsbuch und gelegentliche andere Zitate[20]. Zusätzlich erwähnt er, daß den Eid »im Osten« (also wohl im Gebiet der Nestorianer) der Priester mit Erlaubnis des Bischofs abnehme[21]. Im erbrechtlichen Kapitel heißt es in Anlehnung an Ausführungen im Rechtsbuch des Šemʿōn von Rewardešir[22], daß es verschiedene Gnadengaben des (Heiligen) Geistes gebe, unter anderem die Gabe, Streitigkeiten zu schlichten; diese Gabe hätten Salomo und Stephanus besessen[23].

Der um 1290 A.D. syrisch verfaßte sogenannte Nomokanon des Metropoliten ʿAbdīšōʿ bar Brīkā von Nisibis (= Ebedjesus Sobensis) beruht ebenfalls größtenteils auf der Sammlung des Gabriel von Baṣra[24]. Er enthält die beiden auch von Ibn aṭ-Ṭaiyib aufgenommenen Stellen aus dem Rechtsbuch des Īšōʿbarnūn (ohne zutreffende Quellenangabe) sowie eine ähnliche, nur in der Abfolge teilweise veränderte Zusammenstellung prozeßrechtlicher Vorschriften wie das arabische »Recht der Christenheit«[25], die folglich schon von Gabriel von Baṣra stammen dürfte.

Wir finden in den nestorianischen Quellen bis ins 13. Jhdt. also nur vereinzelte Bestimmungen über den Richter selbst, der danach gerecht und unbestechlich sein, die Vorschriften kennen und das Recht nicht beugen soll. Dabei handelt es sich teils um Normen, die mit Kirchenstrafen bewehrt sind, teils um moralische Ermahnungen. Zahlreicher sind seit Īšōʿbokt die prozessualen Bestimmungen insbesondere über die Beweiserhebung und -würdigung, die sich in erster Linie ebenfalls an den Richter wenden.

Ganz anders sieht es dagegen in dem zweiten, um 1316 entstandenen juristischen Sammelwerk des ʿAbdīšōʿ bar Brīkā aus, seinem »Ordo iudiciorum ecclesiasticorum«[26]. Er enthält nämlich — neben zahlreichen prozeßrechtlichen Texten — auch eingehende Vorschriften über den Richter.

Der Ordo iudiciorum ist in zwei Bücher mit je fünf Abschnitten eingeteilt. In ihm wird die kirchliche Rechtsprechung an zwei Stellen behandelt. Der

20 W. Hoenerbach-O. Spies, Ibn aṭ-Ṭaiyib. Fiqh an-Naṣrānīya »Das Recht der Christenheit«, II. Teil, Louvain 1957 (CSCO 167/168), 133, 73, 63-73 (Text), 135 (Nr. 35, 5. Absatz), 76 (Nr. 18, 19), 65-75 (Übersetzung).

21 AaO 73 (Text), 75 Nr. 15 (Übersetzung). Die Quelle ist mir nicht bekannt.

22 Sachau III 230f., 234f.

23 AaO 14 (Text), 15 (Übersetzung).

24 Kaufhold 57ff. Zur Person und den Werken des ʿAbdīšōʿ: Baumstark 323ff.

25 A. Mai, Scriptorum Veterum Nova Collectio, Band X, Rom 1838, 313, 245, 231-236, 243f. (Text), 151 (VIII 20/6), 80 (IV 19), 65-70 und 78f. (IV 1-6, 17) (Übersetzung).

26 Der Text ist noch nicht herausgegeben worden. Lateinische Übersetzung: J.-M. Vosté, Ordo iudiciorum ecclesiasticorum, Vatikanstadt 1940 (Codificazione Canonica Orientale, Fonti II fasc. XV).

5. Abschnitt des 1. Buches [27] trägt die Überschrift: »Gesetze und Bestimmungen, deren Kenntnis den Oberhäuptern, Leitern und Richtern der Kirche nützlich ist und deren Beachtung geziemend und verpflichtend ist, weil sie in den beiden Testamenten festgelegt sind«. Wie schon diese Überschrift erkennen läßt, enthält der Abschnitt Bibelzitate, die — mehr oder weniger — etwas mit dem Thema zu tun haben. Die fünf Kapitel dieses Abschnitts sind folgendermaßen überschrieben:

I. Über die Notwendigkeit eines Oberhaupts und über seinen Rang (τάξις).
II. Darüber, daß nach Untersuchung und Befragung das Urteil gefällt werden soll.
III. Über die Gerechtigkeit und Rechtschaffenheit, die den Richtern ziemt, und über die, die nach Ansehung der Person (urteilen) und ein Geschenk lieben.
IV. Über die Gesetze, die für die Hirten und Leiter der Kirche erlassen sind.
V. Über den Tadel für die Richter, die ein Geschenk annehmen und das Recht beugen.

Im 2. Abschnitt des 2. Buches [28] kommt ʿAḇdīšōʿ bar Brīḵā in acht Kapiteln auf Richter und Gericht noch einmal zurück: »Über den Richter, seine Ratgeber und seine Zeugen, über die Art der Rechtsprechung, über das Gericht, über die Kanones dafür, über den Kläger und Beklagten und über die Eide«.

Nur das fünfte (teilweise) und das achte Kapitel besteht aus Zitaten der älteren syrischen Literatur (»Könige« = Syrisch-römisches Rechtsbuch, Didaskalie [29], Synode des Ezechiel, Synode von Bēṯ Lāp̄aṭ, Rechtsbuch des Īšōʿboḵt), die ʿAḇdīšōʿ selbst angibt und die der Übersetzer J.-M. Vosté genauer identifiziert hat. Für die Kapitel 1 bis 4 sowie 6 und 7 macht ʿAḇdīšōʿ dagegen so gut wie keine Angaben über die Quellen. Die unmittelbare Vorlage entstammt allerdings auch der Rechtsliteratur einer anderen Kirche: es ist Kapitel 43 des arabischen Nomokanons des Kopten aṣ-Ṣafī ibn al-ʿAssāl (gestorben vor 1260) [30].

27 Vosté 116-126. Vosté gibt auch jeweils die Blattzählung der Handschrift Vat. Syr. 520 an, die gegenüber der modernen Bibliothekszählung etwas verschoben ist: Blatt 1 (a) der Zählung des Schreibers entspricht fol. 3v der modernen Zählung, nach der sich A. van Lantschoot, Inventaire des manuscrits syriaques ..., Vatikanstadt 1965, 47f. richtet.

28 Vosté 148-169.

29 Zu den Stellen aus dem Syrisch-römischen Rechtsbuch und der Didaskalie s. unten im Text.

30 Zu seiner Person und zu seinen Werken vgl. Graf II 398-403 (mit weiterer Literatur).

Daß ʿAbdīšōʿ bar Brīkā mit diesem Werk in Berührung gekommen ist, erscheint ohne weiteres möglich, weil es offensichtlich auch im syrischen Bereich verbreitet war. So fanden sich — wenn auch meist spätere — Abschriften in mehreren west- und ostsyrischen Handschriftensammlungen (Šarfe: zwei Exemplare, aus dem 13./14. Jhdt. und vom Jahre 1718[31], nun Borg. arab. 257 und 230; Kuraim (1560); Mār Šallīṭā 8 (1550); Seert 134 (17. Jhdt.), nun Paris arab. 6502[32]); darüber hinaus sind einige Karšuni-Handschriften (Arabisch in syrischer Schrift) erhalten: Paris syr. 225 (1475), Bodl. karš. (1558), Cambridge Add. 3283 (1678) und Barb. orient. 41[33]. Weiter ist noch darauf hinzuweisen, daß ein Bruder des aṣ-Ṣafī ibn al-ʿAssāl, nämlich al-Asʿad abu l-Farağ Hibatallāh, sich einige Zeit in Damaskus aufhielt und sein Stiefbruder al-Muʾtaman abū Isḥāq Ibrahīm al-ʿAssāl zwei Reisen nach Syrien unternahm[34]. Angesichts dieser Verbindungen ist es gut möglich, daß Werke des Ibn al-ʿAssāl schon früh zu den syrischen Kirchen gelangten.

Um die weitgehende Übereinstimmung zwischen dem Nomokanon des Ibn al-ʿAssāl und dem Ordo iudiciorum zu belegen, sei der Anfang der betreffenden Abschnitte über den Richter in Übersetzung gegenübergestellt:

Ibn al-ʿAssāl[35] (arabisch)	*Ordo iudiciorum* (syrisch)
Der Richter und seine Eigenschaften[36] und die Zeugen ...	Über den Richter und seine Ratgeber[36] und seine Zeugen ...
Erstes Kapitel: Über die Ernennung des Richters. Richter ist das Oberhaupt des Priestertums, nämlich der Patriarch, der Bischof oder der, den er	Erstes Kapitel: Über den Richter und seine Ernennung ... Kirchlicher Richter ist das Oberhaupt der Priester, nämlich der Patriarch, der Metropolit, der Bischof oder der, den das

31 D.A. Perini, Catalogi dei codici manoscritti ed ogetti portati dall'Oriente nel 1879 ..., in: Bessarione VI, Rom 1904, 258ff. (Nr. 10 und 14); I. Armalet, Catalogue des manuscrits de Charfet, Jounieh 1936, S. 8f. (Nr. 7 (?) und 14).

32 G. Troupeau, Note sur les manuscrits de Seert ..., in: Ecole des langues orientales anciennes de l'Institut Catholique de Paris, Mémorial du Cinquantenaire, Paris 1964, 207f.

33 Zu den Handschriften vgl. Graf II 399, 401f. Entsprechendes gilt auch für andere Werke des Ibn al-ʿAssāl, vgl. Graf II 390, 395, 397.

34 Graf II 403, 407; S. Khalil, Al-Asʿad Ibn al-ʿAssāl, copiste de Jean Damascène à Damas en 1230, in: OrChrP 44, 1978, 190-194. Allgemein: J.M. Fiey, Coptes et Syriaques, contacts et échanges, in: Studia Orientalia Christiana. Collectanea No. 15, Kairo 1972/3, 295-365.

35 Benutzt wurde die Ausgabe von Murqus Ğirğis, Kitāb al-qawānīn, Kairo 1927 (Kap. 43: S. 321-347). Eine Übersetzung in eine europäische Sprache gibt es noch nicht. Ein brauchbarer Behelf sind die Übersetzungen der äthiopischen Version des Nomokanons: I. Guidi, Il »Fetha Nagast« o »Legislazione dei Re«, Band 2, Rom 1899, und P. Tsadua, The Fetha Nagast. The Law of the Kings, Addis Ababa 1968.

36 Arabisch: lawāzimuhū; syrisch: bnay melkeh.

Ibn al-ʿAssāl
(arabisch)

zu seinem Stellvertreter
bestimmt oder mit seiner Vertretung
beauftragt beim Richten, einen jeden
von ihnen auf seinem Sitz, von den
Priestern, die dessen würdig sind.
Die Ernennung eines Richters ist
notwendig gemäß dem religiösen
Gesetz und der Natur.
Was ersteres betrifft, so (lautet)
ein Wort Gottes des Erhabenen im
Pentateuch, im fünften Buch daraus:
»Wählt euch einen Richter ...«[38].

Und was das Zweite betrifft, so
findet in der bürgerlichen Gemeinschaft unvermeidlich
geschäftlicher Verkehr statt,
und sie ist nicht
wirklich vollkommen, außer
durch einen Richter, der entscheidet
zwischen den Streitenden, dem Starken
und dem Schwachen, dem Dummen und
dem Weisen ...

Es ist nötig, daß wir hier die Voraussetzungen für die Ernennung des
Richters, im Hinblick darauf, daß
er Richter ist, erwähnen, durch die
seine Einsetzung rechtmäßig ist und
seine Entscheidungen wirksam sind;
ihre Zahl beträgt dreizehn:

Erstens, daß es ein Mann sei, was
Volljährigkeit und männliches Geschlecht einschließt.
Was die Volljährigkeit betrifft,
so deshalb, weil ohne sie der Verstand nicht vollkommen ist, und
weil er ernannt wird, um zu richten
zwischen Vornehmen und Greisen und
anderen; und es ist nicht schön, daß
solche vor einem, der nicht voll-
jährig ist,

Ordo iudiciorum
(syrisch)

Haupt der Priester aufstellt als seinen
Notar oder Stellvertreter oder Statt-
halter im Gericht, einen jeden
von ihnen auf seinem Sitz, von den
Priestern, die dessen würdig sind.
Die Ernennung eines Richters gehört zu
den Notwendigkeiten, weil sie die Natur
und die (Heilige) Schrift erfordern.
Die Schrift[37] erfordert sie durch die
göttlichen Gebote. Moses: ... Derselbe im
Deuteronomium:
»Wählt euch weise Männer ...«[38].

Und die Natur[37] erfordert sie, weil die
bürgerliche Gemeinschaft notwendig ist
für die Menschen ... In ihr geht es kei-
nesfalls ohne Nehmen und Geben, Empfangen
und Loslassen, und sie wird nicht in
vernünftiger Weise schön vollendet, außer
durch einen Richter, der entscheidet
zwischen denen, die streiten, dem Starken
etwa und dem Schwachen, dem Weisen oder
dem Dummen ...

Die einzelnen Vor-
aussetzungen für die Ernennung des
Richters, im Hinblick darauf, daß
er Richter ist, diejenigen, durch die
seine Amtsgewalt
wirksam wird,
sind dreizehn:

Erstens, daß es ein Mann sein muß, was
Erreichen des (Mannes)alters und männliches Geschlecht einschließt.
Ohne Erreichen des
(Mannes)alters ist der Verstand nicht vollkommen; und
weil er ernannt wird, um zu richten
zwischen Vornehmen und Greisen und
anderen, ist es nicht schön, daß
solche vor einem Knaben, der das Alter
der Volljährigkeit noch nicht erreicht

37 Im Ordo iudiciorum sind die Stellen über die Schrift und die Natur in umgekehrter Reihenfolge angeführt. Zum Zwecke des Vergleichs sind sie in meiner Übersetzung umgestellt.
38 Deut. 16,18 (Zitat im arabischen Text); Deut. 1, 13 (Zitat im syrischen Text).

Ibn al-ʿAssāl (arabisch)	*Ordo iudiciorum* (syrisch)
erscheinen, damit er gegen sie und zu ihren Gunsten richte. Und was das männliche Geschlecht betrifft, weil der Mann das Haupt der Frau ist, wie der Apostel[39] gesagt hat, und die Herrschaft dem Haupt zukommt über das, was ihm gleich ist (?); und weil der Mann vollkommener ist an Verstand ...	hat, stehen, damit er zu ihren Gunsten und gegen sie befehle ... Männliches Geschlecht aber, weil der Mann das Haupt der Frau ist, nach dem Wort des göttlichen Apostels[39], und die Herrschaft dem Haupt zukommt über alles, was unter ihm ist; und weil der Mann vollkommener ist an Verstand als die Frau ...

Im folgenden soll die Abhängigkeit des Ordo iudiciorum vom Nomokanon des Ibn al-ʿAssāl auch anhand der weiteren Vorschriften kurz dargestellt werden:

I. Ibn al-ʿAssāl beginnt — wie wir gerade gesehen haben — mit allgemeinen Ausführungen darüber, wer zum Richteramt berufen ist, und belegt unter anderem mit einer Bibelstelle die Notwendigkeit des Richteramts. Ebenso verfährt ʿAḇdīšōʿ bar Brīḵā, der den Text mit weiteren Zitaten aus der Bibel und Aristoteles anreichert. Danach führen beide Werke in gleicher Reihenfolge und ohne nennenswerte Unterschiede die notwendigen Eigenschaften eines Richters auf und geben kurze Erläuterungen. Der Richter muß

1) erwachsen und — ausgehend von der biblischen Auffassung des Mannes als dem Haupt der Frau und der Erkenntnis, daß die Frau dem Mann an Verstand unterlegen ist — männlichen Geschlechts sein,
2) natürlichen Verstand besitzen und Kenntnisse erworben haben; er darf nicht dümmer sein als die, über die er urteilt,
3) rechtgläubig sein (nach Ibn al-ʿAssāl außerdem Priester),
4) die Rechtschaffenheit besitzen, die für Richter und Zeugen gefordert wird; das bedeutet, er muß zuverlässig, weise, unverdächtig, frei von Mängeln, geachtet, geduldig im Ärger, gottesfürchtig und fromm sein,
5) frei sein (nicht Sklave),
6) gesund sein an Gehör und Augen,
7) gesund sein in Bezug auf das Sprechen, ferner die in der betreffenden Gegend vorherrschende Sprache kennen,
8) frei sein von Krankheiten, die den Umgang mit den Rechtssuchenden hindern,
9) Rechtskenntnisse haben (dazu unten noch Näheres),
10) als höherer Richter die Eigenschaften der Richter, die er ernennt, kennen,

39 1. Kor. 11, 3; Eph. 5, 23.

11) eine Ernennungsurkunde erhalten haben (so Ibn al-ʿAssāl; der Ordo iudiciorum weicht hier ab: er muß genügend fähig sein, die Urteile durchzusetzen, Vertrauen in Bezug auf seine Fähigkeit genießen und einen entsprechenden Ruf haben),
12) durch Worte und sein Beispiel wirken (Ordo iudiciorum: »daß er annimmt, was ihm übertragen wird, entweder durch das Wort der Überzeugung oder die Tätigkeit des Richtens«),
13) er darf es nicht unterlassen, alle seiner Gerichtsbarkeit Unterworfenen oder die Mehrheit von ihnen zu leiten (Ordo iudiciorum: »Die Zustimmung aller Angehörigen seines Bezirks oder der Mehrheit zu besitzen, daß er Macht über sie habe.«).

II. Im nächsten Kapitel (Ibn al-ʿAssāl, Kap. 43, Abschnitt 2: »Über seinen Rang (*rutba*)« = Ordo iudiciorum II, II, Kapitel 2: »Über die Ordnungen (τάξεις) der Amtsgewalt des Richters«) werden die Aufgaben und Befugnisse aufgezählt:

1) Streitigkeiten beenden,
2) Berechtigten zu ihrem Eigentum verhelfen,
3) Ernennung von Vormündern für Minderjährige, Geisteskranke und Verschwender,
4) Verwaltung von Vermächtnissen für wohltätige Zwecke, Aufsicht über Vormünder,
5) Ausführung letztwilliger Verfügungen, Ernennung von Testamentsvollstreckern,
6) Ernennung eines Vertreters für Richtergeschäfte,
7) Prüfung (der Zuverlässigkeit) von Zeugen,

Allgemein wird noch ausgeführt, daß ein Richter, der nur für bestimmte Sachen ernannt ist, zum Beispiel nur für Ehesachen oder nur für einen begrenzten örtlichen Bereich, sich darauf beschränken müsse.

III. Der nächste, kurze Abschnitt bei Ibn al-ʿAssāl (Kap. 43, Abschnitt 3: »Über die Ermahnung (*tauṣiya*) an ihn (den Richter)« ist nur teilweise im Ordo iudiciorum anzutreffen (II, II, Kap. 3 Mitte). Er enthält allgemeine Ermahnungen für die richterliche Amtsführung, wie sie schon bei ʿAḇdīšōʿ im 5. Abschnitt des 1. Buches, der sich aus Bibelzitaten zusammensetzt, stehen.

IV. Die anschließenden Ausführungen des Ibn al-ʿAssāl (Kap. 43, Abschnitt 4: »Über die Voraussetzungen seines Richtens«) hat ʿAḇdīšōʿ ebenfalls in seinen Ordo iudiciorum aufgenommen (II, II, Kap. 3: »Über die Kanones seiner Leitung und die Voraussetzungen seines Richtens«): Der Richter muß seine Ernennungsurkunde vorweisen; sich über die Gefangenen und Exkommunizierten unterrichten und die, welche es verdienen, aus dem Gefängnis entlassen; die Angelegenheiten derjenigen, die sich ungerecht behandelt fühlen, untersuchen; er darf keine Partei in Abwesenheit der anderen anhören, keine bevorzugen. Er muß ruhig sein, darf nicht im Zustand der Erregung, des Ärgers, der Furcht oder sonstiger Gemütsregungen, des Hungers, des Durstes, der Krankheit, Müdigkeit, Schwäche usw. urteilen; er soll den, der zuerst gekommen ist, auch zuerst anhören; er muß die Parteien gleich behandeln, darf nicht mit einer von ihnen flüstern und keinen Anlaß für Besorgnis der Befangenheit geben, nicht mit einem von ihnen streiten. Nach der Verhandlung soll er nicht ohne vernünftigen Grund die Entscheidung hinausschieben. Er soll nicht urteilen in Angelegenheiten, bei denen er selbst oder ein Angehöriger von ihm beteiligt ist. Er soll jeden Fall sorgfältig prüfen und seine früheren Entscheidungen in Betracht ziehen; er soll aufgrund dessen, was er in der Verhandlung gehört hat, seine Entscheidung fällen, aufgrund von Zeugen oder von Eiden.

V. Auch die weiteren Vorschriften für die richterliche Tätigkeit hat ʿAḇdīšōʿ bar Brīḵā größtenteils dem Nomokanon des Ibn al-ʿAssāl entnommen:

Kapitel 4 (»Allgemeine Bestimmungen und Ermahnungen für den Richter, entnommen aus den gesetzlichen Kanones für den Kläger und den Beklagten«) enthält Auszüge aus Kap. 43, Abschnitt 7 des Nomokanons (»Über die Zeiten des Urteils und seine Art und Weise«). Kap. 5 (»Über die Zeiten des Urteils und seine Art und Weise ...«) besteht ebenfalls aus Auszügen aus dem Anfang von Kap. 43, Abschnitt 7 (daher die Übereinstimmung der Überschriften), ergänzt um Zitate aus der älteren syrischen Rechtsliteratur (Ezechiel, Synode von Bēṯ Lāpaṭ, Īšōʿboḵt). Kap. 6 (»Über die Zeugen und die Kanones für das Zeugnis«) entspricht Ibn al-ʿAssāl Kap. 43, Abschnitt 13 Nr. 1 bis 10. Kap. 7 (»Über die Kanones, die wahre und zweifelhafte Zeugen betreffen, und ihr Zeugnis«) deckt sich mit Kap. 43, Abschnitt 13 Nr. 1 (Unterabschnitte 1 bis 8)[40], und fügt ein kurzes Zitat aus dem Rechtsbuch des Īšōʿboḵt an. Kapitel 8 des Ordo iudiciorum besteht nur aus einem Īšōʿboḵt-Zitat (»Über die Eide«). Zwar ist auch bei Ibn al-ʿAssāl ein Abschnitt über den Eid vorhanden (Kap. 43, Abschnitt 5), doch bevorzugt ʿAḇdīšōʿ bar Brīḵā offenbar die Quellen seiner eigenen Kirche und greift nur dort auf den Nomokanon des Ibn al-ʿAssāl zurück, wo ihn die nestorianischen Rechtsbücher im Stich lassen.

40 Die Zählung der arabischen Ausgabe erscheint nicht glücklich. Nach der äthiopischen Version entspricht Ordo iudiciorum II, II 6 dem 12. Abschnitt des 43. Kapitels und II, II 7 dem 13. Abschnitt (jeweils mit 10 bzw. 8 Unterabschnitten).

Eine nähere Darstellung des Inhalts der vorstehend genannten Kapitel würde hier zu weit führen.

In den Kapiteln 5, 6 und 7 zitiert ʿAḇdīšōʿ unter anderem mehrfach »die Könige«, die »Didaskalie der Apostel« und »Basileios«. Dabei handelt es sich jedoch mit einer Ausnahme[41] nicht um direkte Zitate aus den Originalquellen, sondern um Übernahmen aus seiner unmittelbaren Vorlage, dem koptischen Nomokanon. Die Texte aus den »Königen« beschränken sich auch nicht auf Stellen aus dem Syrisch-römischen Rechtsbuch (wie in der sonstigen nestorianischen Rechtsliteratur), sondern sie sind den bei den Kopten (und Melchiten), nicht aber bei den Nestorianern verbreiteten »Büchern der Könige« (Procheiros Nomos, arabische Version des Syrisch-römischen Rechtsbuches, Ekloge u.a.)[42] entnommen. Diese in Byzanz entstandenen Quellen liegen darüber hinaus auch den im Ordo iudiciorum in den genannten Kapiteln mit »(Kanon) der Westlichen«[43] und »Kanon«[44] überschriebenen Zitaten zugrunde. Die mehrfach angeführte »Didaskalie der Apostel« aus dem 3. Jhdt. scheint auch bei den Nestorianern sonst gar nicht verbreitet gewesen zu sein; ihr syrischer Text ist nur in jakobitischen Handschriften überliefert[45]. Die betreffenden Zitate im Ordo iudiciorum lassen sich übrigens anhand der genaueren Angaben bei den Parallelen im Nomokanon des Ibn al-ʿAssāl leicht auffinden[46].

Die Bestimmungen über den Richter und seine Tätigkeit stammen aber auch nicht ursprünglich aus dem koptischen Bereich, sondern sind zu einem ganz wesentlichen Teil eine Übernahme islamischen Rechts.

Die Erkenntnis, daß der Nomokanon des Ibn al-ʿAssāl teilweise auf islamischen Werken beruht, ist nicht neu. Bereits 1899 bemerkte Ignazio Guidi, daß Ibn al-ʿAssāl — ohne dies anzugeben — im zivilrechtlichen Teil seiner Sammlung islamisches Recht wiedergibt. Nach Meinung Guidis benutzte er ein Werk eines šafiʿītischen Verfassers, nämlich das Kitāb at-Tanbīh des Abū Isḥāq aš-Šīrāzī aus dem 11. Jhdt.[47]. Auch Carlo Alfonso Nallino

41 Vosté 162, Zeile 7-24 (= Syrisch-römisches Rechtsbuch, Version R II § 150).

42 Graf I 618-620. Eine Ausgabe und Übersetzung der arabischen Version der Ekloge bereitet St. Leder, Frankfurt, vor, vgl. seinen Bericht »Kanones der Könige: Die Ecloga bei den Kopten«, in: Rechtshistorisches Journal, hrsg. von D. Simon, Band 2, Frankfurt am Main 1983, 127-130.

43 Vosté 164.

44 Vosté 165-167.

45 Ausgabe und Übersetzung: A. Vööbus, The Didascalia Apostolorum in Syriac, Louvain 1979 (CSCO 401, 402, 407, 408). Kurzer Auszug: Ders., The Synodicon in the West Syrian Tradition II, Louvain 1976, 156 (Text), 157f. (Übersetzung) (CSCO 375, 376).

46 Ibn al-ʿAssāl gibt bei seinen Zitaten mit Hilfe von Siglen die jeweilige Quelle und außerdem den betreffenden Abschnitt an. Die Angaben — in der Form, wie sie in der benutzten Ausgabe geboten werden — sind im großen und ganzen zuverlässig.

47 Il »Fetha Nagast«, Übersetzung, Rom 1899, S. VII, XI.

stellte in seiner Auseinandersetzung mit Evaristo Carusi, der islamischen Einfluß auf christlich-orientalisches Recht leugnete, fest, daß Ibn al-ʿAssāl islamische Quellen herangezogen hatte, nahm aber im Gegensatz zu Guidi an, daß es sich um solche der malikitischen Rechtsschule gehandelt habe[48]. Antonio d'Emilia verdanken wir zwei eingehendere Untersuchungen über den Einfluß islamischen Rechts in unserem koptischen Nomokanon. Auch er kommt zu dem Ergebnis, daß Schriften der malikitischen Schule zugrundelägen[49]. Schließlich sei noch eine Arbeit von Abd el-Samei Muhammad Ahmad erwähnt, nach dem der Nomokanon zu einem bedeutenden Teil auf safiʿītischen und ḥanafitischen Werken beruhe[50].

Der Frage, welche der vier islamischen Rechtsschulen Pate gestanden hat, braucht hier nicht näher nachgegangen zu werden, weil die Unterschiede zwischen ihnen ohnehin nicht groß sind. Für unseren Zweck reicht es völlig aus, auf die grundlegenden Vorschriften hinzuweisen, die sich bereits den europäischen Darstellungen des islamischen Rechts entnehmen lassen. Danach muß der Richter insbesondere sein:

1) Muslim
2) geistig gesund und reifen Verstandes
3) männlichen Geschlechts
4) frei, nicht Sklave
5) erwachsen
6) die Rechtschaffenheit besitzen, die für anerkennbare Zeugen erforderlich ist
7) körperlich gesund, nämlich nicht blind, taub oder stumm;

ferner soll er wohlhabend, schuldenfrei, aus guter Familie und rechtskundig sein[51].

48 Raccolta di Scritti editi e inediti, Band IV, Rom 1942, 113f., 179f. 182. Auch für das uns hier besonders interessierende Kapitel 43 weist er (ebenda 372) auf islamischen Ursprung hin: »Anche il cap. XLIII ... sul giudice (*ḥākim*) e sulla procedura giudiciaria è in massima parte calcato su libri musulmani.«

49 La compravendita nel capitolo XXXIII del Nomocanone di Ibn al ʿAssal, Mailand 1938; Influssi di diritto musulmano nel capitolo XVIII, 2 del Nomocanone arabo cristiano di Ibn al-ʿAssal, in: Rivista degli Studi Orientali 19 (1941/2), 1-15.

50 Fetha Nagasht, Kairo 1965, 7f.: »Ibn al-ʿAssal used other sources which he did not mention, namely the Muslim books of jurisprudence. The comparative study proves that these books form an important part of the sources ... In many cases he quoted his Muslim sources keeping to their style and wording ...«.

51 Vgl. vor allem D. Santillana, Istituzioni di Diritto musulmano malichita, Band 2, Rom 1938, 563f.; E. Sachau, Muhammedanisches Recht nach schafiitischer Lehre, Stuttgart-Berlin 1897, 698-700; Th.W. Juynboll, Handbuch des islamischen Gesetzes, Leiden-Leipzig 1910, 309f.; J. Schacht, An Introduction to Islamic Law, Oxford 1964, 188; E. Tyan, Histoire de l'organisation judiciaire en pays d'Islam, 2. Aufl., Leiden 1960, 160-170.

Wir treffen hier sinngemäß dieselben Eigenschaften an, denen wir bereits oben bei Ibn al-ʿAssāl und im Ordo iudiciorum begegnet sind. Die Übereinstimmung zeigt sich teilweise auch bei den verwendeten Begriffen. So wird die beim Richter vorauszusetzende »Rechtschaffenheit« in den islamischen Werken und bei Ibn al-ʿAssāl mit *ʿadālah* bezeichnet (im Ordo iudiciorum syrisch: *kēnūṯā*).

Besonders deutlich wird die Abhängigkeit vom islamischen Recht bei der Vorschrift über die Rechtskenntnisse des Richters. Er muß die Rechtsquellen (wörtlich: Wurzeln, arabisch: *uṣūl*; syrisch: *sersē*) und »Zweige« (*furūʿ*; syrisch: *surʿāpē*) kennen. Und dann zählen Ibn al-ʿAssāl und ähnlich der Ordo iudiciorum die vier »Wurzeln« auf:

1) die göttlichen Bücher (d.h. die Bibel) und ihre Auslegungen
2) die anerkannten Bücher mit den Aussprüchen und Taten der Apostel sowie den Aussprüchen der heiligen Synoden und der gelehrten heiligen Väter
3) die Übereinstimmung (*iǧmāʿ*) der Kanones und der gelehrten heiligen Väter und ihre Unterschiede (*iḫtilāf*)
4) die Analogie (*qiyās*), mit der der Richter die Fähigkeit erlangt, die »Zweige« (d.h. wohl die nicht geregelten Fälle) auf die »Wurzeln« zurückzuführen.

Diese für den christlichen Bereich etwas merkwürdige und ungewöhnliche Zusammenstellung der »Rechtsquellen« ist ersichtlich eine Anpassung an die sogenannten *uṣūl al-fiqh* (»Wurzeln des Rechts/der Rechtswissenschaft«), die im Islam seit dem 9. Jhdt. n. Chr. ein eigenes Rechtsgebiet darstellen und auch in besonderen Werken behandelt werden[52]. Dort handelt es sich um folgende vier:

1) Koran
2) Sunna, d.h. Aussprüche und Taten Muḥammads sowie seine stillschweigende Billigung dessen, was andere taten
3) *Iǧmāʿ*, d.h. die übereinstimmende Meinung der muslimischen Gelehrten einer bestimmten Zeit
4) *Qiyās*, d.h. ein Analogieverfahren, nach einer Formulierung in den Quellen »die Übertragung einer Vorschrift von der Wurzel auf einen Zweig«[53].

Den sonstigen oben erwähnten Regelungen bei Ibn al-ʿAssāl (und im Ordo iudiciorum) liegt ebenfalls islamisches Recht zugrunde. Auch bei den Muslimen

52 Santillana I 51ff.; Juynboll 39ff.; O. Spies-E. Pritsch, Klassisches islamisches Recht (HO, 1. Abteilung, Ergänzungsband III, Leiden-Köln 1964) 221, 278f. (Literatur); Schacht 266f. (Quellen).

53 Zitiert bei Juynboll 50.

obliegt dem Richter — neben der eigentlichen Rechtsprechung — unter anderem die Ernennung von Vormündern, die Verwaltung frommer Stiftungen und die Überwachung der Ausführung letztwilliger Verfügungen[54]; ferner kann er unter Umständen ebenfalls Vertreter bestellen[55] und hat seine Zuständigkeit zu beachten[56]; auch die Prüfung der Zuverlässigkeit von Zeugen von Amts wegen ist Sache des Richters[57] (vgl. Ibn al-ʿAssāl, Kapitel 43, Abschnitt 2).

Der islamische Richter hat die Aufsicht über Gefängnisse[58] und muß die gleichen Verhaltensregeln beachten, wie sie bei Ibn al-ʿAssāl im 4. Abschnitt des 43. Kapitels aufgeführt sind, muß also beide Parteien gleich behandeln, darf nicht in eigener Sache oder der eines Angehörigen urteilen, soll nicht Recht sprechen, wenn sein seelisches Gleichgewicht durch Ärger, Hunger, Sorgen und ähnliches beeinträchtigt ist usw.[59]. Die islamischen Quellen enthalten schließlich auch umfangreiche Regeln für Beweiserhebung und -würdigung sowie den Eid[60]. Auf weitere Einzelheiten kann an dieser Stelle nicht eingegangen werden.

Im Hinblick darauf, daß in den älteren christlichen, auch koptischen Quellen entsprechende Regelungen nicht anzutreffen sind, kann kein Zweifel daran bestehen, daß Ibn al-ʿAssāl seine Darstellung auf islamische Werke stützt (und nicht etwa umgekehrt dem islamischen Recht christlich-orientalische Vorstellungen zugrundeliegen). Der Versuch, die islamische Rechtsquellenlehre ins Christliche zu übertragen, zeigt dies überdeutlich. Im übrigen sind die islamischen Werke, die Entsprechendes enthalten, auch wesentlich älter als Ibn al-ʿAssāl.

Der Umstand, daß hier islamisches Recht auf christlich-orientalische Quellen eingewirkt hat, widerlegt einmal mehr die bereits erwähnte Behauptung von Carusi, wonach es bei den syrischen Kirchen keinen Einfluß des islamischen Rechts gegeben habe. Bereits der Orientalist Nallino, ein hervorragender Kenner auch der christlich-orientalischen Rechtsquellen, hat seinerzeit die Unrichtigkeit dieser Meinung nachgewiesen[61]. Die Diskussion wäre nur noch von historischem Interesse, wenn nicht erst vor wenigen Jahren die Ansichten Carusis erneut vertreten worden wären[62]. Damit soll natürlich

54 Santillana II 565f.; Spies-Pritsch 236; Schacht 188; Tyan 357ff.
55 Santillana II 566f.; Juynboll 310.
56 Santillana II 567f.; Schacht 188.
57 Santillana II 601f.; Juynboll 316f.; Tyan 236ff.
58 Santillana II 566 (Nr. 6).
59 Santillana II 569, 574ff.; Juynboll 311ff.; Schacht 189; Tyan 286ff.
60 Santillana II 580ff.; Juynboll 314ff.; Schacht 191ff.
61 Siehe oben Fußnote 48.
62 M. Breydy, Die Stellung der christlichen Kirchen in den modernen islamischen Staaten (in: Kanon. Jahrbuch der Gesellschaft für das Recht der Ostkirchen, Band II, Wien 1974, 12-27) 17f.

nicht gesagt sein, daß alles ursprüngliches islamisches Geistesgut wäre. Es ist vielmehr sicher so, daß die islamischen Juristen sehr vieles aus den älteren Rechtsordnungen ihres Herrschaftsgebietes übernommen haben, also Ägyptens, Syriens und des Iraqs, aber auch aus dem römisch-byzantinischen, jüdischen und persischen Recht[63].

Verfolgt man die ostsyrische Rechtsliteratur über den Ordo iudiciorum hinaus weiter, so findet man nur noch eine weitere juristische Quelle, in der Vorschriften für die richterliche Tätigkeit enthalten sind. Es handelt sich um die Kanones der Synode des Katholikos Timotheos II., die im Jahre 1318 n.Chr. stattfand und an der ʿAḇdīšōʿ bar Brīḵā als Metropolit von Nisibis kurz vor seinem Tod im November desselben Jahres noch teilnahm[64]. Kanon 8 bestimmt, daß die Klosteroberen Streitigkeiten unter den Mönchen richtig und gerecht richten sollen. Kanon 9 verpflichtet die Bischöfe — nur sie werden genannt —, Prozesse gerecht und ohne Ansehung der Person nach Recht und Gerechtigkeit zu entscheiden, keine Geschenke anzunehmen — denn ein Geschenk mache die Augen der Weisen im Gericht blind, verdrehe die Worte der Unschuldigen (vgl. Ex. 23, 8; Jesus Sirach 20, 29) und führe ab vom Pfade der Wahrheit — sowie das Wort Gottes zu fürchten, welches lautet: »Denn wie ihr richtet, werdet auch ihr gerichtet werden, und mit dem Maße, mit dem ihr meßt, wird auch euch gemessen werden« (Matth. 7, 2; verständlicherweise wird der auf Richter schlecht passende Vers 1 ausgelassen: »Richtet nicht, damit ihr nicht gerichtet werdet.«).

Wir haben hier also wieder nur sehr knappe Vorschriften. Allerdings besagt das nicht viel, weil Kanon 1 die beiden juristischen Werke des ʿAḇdīšōʿ bar Brīḵā, also seinen Nomokanon und seinen Ordo iudiciorum, für verbindlich erklärt, eingehendere Regelungen also entbehrlich waren.

In diesem Zusammenhang sei noch erwähnt, daß ʿAḇdīšōʿ bar Brīḵā in seinem Ordo iudiciorum nicht nur die Texte für den Richter von Ibn al-ʿAssāl übernommen hat, sondern noch eine Menge weiteren Stoffes, der teilweise ebenfalls islamischer Herkunft sein dürfte. Eine Zusammenstellung findet sich unten im Anhang.

Da Ibn al-ʿAssāls Nomokanon ins Äthiopische übersetzt wurde und dort als »Buch der Könige« (Fetha Nagast)[65] zu beträchtlichem Ansehen gelangte,

63 Spies-Pritsch 223f.; Schacht 20-22.

64 Syrischer Text und lateinische Übersetzung: A. Mai (oben Fußnote 25) 260-268 (Text), 96-105 (Übersetzung).

65 Ausgabe: I. Guidi, Il »Fetha Nagast« o »Legislazione dei re«, Rom 1897. Zu den Übersetzungen s. oben Fußn. 35.

auch wenn seine Bedeutung für das praktische Rechtsleben zweifelhaft ist[66], finden wir die Vorschriften für den Richter dort gleichfalls.

Auch der Maronit ʿAbdallāh Qarāʾalī (1672-1742) schrieb den Nomokanon des Ibn al-ʿAssāl in größerem Umfang für sein arabisch verfaßtes Rechtskompendium (*muḫtaṣar aš-šarīʿa*) aus. Richter und Prozeß werden in den ersten drei Kapiteln behandelt[67]. Damit hat islamisches Recht indirekt auch auf diese syrische Kirche eingewirkt.

II.

Nicht wesentlich anders als bei den Nestorianern ist der Befund in den westsyrischen (jakobitischen) Rechtsquellen bis zum 13. Jhdt.

Verhältnismäßig ausführliche Regelungen enthält nur die oben bereits genannte »Didaskalie der Apostel«[68]. Neben der Aufforderung an den Bischof, ohne Ansehung der Person und unbestechlich zu richten (Kapitel 5), finden sich im 11. Kapitel, das Ermahnungen an Bischöfe und Diakone enthält, genauere Anweisungen für den Richter: Das Zeugnis von Heiden gegen Christen soll nicht angenommen werden; das Gericht soll am Montag stattfinden; bei Gerichtsverhandlungen sollen die Bischöfe, Priester und Diakone anwesend sein; es soll ohne Parteilichkeit Recht gesprochen werden; beide Parteien sollen gleichzeitig kommen; zunächst soll der Ankläger auf seine Glaubwürdigkeit geprüft werden, dann der Beschuldigte; das Urteil soll nach sorgfältiger Untersuchung ergehen; es soll nicht nur eine der Parteien gehört und niemand verurteilt werden, ohne daß er die Möglichkeit gehabt hätte, sich zu verteidigen; der Richter soll sich bemühen, eine gütliche Einigung unter den Parteien herbeizuführen.

Die Synodalbeschlüsse und sonstigen Rechtsquellen dieser dritten syrischen Kirche enthalten im übrigen die gängigen Verbote der Bestechung, Rechtsbeugung und Parteilichkeit[69]. In einer Abhandlung des Jakob von Sarug

66 Vgl. E. Hammerschmidt, Äthiopien, Wiesbaden 1967, 77; P. Tsadua, The Ancient Law of the Kings — The Fetha Nagast — in the Actuel Practice of the Established Ethiopian Orthodox Church, in: Kanon. Jahrbuch der Gesellschaft für das Recht der Ostkirchen, Band I, Wien 1973, 112-146.

67 Über den Verfasser: Graf III 400-406. Ausgabe: P. Massad, L'Abrégé de la Loi. Texte codifié par Monseigneur Abdallah Carali, Beirut 1959. Vgl. auch I. Aouad, Le droit privé des Maronites au temps des Émirs Chihab (1697-1841), Paris 1933, 78-80, 83-86.

68 S. oben zu den Fußnoten 29 und 45.

69 Vgl. A. Vööbus, Syrische Kanonessammlungen. I: Westsyrische Originalurkunden 1, Louvain 1970 (CSCO 307, 317), 16 n. 33 (Kyriakos, Kanon 16); 129 n. 9 (Rabbula, K. 5); 139 n. 11 (Simeon Stylites, K. 2); 328 n. 26 (K. 20 des Klosters Mar Mattai); 351 n. 7 (Ps.-Rabbula, K. 16); 412 n. 20, 21 (Dionysios bar Ṣalībī, Bußkanones 48, 49); ders., The Synodicon in the West Syrian Tradition I, Louvain 1975 (CSCO 367 Text / 368 Übersetzung), 204/192 (Lehre des

(gestorben 521) über Sodom, die in eine westsyrische Sammelhandschrift Eingang gefunden hat, steht noch geschrieben, daß der Richter durch Fragen die Wahrheit finden und darauf sein Urteil gründen solle[70].

In den jakobitischen Quellen begegnen uns also — wenn man von der Didaskalie absieht — ebenfalls nur ziemlich kurze Einzelbestimmungen über den Richter. Aber wie bei den Nestorianern, so tauchen auch bei den Jakobiten in einem syrisch geschriebenen Werk des 13. Jhdts. umfangreiche Anweisungen über den Richter und für seine Amtstätigkeit auf, nämlich in den Kapiteln 38 bis 40 des für die westsyrische Kirche maßgeblichen Nomokanons des Gregorios Barhebraeus (gestorben 1285 n.Chr.)[71]. Der Verfasser gibt in diesen Kapiteln nur selten Quellen an. Eine Vorlage für seine Darstellung ist mir nicht bekannt. Wahrscheinlich hat er, anders als sein etwas jüngerer Zeitgenosse ʿAḇdīšōʿ bar Brīḵā, unter Verwendung verschiedener, wohl auch islamischer Werke das Thema doch eigenständig behandelt. Die Frage wäre aber noch genauer zu untersuchen[72].

III.

Lassen sich Gründe dafür angeben, daß wir im 13. und 14. Jhdt. in den großen Rechtswerken der Kopten, Nestorianer und Jakobiten so ausführliche Regelungen für den Richter und seine Tätigkeit finden?

Diese Vorschriften waren im großen und ganzen sicherlich geeignet, in der Praxis angewendet zu werden. In Hinblick auf die Bedeutung der richterlichen Tätigkeit sind Bestimmungen über den Richter und Anweisungen für seine Amtsführung auch in anderen Rechtskulturen gang und gäbe[73].

Apostels Addai, K. 21; s. oben Fußnote 8); ders., The Synodicon ... II, Louvain 1976 (CSCO 375/376), 11/13 (Kyriakos, K. 16); 165f./170f. (Ps.-apostolische Kanones). Vgl. auch die Zusammenstellung von P. Hindo, Disciplina Antiochena Antica: Siri. II: Les Personnes, Vatikanstadt 1951 (Codificazione Canonica Orientale. Fonti, Serie II, fasc. XXVI), Randnummern 295-310.

70 Vööbus, Synodicon II 162f./166ff.

71 Ausgabe: P. Bedjan, Nomocanon Gregorii Barhebraei, Paris-Leipzig 1898. Lateinische Übersetzung: A. Assemani, in: A. Mai, Scriptorum Veterum Nova Collectio, Band X, Rom 1938, 2. Teil, 3-268. Über den Verfasser: Baumstark 312-320; Graf II 272-281.

72 Wir finden bei Barhebraeus einige engere Parallelen zu Ibn al-ʿAssāl und dem Ordo iudiciorum, so zum Beispiel: Ernennungsurkunde erforderlich, nach Übernahme des Amtes Untersuchung wegen der Bedrängten, Bestellung eines Vertreters (Barhebraeus: Notar), keine Verhandlung in der Kirche, Ratgeber, Richter soll keinen Handel treiben, soll sein Urteil nicht wieder aufheben.

73 Vgl. etwa E. Seidl, Römische Rechtsgeschichte und römisches Zivilprozeßrecht, 3. Auflage, Köln u.a. 1971, §§ 32ff. (für das Alte Ägypten, Griechenland, Rom); M. Kaser, Das römische Zivilprozeßrecht, München 1966, 36, 142, 420; E. Döhring, Geschichte der deutschen Rechtspflege seit 1500, Berlin 1953, 35-110 (passim); F. Merzbacher, Der bayerische Richter in Vergangenheit und Gegenwart (in: 70 Jahre Bayerischer Richterverein, herausgegeben

Aber da immerhin die drei genannten Kirchen jahrhundertelang ohne derartige ins einzelne gehende, schriftlich niedergelegte Bestimmungen ausgekommen sind, ist die Frage berechtigt, warum nun ungefähr gleichzeitig bei ihnen solche Werke entstanden.

Eine Änderung der Gerichtsverfassung als Grund dafür scheidet aus. Als Richter kamen nach wie vor — wie gerade die zitierten Texte zeigen — grundsätzlich nur Bischöfe oder andere Kleriker in Betracht. Es liegen keine Anhaltspunkte dafür vor, daß — jedenfalls nicht in größerem Umfang — andere Personen zu Richtern bestellt wurden, die, etwa weil sie der kirchlichen Weihe und Autorität ermangelten, bei der Entscheidung von Prozessen möglicherweise weniger frei gewesen wären und denen man deshalb nähere Anweisungen hätte geben müssen.

Es spricht auch nichts dafür, daß im 13./14. Jhdt. das Interesse an der Rechtswissenschaft bei den orientalischen Kirchen ganz allgemein gestiegen wäre, daß also vermehrt juristisch ausgebildete Kleriker Recht gesprochen hätten, denen man — anders als ihren weniger kundigen Vorgängern — hätte zumuten können, sich an eine festgelegte »Prozeßordnung« zu halten.

Ein besonderes praktisches Bedürfnis gerade für die uns hier interessierenden Texte und ein greifbarer Anlaß für ihre Abfassung läßt sich nicht feststellen. Es fällt auch auf, daß einzelne Bestimmungen darin offensichtlich ohne praktischen Wert sind. Wenn Ibn al-ʿAssāl etwa davon ausgeht, daß nur Patriarch, Bischof oder ein besonders beauftragter Priester als Richter auftreten kann, verstand sich die wenig später genannte Bedingung, der Richter müsse männlichen Geschlechtes, erwachsen und freien Standes sein, von selbst, bedurfte jedenfalls keiner so ausführlichen Begründung[74]. Zumindest Patriarch und Bischof konnten sicherlich richten, ohne eine besondere Ernennungsurkunde vorweisen zu müssen[75]. Ohne praktische Bedeutung ist auch, daß der kirchliche Richter für Entlassungen aus dem Gefängnis zuständig sei; über eigene Gefängnisse hat die Kirche wohl kaum verfügt. Derartige Ausführungen zeigen, daß hier eine islamische Vorlage ohne Rücksicht auf die kirchlichen Gegebenheiten übernommen wurde.

Es drängt sich also — wie gelegentlich bei der sonstigen christlich-orientalischen Rechtsliteratur[76] — der Gedanke auf, daß die großen Rechtswerke des 13./14. Jhdts. in manchen Teilen nicht unbedingt der Praxis nutzten,

vom Bayer. Staatsministerium der Justiz, München 1976, 12-38), 16ff. Im Islam gibt es besondere, umfangreiche Werke über »Adab al-qāḍī« (»Die Pflichten des Richters«), vgl. Schacht 114.

74 Bei Barhebraeus erscheinen solche Voraussetzungen für die Ernennung zum Richter auch nicht, wohl aus dem genannten Grund.

75 Barhebraeus verlangt aber tatsächlich ausdrücklich eine vom Patriarchen ausgestellte Urkunde für einen als Richter auftretenden Bischof, vgl. Kapitel 38, 1. 1.

76 Vgl. Kaufhold (oben Fußnote 15) 126-130.

sondern daß der beeindruckenden Fülle der jüdischen und islamischen Rechtsliteratur christliche Werke gegenübergestellt werden sollten. Ob sich die Richter überhaupt von diesen Werken leiten ließen, wissen wir nicht, weil keine Prozeßprotokolle oder anderen Urkunden vorhanden sind.

Noch ein weiterer Gesichtspunkt dürfte eine wichtige Rolle gespielt haben: Die umfangreichen Rechtswerke des Ibn al-ʿAssāl, des ʿAbdīšōʿ bar Brīkā und des Barhebraeus fallen in die Zeit einer geistigen Renaissance der orientalischen Kirchen, die zu einer nochmaligen Blüte der Literatur führte. Die Brüder Ibn al-ʿAssāl und die beiden genannten syrischen Autoren stellen die fruchtbarsten Schriftsteller ihrer Kirche zu dieser Zeit dar, die in großen Kompendien die verschiedensten Gebiete behandeln und das ihnen zur Verfügung stehende Wissen zusammenfassen. Es überrascht daher auch nicht, daß sie umfängliche Rechtswerke schreiben und dabei aus verschiedensten Quellen schöpfen. Sie haben sicher nicht ohne Kenntnis der Praxis und wohl auch nicht ohne Interesse dafür geschrieben, aber der Blick auf die kirchliche Rechtsprechung war nicht entscheidend dafür, was sie in ihre Werke aufnahmen, ausschlaggebend war ihre enzyklopädische Neigung.

ANHANG : ENTLEHNUNGEN DES ORDO IUDICIORUM AUS DEM NOMOKANON DES IBN AL-ʿASSĀL

Ordo iudiciorum		Ibn al-ʿAssāl		Fetha Nagast		Bemerkungen zum Ordo iudiciorum
Einteilung	Übers. Vosté	Kapitel	Ed. Girgis	Übers. Guidi	Übers. Tsadua	
BUCH I	23-126	—	—	—	—	
BUCH II : Abschn. I (Grundlagen)	129-147	—	—	—	—	
Abschn. II (Rechtspflege)						
Kap. 1	148-152	43,1	321-324	424-430	249-251	Am Anfang erweitert
2	152-153	43,2	324-325	430-432	251-252	
3	153-154, Z. 2	43,4 (Anfang)	326-327, Z. 1	434-435, Z. 7	253, Z. 24-37	
	154, Z. 2-20	43,3 (Ende)	326, Z. 6-13	433, Z. 20 - 434, Z. 9	253, Z. 13-23	Etwas erweitert
	154, Z. 20 - 155	43,4 (Rest)	327, Z. 9 - 328, Z. 10	435, Z. 7 - 437, Z. 10	253, Z. 37 - 255, Z. 9	
4	155-158	43,7 (3.Teil)	333, Z. 12 - 335, Z. 19	444, Z. 23 - 449, Z. 4	258, Z. 26 - 260, Z. 23	Die Herkunft des letzten Abs. ist mir unbekannt
5	158-159, Z. 7	43,7 (1.Teil)	332, Z. 12 - 333, Z. 8	443, Z. 21 - 444, Z. 20	258, Z. 4-23	
	160, Z. 5-22	43,6	331, Z. 19 - 332, Z. 10	443, Z. 1-20	257, Z. 33 - 258, Z. 3	
	160, Z. 23-26	43,7 (2.Teil)	333, Z. 9-10	444, Z. 20-22	258, Z. 24-25	
6	161-165	43,13 (1-10)	340-345	445-463	264-268	Fetha Nagast : Kap. 43,12; Ordo iud. : Zitat ausgetauscht;
7	166-168	43,13 (11)	345-347	463-467	268-270	Fetha Nagast : Kap. 43,13; Ordo iud. : 7 und 8 vertauscht und a.E. zusätzliches Zitat
8	168-169	—	—	—	—	

Ordo iudiciorum		Ibn al-ʿAssāl		Fetha Nagast		Bemerkungen zum Ordo iudiciorum
Einteilung	Übers. Vosté	Kapitel	Ed. Girgis	Übers. Guidi	Übers. Tsadua	
Abschn. III (Eherecht)						
Kap. 1	170 (1. Absatz)	24,5 (1)	203	243	142	Nur Definition
2	171-174	24,1	188-192	218-227	130-134	Verkürzt
3-6	174-182	—	—	—	—	
7	182, Z. 26-28	24,3 (Anfang)	198, Z. 10-11	235, Z. 24-26	138, Z. 21-22	
	182, Z. 28-183, Z. 9	24,2 (Ende)	197, Z. 20-198, Z. 6	235, Z. 7-17	138, Z. 7-17	
8-20	183-199	—	—	—	—	
21	199-200	24,5 (8)	209, Z. 6 - 210, Z. 4	249, Z. 25 - 250, Z. 23	146, Z. 4-27	Zusätzliches Zitat
22	200-201	—	—	—	—	
Abschn. IV (Zivilrecht)						
Kap. 1-3	202-207	—	—	—	—	
4	207-208, Z. 24	32 (Anfang)	243-245	304-306	179-180	Verkürzt
	208, Z. 24-209, Z. 3	30 (Anfang)	237-238	293-294	172	
5	209	—	—	—	—	
6	209-211, Z. 2	—	—	—	—	
	211, Z. 3-12	33,1 (Anfang)	246-247	311-312	183	
	211, Z. 12-15	33,4 (Anfang)	252	321	188	
7	211	29 (Anfang)	234-235	288-289	169-170	Verkürzt
8	212	28 (Anfang)	223-224	286-287	167	
9	212-213	—	—	—	—	
10	213, Z. 13-26	27 (Mitte)	226	274	160	Verändert
	213, Z. 27 - 214	—	—	—	—	

Ordo iudiciorum		Ibn al-ʿAssāl		Fetha Nagast		Bemerkungen zum Ordo iudiciorum
Einteilung	Übers. Vosté	Kapitel	Ed. Girgis	Übers. Guidi	Übers. Tsadua	
11	214-215, Z. 5	27 (Mitte)	229-231	278-283	162-165	Verkürzt
	215, Z. 6	—	—	—	—	
12	215	—	—	—	—	
13	216, Z. 2-7	26 (Anfang)	222	266	156	= Īšōʿboḵt V 2 §§ 1-4
	Z. 8-17	—	—	—	—	
14-17	216-222	—	—	—	—	
18	222-223	31	241	299	175-176	Verkürzt
19-23	224-228	—	—	—	—	
Abschn. V (Erbrecht)						
Einleitung	229	—	—	—	—	
Kap. 1	229-230	—	—	—	—	
2	230-231	42,1	301-302	400-402	235-236	Reihenfolge verändert
3	231-233	42,13	318-319	418-421	246-247	Auszug
4-5	234-238	—	—	—	—	
6	239, Z. 2-8	41,1 (Anfang)	288	379	223	
	239, Z. 8 - 240	—	—	—	—	
7-10	240-244	—	—	—	—	

B. W. W. DOMBROWSKI und F. A. DOMBROWSKI

Frumentius/Abbā Salāmā: Zu den Nachrichten über die Anfänge des Christentums in Äthiopien

Franz Altheim hat versucht, eine angebliche »Lieblingsvorstellung« der »Altmeister der Forschung«, nämlich die Datierung des ʿ*Ēzānā* ins 4. Jh. und dessen Bekehrung durch *Frumentius*, den die Äthiopier *Abbā Salāmā* nennen, »zu zerstören«[1]. ʿ*Ēzānā* verlegt Altheim ins 5. Jh. und *Frumentius* soll nichts mit Äthiopien zu tun gehabt haben, sondern statt dessen in Indien missionarisch tätig gewesen sein[2]. Altheim schreibt dazu: »Man weiß nicht, wer Ezana dazu vermocht hat, die Religion seiner Väter zu verlassen und zum Christentum überzutreten. In früheren Darstellungen liest man von Frumentius als dem Bischof Abessiniens und davon, daß er des unmündigen Ezana Vormund gewesen sei: das hat sich nicht halten lassen. Es beruht auf unrichtigem Zeitansatz und unrichtiger Deutung der Quellen.«[3]

Die Unrichtigkeit der Angaben Altheims ist schon aufgezeigt worden, auch sind Zweifel an der ungefähren, bisher allgemein akzeptierten Datierung, die Altheim bei manchen geweckt haben mag, längst von Albrecht Dihle ausgeräumt worden[4], wenngleich nicht in jeder Beziehung überzeugend. Noch bleiben Fragen hinsichtlich sowohl des Lebens und Wirkens des *Frumentius/Abbā Salāmā* als auch seiner Herkunft und schließlich der Etymologie beider Namen offen. Eine erneute Betrachtung der Zeugnisse über *Frumentius/Abbā Salāmā*, der für die christlichen Äthiopier so wichtig war und auch heute noch ist, daß sie ihm als dem überlieferten Begründer ihrer Form des Christentums den Beinamen *Kaśātē berhān* (= Offenbarer des Lichts) beigefügt haben, erscheint daher nützlich.

1 *GH* 5, 157.
2 A.a.O., 159f.
3 *Entw.*, 35. Betr. ALTHEIMS weitere Schriften zu seinem Thema s. THELAMON, Païens et Chrétiens, 49f. (Anm. 34).
4 *Daten*, 36-65.

I

Über Herkunft und Etymologie der Namen lat. *Frumentius*[5], griech. Φρουμέντιος[6], äth. *Frēmenāṭos*[7] und äth. *Abbā Salāmā*[8] ist schon des öfteren nachgedacht worden, da Φρουμέντιος eine gräzisierte und *Frumentius* eine latinisierte Form eines bisher nicht gedeuteten Namens zu sein scheinen und das Wort *salāmā* im Äthiopischen nicht existiert. Dennoch ist anscheinend nie bezweifelt worden, daß die Namen *Frumentius*/Φρουμέντιος und *Abbā Salāmā* sich auf dieselbe Person beziehen. Darum stellt sich die Frage, warum die Äthiopier den *Frumentius Abbā Salāmā* genannt haben und wie sich beide Namen zueinander verhalten.

Abbā Salāmā

In den »Kurzen Chroniken« wird vielfach über *Abbā Salāmās* Wirken unter den Königen *Abrehā* und *Aṣbeḥa* berichtet, so in Ṭānāsee 106[9]:

> »In den Tagen ihrer Herrschaft kam das Christentum (nach Äthiopien), während sie in Aksum waren. In dieser Zeit gab es keine Türken (in Äthiopien). Der Vater des *Salāmā* war ein Handelsmann und *Salāmā* kam mit seinem Vater in das Land Äthiopien. Die Bevölkerung Äthiopiens folgte in jener Zeit den Gesetzen des Mose. Ein Teil von ihnen verehrte jedoch *Arwē*, den Drachen. Danach lehrte sie *Abbā Salāmā* die Botschaft unseres Herrn *Jesus Christus* und vollbrachte vor ihnen Wunder. Da glaubten sie und wurden christlich getauft. Die Bekehrung Äthiopiens fand 333[10] Jahre nach der Geburt unseres Herrn *Jesus Christus* statt.«[11]

Auffällig ist, daß hier nur der Name *Abbā Salāmā* und nicht *Frēmenāṭos* (= *Frumentius*) erwähnt wird. Die Identität zwischen *Abbā Salāmā* und *Frumentius* wird erst in einem Abschnitt des äthiopischen *Senkesār* (*Synaxarion*), das Ende des 14. oder Anfang des 15. Jh.s[12] aus dem arabischen Synaxar Alexandriens ins Äthiopische übersetzt wurde[13], bestätigt. Eine deutsche Übersetzung dieses Abschnittes des *Senkesār* hat zwar Altheim

5 *Rufinus*, hist. eccl. I, 9.
6 *Sozomenos*, eccl. hist. II,24; *Theodoretos*, eccl. hist. I, 22; *Gelasios*, eccl. hist. III,9; *Sokrates*, eccl. hist. I,19: Φουρμέντιος.
7 GUIDI, *Syn.*, [411-13]; SAPETO-DILLMANN, 33f.
8 GUIDI, *Syn.*, [412f.]; DOMBROWSKI, *Ṭānāsee 106*, Bl. 1v (= S. 33); u.a.
9 Zum Verhältnis und den gegenseitigen Abhängigkeiten der überlieferten Texte der Chroniken der Herrscher Äthiopiens siehe DOMBROWSKI, *Ṭānāsee 106*, Einführung (= S. 25-29) und Addenda (= S. 346).
10 Die von E. LITTMANN in *Deutsche Aksum Expedition* Bd. I (Berlin 1913) herausgegebene Chronik hat 340 (ebenda S. 51).
11 DOMBROWSKI, *Ṭānāsee 106*, Bl. 1v (= S. 33), siehe dazu ebenda S. 146-8, bes. Anm. 11.
12 GUIDI, *Storia lett.*, 34f.
13 Für den äthiopischen Text s. Anm. 7.

vorgelegt[14], sie läßt sich freilich noch verbessern, was in Betracht der generellen Abwertung dieser Quelle durch Altheim und ihre Verwertung durch uns zu einem erneuten Übersetzungsversuch Anlaß gibt[15].

»An diesem Tag, dem 26. Ḫamlē, starb *Abbā Salāmā*, der Offenbarer des Lichts (*Kaśātē berhān*), Bischof von Äthiopien, und so lautet seine Geschichte:
Es kam ein Mann aus Griechenland, genannt *Mēropyos*[16], ein Senior der Weisen, weil er das Land Äthiopien besuchen wollte, und mit ihm waren zwei Knaben seiner Familie. Der eine hieß *Frēmenāṭos* und der andere *Adesyos*, genannt *Sidrākos*. Und er kam mit einem Schiff zur Küste des Landes der *Ag'āzi*[17] und sah alle schönen Dinge, die sein Herz begehrte. Als er aber in seine Heimat zurückkehren wollte, erhoben sich Feinde gegen ihn und töteten ihn und alle, die mit ihm waren. Nur die beiden kleinen Jungen überlebten. Einwohner der Gegend führten sie in Gefangenschaft, lehrten sie das Kriegshandwerk und brachten sie als Geschenk zum König von Aksum, der *Ella Allādā*[18] hieß. Danach ernannte der König *Adesyos* zum Haushofmeister und *Frēmenāṭos* zum Hüter der Gesetze und Schreiber Aksums. Nach kurzer Zeit starb der König und hinterließ einen kleinen Sohn mit dessen Mutter; die geehrten Fremden nahmen die Regierung wahr[19]. Und *Adesyos* und *Frēmenāṭos* blieben und erzogen das Kind und lehrten es den

14 *GH*, 163f. nach HENNIG (s.u. Anm. 285, S. 9f.).

15 Übersetzungen in andere europäische Sprachen liegen vor in GUIDI, *Syn.* [411-13]; E.A.W. BUDGE, *The Book of Saints of the Ethiopian Church* IV (Cambridge 1928) 1164f.; O. LÖFGREN, »*Pakomius' etiopiska/klosterregler. I svensk tolkning*« = *Kyrkohistorisk Årsskrift* 48 (Uppsala-Stockholm 1948) 179f.

16 Auf arabisches Unvermögen, *p* anders als durch *b* wiederzugeben, und folgende äthiopische Korrekturversuche sind zurückzuführen: *Mērobopyos* (SAPETO-DILLMANN, 33); *Mērbopyos* (D'ABBADIE Hs. 66 durch GUIDI, *Syn* [411]; *Mērobāpyos* (Oxford Bodl. Libr. No. XXV, s. GUIDI, *ebda.*).

17 Eigentlich »Zu den Auswanderern Gehörige«: Pluralbildung von *Ge'ez* (u.a. = »ii qui emigraverunt, secesserunt«) mit Nisbe (DILLMANN, *Lex.* Sp. 1188f.; BROCKELMANN, *Gr* 1, 431f. [§ 232]) = Äthiopier (siehe *CIH* 541 [GL 618], Z. 5).

18 SAPETO-DILLMAN, 33, Anm. 2, D'ABBADIE Hs. No. 66, Oxford Bodl. Libr. No. XXV (siehe GUIDI, *Syn.* [412]) haben *Ella A'edā*. BUDGE, v. Anm. 15, Seite 1164 konjiziert zu »Alameda«, der freilich in Liste C bei CONTI ROSSINI (rois, S. 292) als vorletzter Herrscher mit mehr als dreißigjähriger Regierungszeit vor Abrehā und Aṣbeḥa, in den »Kurzen Chroniken« dagegen nach *Sa'aldobā* und vor *Tā'ezēna* erscheint. Zu Titel und Identität des Königs s.u. Seiten 131-3. 163.

19 SAPETO-DILLMANN, 33 haben *anzeg^{w}āg^{w}ā*, was DILLMANN (*ebda.*) zu *azg^{w}āg^{w}ā* konjiziert hat. D'ABBADIE, Hs. No. 66, hat *zag^{w}ā*; Oxford Bodl. Libr. *azg^{w}āg^{w}ā* (s. GUIDI, a.a.O) und GUIDI, a.a.O, *azg^{w}āg^{w}e*.
Wenn man *zag^{w}ā*, *azg^{w}āg^{w}ā* und *azg^{w}āg^{w}e* von einer Wurzel *zgw* herleiten will, könnte man an das arabische *zǧw* I »to drive, urge on, force«, II, *inter alia*, »to take forcibly« (WEHR-COWAN, 374) (vgl. arab. *zağğa* = etwa dasselbe [WEHR-COWAN, 373] und saf. *zağāy* »to succeed, drive along« [HARDING, *Index*, 295]) denken. Besser paßt die Bedeutung des aram. *zaggā'* »sich niederlassen, sitzen« (DALMAN, *Hwb*, 123; LEVY, *WTM* I, 512).
Schließlich kommen die Verba ge'ez *zange'a* und amhar. *zanagā* »mente alienari, delirare, aliena loqui, ineptire in loquendo« (DILLMANN, *Lex.*, Sp. 1055) in Betracht, die auf einer Wurzel *zg'* (siehe die Form *zegā'ē* »vesania, vecordia, delirium« [DILLMANN, *ebda*]) beruhen. Siehe insbesondere die Verwendung von *zange'ā* mit den Bedeutungen βατταλογεῖν (Mt 6,7) und βάρβαρος λαλεῖν (1 Cor 14,11).
Zange'a und *zanagā* sind verwandt, wie noch zu bemerken ist, mit arab. *šağa'a* »to be bold, rash, brave« usw. und *sağa'a* »to coo (pigeon), to speak in rhymed prose«, *šağina* »to be

grieved, sad«. usw.; *šağā* (*šğw/šğy*) »to be grieved, troubled« (WEHR-COWAN, 456.398) und hebr. *šāga'* (im pt. pu.) »rasend, verwirrt«, (im hitp.) »sich rasend gebärden« und *šāgāh* sowie aram. *šegīy*, *šegā'* »irren, fehlgehen, Fehler machen« u.ä. (s. KOEHLER-BAUMGARTNER^{2}, 948f.; LEVY, *ChWb* II, 454, und *WTM* IV, 508; DALMAN, *Hwb*, 415; DROWER-MACUCH, *MD*, 448) und akkad. *šegû(m)* I (adj.) »wild, aggressiv«, II (verb. G-Stamm) »wild sein, rasen«, (N-Stamm) »rasend, tollwütig werden« als auch *šagû* < aram. *šegā'* »(ab)irren« (VON SODEN, *AHw* III, 1208.1127) und der Sekundärwurzel *šgš*, im Aram. und Syr., mit der Bedeutung »verwirren« u.ä. belegt (LEVY, *ChWb* II, 454f., und *WTM* IV, 509f.; DROWER-MACUCH, *MD*, 448f.).

Da nun das in *azg^{w}āg^{w}ā* und den anderen o.a. Bildungen dem Kehllaut *g* folgende *w* — wie zumeist — nur zur »Verrauherung des Consonanten dient« (DILLMANN, *Gr.* 45f. [§ 26]; BROCKELMANN, *Gr* I, 124 [§ 45 g α]), wird die Herleitung von einer dreiradikaligen Wurzel *zgw* noch unwahrscheinlicher.

Die eigentliche (Primär-)Wurzel ist dann am ehesten ein zwei-radikaliges *ŠG* in den meisten semitischen Sprachen und ein ebensolches *ZG* im Ge'ez und im Amharischen, wobei das *n-* in *zange'a* und *zanagā* mit BROCKELMANN, *Gr* I, 244 (§ 90 A c) als auf Dissimilation beruhend zu verstehen ist.

Azg^{w}āg^{w}ā und *azg^{w}āg^{w}e* sind dann Pluralbildungen eines substantivierten Adjektivs durch Präfigierung des *a-*, also nach der Form *'aqtāl* (BROCKELMANN, *Gr* I, 431 f. [§ 232]), mit zusätzlicher Doppelung der zweiten Hälfte des Wortes (BROCKELMANN, *Gr* I, 440f. [§ 240 c], der freilich im Haupttext für die äthiopischen Sprachen die Verdoppelung dieser Art nur in Verbindung mit Plural*endungen* anführt, in seiner Anm. 1 allerdings Beispiele von Adjektiven ohne solche Endung bietet). Zu Pluralbildungen von Pluralen, auch solcher mit präfigiertem *'a-*, sog. doppelten Pluralen, s.a. DILLMANN, *Gr*, 279ff. (§ 141), der ausdrücklich auf Ausnahmen zum zweiten Plural auf *āt* hinweist (ebda., 281).

Für ein Analogen zu *azg^{w}ā^{w}ā* als Pluralbildung, wie erklärt, siehe den Ortsnamen *Ašg^{w}āg^{w}ā* in F.M. ESTEVES PEREIRA, *Chronica de Susenyos, rei d'Ethiopia* durch Bd. II (Lissabon 1900), S. 524 (mit falscher Etymologie!) und C.F. BECKINGHAM - G.W.B. HUNTINGFORD, *Some Records of Ethiopia 1593-1646* = *Works issued by The Hakluyt Society*, 2. Reihe Bd. 107 (London 1954) S. 229. Die Verwendung von Pluralen zu Substantiven und Adjektiven für Ortsnamen ist bekanntlich nicht ungewöhnlich (siehe z.B. äth. Aksum, Ebbenāt, Kebrān).

Während sich auch die Form *anzeg^{w}āg^{w}ā* aus Dissimilation von *azg^{w}āg^{w}ā* mühelos erklären läßt (vgl. BROCKELMANN, *Gr* I, 243ff. [§ 90 A]), ist jetzt noch festzuhalten, daß die Verbalform *nagšu* passend zum pluralen Pronomen *ella* die 3. masc. plur. perf. bietet, was BUDGE, v. Anm. 15, 1165, anscheinend als einziger Übersetzer in seiner Bedeutung zu würdigen versucht hat, wo ja der von GUIDI, DILLMANN, LÖFGREN und ALTHEIM für *azg^{w}āg^{w}ā* und seine Alternativen angenommene *pluralis majestaticus* an dieser Stelle nicht nur nicht gerade sinnvoll ist, sondern auch mit einem Singular in der Verbform gehen müßte.

In Betracht der im Text beschriebenen Situation müssen mehrere, zumindest zwei Männer die Regierung ausgeübt haben. Warum sollten es nicht die hohen Offizialen *Fremenāṭos* und *Adesyos* gewesen sein, die ja fremder Zunge waren? (S. weiter S. 132. 148. 156).

Die Verwendung der Wortverbindung (Apposition) *Ella Azg^{w}āg^{w}ā* in diesem Zusammenhang erklärt auch deren Vorkommen in Liste C der bei CONTI ROSSINI zusammengestellten Verzeichnisse der Aksumitischen Herrscher (*rois*, S. 291), wonach *Ella Azg^{w}āg^{w}ā 77* Jahre regiert habe. Das ist eine unglaublich hohe Zahl von Jahren — auch im Vergleich zur Dauer der Regierung der anderen im Zusammenhang dieser Liste aufgeführten Herrscher —, die wohl alles bisher Bekannte von Ramses II. (1279-ca. 1213, d.h. mehr als 66 Jahre nach vorheriger Regentschaft [s. jetzt M. EATON-KRAUSS, »*Ramses II.*« *Lexikon der Ägyptologie* Bd. 5, Lieferung 1, Wiesbaden 1983, Sp. 108-14]) über Ludwig XIV. (1661-1715, also 54 Jahre nach der Regentschaft Mazarins 1643-61), Queen Victoria (1837-1901: 64 Jahre), bis Kaiser Franz Joseph (1848-1916: ca. 68 Jahre) in den Schatten stellen würde, wenn es sich bei letzterem *Ella Azg^{w}āg^{w}ā* um eine Person und deren Regierungszeit handeln würde. So sind auch in CONTI ROSSINIS Liste C die *Ella Azg^{w}āg^{w}ā* »Fremdherrscher« wie später die mit einer anderen Form derselben Wurzel als *Zāgwē* bezeichneten Könige Äthiopiens.

Glauben [*Christi*[20]] — gepriesen sei er — in kleinen Schritten. Sie bauten ihm ein Bethaus und versammelten bei ihm Kinder, denen sie *Mazmur*[21] und *Maḥlēt*[22] beibrachten. Als aber dieses Kind eine gewisse Reife erreicht hatte, baten sie es, sie in ihre Heimat ziehen zu lassen. *Adesyos* begab sich in die Provinz von Ṭiros[23], um seine Eltern zu sehen. *Frēmenāṭos* kam nach Alexandrien zum Patriarchen *Abbā Atnātyos*[24] und traf ihn in seinem neuen Amt an. Er berichtete ihm alles, was ihm zugestoßen war, und von der Religion des Landes der *Ag'āzi* und wie sie an *Christus* — er sei gepriesen — glaubten, obwohl sie ohne Bischöfe und ohne Priester waren. Daraufhin ernannte *Abbā Atnātyos* den *Frēmenāṭos* zum Bischof des Landes der *Ag'āzi*, d.h. Äthiopiens, und sandte ihn hochgeehrt aus. Er kehrte zurück ins Land der *Ag'āzi*, als *Abrehā* und *Aṣbeḥa* an der Regierung waren[25]. Er verkündete die Rettung durch *Christus*[26] — gepriesen sei er — in allen Landesteilen, weshalb er *Abbā Salāmā* genannt wurde. Nachdem er die Bevölkerung Äthiopiens zum Glauben gebracht hatte, verschied er in Frieden.

Rettung, Rettung durch das gepriesene Wort, sage ich[27], indem ich ihn erhöhe und erhebe,
den *Salāmā*, Tor der Barmherzigkeit und der Vergebung.

Ella Azgʷāgʷā an der in Rede stehenden Stelle des *Senkesār* im Sinne von »die Fremdherrscher waren an der Regierung« oder »kamen zur Herrschaft« zu verstehen und das Ganze eventuell als Glosse aufzufassen, gibt keinen rechten Sinn, da ja, der Erzählung nach, Mutter und Sohn in ihren Positionen blieben, und der Sohn schließlich den *Adesyos* und den *Frēmenāṭos* »in ihre Heimat ziehen ließen«. So steht wohl *azgʷāgʷā* mit dem ehrenden Attribut *ella* schlicht für »Fremde«, zumal die der Angabe *ella azgʷāgʷā* unter Nr. 43 der Liste C bis *Ella Abrehā* und *Aṣbeḥa* folgenden Könige nicht 77, sondern 193 Jahre regiert haben sollen, was auch eine gewollte Gegenüberstellung zur Angabe »er kehrte zurück ins Land der *Ag'āzi*, als *Abrehā* und *Aṣbeḥa* an der Regierung waren« auszuschließen scheint.

20 Die Worte *lotu sabḥat* »gepriesen sei er« können sich wegen des Suffixes *-(h)u* nur auf ein maskulines Nomen beziehen. DILLMANNS Ergänzung *Krestos* (SAPETO-DILLMANN, 33, Anm. 5) ist also als richtig beizubehalten, zumal GUIDI (*Syn.* 412) die *lectio facilior hāymānota krestos baba-nestit nestita* — mit Auslassung der Eulogie — bietet.

21 = Psalm(en) (DILLMANN, *Lex.*, Sp. 1040f., GUIDI, *VA*, Sp. 609).

22 Etwa liturgische Gesänge, Hymnen (GUIDI, *VA*, Sp. 4; vgl. L. RICCI, *Miracoli di Zar'a Buruk. Traduzione e commento storico* = *CSCO* 409 [Louvain 1979] 115, Anm. 195).

23 *Tyros*, vormals als römische *colonia* an der syrischen Küste mit dem *ius Italicum* ausgestattet und seit 198 n. Chr. Hauptstadt der Provinz *Syria Phoenice*, war nicht nur ökonomisch eines der bedeutendsten *emporia* im ostmediterranen Raum, sondern auch seit Bischof *Paulinus* von Tyros (+ 323/24) das bedeutendste kirchliche Zentrum Phöniziens. Schon kurz nach der Schaffung der Metropolitansitze im Gefolge des Konzils von Nicaea (325), an dem auch Bischof *Zeno*, der Nachfolger des *Paulinus*, teilgenommen hatte, ist Tyros dann zum Metropolitansitz erhoben worden, was es mit kurzer Unterbrechung unter *Theodosius* II. (408-50) und dann wieder von 451 an bis in die Zeit der arabischen Herrschaft geblieben ist (vgl. O. EISSFELDT, »*Tyros*« = *Pauly-Wissowa* R. 2, Bd. 7 [1948], Sp. 1906f.). Zur Ausdehnung dieses bedeutenden Landes siehe K. HEUSSI - H. MULERT, *Atlas zur Kirchengeschichte* (2. Aufl.: Tübingen 1919) Karte I. Zur südlichen Begrenzung des eigentlichen Territoriums dieser Stadt während der römischen Kaiserzeit bis zur arabischen Eroberung, siehe AVI-YONAH, *HL*, bes. 129-31. Uns leider nicht zugänglich: N. JIDEJIAN, *Tyre through the Ages*, Beirut 1969, 284S., 150 Abb.

24 Der berühmte Bekämpfer des Arianismus, *Athanasios* (*um 295), Patriarch von Alexandrien 8. Juni 328 - 2. Mai 373. Im übrigen s. weiter unten.

25 Siehe unten.

26 *Genitivus auctoris.*

27 Gott.

Er ließ diesem Äthiopien den Glanz des Lichtes Christi aufgehen,
als Finsternis und Dunkelheit darüber herrschten.«[28]

Aus vorliegendem Bericht geht nicht nur die Identifizierung der Namen *Frēmenāṭos* und *Abbā Salāmā* eindeutig hervor, es wird auch ausgesagt, daß dem *Fremenāṭos* der Name *Abbā Salāmā auf Grund* seiner Predigt mit seiner Verkündigung der von *Christus* ausgehenden »Rettung« (im Text wie auch amhar. *salām*) »in allen Landesteilen« beigelegt worden sei.

So scheint es, als ob *Frēmenāṭos* seinen Beinamen oder, was nach dem Text wahrscheinlicher klingt, seinen Alternativnamen *Abbā Salāmā in Äthiopien* erhalten hat in Anspielung auf seine Tätigkeit[29]. Dem steht jedoch entgegen, daß das Wort *salāmā* weder im Ge'ez noch im Amharischen belegt ist. Guidi[30] und F. A. Dombrowski[31] haben unabhängig voneinander wegen der Aussage des Berichts[32], daß *Adesyos* und *Frēmenāṭos* aus Tyros bzw. dessen Umland gekommen seien, und ferner auf Grund dessen, daß zwar *Abbā Salāmā* oder auch nur und richtiger *Salāmā*[33] als Name des Bekehrers

28 Dieser für die Deutung des Bekehrernamens absichtlich aufschlußreiche *Salām* fehlt bedauerlicherweise in BUDGES, HENNIGS und ALTHEIMS Übersetzungen.

29 Ein auch in der Religionsgeschichte nicht ungewöhnlicher Vorgang: es ist etwa an »Heilsarmee«, »Evangelisten« und dergleichen als auch an Nachnamen wie »*Prediger*«, »*Priest(er)*« und »*Cohen/Cahen/Kuhn*« (das allerdings z.T. auch auf »*Kühn*« zurückgeht) zu denken.

30 *Storia lett.*, 14f.

31 Siehe durch Anm. 11.

32 Siehe weiter unten.

33 Anders als B. SPULER, *ÄK*, 310, und andere es haben, ist *Abbā* im Gebrauch als Apposition auch im Ge'ez ebenso Titel (vgl. etwa *Abbā Takla Hāymānot* oder *Abbā Gorgoryos* [der Informant von H. LUDOLF]) wie das Wort *Abbā* ursprünglich »ein allgemeiner Ehrentitel« war (G. QUELL-G. SCHRENK, »πατήρ«. *ThWNT* V, 946-1016, bes. 977.948; H. EMONDS, »*Abt*«, *RAC* I, Sp. 46-55), ganz gleich, ob es in seiner aramäischen Urgestalt *Abbā* auf rabbinische Lehrer (STR.-B. I, 919.287) oder in gräzisierter und lateinischer Form auf andere (vgl. Vokativ 'Αββᾶ [*NT*], 'Αβαηλιας [aus dem südsyrischen Raum: WUTHNOW, *Sem. Namen*, 51], ἀππᾶς [EMONDS, a.a.O., 49] neben πατήρ, lat. *pater* und *parens* [zum Zusammentreffen mit griech., schon homerischen und indogermanischen Vorstellungen, s. QUELL-SCHRENK, a.a.O. bes. 948]) angewandt wurde, wie es ja auch im Laufe der Geschichte der christlichen Kirchen Bedeutungsverengungen erlitten hat.
Im vorliegenden »Falle« von Titel und Namen *Abbā Salāmā*, dessen Träger allerdings nicht als Mönch, sondern als Bischof (*Pāppās*) Äthiopiens über seine Zeitgenossen hinausragend geehrt wurde, kann, gerade im Hinblick auf die engen kirchlichen und kulturellen Beziehungen des Nillandes, insbesondere Alexandriens, zu Äthiopien, der Titel aus Ägypten, wo er ja schon früh als griech. *Abbâs*, koptisch *Apa* anzutreffen war (EMONDS, a.a.O., 52f. und z.B. *Apa Antōnios* [251-356], *Apa Paḥōm* [286-346]) und sich gegenüber dem religiös umgefärbten, beschreibenden φιλόσοφος (= hebr. *ḥākām* und semitische Aquivalente; vgl. u. Anm. 127) durchsetzte, übernommen worden sein, zumal *Frumentios* und *Aidesios* auf der Rückreise nach Syrien, anläßlich des Zwischenaufenthaltes am Horn von Afrika bzw. an der äthiopischen Küste, gefangen worden sein sollen, als *Frumentios* als Minderjähriger unmöglich den Titel *Abbā* geführt haben kann.
Möglich wäre freilich auch, daß Spätere in der Überlieferungskette dem *Salāmā* einen aus Syrien importierten Titel (für eine solche Gelegenheit vgl. etwa die Nachrichten über die Ankunft der »Neun Heiligen«, Missionare und Gründer von Klöstern in Tegrē, aus Syrien

Äthiopiens durch die zuvor auf S. 115 zitierte Chronikpassage bestätigt wird, aber dort *nichts* von einer Begründung dafür geboten wird, so daß es den Anschein hat, als ob der Missionar bereits unter dem Namen *Salāmā* nach Äthiopien kam, geschlossen, daß *salāmā* mit dem syr. *šelāmā* »pax, prosperitas, salus«[34] zusammenzustellen sei. Dieses sprachliche Indiz für die Herkunft des *Frēmenāṭos* aus dem tyrischen Gebiet läßt sich aber noch deutlicher profilieren.

Die gemeinsemitische Wurzel *ŠLM/SLM* ist im Geʿez und im Amharischen als *slm* vertreten. Davon ist zwar *salām*, aber kein Nomen *salāmā* bezeugt. Wenn man also dieses oder eine für den Raum von Tyros akzeptable Form als genuin annehmen will, ist man auf die dortigen Sprachen verwiesen.

In der Tat findet sich *šelāmā'* »Frieden, Heil, Rettung« wie im ostaram. Syrisch so auch schon im Reichsaramäischen[35] und in anderen im Vergleich zum Syrischen älteren aram. Dialekten[36] als auch dem für den palästinensisch-südsyrischen Raum in Betracht zu ziehenden westaram. Christlich-Palästinischen Aramäisch[37] und in dem damit engstens verwandten Jüdisch-Palästinischen Aramäisch[38], die beide ja auch für das 4. nachchristliche Jahrhundert, d.h. die *Zeit der Frēmenāṭos und Adesyos* nachgewiesen sind[39]. Die Herkunft des Namens *Šelāmā* aus dem Raum von Tyros und seine leichte Äthiopisierung durch Angleichung des Initialkonsonanten an das Geʿez und amhar. *salām* — wie ja auch die Namen *Mēroṗyos*, *Frēmenāṭos* und *Adesyos* Ergebnis von Anpassung sind — würde bedingen, daß der Missionar *Frumentios/Frēmenāṭos* schon an seinem syrischen Herkunftsort *zwei* Namen getragen hätte, den eigentlichen Namen lateinischer Herkunft in gräzisierter Form und den westaramäischen.

Doch noch nicht einmal solche Äthiopisierung des Initialkonsonanten muß stattgefunden haben. Der Name *Salāmā* ist nämlich mit initialem *s* wie in

[siehe hierzu DOMBROWSKI, *Ṭānāsee 106*, S. 148f., Anm. 12]) beigelegt hätten. Dem steht aber entgegen, daß im Unterschied zu Äthiopien (s. GUIDI, *VA*, Sp. 449; DILLMANN, *Lex.*, Sp. 755) und wie in Ägypten, im syrischen und abendländischen Bereich die bereits bei *Pachomius* einsetzende Entwicklung des Wortes *Abbā* zur beinahe ausschließlichen Verwendung als Terminus zur Bezeichnung von Klostervorstehern oder wenigstens im monastischen Leben ausgezeichneter Personen zur Zeit *Benedikts* von Nursia (ca. 480-547 oder 560 [?]) abgeschlossen war (EMONDS, a.a.O., 53). Es sei denn, man will eine äthiopische Eigenentwicklung, vielleicht auf Grund eines Mißverständnisses, vermuten, wird sich die Annahme späten Imports des Wortes *Abbā* als »allgemeiner Ehrentitel« wohl kaum halten lassen. Viel wahrscheinlicher ist, daß es in Äthiopien eingeführt wurde, als *Salāmā* seine Missionstätigkeit als Bischof dort aufnahm. Siehe weiter unten S. 148f.

34 BROCKELMANN, *Lex. S.*, 782.

35 SEGERT, *AG*, 553.

36 KOEHLER-BAUMGARTNER², 1131; ROSENTHAL, *GBA*, 41 (§ 96); DROWER-MACUCH, *MD*, 467.

37 Ebenso wie *šᵉlāmā* u.a. siehe SCHULTHESS, *Lex*, 208; ders. 145.45 (§ 94).

38 DALMAN, *Hwb*, 426; STEVENSON, *Gr*, 28 (§ 9 D); ODEBERG, *AP* II, 51 (§ 206).

39 SEGERT, *AG*, 52f.

der Geʿez-Überlieferung in griechischen Inschriften gerade auch aus dem südsyrischen Raum bezeugt[40].

Frumentius

Gestützt wird die Herleitung des Namens *Salāmā* aus dem südlichen Syrien, dem Raum von Tyros, durch die folgenden weiteren Beobachtungen:

Neben dem Gebrauch nur eines Namens griechischer[41], lateinischer[42] oder semitischer Herkunft[43], wobei die nicht-griechischen Namen oft leicht gräzisiert wurden[44], wie umgekehrt griechische und lateinische Namen semitisiert, d.h. ins Phönizische, Hebräische und Aramäische gebracht worden sind[45], ist Doppelnamigkeit, d.h. das Tragen eines semitischen, oft leicht gräzisierten Namens *und* eines griechischen oder lateinischen, ebenfalls häufig hellenisierten Namens im palästinisch-syrischen Raum durchaus häufig gewesen.

Schon aus neutestamentlicher Zeit sind Namen geläufig wie

> aram. *Kēypāʾ*[46] — gräzis. aram. Κηφᾶς[47] — griech. Πέτρος[48], hebr. *Šāʾūl*[49] — gräzis. hebr. Σαούλ und Σαῦλος[50] — gräzis. lat. Παῦλος[51] — lat. *Paulus*[52],

40 Gen. Σαλαμου neben gen. Σαλαμα: nom. *Σαλαμας davon > Σαλαμαος und koptisiert (3. Jh.) ⲡⲥⲁⲗⲁⲙⲁ (WUTHNOW, *Sem. Namen*, 103.121), auch im Ortsnamen Καφαρσαλαμά, Χαφαρσαλαμᾶ/-ά (SCHALIT, NwbJ, 73).

41 ʾΑλέξανδρος, auch bei Juden sehr beliebter Name.

42 ʾΙοῦστος s. SCHALIT, *NwbJ*, 64. Auch als Dritt- (»Bei-«)name in Act 1,23; vgl. Anm. 51.

43 *Yēšūʿa*; *Yehōšuʿa*.

44 Μάλχος < מלכא; Μάλεχος, Μάλιχος < *Malik* (spätphön. und palmyr. wohl durch Anaptyxe); ʾΙησοῦς < *Yēšūʿa*; SCHALIT, *NwbJ* 81.60; WUTHNOW, *Sem. Namen*, 70; s.a. Anm. 42.

45 Siehe J. FRIEDRICH, »*Griechisches und Römisches in phönizischem und punischem Gewande*« in J. FÜCK (Hrsg.), *Festschrift O. EISSFELDT* (Halle/Saale 1947) 109-24, bes. 109-12; DALMAN, *Hwb*, *passim*; V. TCHERIKOVER, *Hellenistic Civilisation and the Jews* (3. Aufl.: Philadelphia 1966) 346f., 523ff.; STARK, *PN*, bes. 131ff.

46 DALMAN, *Hwb*, 197.

47 J 1,42; 1 Cor 1,12 u.ö.

48 Mt 8,14 u.a.; s.a. Anm. 59.

49 DALMAN, *Hwb*, 412.

50 SCHALIT, *NwbJ*, 106; BAUER, *WNT*, s.vv.

51 Unrichtig und an jüdischem Denken vorbeigehend zu Act 13,9 der auf rein formalen, und dann noch falschen [vgl. dagegen schon den Gebrauch des ἐπικληθείς in Act 4,36 und 1,23!] Beobachtungen beruhende Schluß G.H. HARRERS (»*Saul who also is called Paul*«, *HThR* 33 [1940] 19-34, bes. 21-23), der den Namen Σαῦλος (*Šāʾūl*) zum *signum* macht. Richtig DEISSMANN, *Paul*, 91: »About the childhood of Paul we can with a high degree of probability deduce some information from what he himself tells us. In his early days it must have impressed him, that he belonged to the tribe of Benjamin, that by birth he also possessed the Roman citizenship, and that he, a Jew in the world, bore two names of different kinds, the old Jewish famous name *Saul* (in Greek *Saulos*), and a worldly name, which

hebr. *Yō'ēl* — gräzis. hebr. Ἰώηλ(ος), Οὔηλος[53] — gräzis. lat. Ἰοῦλος[54] — lat. *Iulus*[55],
hebr. *Yōḥānān* — gräzis. hebr. Ἰωά(ν)νης — »καλούμενος«/»ἐπικληθεὶς [gräzis. lat.] Μᾶρκος«[56] — lat. *Marcus*[57],
hebr. *Šim'ōn* — gräzis. hebr. Σίμων[58] — Πέτρος[59],
gräzis. hebr. Σαλώμη — griech. Ἀλεξάνδρα[60].

Hinsichtlich der Folgezeit ist zu verweisen auf
Ὀᾶιχος ὁ καὶ Τειμόθεος[61],
Σάμεθος ὁ καὶ Εὔβουλος[62],
Akk. zu *Μάλης ὁ καὶ Ἀγρίππας[63],
Ἀλαφθ — Χάρις[64].

Daß es sich hierbei gewöhnlich nur um teilweise Anlehnung an die Namengebung römischen Stils gehandelt hat, indem man deren System mit dem

sounded similar, was Latin in origin, and was also used in the Greek form *Paulos*«. Daß Lukas den für des Σαῦλος missionarische Tätigkeit im römischen Reiche geeigneteren Namen Παῦλος hier in der Begegnung mit dem Prokonsul von Zypern, *Sergius Paulus*, unter Anwendung eines literarischen Kniffes, nämlich der Verwendung der ein *signum* oder *supernomen* anzeigenden Formel ὁ καὶ (= lat. *qui et*) mit der Bedeutung »der heißt auch Paulus« — eben wie der angesprochene Prokonsul, in die Erzählung seiner Apostelgeschichte einführt, ist Ausdruck des literarischen Geschicks des Autors. Wie auch heute noch fromme Juden zwei Namen tragen, einen für die Begegnung mit ihrer Umwelt und den anderen für das jüdische religiöse Leben bestimmten, »there was no change of names after the experience in Cyprus (Acts xiii.), however popular that idea may have become«. (DEISSMANN, *Paul*, 91, Anm. 6). Ebenso wichtig ist festzuhalten, daß die landläufige Anschauung, es sei auf Grund seines Bekehrungserlebnisses (Act 9,1-19) »aus dem Saulus ein Paulus« geworden, erst recht jeglicher Grundlage entbehrt. Im übrigen siehe BAUER, *WNT*, s.v.; SCHALIT, *NwbJ*, 96.

52 Röm. Beiname (= »der Kleine«) bes. der aemilischen Familie (GEORGES II, Sp. 1517).

53 SCHALIT, *NwbJ*, 64.

54 SCHALIT, *ebda.*

55 Sohn des *Aeneas*, nach dem sich u.a. das Julische Geschlecht und Kaiserhaus nannte.

56 Act 15,37; 12,12.25. S.a. oben Anm. 51.

57 < *Mars*. Röm. Vorname (GEORGES II, Sp. 812f.).

58 BAUER, *WNT*, s.v.; SCHALIT, *NwbJ*, 113.

59 Speziell Σίμων ὁ λεγόμενος Πέτρος Mt 4,18; 10,2. Man sollte beachten, daß, laut Überlieferung, dem *Simon*, anders als dem *Saulus* (vgl. Anm. 51), der Zweitname auf Grund in seinem Leben und für die christl. Gemeinde und Kirche wichtiger Vorgänge beigelegt worden sein soll, eine Situation, die durchaus an die Deutung des Ursprungs des Namens (*Abbā*) *Salāmā* im *Senkesār* erinnert.

60 Jüdische Königin (76-67 v. Chr.). Zum hebr. Hintergrund des als Beispiel für Frauen hier angeführten Namens Σαλώμη, der freilich nicht in jeder Beziehung festzulegen, aber sicher ist, siehe E. SCHÜRER, *Gesch.* I, 287f. Für weitere Bezeugungen dieses gräzisierten Namens siehe WUTHNOW, *Sem. Namen*, 103.

61 WADDINGTON 2216; s.a. WUTHNOW, *Sem. Namen*, 85.

62 *AAES* III, 427.

63 WUTHNOW, a.a.O., 70.

64 Ders., 16.

überlieferten einheimischen Brauch zu verbinden suchte, läßt sich sowohl an der zumeist liberalen Benutzung der Erklärungen[65] als auch an Beispielen erkennen, in denen beide oder gar drei Namen als nicht-griechisch bzw. nicht-lateinisch bezeugt sind oder doch ein solcher Zweit- (»Bei-«)name zu einem griechischen oder lateinischen Namen hinzugefügt worden ist:

Λευίς — Μαθθαῖος[66],
Ἰωσὴφ ὁ ἐπικληθεὶς Βαρναβᾶς/Βαρσαββᾶς[67],
Ἰωσὴφ ὁ καλούμενος Βαρσαββᾶς ὃς ἐπεκλήθη Ἰοῦστος[67],
Ἰώσηπος ὁ Καϊάφας[68],
Ἄναμος ὁ καὶ Γεδαράνης[69],
Ἀαίλαμεις ὁ καὶ Ζηνώβιος[70],
Σαμσιγέραμος ὁ καὶ Σειλᾶς[71],
Δαβου ὁ καὶ Μάλχος[72],
Πρόκλος ὁ καὶ Μάσπ[ος][73],
Ἀντίοχος ὁ καὶ Σάμεθος[74],
Μάξιμ[ος] ὁ καὶ Ανο[υνο?]ς[75],
Κορνήλιος ὁ καὶ Ἀουιδος[75a],
Ἀλέξανδρος ὁ καὶ Ἀναῖος[76],
Ἀντίπατρος ὁ καὶ Ἀλαφῶνας[77],
Αὐρηλία — Αἴας[78].

Mit solchen Beinamen lassen sich auch die des im Ge'ez des *Senkesār Adesyos* genannten zweiten Knaben, dessen griechisches Äquivalent schon in der Antike mit Αἰδέσιος wiedergegeben wurde[79], und des *Frumentios* einordnen.

Der Zweitname des *Aidesios*, d.i. *Sidrākos*[80], der ja dem hebr. und aram.

65 S. oben Seite 121f.
66 Der Zöllner: Mc 2,14; Lc 5,27; Mt 9,9; 10,3; Act 1,13.
67 Act 4,36; 1,23; s. schon oben Anm. 42.
68 *Josephos*, Ant. XVIII,38; *Eusebios*, eccl. hist. I 9,15 hat Ἰ. ὁ καὶ Κ.
69 WUTHNOW, *Sem. Namen*, 21.
70 Ders., 50.
71 Ders., 105.107.
72 BURTON-DRAKE, *USyr* II, 385, Anm. 78.
73 WADDINGTON, 2216.
74 WADDINGTON, 2216, s.a. WUTHNOW, *Sem. Namen*, 104.
75 *AAES* III, 416.
75a Auf einem Zeus Gad (?) gewidmeten Altar aus Sahwet el-Belāṭ. Siehe M. DUNAND, »*Nouvelles inscriptions du Djebel Druze et du Hauran*«, *Revue Biblique* 42 (1933), 230ff.: Nr. 159. Αουιδος ≅ *'wyd* (?), s. WUTHNOW, *Sem. Namen*, S. 155.
76 WUTHNOW, *Sem. Namen*, 21.
77 Ders., 23.
78 Ders., 14.
79 Siehe durch Anm. 6.
80 Die Variante äthiop. *Sirākos* in Paris. *Bibliothèque nationale*, *Fonds éthiopien* n° 128

Šadrak̲ und dem griech. Σεδράχ und Σεδράκ[81] (Σεδράχης[82]), also als *signum* dem Namen entspricht, unter dem *Daniels* Gefährte *Ḥananyāh* und seine Kollegen um ihrer Ablehnung der Idolatrie willen geprüft und in den Feuerofen geworfen und zur Verherrlichung ihres Gottes errettet wurden, ist in seiner in der Vulgata bezeugten Form *Sidrach* offensichtlich im 3. und 4. Jh. n. Chr. im Nahen Osten verbreitet gewesen. Bezeugt sind aus der Zeit *Diokletians Sidrak*, Vater des Märtyrers *Abbā Petros* aus Oberägypten[83], *Sidrakos*[84], Gatte der Schwester des antiochenischen Heiligen *Claudius*, des Neffen des Kaisers *M. Aurelius Numerianus* (283-84)[85], wohl identisch mit *Sidrakos*[86], einem General des Kaisers *Numerianus* und Vater des Märtyrers *Theodoros* von Anatolien und des *Basilides* aus Antiochien[87], was nicht nur den zuvor erörterten Sachverhalt unterstützt, sondern auch bestätigt, daß *Aidesios* alias *Sidrak(os)* gleich dem *Salāmā* schon seinem Namen nach aus dem südlichen Syrien stammen kann und wird, wie es das *Senkesār* behauptet, wobei, nach den »Kurzen Chroniken« die ersten Jahrzehnte des 4. Jh. n. Chr. den zeitlichen Rahmen bilden[88].

Noch mehr verdichtet sich dieser Eindruck, wenn man den offensichtlich eigentlichen Namen des *Salāmā*, d.h. Φρουμέντιος, als gräzisierte Form des lateinischen *Frumentius* versteht, der, wie in ähnlichen Fällen, — dies hat schon De-Vit bemerkt[89] — seinen Ursprung im militärischen Bereich gehabt hat, indem er von einem Veteranen nicht-römischer Herkunft als *cognomen* angenommen und als Name an seine Abkömmlinge vererbt und von solchen zum einheimischen Rufnamen gemacht wurde[90].

Frumentius war in der Tat kein altrömischer Name, sondern ein »nomen virile sequioris aetatis (vel cognomen Romanum ...)«[91]. Er folgt in seiner Bildung üblich gewordenen Schemata[92]: Ausgehend von den *signa* und ähnlicher griechischer Namengebung (Γλυκέριος — *Glycer-ius*, Ἱλάριος — *Hilar-ius*, Δρακόντιος — *Dracont-ius*) dringt, begünstigt von dem häufigen

(durch GUIDI, *Syn.*, [412]) entspricht dem Namen griech. Σ(ε)ιράχ/Σειράκ = aram./hebr. *Sīyrāʾ* (, welche Gleichung neben anderen durchaus als Indiz für die von manchen bestrittene konsonantische Aussprache der Vokalträgerbuchstaben angesehen werden darf).

81 Zu den LXX-Varianten siehe HATCH-REDPATH III, 140.

82 *Josephos*, Ant. X, 189.

83 BUDGE, v. Anm. 15, 813. Äth. Sondergut (s. DUENSING, *SGA*, 21).

84 Nebenform *Sadrikos*: GUIDI, *Syn.* [63].

85 GUIDI, *Syn.*, [63.61]; BUDGE, a.a.O., 985.

86 Variante *Adrākos*: BUDGE, a.a.O., 485.

87 BUDGE, a.a.O., 486.

88 S. oben Seite 115.

89 DE-VIT, *Onomasticon* III, 155.

90 S. unten Seite 126.

91 DE-VIT, ebda.

92 Für diese siehe M. LEUMANN, *Lat. Laut- und Formenlehre* = *HAW* II. 2.1 (1963 [= 5. Aufl. von 1926-28]), 206f. 242. Weiteres ebda.

Gebrauch des Suffixes *-ius* als denominatives Adjektivsuffix, das auch schon in klassischer Zeit gern für Personennamen gebraucht wurde (z.B. *Aquilonius*, *Tullius*, *Favonius*, *Martius*), besonders seit dem 4. Jh. n. Chr. *-ius* in das lateinische Beinamensystem ein und hilft auch dort, die bisherige Dreinamigkeit zu unterdrücken: *Honorius*, *Constantius*, *Fulgentius* u.ä., wobei letztere von Participia abgeleitet sind: *constan(s)*, *-tis* + *-ius*, *fulgen(s)*, *-tis* + *-ius*. Schließlich kommt es zu Analogiebildungen zu letzteren, wie *Auxentius*, *Maxentius*.

Frumentius könnte also eine vom Participium *frumen(s)*, *-tis* durch Suffigierung des *-ius* gebildete Form sein und wäre dann von lat. *frumo*, *-ere* »genießen, verspeisen«[93], einer Nebenform zu *fruor* »genießen«, »Befriedigung haben« u.ä. herzuleiten als der »Genießer« oder der »Zufriedene«; letzteres ist wegen der Partizipialkonstruktion wahrscheinlicher.

Es könnte aber auch eine Analogiebildung (wie *Auxentius*) zu *frumentator* oder *frumentor*, beide = »Furier«, »Getreidebeschaffer«, »-händler« u.ä. vorliegen.

Schließlich kann *Frumentius* ähnlich *argenteus* zu *argentum*[94] auch direkt von *frumentum*[95], wie *Quintius* von *Quintus* = »der fünfte«, *Octavius* von *Octavus* = »der achte«, *Tullius* von *Tullus*[96], *Iulius* von *Iulus*, hergeleitet worden und ein Gentilicium mit der Bedeutung »Bauer« sein, in Nachahmung der aufgeführten klassischen Namenformen[97]. Die Ableitung anderer *Nomina* vom Stamme + der *(m)ent-* Endung, wie

stramenticius zu *stramentum*,
sarmenticius zu *sarmentum*,
caementicius zu *caementum*,
emolumenticius zu *emolumentum*,
fermentacius zu *fermentum*,
part. perf. *magmentatus* zu *magmentum*
pigmentatus zu *pigmentum*

senkt freilich den Wahrscheinlichkeitsgrad dieser Möglichkeit.

Wenn man also als tyrischen Namen Φρουμέντιος ὁ καὶ Σαλαμᾶ(ς) oder in lateinischer Form *Frumentius qui et Salama* annimmt, dann kann der eigentliche Name *Frumentius*, wie oft in solchen Fällen, eine ihm eigene Bedeutung aus den oben angeführten Möglichkeiten gehabt haben. Es kann

93 *Isidorus Hispalensis* (Bischof von Sevilla [602-36]) Origines 17,3.2.

94 Vulgärlat. ist Wechsel von *-eus* und *-ius* gewöhnlich: W.A. BAEHRENS, *Sprachl. Kommentar zum vulgärlateinischen Appendix Probi* (Halle 1922), 39.

95 Siehe schon DE-VIT v. Anm. 89.

96 Hier heißt es dann »der Tullische«.

97 Seit dem 2. Jh. v. Chr.; für solche Nachahmungen vgl. auch lat. *leguleius*, *locutuleius*, *plebeius*.

aber auch in *šelāmā*/Σαλαμᾶ(ς) ein Deutungsversuch für diejenigen Einheimischen, die mehr der herkömmlichen Sprache ihrer Vorväter zugeneigt waren [98], vorliegen, was durchaus in den Rahmen des im Nahen Osten Üblichen paßt [99].

In letzterem Falle wäre von den drei vorstehend besprochenen Bildungsmöglichkeiten des Namens *Frumentius* die erste die dem syrischen *šelāmā*, gräzis. Σαλαμᾶ(ς) = »pax, prosperitas, salus« u.ä. am nächsten stehende: Wenn jemand »Befriedigung findet, hat«, »zufrieden ist«, hat er »Frieden«, »Heil«, »Stärke (valetudo)«, »Gesundheit« [100].

Wie dem auch sei, gleich den zuvor besprochenen Namen, paßt *Frumentius*/Φρουμέντιος ebensogut zu Syrien und dem Raum von Tyrus wie andere aus verschiedenen Gegenden des Römischen Reiches bezeugte Namen. Andererseits war auch der Name *Frumentius* im Römischen Reich wenigstens des 4. und 5. Jh.s verbreitet. De-Vit [101] zählt neben dem *miles cohortis II Tungrorum* als weiteren Beleg den anscheinend nicht-christlichen Freund des *Symmachus* (*Orator* *ca. 345) und, außer dem überlieferten Bekehrer Äthiopiens, *fünf* Christen zumeist des 5. Jh. auf (darunter zwei nordafrikanische Bischöfe und einen Schriftsteller von Rang), die alle um ihres Glaubens willen gemaßregelt wurden, davon zwei durch das Martyrium. Geht man davon aus, daß hier in der Mehrzahl Namen als bedeutend hervorgetretener Personen der Nachwelt überliefert worden sind, so darf man selbstverständlich schließen, daß die Zahl von Trägern des Namens *Frumentius* mit geringerem Ansehen erheblich größer gewesen ist.

Zu erwähnen ist auch noch, daß der Name des seinen Lebensunterhalt als Kaufmann bestreitenden Weisen Μερόπιος (äth. *Mēropyos*) [102] als eben-

98 Für die Stärke des Festhaltens großer Teile der eingeborenen Bevölkerung an den aram. und anderen Dialekten siehe neben der Namengebung auch den verbreiteten Synkretismus und die Kultursymbiose von Judentum, Christentum und anderen im syrischen Raum und die Notwendigkeit aramäischer Lesungen in den Gottesdiensten neben den griechischen wie in Jerusalem und Palästina (s. LEIPOLDT, *Relig.gesch.* 11f.; ders. *Umwelt* III, 37-43; EISSFELDT, *Syr. Städte*, passim; ders., v. Anm. 23, Sp. 1898-1908; HARNACK, *MAC*, 630-76; vgl. auch zur Bevölkerung Palästinas und des südlichen Syrien die in AVI-YONAH, *HL*, 218-21 gebotene Literatur) und die Vorgeschichte und Entwicklung der west- und ostaram. Lit. (vgl. den kurzen Überblick A. BAUMSTARKS in B. SPULER, *Semitistik*, 162-77, und ROSENTHAL, *Aram. Forsch.*, 153-59, und oben Anm. 39).

99 Siehe etwa griech. Διοπείθης für den »Sidonier« *Šm'b'l* (96 v. Chr. [Piräus]); griech. Δίδυμος »Zwilling« für hebr. *Tẹ'ōm*, christl.-pal. *Tomā'*, syr. *Tā'mā'*, gräzis.: Θωμᾶς ὁ λεγόμενος Δίδυμος J 11,16; 20,24; 21,2; und griech. Βασιλεύς für den tyrischen Neuplatoniker (gräzis.-aram.) Μάλχος (234-302/04/05 n. Chr.) gen. Πορφύριος (nach dem Purpurland; *Eun.* v. soph. 7; *Porph.*, v. Plot. 20 und 17).

100 Vgl. auch die Bedeutungen »einverstanden sein« für das christl.-pal. aram. *šẹlam* (SCHULTHESS, *Gr*, 145; *Lex*, 208) und »Gefallen haben«, »vollkommen (bzw.) wohlbehalten sein«, »sich in Eintracht befinden« u.ä. für das syr. *šẹlem* (BROCKELMANN, *Lex. Syr.*, 782).

101 *Onomasticon* III, 155.

102 Die Ausübung eines weltlichen Berufes zum Broterwerb war für die Weisen der Antike nichts Ungewöhnliches. Erinnert sei hier nur an den Zeltmacher *Saulus* aus Tarsos.

falls späte Nebenform zu klass. Μέροψ[103] gut in den hier dargestellten Zusammenhang eingereiht werden kann[103a].

Wenn man alle bisher besprochenen Indizien aus dem *Senkesār* und den »Kurzen Chroniken« hinsichtlich der Bedeutung der Namen *Mēropyos*, *Frēmenāṭos/(Abbā) Salāmā* und *Adesyos/Sidrākos* und ihres Hintergrundes zusammennimmt, wird deutlich, daß der Bericht über das Zustandekommen des Namens (*Abbā*) Salāmā im *Senkesār* eine sekundäre Aitiologie ist, die sich freilich auf geschichtliche Gegebenheiten und Vorgänge zu stützen scheint. Ob sie dies auch tut, wird sogleich zu sehen sein.

II

Man kann davon ausgehen, daß, wie gewöhnlich in der Geschichte christianisierter Völker, zumindest den »Gebildeten« im Verlaufe der späteren Geschichte auch des sich seiner Geschichte besonders bewußten Landes Äthiopien bekannt war, wem ihre Vorfahren ihre Bekehrung zum christlichen Glauben verdankten, und man muß es wohl dem damaligen Mangel H. Duensings[104] an Erfahrung zugute halten, wenn er in seiner Dr. phil.-Dissertation, die sich dankenswerterweise vornehmlich mit der Aussonderung und Bewertung des äthiopischen Sondergutes im *Senkesār* im Vergleich zur arabischen Überlieferung befaßt, folgendes Urteil abgab: »Nur ganz vereinzelte Goldkörner haben wir also unter der massenhaften Spreu entdeckt. Dass dies Ergebnis nicht überraschend ist, kann eine etwas allgemeinere Betrachtung, die sich auch auf den ersten Teil des Synaxars erstreckt, zeigen. Die einheimischen Geschichten sind meist aus umfangreicheren Quellen ausgezogen. Bei einzelnen Geschichten wird nämlich eine (reichere) Lebensbeschreibung des betreffenden Heiligen erwähnt ... Bei den im zweiten Teil enthaltenen Stücken über Könige sind Chroniken benutzt. Auf dieser Abhängigkeit von Quellen beruht es z.B., dass die Geschichten und Erwähnungen von Königen, soweit sich dies kontrollieren lässt, richtig an dem Tage untergebracht sind, an dem der betreffende etwa gestorben ist, dass ferner in diesen Geschichten, wie wir oben sahen, Angaben über Ort und Zeit eines Ereignisses vorkommen, welche stimmen. Freilich hilft uns das nicht viel, da solche Daten ohne Zuhilfenahme besserer und reicherer Quellen vollständig in der Luft schweben. Die durchgängige Abhängigkeit von andern Quellen bringt es auf der andern

103 Wenigstens 4. und 5. Jh. (s. PAPE-BENSELER II, 903).

103a Siehe weiter auf S. 133 ff.

104 DUENSING war zur Zeit seiner Promotion (Phil. Fak. der Universität Göttingen, verantwortlich als Referent JULIUS WELLHAUSEN [!]) und der noch im selben Jahre erfolgenden Veröffentlichung seiner Arbeit gerade dreiundzwanzig Jahre alt: s. *SGA*, 2.55; die folgenden Zitate stehen auf Seiten 50-53.

Seite aber auch mit sich, dass unsere Geschichten überflüssig sind, sobald umfangreichere Quellen bekannt werden. Aber selbst da, wo solche nicht bekannt sind, ist der Wert unserer Geschichten nur ein zweifelhafter. Das abstruse Zeug, welches um einige vertrauenerweckende Angaben gelagert ist, verhindert eine ungenierte Benutzung derselben und, auch wenn das nicht wäre, so sind doch die meisten dieser Angaben von keinem Wert für die Geschichte Abessiniens. Das hier Ausgeführte gilt vorzugsweise von den Geschichten, die man auf Grund von O, P, T (G und den Texten bei Sapeto) als das gemeinsame Gut aller äthiopischen Synaxare ansehen kann. ... *Stoffe für die Geschichte Abessiniens kann man also nicht den allen Synaxaren gemeinsamen Stücken entnehmen, sondern höchstens den Stücken, die einem oder einigen Synaxaren eigen sind.* ... Was sich von dem Aufgezählten abgesehen im ersten Teile des Synaxars sonst an einheimischem Gut findet, besteht lediglich aus Erwähnungen, die zwar aus guten Quellen genommen sein können, aber nur auf Grund anderweitiger Quellen in ihrem Werte feststellbar und deshalb für sich genommen wertlos sind.«

Umfangreichere äthiopische Quellen zum Problem der Missionierung Äthiopiens durch *Frumentius* fehlen, die griechischen und lateinischen sind von Altheim derartig behandelt worden[105], daß es im Augenblick zweckmäßig erscheint, erst in Teil III dieses Aufsatzes dazu Stellung zu nehmen. Es bleibt also zunächst zu untersuchen, ob nicht doch den bisher diskutierten Dokumenten, d.h. dem *Senkesār* und den »Kurzen Chroniken«, weiterer »Stoff für die Geschichte Abessiniens«, also mehr als »nur ganz vereinzelte Goldkörner« zu entnehmen ist, oder ob es sich bei diesem »gemeinsamen Gut aller äthiopischen Synaxare« nur um einen Fall des »abstrusen Zeugs« handelt, »welches um einige vertrauenerweckende Angaben gelagert ist« und »eine ungenierte Benutzung derselben verhindert«, oder, wenn es sich nur um solche eingebetteten Angaben handelt, ob diese dann »von keinem Wert für die Geschichte Abessiniens«[106] sind.

Ausgegangen wurde von der *grundsätzlichen* Kompatibilität des *Senkesār* und der »Kurzen Chroniken« sowie der Identität der in beiden erwähnten Namen (*Abbā*) *Salāmā*. Ferner wurde akzeptiert, daß *Salāmā* Äthiopien bekehrte. Hinsichtlich dieser Tätigkeit hat nun Dihle[107] bemerkt, daß sie in sukzessiven Vorgängen erfolgt sein wird, und gerade das spiegelt das *Senkesār* wieder :

Die aus dem Raubüberfall auf den Kaufmann[107a] *Meropios* als Beute an den

105 *GH*, 158ff., bes. 160f. Siehe schon DIHLE, *Daten*, 36ff.

106 DUENSING, a.a.O. Viel vorsichtiger, wenngleich wegen der Überlieferung angeblich von Rufin über das Arabische ins Ge'ez kritisch THELAMON, *Païens et Chrétiens*, 44.

107 *Daten*, 46.50ff., bes. 53f.

107a Auf diese Aussage der »Kurzen Chroniken« wird sich die Passage im *Senkesār* »und er sah alle schönen Dinge, die sein Herz begehrte« beziehen. Vgl. aber auch unten Anm. 131.

Hof des Königs von Aksum gebrachten Knaben *Frumentius* und *Aidesios* wuchsen dort — wie der legendäre Joseph am Hofe des Pharao oder christliche Knaben, historisch nachgewiesen, am osmanischen Hofe — zu reifen Männern heran und wurden mit leitenden Funktionen betraut. Sie vergaßen jedoch ihre väterliche Religion nicht, sondern verstanden es nach dem Ableben des Herrschers dessen noch unmündigen Erben derselben und sich selbst günstig zu stimmen, so daß er ihnen schließlich die Freiheit schenkte und die Rückkehr in ihre Heimat erlaubte. Während sich der eine, *Aidesios*, dorthin begab, scheinen den anderen — Mysterium religiöser Erfahrung und des Glaubens! — seine Erlebnisse in der äthiopischen Gefangenschaft nicht mehr losgelassen zu haben; er reiste zu dem Äthiopien geographisch am nächsten gelegenen Episkopat, dem Sitz des Bischofs, damals bereits Patriarchen[108] von Alexandrien. Dies ist wohl eher aus dem *Senkesār* zu verstehen, als daß *Frumentius* an dem Ort eines Zwischenaufenthaltes, d.i. Alexandrien, allein zurückblieb, während *Aidesios* in seine tyrische Heimat weiterreiste, um dort, den Kuß der Klio vergessend, am Rande des Geschehens der Geschichte seine Tage zu beschließen. Wie dem auch sei, *Frumentius*/»*Frēmenāṭos* kam nach Alexandrien zum Patriarchen *Abbā Atnātyos*«, d.i. *Athanasios*, »und traf ihn in seinem neuen Amt an. Er berichtete ihm alles, was ihm zugestoßen war, und von der Religion des Landes der *Ag'āzi* und wie sie an *Christus* ... glaubten, obwohl sie ohne Bischöfe und ohne Priester waren. Daraufhin ernannte *Abbā Atnātyos* den *Frēmenāṭos* zum Bischof des Landes der *Ag'āzi*, d.h. Äthiopiens, und sandte ihn hochgeehrt aus. Er kehrte zurück ins Land der *Ag'āzi*, als *Abrehā* und Aṣbeḥa an der Regierung waren«. Es folgte des *Frumentius* langjährige, bis zu seinem Tode währende, erfolgreiche Missionierung der Bevölkerung Äthiopiens »in allen Landesteilen«.

Auf den ersten Blick erscheint dieser Bericht, von Einzelheiten abgesehen, wie der unbefangene Leser meinen mag, durchaus vertrauenerweckend. So könnte sich schon die Etablierung des *Frumentius* und seiner Lehre in Äthiopien zugetragen haben. Wie »abstruses Zeug«, das, auch wenn es um einige vertrauenerweckende Angaben, wie die bisher besprochenen Personen und ihre Herkunft, gelagert wäre, »eine ungenierte| Benutzung| derselben| verhindert[108a], klingt er jedenfalls nicht. Entscheidend für seine Glaubwürdigkeit sind jedoch, neben der bereits vorgenommenen Einordnung der fremden, nichtäthiopischen Namen, die Fixierung der in Äthiopien einheimischen und die Chronologie.

Für beide ist auszugehen von den zwei ungefähren Zeitangaben

108 So ausdrücklich im *Senkesār*. Im übrigen siehe unten.

108a DUENSING, a.a.O.

(1) »und traf ihn«, d.h. den *Athanasios*, »in seinem neuen Amt an« und
(2) »er kehrte« nach Äthiopien »zurück, als *Abrehā* und *Aṣbeḥa* an der Regierung waren«.

Aus dem Kontext ist deutlich, daß letzteres Ereignis dem Aufenthalt bei *Athanasios* folgte. Für *Abrehā* und Aṣbeḥa ist nun ein ungefähres Datum insofern gegeben, als es in den »Kurzen Chroniken« wie Ṭānāsee 106 heißt, »die Bekehrung Äthiopiens fand 333 (bzw. 340) Jahre nach der Geburt unseres Herrn Jesus Christus statt«, d.h. nach abendländischer Rechnung um 340/1 bzw., bei Anwendung der Littmannschen Chronik, 347/8 n. Chr.

Für den Aufenthalt des *Frumentius* bei *Athanasius* sollte beachtet werden, daß die Erhebung Alexandrias zum Patriarchat bereits kurz nach dem Konzil von Nicaea stattfand. Sie wird mit dem Amtsantritt des *Athanasios* als Bischof zusammengefallen sein[109]. Dieser mußte aber schon vom Herbst 331 an bis Ostern 332 von Ägypten abwesend sein, da er um die Jahreswende bei Nikomedia in Bithynien vor Kaiser *Konstantin* persönlich erscheinen mußte[110]. Seine erste Verbannung auf Grund des Absetzungsbeschlusses der Synode von Tyros verbrachte den *Athanasios* 335 nach Trier, von wo er erst nach dem Tode Kaiser *Konstantins* am 23. November 337 nach Alexandrien zurückkehren konnte. Bereits spätestens im März 339 erneut abgesetzt, sah sich *Athanasios* gezwungen, nach Rom zu fliehen. Erst 346 durfte er mit Zustimmung Kaiser *Constantius* II. seinen Sitz wieder einnehmen.

Wenn man einmal das oben angegebene Datum der Bekehrung Äthiopiens unter *Abrehā* und *Aṣbeḥa* als ungefähr korrekt voraussetzt, muß sich die Angabe »und traf ihn in seinem neuen Amt an« auf die dem Amtsantritt des *Athanasios* als Bischof 328 unmittelbar folgende Zeit beziehen, und die Verwendung der Bezeichnung *Liqa pāppāsāt* »Patriarch« für *Atnātyos*/*Athanasios* braucht man dann nicht als auf Übertragung späterer Verhältnisse in die ältere Zeit (etwa zwecks Erhöhung des Prestiges des alexandrinischen Bischofs oder aus mangelnder Sorgfalt) beruhend zu verstehen suchen. Bei Annahme einer späteren Beauftragung des *Frumentius*, also erst in den Jahren 337 bis 339, wäre die Zeitspanne zwischen der Abordnung des *Frumentius* seitens des *Athanasios* und der sichtbaren Bekehrung 340/1 zu kurz und bei Annahme des Littmannschen Datums 347/8 immer noch knapp bemessen, allein schon, wenn man an die lange Dauer der beschwerlichen Reisen nach Äthiopien und im Innern des Landes und ihre vielen, oft aufschiebenden Gefahren denkt. Selbstredend entfallen spätere Datierungen von 346 ab[111].

109 Am 8. Juni 328. Zu den Einzelheiten s. H. LIETZMANN, *Gesch.* III, 116f.
110 LIETZMANN, ebda., 118f.
111 z.B. DIHLE, *Daten*, 54; SPULER, *ÄK*, 310: 341 »oder erst nach 346?«.

Geht man also von dem auch schon von Früheren angenommenen Datum 328/9 für die Bischofsweihe des *Frumentius*[112] aus, würde sich wohl folgende ungefähre Chronologie ergeben:

ca. 303: Gefangennahme der etwa zehnjährigen Knaben *Fr.* und *Aid.*
ca. 320: *Fr.* und *Aid.* übernehmen die Regentschaft und Erziehung des vielleicht zehnjährigen Prinzen
ca. 328: Beurlaubung und Heimkehr bzw. Reise zu *Athanasios*
328/9: *Frumentius* bei *Athanasios*
ca. 330: *Frumentius* wieder in Äthiopien
ca. 340/1 oder 347/8: Man kann von Äthiopien als einem »bekehrten« Lande sprechen[112a]
bis ?: Fortführung der Christianisierung bis zum Tode des *Frumentius*

Diese Chronologie ist ihrer Natur nach nur ein Versuch, doch auch insofern zu verantworten, als die Datierung der Ereignisse vor und nach 328 ohne ernstliche Schwierigkeiten jeweils um ein paar Jahre verschiebbar, diese also relativ datiert sind, was eventuell notwendig werdende Veränderungen auf Grund der Angaben in dem von Teil III dieser Arbeit an zu besprechenden griechischen und lateinischen Quellenmaterial erlaubt.

Vor dessen Behandlung ist freilich noch zu klären, wer der im *Senkesār* erwähnte König von Aksum *Allādā* mit dem Titel *ella* war, was etwa »der Geehrte« bedeuten wird[113].

Nach dem *Senkesār* herrschte *Allādā vor* der Einführung des christlichen Glaubens in Äthiopien[114] zur Zeit der späten Kindheit und Jugend und nach

112 So schon, wenngleich auf der Basis der Annahme der Weihe des Athanasius im J. 326, also noch zwei Jahre früher, DE-VIT, *Onomasticon* I, 540, und J. STRONG, »Frumentius« in M'CLINTOCK III (1870), 685.

112a Die Zahl 347/8 stößt sich gar nicht mit der Angabe eines *äthiopischen* auf älteres Material zurückgehenden und von dem katholischen Priester *Abba Takla Hāymānot* vom Kloster Hālāy Ende des 19. Jh. redigierten Textes (übersetzt von C. CONTI ROSSINI als *Fonti storiche etiopiche per il secolo XIX* I, Rom 1916, S. 10 Abschn. 3), wonach »Ai tempi dei re di Aksum, Abreha ed Asbeha, venne introdotto il cristianesimo, nell'anno 17° del loro regno, per opera di abbà [sic!] Frumenzio, che è abbà Salama rivelatore della luce«, wohl aber das erste Datum, 340/1 A.D. Siehe weiter auf S. 163f.

113 Ähnlich *Abbā*. Zu Titeln für Götter und Menschen in hohen Positionen in semitischen und anderen Sprachen des Nahen und Mittleren Ostens siehe jetzt B.W.W. DOMBROWSKI, *The Background of the Formula* אדון כל הארץ*: Near Eastern Deities and their Epithets = Acta Antiqua* 30 (Budapest 1982; Auslieferung 1984) passim; »*Mazdā Ahura — Ahura Mazdā — Auramazdā = Lord Wisdom*« = *Iranica Antiqua* 18 (Leiden 1983) 199-220; *Poseidon and Enki and their Relatives in the Near East = Acta Antiqua* 33 (Budapest 1985) Kap. 1.

114 Was durchaus nicht der Auffassung zu widersprechen braucht, daß sich zunächst christliche Kaufleute aus dem römischen Reich in einer Gemeinde zusammenfanden. Ähnlich DIHLE, *Daten*, 46.

dem Eintritt von *Frumentius* und *Aidesios* ins Mannesalter. Er muß also ein *Vorgänger* von *Abrehā* und *Aṣbeḥa* gewesen sein. Damit entfällt Budges auf Mißverständnis des Titels *ella* beruhende und auch sonst sprachlich nicht überzeugende Konjektur zu *Alameda* (= *Al-ʿAmidā*)[115] als grundlos. Es bleiben die Bezeugungen *Ella Allādā* und *Ella Aʿedā*[115].

Anscheinend paßt keine von ihnen zu einem der Vorgänger der *Abrehā* und *Aṣbeḥa*, wenn man die Überlieferung der »Kurzen Chroniken« heranzieht, es sei denn, man nimmt die im Geʿez ja gar nicht ungewöhnliche Überlieferung eines Zweitnamens für den Herrscher an. Doch dies ist nicht nötig. *Ella Allādā* und *Ella Aʿedā* lassen sich als, möglicherweise dialektische, Nebenformen erklären:

Einmal ist zu beachten, daß auch *Abrehā* und *Aṣbeḥa* und andere mit der als »Höflichkeitsform« schmückenden Pronominalform *ella* belegt sind[116] — ebenso wie die durch das Wort *azgʷāgʷā* »Fremde« und seine Varianten gemeinten *Frumentius* und *Aidesios*[117], was alle diese Benennungen als zur selben sprach- und kulturhistorischen Schicht gehörend ausweist und damit ein wichtiges Indiz für den historischen Wert der in diesem Stück des *Senkesār* gebotenen Überlieferung bietet. Wenn man — zum anderen — dann hinsichtlich des ins Geʿez gebrachten südarabischen Namens des zeitlich am besten passenden Vaters der beiden Herrscher, des *Sayfa Arʿād* mit der Nebenform *Arʿed*[118], dessen letzter Bestandteil im Südarabischen auch einfach als *ʾArʿād* belegt ist[119], für die Entwicklung zu *Allādā* den häufigen

115 S. oben Anm. 18.

116 Siehe LITTMANN, *äth. Spr.*, 357; CONTI ROSSINI, *rois*, 274; s. weiter auf S. 159.

117 Es sei denn, man faßt *ella* einfach als attibutiv gemeintes Demonstrativpronomen mit der Bedeutung »jene« auf, was hier sehr guten Sinn ergibt. Allerdings führt nach BASSETs Text A auch *Abrehā*s Sohn *Asfeḥa ella* als Titel. In Text B steht ferner *Ella Adoba* statt *Saʿaldobā* (s. BASSET I, 422). Die Liste C in CONTI ROSSINI, *rois* (bes. S. 291-95) schließlich führt 33 mit Verwendung von *ella* gebildete Namen an. Es handelt sich hier ganz offensichtlich um eine Gruppe zu einem bestimmten Namenbildungsbereich gehöriger genuiner Bezeugungen. S. schon oben Anm. 19.

118 Siehe BASSET I, 410. In Text B hat er *Sâf-Arëad*. Richtig ist *Sayfa Arʿād*, wie sowohl die Wiederverwendung dieses Namens durch König *Newāya Krestos* (1344-72) als Thronname als auch südarabische Gegenstücke (s. Anm. 119) deutlich machen.

119 Das Vorkommen des Namens *ʾrʿd* im Sabäischen neben sab. *yrʿd*, safaitisch *rʿd* und *rʿdʾl* und qatabanisch *hrʿd* und *yhrʿd* (HARDING, *Index*, 37.281.613.667) weist diesen als auf der gemeinsemitischen Wurzel *rʿd* »beben, donnern« u.ä. beruhend aus. Während aber die anderen Namen, vielleicht mit Ausnahme von *rʿd*, Verbalformen mit wenigstens teilweise theophorem Inhalt sind [vgl. zu *rʿdʾl* B.W. DOMBROWSKI, v. Anm. 113: *Background*, Appendix I betr. *ʾil Maqhā(wu)* »god Thunder-cloud, -storm«], ist *ʾrʿd* ein gebrochener Plural nach dem zumeist bevorzugten Muster *ʾaqtāl* (BEESTON, *Gramm.*, 33 [§ 30:2]; HÖFNER, *Gramm.*, 102f. [§ 87]). Als solcher ins Geʿez übernommen (s.a. den Königsnamen *Ṣenfa Arʿād* als Sohn des *Bazen*, eines der Vorgänger des *Sayfa Arʿād* in einer Reihe eindeutig südarabischer oder doch wenigstens von semitischen Stämmen der Arabischen Halbinsel stammender Namen [s. schon zur Verbindung des Königsnamens *Aglebu* und seiner Verwandten mit dem palmyrenischen Gottes- und Personennamen *ʿglbwl*/*ʿglbwlʾ*

Wechsel des ʿ zu ʾ[120] und Dissimilation des *r* zu *l*[121] mit anschließender Assimilation des ʾ an das voraufgehende *l*[122] bzw. für die Entwicklung zu *Aʾedā* die Umfärbung des *a* nach dem ʿ[123] mit dessen Wandlung zu ʾ[120] und Elision des *r* vor dem ʾ annimmt[124], also zwei Entwicklungen, die zur Differenzierung führten, aber durchaus nicht ohne ungefähre Parallelen sind[125], voraussetzt, dann läßt sich die Generationenfolge des *Senkesār* mit der der »Kurzen Chroniken« und der bei Conti Rossini in Liste C[125a] gebotenen besser vereinbaren als durch die Annahme der Anführung eines uns bisher unkannten *Dritt*namens ([!] in noch dazu zwei Formen) im *Senkesār*[125b].

III

Der nicht-jüdische, christliche[126] »Weise« oder Gelehrte *Meropios*[127] kam mit seiner Begleitung, darunter zwei Knaben seiner Familie — das mußten durchaus nicht, aber konnten zwei Söhne sein — laut *Senkesār* an die

DOMBROWSKI, *Ṭānāsee 106*, S. 146, Anm. 7]), ist er auch dort als Plural nach dem Schema ʾ*agbār* verstanden und als Kollektiv gebraucht worden (hierzu s. DILLMANN, *Gr*, 269ff. [§ 136,2]), so daß der Name *Sayfa Arʿād* heißt »Schwert des Donners«, d.i. »Donnerndes Schwert« oder, wenn die Naturerscheinung synonym für den dahinterstehenden Gott angeführt sein sollte, »Schwert des Gottes NN (ʾ*il Maqhā(wu)*?)«. Möglich ist jedoch auch Entlehnung der gesamten Konstruktion aus dem Südarabischen, da dort ja auch *sayf* als sabäisches n.pr. bezeugt ist (s. HARDING, *Index*, 336). Freilich ist anscheinend noch kein Beleg für diese Konstruktion vorhanden.

120 Siehe DILLMANN, *Gr*, 39.42f. [§ 23]; BROCKELMANN, *Gr* I, 125 [§ 45 *k*] vereinfacht zu sehr.

121 Gemeinsemitisch, s. BROCKELMANN, ebda., 220ff. [§ 84].

122 Für Assimilierung eines folgenden ʾ an einen Sonoren siehe BROCKELMANN, ebda, 158.241 [§§ 56 e γ und 89 h β]. Mit Geʿezierung der Endung.

123 Wie in der Nebenform *Arʿed* mit Verlagerung des Tondrucks durch die Geʿezierung.

124 Hier Ausdrängung des Sonoren *r* (vgl. BROCKELMANN, ebda, 222f. 227 [§ 84 b 2 θ; e η]) gleich der Behandlung anderer Sonore und Laryngale (BROCKELMANN, ebda., 220ff. 239ff. [§§ 84.89]; DILLMANN, *Gr*, 81f. [§ 47]).

125 Siehe etwa arab. *aṣnām* > *azlām* oder besonders krass arab. ʾ*armalat*, äth. *ebēr* und *maballat*, tigrē *mablat*, amhar. *bältēt*, hebr. ʾ*almānāh*, syr. ʾ*armalṯā*, akkad. *almattu*, ugar. *àlmnt*, deren Verwandtschaft zwar erkannt, aber noch nicht endgültig auf eine Grundform zurückgeführt worden ist (vgl. BROCKELMANN, ebda, 160. 220 [§§ 58 b β und 84], und H. BAUER - P. LEANDER, *Historische Grammatik der Hebräischen Sprache des Alten Testamentes* I [Halle 1922; Nachdr. Hildesheim 1962], 486, Anm. 2).

125a Siehe *rois*, S. 292.

125b Siehe unten S. 163.

126 Dies ist nicht nur aus dem christlichen Glauben der beiden »Knaben seiner Familie« zu schließen, sondern auch daraus, daß *Salāmā* nach den »Kurzen Chroniken« sein Sohn war. S. a. Anm. 127.

127 Hinter dem geʿez *Liqa ṭababt* steht natürlich griech. φιλόσοφος (s.a. die griech. und lat. Überlieferung), das hier sicher nicht »Philosoph«, »one who speculates on truth and reality« (LIDDELL-SCOTT, 1940) bedeutet. Schon in klassischer Zeit konnte φιλόσοφος ja schon zur Kennzeichnung von »men of education and learning« dienen (LIDDELL-SCOTT, ebda.). Erst recht gewann diese Auffassung des Wortes mit seiner Einführung, wie der des Be-

Küste Äthiopiens »und sah alle schönen Dinge, die sein Herz begehrte«. Diese Aussage, sowie die, daß er »und alle, die mit ihm waren«, außer eben diesen Knaben von dem König von Aksum anscheinend tributpflichtigen »Feinden«, d.h. doch wohl Räubern, getötet wurden, wurde von uns als mit derjenigen der »Kurzen Chroniken« vereinbar gesehen, die besagt, daß der Vater des *Salāmā* ein Kaufmann war, wonach es sich hier um *Meropios* gehandelt haben müßte.

Dies konnte geschehen, ohne daß einem der beiden Texte irgendwelche Gewalt angetan wurde, so daß sich als einzige wirkliche Unstimmigkeit zwischen dem *Senkesār* und den »Kurzen Chroniken« nur die in ersterem gebotene, leicht verständliche Aitiologie des mit Titel versehenen Namens *Salāmā* ergab: In der Tat, ein erstaunliches Maß von Kongruenz beider Quellen!

Anders sieht es freilich in manchen griechisch und lateinisch gebotenen Berichten aus dem 4. und dem 5. Jahrhundert aus, d.h. denen des Mönches

griffes φιλοσοφία, in den hellenisierten Nahen Osten an Gewicht. Hinzu kam eine starke Ausrichtung auf religiöse und ethische Fragen, zurückzuführen auf den Vorrang praktisch-ethischer Interessen der meisten nah-östlichen Völker vor abstrakt-theoretischem Denken (z.s. O. MICHEL, »φιλοσοφία, φιλόσοφος«, ThWNT IX [1973], 169-85, hier bes. 175ff.; GEFFCKEN, *Ausgang*, passim; HATCH, *Influence* 116ff. und auch Register auf S. 358: unter den Stichwörtern *Philosophy* und *Philosopher*. Typisch ist die Aussage *Justin*s (Dial 1,53), die Aufgabe der *philosophia* sei ἐξετάζειν περὶ τοῦ θείου. Bestätigt wird diese Auffassung auch durch den Übergang von φιλόσοφος in den rabbinischen Sprachgebrauch als פילוסופוס (*pīlōsōpōs*) und aramaisiert פילוסופא *pīlōsōpā*ʾ (Nebenformen bei MICHEL, ebda., 181 Anm. 106) im Sinne von (gegen DALMAN, *Hwb*, 337) wohl nur zumeist nicht-jüdischer, sich mit religiösen Angelegenheiten, auch dem Gesetz, beschäftigender »Gelehrter« (*scholasticus*): Siehe LEVY, *WTM* IV,37f., und ebda. I, 46f.; weiteres bei MICHEL, ebda., 181. Die Verwendung der syrisierten φιλόσοφος und φιλοσοφία, d.i. *pīlōsōpā*ʾ (dazu auch fem. *pīlōseptā*ʾ!), *pīlāsōpiyā*ʾ mit einer Anzahl von Varianten und nominalen und verbalen Derivativen (s. BROCKELMANN, *Lex. Syr.*, 575), die bereits seit *Ephraem dem Syrer* (ca. 306-373) bezeugt ist, gehört ebenfalls in diesen Rahmen.

In Tyros, der »ersten Stadt der Fabriken und des Handels im Orient« (HARNACK, *MAC*, 656), aus dem bekanntlich eine Reihe geistig hervorragender Männer ihren Weg in die damalige Welt genommen haben, Μάλχος alias Βασιλεύς alias Πορφύριος (s. o. Anm. 99), *Domitius Ulpianus*, der bekannte Jurist (letzte Jahrzehnte des 2. Jh., ermordet wohl schon 223), u.a., und in der *Origines*, der schon in Alexandrien, anders als *Saulus* aus Tarsos (vgl. o. Anm. 102), seinen Brotberuf als Lehrer τῶν γραμματικῶν λόγων aufgegeben und seine Bibliothek für eine Leibrente verkauft hatte, um auf Jahre hinaus als φιλόσοφος leben zu können (*Eusebios*, eccl. hist. VI 3,8f.), ca. 254 im Alter von 69 Jahren starb, war das Verständnis, was ein φιλόσοφος sei, nicht anders.

Man könnte freilich vorbringen, daß die Geʿez-Kennzeichnung *ṭabib* für *Meropios* ihre griech. Entsprechung in σοφός bzw. die Steigerung *Liqa ṭababt* »Meister, Senior der Weisen« die ihre in σοφώτατος, das für das 5. und 6. nachchristl. Jh. als Titel von Rechtsgelehrten oder Professoren bezeugt ist (LIDDELL-SCOTT, 1622), gehabt habe, weshalb für letzteres hier ein diese Bedeutung tragender früherer Beleg oder für das *Senkesār* eine spätere Vorlage als die weithin als solche angenommenen griech. und lat. Berichte (s.u.) anzunehmen sei, doch dem ist gerade nicht so, wie sich aus dem folgenden Vergleich der äthiopischen Überlieferung mit der lateinischen und griechischen ergibt.

Rufinus aus Concordia bei Aquileja (ca. 345-410), des Rechtsanwalts (*scholasticus*) in Konstantinopel *Sokrates* (ca. 380 bis nach 439), des etwas späteren Rechtsanwalts (ebda.) *Sozomenos*, des *Theodoretos* (393-466 [?], ab 423 Bischof von Kyrrhos in Nordsyrien) und des *Gelasios*, Sohn eines Presbyters von Kyzikos am Südufer der Propontis, der seine Kirchengeschichte bald nach 475 verfaßt haben soll[128].

So berichtet *Rufinus*, der »Weise« (*philosophus*) *Meropius* sei dem Beispiel eines gewissen »Weisen« (*philosophus*) namens *Metrodorus* »*inspiciendorum locorum et orbis perscrutandi gratia*« gefolgt. Ihm oder vielleicht seiner Quelle oder einer zwischen ihm und den oben angegebenen Schriftstellern stehenden Überlieferung folgen in Bezug auf diese Behauptung der Sache nach, wenngleich in anderen Worten, *Sokrates* und *Gelasios* und, mit einem langen, rückblickenden Vorspann[129], *Sozomenos*, der damit freilich die Referenz zu *Mētródōros* ersetzt hat. Als Vorbilder für den *Merópios* müssen bei ihm unter den »εὐδοκιμότατοι φιλόσοφοι« *Plato*, *Empedokles*, ein *Demokrit* von Kos, bei dem es sich doch wohl um *Demokrit* von Abdera handeln wird[130], und »ἄλλοι τε ἐπὶ τούτοις μυρίοι τῶν παρ᾽ Ἕλλησι σοφῶν, ἀρχαῖοι καὶ νεώτεροι« herhalten. *Theodoret* schreibt dagegen, daß in der angeblich so friedlichen Zeit des Kaisers (d.i. *Konstantins* I.) »πολλοὶ μὲν ἱστορίας χάριν, πολλοὶ δὲ ἐμπορίας, τὰς μακρὰς ἀποδημίας ἐστέλλοντο«.

Der wichtigste Grund für diese erhebliche Diskrepanz liegt auf der Hand: *Theodoret* suchte einen glaubwürdig triftigen Grund für die Reise des *Merópios* anzuführen, und beiden Schriftstellern, d.h. *Sozomenos* und *Theodoret*, schien die Überlieferung, wenn sie überhaupt die gleiche wie *Rufin*, *Sokrates*, und *Gelasios* hatten, hinsichtlich des *Mētródōros* nicht vertrauenswürdig genug, wenngleich keiner von beiden das Argument der »Entdeckungsreise« bzw. »Vergnügungsreise«[131] völlig aufgeben mochte.

In der Tat ist die Verbindung des *Merópios* mit *Mētródōros* als Begründung für jenes Mannes Reise wohl nur hergesucht und beruht auf Phantasie, um zu erklären, was manchen unerklärlich erschien[131a]. Trotzdem ist sie für die Interpretation der geschichtlichen Vorgänge von großem Wert. Sie weist

128 Für die Referenzen zu diesen, auch für das Folgende, s. oben Anm. 5 und 6.

129 *PG* 67, 996f. hat 25 Zeilen.

130 So schon H. VALESIUS in *PG* 67 (Paris 1864), 997.

131 So würde man das Vorhaben wohl heutzutage bezeichnen. Neben *inspicere loca et perscrutare orbem* (*Rufin*), ἱστορεῖν (*Sokrates*, *Sozomenos*, *Theodoret*) und ἐκπερινοστεῖν πάντα σχεδὸν τὰ ἔθνη ἱστορίας ἕνεκα (*Gelasios*). Hiermit braucht sich die in Anm. 107a vorgebrachte Deutung durchaus nicht zu stoßen. *Meropios* wird beides gewesen sein: »Handelsmann« und Forschungsreisender. Siehe schon oben Anm. 127 und unten B 1 auf S. 148.

131a Siehe unten S. 141 f. Betr. chronologische Schwierigkeiten s. THELAMON, *Païens et Chrétiens*, 61.

nämlich — gegen Altheim, der sich um die Feststellung der Identität des *Mētródōros* überhaupt nicht bemüht haben kann[132] — wiederum auf die ersten Jahrzehnte des 4. Jh.s als Zeitraum für die Reise des *Merópios*, des *Frumentios/Salāmā* und von deren Gefährten.

Der von *Rufin*, *Sokrates* und *Gelasios* erwähnte *Mētródōros* war nämlich im Konstantinopel der Zeit Kaiser *Konstantins* I. notorisch als angeblicher Anlaß für den Angriff der Perser unter *Schapur* II. (309-79) auf Armenien und das römische Reich im Jahre 334. Das haben jedenfalls der wenig später lebende und schreibende Veteran der Perserkriege der Kaiser *Constantius* und *Iulianus*, der Antiochener *Ammianus Marcellinus* (ca. 330 - ca. 395)[133] und der am Ende des 11. oder im Anfang des 12. Jh.s lebende Verfasser einer Σύνοψις ἱστοριῶν, *Georgios Kedrenos*[134], behauptet.

Angeblich sollen des *Mētródōros* Schwindeleien der Anlaß für den Brief *Konstantins* gewesen sein, der den Angriff der Perser ausgelöst habe[135]. Das Schreiben, das *Konstantin* dem *Schapur* sandte, und von dem *Kedrenos* behauptet, es sei ἀποτόμως gewesen und habe verlangt, die dem *Mētródōros* angeblich von den Persern konfiszierten Geschenke »des Königs der Inder (Indiens)« an ihn, den Kaiser, freizugeben[136], wird in Wirklichkeit der Brief gewesen sein, den der Kaiser dem *Schapur* sandte, als dieser noch Geschenke mit ihm austauschte, und durch den *Konstantin* den Perser zum Christentum zu bekehren oder wenigstens den in Persien zahlreichen Anhängern desselben[137] freundlich zu stimmen suchte[138]. Ebenso falsch war es, daß *Kedrenos* dem *Mētródōros* die Schuld für die zur Zeit des Krieges

132 Siehe bereits den Art. »Metrodoros [22]« von ENSSLIN in *Pauly-Wissowa* 15 (1932), Sp. 1480f.

133 Res gestae XXV 4,23f.

134 Syn. hist. 516f. — Zu *Kedrenos*, der sich nach Meinung ENSSLINS (a.a.O.) auf einen verlorenen ausführlichen Bericht des *Ammianus Marcellinus* (s. ebda.) stützt, siehe KRUMBACHER, *GbL* I, 368f.

135 *Kedrenos*, syn. hist. 517, und, verkürzt ohne ausdrückliche Erwähnung des angeblichen Briefes, aber mit Behauptung der Auslösung des Krieges durch Konstantin, »*cum Metrodori mendaciis avidius adquiescit*«, *Ammianus Marcellinus* ebda. Richtig dagegen u.a. A. H. M. JONES, *Constantine and the Conversion of Europe* (3. Nachdruck : London 1965), 208f., und J. VOGT, *Constantin der Grosse und sein Jahrhundert* (2. Aufl. : München 1960), 237.

136 *Kedrenos*, syn. hist. 516f.

137 HARNACK, *MAC*, 678-98, NEUSNER, *HJB*, bes. I, 182f., IV, 20ff. (auf S. 26 kurze Besprechung von G. WIESSNER, *Untersuchungen zur syrischen Literaturgeschichte I : Zur Märtyrerüberlieferung aus der Christenverfolgung Schapurs II. = Abh. d. Akad. d. Wiss. in Göttingen*, Phil.-hist. Kl. III 67, Göttingen 1967); und zu *Afrahat*, dem bedeutenden syr.-christl. Schriftsteller, dem ältesten im Perserreich (gest. nach 345), s. ALTANER, *Patrologie*, 342f., J. NEUSNER, *Aphrahat and Judaism. The Christian-Jewish Argument in Fourth-Century Iran = Studia Post-Biblica* 19, Leiden 1971.

138 Für die Authenzität dieses bei *Eusebios*, v. Const. 4,9-13, überlieferten Briefes hat sich wohl inzwischen die Mehrheit der Gelehrten entschieden (vgl. ALTANER, *Patrologie*, 220, und STRAUB, *Herrscherideal*, 108.241 Anm. 143). Wenn es noch ein zweites Schreiben *Konstantins* an *Schapur* gegeben hätte, würde wohl die Überlieferung davon berichten.

wieder aufflammende, von persischer Seite veranstaltete große Christenverfolgung aufhalste[139] und *Ammianus Marcellinus* ihm, noch weiter gehend, auch die indirekte Verantwortung sogar für den Perserkrieg des *Iulianus* und damit auch für seine eigenen Strapazen und Leiden (s.o.) zuschob[140].

Geschichtlich wahr wird nur sein, daß *Mētródōros* wie *Merópios* für die Zeit *Konstantins* anzusetzen ist[140a], eine langjährige Reise nach Indien mit ebensolchem Aufenthalt daselbst[141] unternahm, über Persien zurückkehrte und danach beschuldigt wurde, den Kaiser um Gegengeschenke des in Indien besuchten Herrschers (oder mehrerer) betrogen zu haben, was, wenn die gebotene Ausflucht der persischen Beschlagnahme überhaupt genutzt wurde, nicht gerade die dauernd gespannten Beziehungen zwischen dem römischen Reich und dem der Perser bessernd beeinflußt haben wird.

Im Punkt der *Mētródōros*-Überlieferung wie überhaupt derjenigen, die von der Motivation des *Merópios* für seine Reise handelt, stehen also die lateinische und die griechische, außer der des *Theodoret*, ungleich schlechter da als die äthiopischen Quellen.

Das Zusammengehen der Schriftsteller *Rufin*, *Sokrates* und *Gelasios* in der Verbindung des *Merópios* mit dem angeblich persisch-stämmigen[142] *Mētró-*

139 Syn. hist. 516: »Τῷ κα᾽ ἔτει τῆς βασιλείας τοῦ μεγάλου Κωνσταντίνου διαβάλλουσι Σαπώρην τὸν Βασιλέα Περσῶν κατὰ Χριστιανῶν, καὶ γίνεται διωγμὸς ὡς πλείους τῶν δεκαοκτὼ χιλιάδων ὑπ᾽ αὐτοῦ ἀναιρεθῆναι. Ἡ δὲ αἰτία τῆς διαλύσεως τῆς μεταξὺ Ῥωμαίων καὶ Περσῶν γενομένης εἰρήνης γέγονε δι᾽ αἰτίαν τοιαύτην· Μητρόδωρος ...« Ein klarer Fall von »character assassination by association«!
Wenngleich *Mētródōros* für ihn in diesem Zusammenhang keine Rolle spielt, hat auch JONES, v. Anm. 135, 207f., den Brief *Konstantins* mit der Christenverfolgung in Verbindung gebracht: »This letter probably did more harm than good. Christians had hitherto enjoyed toleration in the Persian empire, but henceforth they were more than ever suspect, not only as traitors to the national religion, Zoroastrianism, but as protégés and possible agents of the national enemy. For several years fear of Constantine's military power induced Sapor both to keep the peace and to tolerate the Christians, but shortly before Constantine's death he opened hostilities and within a few years began to persecute«. So waren die geschichtlichen Vorgänge freilich nicht. Sicher haben politische Erwägungen auf seiten des persischen Königs und seiner Berater sowie der Cliquen am persischen Hof und im Klerus eine Rolle gespielt, die eigentliche Ursache der schon frühzeitig einsetzenden Spannungen und Konflikte waren aber doch wohl die aus Machthunger und Intoleranz rührenden Umtriebe persischer Magier, insonderheit des *Kartēr*, der auch schon am 14. Februar 276 oder am 26. Februar 277 den Religionsstifter *Mani* und in der Folgezeit viele seiner Anhänger zur Strecke gebracht hatte (s. WIDENGREN, *RI*, 245.253-57.274-82, und *Mani*, 43-47).

140 S. Anm. 133.

140a DIHLE, *Daten*, 45, hat den *Mētródōros* mit der Begründung, daß er ja vor *Merópios* gereist sei, für »viel älter« erklärt als letzteren. Hat auch DIHLE seine Identität nicht erkannt? Vgl. oben S. 136 zu ALTHEIM.

141 Angeblich soll *Mētródōros* bei »den Brahmanen auf Grund großer Selbstbeherrschung denselben verehrungswürdig geworden« und in die geheimsten Plätze (oder Geheimnisse?) eingeführt worden sein (s. a. Anm. 151). Er soll auch Produkte westlicher Technik, Wassermühlen und Bäder, eingeführt haben (*Kedrenos*, syn. hist. 516).

142 *Kedrenos*, syn. hist. 516.

dōros hat seine Parallele in den Aussagen dieser drei, ihre Informationen über die Begebenheiten und Personen der *Merópios-Frumentius-Aidesios*-Geschichte direkt oder wenigstens indirekt von dem inzwischen zum Presbyter in Tyros aufgestiegenen *Aidesios* selbst erhalten zu haben[143].

Ebenso auffällig ist, daß *Sozomenos* wiederum eine den Texten der drei Vorgenannten nur teilweise ähnliche Aussage bietet, indem er zwar über das weitere Ergehen des *Aidesios* berichtet[144], jedoch denselben weder als direkten Gewährsmann noch als indirekte Quelle angibt. Bei *Theodoret* schließlich fehlen hinsichtlich des *Aidesios* Hinweise, die über die Erwähnung von dessen Rückkehr nach Tyros hinausgehen, völlig.

Ferner hat schon Dihle bemerkt, ohne sich der Konsequenzen seiner Beobachtung bewußt zu sein[145], daß *Rufins* Text von einem derzeit »*turbatum foedus*« der »*vicinae gentes* [*Barbarorum*] *cum Romanis*« spricht, daß *Sokrates* berichtet: »Συμβεβήκει δὲ τότε πρὸς ὀλίγον τὰς σπονδὰς διεσπᾶσθαι τὰς μεταξὺ Ῥωμαίων τὲ καὶ Ἰνδῶν« und *Sozomenos* als Erklärung für den Überfall auf *Merópios* und die Seinen angibt: »Ἔτυχον γὰρ τότε λύσαντες τὰς πρὸς Ῥωμαίους σπονδάς«, während »Theodoret und Gelasios nichts von einem gebrochenen Vertrag zwischen Rom und den Bewohnern des Landes, in dem Meropios den Tod findet, wissen«[146] sollten.

Hier hat Dihle freilich die Aussagen des *Gelasios* übersehen, daß »ἐπειδὴ δὲ ἔθος καὶ νόμος ἦν τοῖς ἐκεῖσε βαρβάροις τοὺς σπονδαῖς τῆς εἰρήνης τῆς πρὸς αὐτοὺς μὴ στοιχοῦντας Ῥωμαίους τοὺς ἀφ' ἡμῶν παρ' αὐτοῖς εὑρισκομένους ἀναιρεῖν, συνέβη καὶ τότε κατὰ κράτος λελύσθαι τὰς σπονδὰς ἑκατέρων ἐν ᾧ καιρῷ ὁ Μερόπιος τὴν ἐνδοτάτην Ἰνδίαν ἱστόρησεν ἅμα

143 *Rufin*: »*Quae nos ita gesta, non opinione vulgi, sed ipso Edesio Tyri presbytero postmodum facto, qui Frumentii comes prius fuerat, referente cognovimus.*«
Gelasios von Kyzikos: »ταῦτα ἡμῖν ὁ Αἰδέσιος ἐν τῇ Τύρῳ παραμείνας διηγήσατο· πρεσβύτερος γὰρ τῆς αὐτόθι ἐκκλησίας γενόμενος ἐν αὐτῇ παρέμεινεν ἕως τῆς τοῦ βίου τελευτῆς«.
Sokrates: »Ταῦτα δὲ ὁ Ῥουφῖνος παρὰ τοῦ Αἰδεσίου, ὕστερον καὶ αὐτοῦ ἱερωσύνης ἀξιωθέντος τῆς ἐν Τύρῳ, ἀκηκοέναι φησίν«.

144 »καὶ Αἰδέσιος μὲν τοὺς οἰκείους ὀψόμενος, εἰς Τύρον ἦλθεν· ἔνθα δὴ μετὰ ταῦτα πρεσβυτερείου ἠξιώθη«.

145 DIHLE, *Daten*, 36f.: »Die Parallel-Berichte bei Rufin, Sokrates, Sozomenos, Theodoret und Gelasios von Kyzikos, aus denen wir etwas über Frumentios wissen, differieren nur unwesentlich. Substantiellere Abweichungen gibt es allein bei den beiden spätesten Autoren, Theodoret und Gelasios von Kyzikos. Die Möglichkeit aber, daß Sokrates und Sozomenos nicht von Rufin, sondern unmittelbar von Gelasios von Kaisareia abhängen, also von Rufin unabhängige Benutzer einer Primärquelle sind, läßt sich nicht von der Hand weisen und muß bei jeder Interpretation ebenso in Rechnung gestellt werden wie die Möglichkeit einer Abhängigkeit der beiden Griechen von Rufins Kirchengeschichte. Dieses Postulat gilt jedenfalls so lange, als die Frage nach Umfang und Bedeutung der Kirchengeschichte des Gelasios von Kaisareia noch keine endgültig befriedigende Antwort gefunden hat«. Siehe weiter unten.

146 DIHLE, *Daten*, 36 Anm. 38.

Φρουμεντίῳ καὶ Αἰδεσίῳ«[147]. Anders hat sich *Theodoret* verhalten. Wahrscheinlich war ihm klar, daß, wenn es sich bei der *India ulterior* des *Rufin* — *Theodoret* selbst spricht von »ἡ ἐσχάτη Ἰνδία«[148] —, wie man aus dem Zusammenhang bei *Rufin* mit anderen wie Altheim schließen könnte[149] und wohl auch sollte[150], um die zwischen den 12. und 25. Graden nördlicher Breite gelegene Küste Vorderindiens und ihr unmittelbares Hinterland handelte, die Römer mit den dortigen *Barbari*, trotz der zumeist von Griechen oder hellenisierten Bewohnern des Nahen und Mittleren Ostens wahrgenommenen Handelsbeziehungen und Kulturübermittlung[151] und gelegentlicher Abgesandter aus Vorderindien am Hofe des römischen Kaisers[152], kaum jemals ein *foedus* oder σπονδαί (τῆς εἰρήνης) hatten. Jedenfalls scheint ein solches nicht bekannt gewesen zu sein[152a].

Die gleiche Fehlerhaftigkeit bezeugen subjektiv die völlig abweichenden Angaben von *Sokrates*: »τὴν ἐνδοτέρω Ἰνδίαν« bzw. »Ἰνδοί τε οἱ ἐνδοτέρω«,

147 *Gelasios*, eccl. hist. III, 9,4.

148 Trotz seiner Ausführungen auf S. 47 (nach seinem Aufsatz »*The Conception of India in the Hellenistic and Roman Literature*«, *Proceedings of the Cambridge Philological Society* 190, 1964, 15-23), anscheinend von DIHLE, *Daten*, 36ff., nicht gebührend beachtet und daher nicht behandelt. Obwohl bereits Kontakte zwischen Rom und dem Raum auf der Ostseite des Indischen Ozeans bestanden (Sir M. WHEELER, *Rome beyond the Imperial Frontiers* [*Pelican Book* A335: Harmondsworth 1955], 203-207), der gerade in den ersten nachchristlichen Jahrhunderten starker Indisierung ausgesetzt war, bezieht sich der Ausdruck »das Letzte Indien« wohl kaum auf Hinterindien.

149 ALTHEIM, *GH* 5,161, wie auch schon PAGIUS und J.P. MIGNE in *PL* 21 (Paris 1849), 477f. Es heißt bei *Rufin* ja »... *citerior India ... Inter quam Parthiamque media, sed longo* [falsche Variante: *longe*] *interior tractu, India ulterior iacet, multis variisque linguis et gentibus habitata*«.

150 Siehe unten S. 141-6.

151 Überblick bei M. CARY - E.H. WARMINGTON, *The Ancient Explorers* (2. Auflage als Pelican Book A420: Harmondsworth 1963), 94-109. 265-67 (Quellen und Lit.!). Betr. brahmanische u.a. philosophische Einflüsse s. die bei THELAMON, *Païens et Chrétiens*, 52 u. 54, Anm. 42.49f. angeführte Literatur. Für das 4. nachchristliche Jahrhundert erinnert G. MACDONALD in Kap. XV der *CHI* I (auf Seite 345) an die Ersetzung der indischen Astronomie durch die griechische, allerdings bemerkt O. NEUGEBAUER, *The Exact Sciences in Antiquity* (2. Aufl. Providence [R.I.] 1957), 187: »A relatively early date for Greek-Persian-Hindu contacts seems to be obtainable from a passage in the Dēnkart, Book IV, according to which Hindu books on grammar and on astronomy and horoscopy as well as the Greek Almagest reached the court of Shapur I (about 250 A.D.); cf. *Menasce*, *Journal Asiatique* 237 (1949) p. 2f.«.

152 Eine davon im Jahre 336: V.A. SMITH, *OHI*, 176; für weitere, vorhergehende und folgende, s. J. FILLIOZAT, *Political History of India from the Earliest Times to the 7th Century A.D.* (= *Classical India* II, Calcutta 1957 [Franz. Original 1947]), 36f., und H. RAYCHAUDHURI, *Political History of Ancient India* (7. Aufl. Calcutta 1972), 409 Anm. 1, sowie BERGER, *WE*, 586.

152a Da das *foedus* unter dem Prinzipat nur noch ausnahmsweise zur Anwendung kam (s. schon MOMMSEN, *Staatsrecht* I, 252) und auswärtige Angelegenheiten in der Kaiserzeit direkt vom Staatsoberhaupt und seinen Beratern wahrgenommen wurden (HOMO, *RPI*, 372), konnte freilich auch die von alters her übliche Publikation (MOMMSEN, ebda., 255-57) entfallen.

Gelasios: »ἐνδοτάτην Ἰνδίαν« und die noch diplomatischere bei *Sozomenos*: »τοὺς ἔνδον τῶν καθ' ἡμᾶς Ἰνδῶν ἀπειράτους μείναντας τῶν Βαρθολομαίου κηρυγμάτων«, wenn sie vom Reiseziel des *Merópios* sprechen[152b], wobei hinsichtlich *Sozomenos* noch besonders angemerkt werden soll, daß er auch hier der von uns bereits herausgestellten Rolle der Vermeidung von anscheinenden Ungereimtheiten durch langatmige Ausführungen treu bleibt.

Wie soeben bemerkt wurde, will *Theodoret* offensichtlich das Reise*ziel* des *Merópios* und seiner Gefährten dort ansetzen, wo auch *Rufin* es gesehen hat — trotz der Argumente Dihles[153], der die Situation bei *Rufin* mißverstanden hat, wie *Sokrates*, *Gelasios* und *Sozomenos*, wenn sie *Rufin*s Werk kannten, woran wohl nicht zu zweifeln ist[154], die Angabe der *India ulterior* für falsch hielten.

Wenn man, ohne ein einseitig verengendes Verständnis geographischer Terminologie, die Angabe des *Rufin*, der ja immerhin kein Geograph war und sich anscheinend auch nur in Italien, Ägypten und Jerusalem über längere Zeiten hin aufgehalten hat[155], daß »das diesseitige Indien, zwischen welchem und Parthien das jenseitige Indien in der Mitte, aber auf eine weite Strecke inwärts liegt«[156] liest, dann ist es nicht unbedingt notwendig, das Wort *interior* »auf eine Lage im Binnenland zu beziehen«, wovon Dihle ausgeht[157]. *Plinius*[158] spricht z.B. von zwei Meeren und sagt: »*in eo sinu duo maria: Ionium in prima parte, interius Hadriaticum*«. *Cicero*[159] hat: »*in Asia, Cilicia, Syria regnisque interiorum nationum*«. Die Bedeutung von *interior*/*-ius* ist in diesen Verwendungen durch auch in geographischer Hinsicht gebildete Leute (φιλόσοφοι!) »weiter entfernt«. Da nun bis ins 5. Jh. hinein eine ungefähre Identität der Bezeichnung *India citerior* und denjenigen in den Angaben bei *Sokrates*, *Gelasios* und *Sozomenos* für die Küstenländer des Roten Meeres, die an Äthiopien grenzen, festzustellen ist[160], stimmt die Auffassung, die Angabe *Rufins India ulterior* beziehe sich auf Vorderindien. Vorderindien liegt in der Tat »in der Mitte zwischen dem Diesseitigen (Inneren) Indien und Parthien, aber eine lange Strecke weiter entfernt«[160a].

152b Siehe unten S. 142-4.

153 *Daten*, 37ff., bes. 41: »Ein Verweis auf das 'richtige' Indien freilich ist unter keinen Umständen seiner [d.h. *Rufins*] Terminologie zu entnehmen«.

154 Siehe unten.

155 ALTANER, *Patrologie*, 392.

156 Latein. Text in Anm. 149.

157 *Daten*, 37.

158 Nat. hist. 3.150.

159 Pro lege Man. 64.

160 DIHLE, *Daten*, 37ff.

160a Das trifft sowohl für die moderne Landkarte als auch die antiken Vorstellungen zu: siehe

Wenn also das Reiseziel des *Merópios* tatsächlich Vorderindien gewesen sein sollte, wie *Rufin* es darstellt und offensichtlich auch *Theodoret* hat[161], und nicht die Gestade des Roten Meeres, wie *Sokrates*, *Gelasios* und *Sozomenos* berichten, auch nicht das von Dihle für *India ulterior* angesehene Aksum[162], würde das (a) natürlich nicht bedeuten, daß die berichtete Zwischenlandung des *Merópios* und die Seinen tragenden Schiffes[163] auch in *India ulterior* stattgefunden haben müßte[163a]. Noch (b) muß mit dem Missionsland, wie Altheim gedacht hat, »allein *India ulterior* gemeint« gewesen sein[164], was unten weiter darzulegen ist.

Was den Text des *Rufin* zumindest etwas schwer verständlich gemacht hat, sind seine »gelehrte« Verkettung der *Merópios-Frumentius-Aidesios*-Geschichte mit *Mētródōros* — eine Ausnahme sollte die andere erklären —, der die zur Zeit *Konstantins* unter sassanidischer Kontrolle stehende nördliche Route nach Vorderindien benutzt hat, und sein Versuch, ebenfalls darzulegen, weshalb, trotz der (legendären) Wirksamkeit mehrerer Missionare in anderen Gegenden des *orbis*[165], »*nullus Apostolicae praedicationis vomer*« Indien (»*quam*«) »*impresserat, quae tamen temporibus Constantini tali quadam ex causa semina fidei prima suscepit*«: Indien war so »*longe remota*« und der Weg dorthin führte durch das Gebiet einer feindlichen, man würde heute sagen, mittleren Großmacht, die sogar die Heere Roms nicht überwinden konnten. Das erklärt zwar noch nicht wirklich, weshalb nicht die »*semina fidei*« in Indien aufgegangen waren, bzw. noch nicht einmal der Boden dafür bereitet war, aber es konnte *Frumentius* als Erfüller des Vorhabens seines Gottes darstellen.

Wertvoll an dieser Manipulation, die eben ihre volle Bedeutung mit der Annahme auch der Missionstätigkeit des *Frumentius* in Indien gewinnen würde, ist auf jeden Fall die erneute Zeitangabe für die berichtete Situation: *temporibus Constantini.*

Nach *Rufin* war »dem *Thomas Parthia*, dem *Matthaeus Aethiopia* und dem *Bartholomaeus* das diesem [*Aethiopia*] anhängende [d.h. sich anschließende] *citerior India sorte decreta*«. Er stellt also, wenn er den *Merópios* gleich dem *Mētródōros* nach Vorderindien reisen läßt — und daran kann bei der

die Karten des *Pomponius Mela* oder des *Ptolemaios*, wie vorgestellt, durch SCHOFF, *Periplus*, 100, und PERTHES, Atlas, Taf. 1b.

161 S. oben Anm. 148.

162 DIHLE, *Daten*, 44.47. Dies bringt ihn sofort in Schwierigkeiten, die Landung des *Merópios* zu erklären (ebda., 45). Andererseits setzt DIHLE, ebda, 40, auch die als »οἱ ἔνδον τῶν καθ' ἡμᾶς Ἰνδῶν« bezeichneten »Bewohner des Binnenlandes« mit denen Aksums und damit dem »Land von Aksum« gleich. Ihm folgt THELAMON, *Païens et Chrétiens*, 53ff.

163 S. unten S. 150f.

163a Gegen DIHLE, *Daten*, 45.

164 *GH* 5, 160.

165 Dazu HARNACK, *MAC*, 107-10.

Iuxtaposition »*Metrodorus ... ulteriorem dicitur Indiam penetrasse. Cuius exemplo etiam*[166] *invitatus Meropius ... adire Indiam voluit* ...«, wohlgemerkt *Indiam* ohne jeden Zusatz, kein Zweifel sein — und den von *Athanasius* geweihten *Frumentius* als *episcopus* nach Indien — wieder einfach »*ad Indiam*« — gelangen läßt[167] — jetzt scheint das ohne sonderliche Schwierigkeiten gleich ein zweites Mal zu klappen[168] —, diesen *Frumentius* bewußt *neben* die oben erwähnten *apostoli*[169].

Das ist anscheinend eine ebensolche »Eigenmächtigkeit«[170] wie seine Einfügung der Angaben »*Matthaeus Aethiopiam, Bartholomaeus Indiam citeriorem*« in seine Übersetzung der bei *Eusebios* in eccl. hist. III 1,1 f. gebotenen Liste der Apostel und der Gebiete ihrer missionierenden Tätigkeit und kann wohl, wenn man die beiden jetzt vorgenannten Änderungen mit der willkürlichen, aber überlegten *Mētródōros-Merópios* - Verbindung zusammensieht, kaum noch als weniger als auf schlechter Überlieferung — zwischen *Eusebios* und *Rufin* (?), angeblich stammt sie ja von *Aidesios*[171], was schon dann sehr unwahrscheinlich ist, wenn man die soeben angeführte Hinzufügung zu *Eusebios* Kirchengeschichte berücksichtigt — oder Phantasie oder aus mangelnder Sorgfalt herrührendem Irrtum beruhende *Geschichtsfälschung* bezeichnet werden.

Oben (S. 139 f.) wurde bereits davon ausgegangen, daß die Aussagen des *Sokrates* das dem *Bartholomaîos* zugeteilte Gebiet zunächst *Aíthiopía* (»συνεμμένη ταύτῃ [d.h. Αἰθιοπία] Ἰνδία«), d.i. »ἡ μέντοι ἐνδοτέρω Ἰνδία« bzw. »Ἰνδοί τε οἱ ἐνδοτέρω« [wo das Attribut »innere« betont herausgestellt wird[172]], und gleichermaßen das Reiseziel des *Merópios* und den Raum der späteren Missionierung durch den dorthin abgeordneten *Frumentius*, die wiederum im Anschluß an den voraufgehenden Text einfach als »οἱ Ἰνδοί« oder als »ἡ Ἰνδική«[173] bezeichnet werden, angeben. Auch *Sozomenos* meint mit »(οἱ) Ἰνδοί«, wie aus dem Zusammenhang seines Textes ersichtlich ist, nicht Vorderindien, sondern »das *Aethiopia* anhängende *citerior India*«[174],

166 Die von *PL* 21, 478 Anm. i, gebotene, angebl. Variante zweier vatikanischer Codices »*Cuius exemplum imitatus*« macht sachlich nichts aus.

167 »*unde venerat*« (*PL* 21, 480).

168 Siehe oben S. 141. Eine Anspielung auf die Gefährlichkeit in *Theodorets* (der ja auch Vorderindien meint) Text: »καὶ τοῦ μεγίστου πελάγους καταφρονήσας«.

169 »... *tanta ei data esse a Deo virtutum gratia dicitur, ut signa per eum apostolica fierent*« (ebda.).

170 So HARNACK, ebda., 109, zu *Rufins* Interpolation in *Eusebios* Werk.

171 Siehe oben S. 138.

172 Siehe zu τε und μέντοι LIDDELL-SCOTT, 1764 (Art. τε B 8) und 1102 (Art. μέν [μέντοι] B II 4b).

173 Hier nicht Vorderindien, wie z. B. aus *Herodot*, hist. 3,98 und 4,40 zu entnehmen, sondern die Gegenden, welche *Aelius Gallus* in den zwanziger Jahren des 1. nachchristlichen Jahrhunderts laut *Strabo*, geogr. 2,118 erreichte.

174 Diese von *Rufin* und *Sokrates* fast gleichlautend gebrauchte Formel paßt nicht nur, weil

da auch er in seiner diplomatisch formulierten geographischen Ortsbestimmung den *Frumentius* ausdrücklich *hinter* den *Bartholomaeus* stellt und ihn in seiner Bedeutung wesentlich schwächer wertet: »Ὑπὸ δὲ τοῦτον τὸν χρόνον, παρειλήφαμεν καὶ τοὺς ἔνδον τῶν καθ᾽ ἡμᾶς Ἰνδῶν, ἀπειράτους μείναντας τῶν Βαρθολομαίου κηρυγμάτων, μετασχεῖν τοῦ δόγματος ὑπὸ Φρουμεντίῳ, ἱερεῖ καὶ καθηγητῇ γενομένῳ παρ᾽ αὐτοῖς τῶν ἱερῶν μαθημάτων«. Seine Ortsangabe kann sich nur auf das Küstengebiet des südlichen Roten Meeres und dessen Hinterland beziehen.

In der Kirchengeschichte des *Gelasios* wird in III,9,4 gesagt, daß zur Zeit (»ἐν ᾧ καιρῷ«) des vertragslosen Zustands zwischen »τοῖς ἐκεῖσε βαρβάροις« und den Römern[175] »ὁ Μερόπιος τὴν ἐνδοτάτην Ἰνδίαν ἱστόρησεν ἅμα Φρουμεντίῳ καὶ Αἰδεσίῳ«. Obwohl der Abbruch der Rückkehr von dieser »Entdeckungs- [oder] Forschungsreise« an »τοῖς κατὰ τοὺς Ἰνδοὺς ἐκείνους τοὺς ἐνδοτάτους διαφέρουσι τόποις« stattfand[176], wurden *Frumentius* und *Aidesios* an den Hof »τοῦ μεγάλου τῶν Ἰνδῶν βασιλέως«[177] gebracht und »τὴν προρρηθεῖσαν ἐνδοτάτην Ἰνδίαν«[178] erreichte ersterer aufs neue nach seiner Abordung durch *Athanasios*, um das Werk seiner Mission dort zu vollbringen. Nun heißt es bei *Gelasios* in III,9,2 auch »εἰ γὰρ καὶ Ματθαῖος Πάρθοις ἐκήρυξε καὶ Βαρθολομαῖος Αἰθίοψι καὶ Θωμᾶς τοῖς τῆς μεγάλης Ἰνδίας Ἰνδοῖς, ἀλλὰ τοῖς πόρρω Ἰνδοῖς Πάρθων καί τισιν ἔθνεσι πλησιοχώροις αὐτῶν οὔπω ἦν ὁ περὶ Χριστοῦ λόγος γνώριμος« und in III,9,16 »Πλείστη δὲ τοῦ θεοῦ χάρις προσετέθη μετὰ τὴν χειροτονίαν τῷ ἀνδρί, τὰς ἀποστολικὰς ἀφιέντι ἀκτῖνας«. Das bedeutet doch nichts anderes, als daß auch *Gelasios* den *Frumentius* zu apostolischen Ehren bringt und für ihn zwar *Thomas* der Missionar »der Inder des großen Indien« (= *Rufins ulterior India*) ist, *Frumentius* aber gleich dazukommt für »die weit von den Parthern lebenden Inder und einige der ihnen benachbarten Völker«.

Hier hat *Gelasios* also wieder einmal von einem anderen Schriftsteller oder einer mündlichen Tradition geliehen oder mehrere Vorgänger benutzt[179], am wahrscheinlichsten ist seine Abhängigkeit von *Rufin*. Mit seinem Superlativ »ἐνδοτάτη Ἰνδία« und der Zuerkennung der Apostolizität des *Frumen-*

Sozomenos diese Gegend gleichermaßen als ursprünglich dem *Bartholomaeus* zugeteilt angesehen hat und nach *Sozomenos* der *Frumentius* — anders als *Rufin* es hat — direkt in die Fußtapfen des *Bartholomaeus* tritt (s. das Zitat unten), und nicht nur wegen der sehr alten Identifizierung der Namen *Aithiopia* und *Meroe/Kusch*, sondern auch auf Grund der Nachrichten betreffend die relativ späte Ausdehnung des Gebrauchs des Namens *Aithiopia* in Richtung Ost-Südost, d.h. erst etwa zur Zeit *ʿĒzānās* von Aksum (s. hierzu DIHLE, *Daten*, 65ff.).

175 Siehe oben S. 138f.

176 *Gelasios*, eccl. hist. III,9,5. I.ü. siehe unten.

177 Ebda., 7.

178 Ebda., 15.

179 ALTANER, *Patrologie*, 227f.

tius scheint *Gelasios* einen Mittelweg zwischen *Rufin* und dem adverbialen simplex »ἔνδον ... καθ' ἡμᾶς« des *Sozomenos* und dem dazu gehörigen Komparativ »ἐνδοτέρω« des etwas früheren *Sokrates* gewählt zu haben.

Das Ringen um Eigenständigkeit und Eigenartigkeit jedes dieser antiken Geschichtsschreiber im nicht nur zeitlichen Gefolge *Rufin*s, möglichst objektiv nur das zu sagen, was er verantworten zu können glaubte, wird bestätigt, wenn man auch die Aussagen von *Sokrates*, *Sozomenos* und *Theodoret* hinsichtlich des Verhältnisses des *Frumentius* zu den Taten der herkömmlich-eigentlichen Apostel, der überlieferten Apostel der Urkirche[180] beachtet.

Während *Theodoret* es so geklärt sieht, daß *Frumentius* »ἀποστολικαῖς ... κεχρημένος θαυματουργίαις τοὺς ἀντιλέγειν τοῖς λόγοις πειρωμένους ἐθήρευε, καὶ ἡ τερατουργία μαρτυροῦσα τοῖς λεγομένοις[181] παμπόλλους καθ' ἑκάστην ἡμέραν ἐζώργει«, *Theodoret* also den gehörigen Abstand zu den Aposteln wahrt, schweigt sich *Sokrates* aus und versucht *Sozomenos* so mit der ihm vorliegenden Information fertigzuwerden, daß *Frumentius* seinem Dienst als Priester so rühmlich nachgegangen sei, daß er von allen, die ihn prüften (versuchten), gelobt wurde, »nicht weniger als sie die Apostel bewundern«[182].

Wie bereits deutlich geworden sein sollte, beruhen die vorstehend aufgezeigten Diskrepanzen auf der Unglaubwürdigkeit der von *Rufin* gebotenen Behauptung, *Frumentius* habe als (quasi-)Apostel Indien bekehrt, und weil sie ihnen offensichtlich war, hat jeder der anderen Autoren versucht, sich auf seine Weise mit *Rufin* auseinanderzusetzen, ohne seinem Gewährsmann[182a] — um niemand anders kann es sich gerade im Hinblick auf die von jedem zwar ziemlich verdeckt, aber doch anhaltend und deutlich geübte Kritik mit ihren Ersatzangeboten und Umbiegungs- und Interpretationsbestrebungen handeln —, dem bedeutenden Übersetzer der Kirchengeschichten des *Eusebios* und des *Gelasios* von Caesarea (gest. 395), zu sehr auf die Füße zu treten[182b].

180 Siehe hierzu gegenüber den üblich vereinfachenden Zusammenfassungen, wie etwa bei H. RIESENFELD, »*Apostel*«, *RGG* 1 (1957), Sp. 497-99, schon HARNACKS gründliche Behandlung in *MAC*, 332-44.

181 μαρτυρέω c. dat. rei wie in POxy 494.33 (2. Jh. n. Chr.) u.a.

182 »... Φρουμέντιος ... λέγεται τοσοῦτον εὐκλεῶς τὴν ἱερωσύνην μετελθεῖν, ὡς ἐπαιρεθῆναι παρὰ πάντων τῶν αὐτοῦ πειραθέντων, οὐχ ἧττον ἢ τοὺς ἀποστόλους θαυμάζουσι«.

182a *Sokrates* gibt seine Abhängigkeit von *Rufin* zu (s.o. Anm. 143).

182b Auch Frau THELAMON, *Païens et Chrétiens* (76-83) vermeidet dies vornehmlich durch ihren Anschluß an DIHLE (s. oben Anm. 162) trotz ihrer Schwierigkeiten mit den Datierungen *'Ēzānās* und *Še'ezānās*. Vgl. schon die kritische Rezension von R. LORENZ in *Theologische Literaturzeitung* 107,12 (Berlin, 1982) Sp. 906-8, der freilich meint: »Die Zuverlässigkeit Rufins wird erwiesen«, insofern auch für ihn »Rufin« hinsichtlich »der Mission unter den Barbaren« »die Quelle sowohl der griechischen Kirchenhistoriker als auch ... der späteren äthiopischen ... Überlieferung ist.«

Damit gehört dieser von uns zutage geförderte Gelehrtenstreit, der immerhin so verdeckt ausgetragen wurde, daß Dihle zu seiner oben in Anm. 145 zitierten in erheblichem Maße fehlgehenden Beurteilung kommen konnte, in den breiteren Rahmen der Auseinandersetzungen um die Missionslegenden, die zwar schon seit dem letzten Viertel des 2. Jh.s durch die Gattung der apokryphen Apostelgeschichten in Gang gekommen waren, aber erst im 4. Jh. zum »Wuchern« derselben führten, wie Harnack dargelegt hat[183]. Während »zunächst die Tätigkeit der Apostel ausgeschmückt [wurde], die wirklich als große Missionare wirksam gewesen waren (Petrus, Paulus, Thomas) ... griff [die Legende] dann auch auf die anderen Apostel über. Fast immer nur für das Zeitalter, in welchem diese Apostelromane entstanden sind, niemals aber für die ältere Zeit, ist aus ihnen etwas zu lernen ...«[184]. »In einigen Fällen muß man es bezweifeln, daß die christliche Predigt überhaupt schon in das Land damals gekommen war, als der Erzähler von der Wirksamkeit eines Apostels daselbst fabulierte. Die 'Apostelgeschichten' gehören ihrer literarischen Gattung nach ja auch in das Gebiet der Beschreibungen unentdeckter Länder und Völker«[185].

In der Tat spiegelt sich auch in der *Merópios-Aidesios-Frumentius*-Geschichte mit ihren bereits als Zutaten herausgestellten Ausführungen zum Rahmen die für die Apostellegenden typische Situation wider, die in diesem Fall auch noch durch die Variationen in der Anführung von Aposteln neben der des *Frumentius* für die die Autoren interessierenden Gebiete verdeutlicht wird. Die folgende Übersicht sollte dafür von Nutzen sein:

	Rufin	*Sokrates*	*Sozomenos*	*Theodoret*	*Gelasios*
Parthia	Thomas	Thomas	—	—	Matthaeus
Aethiopia	Matthaeus	Matthaeus	—	—	Bartholom.
India cit.	Bartholomaeus	Bartholom. & Frumentius[185a]	Bartholom. & Frumentius[185a]	—	Frumentius
India ult.	Frumentius	—	—	Frumentius	Thomas

Aus vorstehender Aufstellung sollte deutlich sein, daß das Schweigen bei *Sozomenos* und *Theodoret* nicht auf Nichtbehandlung von Aussagen, die ihnen unwichtig erschienen sein könnten, beruht, sondern sehr beredt ist.

183 *MAC*, 107-110, bes. 107f.

184 Ebda., 108.

185 Ebda., 108 Anm. 1.

185a So auch der von allen unter Anm. 5 und 6 aufgeführten Kirchenhistorikern abhängige und diese harmonisierende, im 14. Jh. schreibende byzantinische »Thukydides« *Nikephoros Kallistos* in seiner derartigen Behandlung der *Meropios-Aidesios-Frumentius*-Geschichte in eccl. hist. VIII 35 (= *PG* 146 [1865], Sp. 131ff.), der freilich »die diesseitigen, nach unseren Gegenden gewandten Inder« im alten Südarabien (»zuerst Sabäer, dann Homeriten [= Himjariten] genannt«) sucht.

Offensichtlich wollten sie nicht wiederholen, was ihnen falsch erschien, während *Gelasios*, der späteste, gemäß den ihm vorliegenden Legenden »korrigiert« hat. So hat er u.a., im Gegensatz zu allen anderen, den *Thomas* für Vorderindien angesetzt, dessen »Legende als dem Apostel Indiens sich im Lauf des 4. Jh. fast allenthalben durchsetzt«[186].

Wenn also die bisher besprochenen Variationen, und es handelt sich doch um ganz erhebliche Abweichungen der einzelnen Schriftsteller voneinander und insbesondere von *Rufin*[187], auf die individuelle Einstellung jedes Autors insbesondere zu den Apostellegenden zurückgeführt werden können, versinkt die Frage nach ihren Abhängigkeiten etwa von *Aidesios*, wie von einigen behauptet[188], oder untereinander[189] oder von dritten[190] zur Bedeutungslosigkeit, wenngleich *Rufin* allen anderen die *Meropios-Aidesios-Frumentius*-Geschichte behandelnden Autoren zeitlich und in der Behandlung des Stoffes vorangegangen und diese positiv und negativ beeinflußt haben wird[191].

Nach der von uns vorgenommenen Behandlung seines negativen, das Bild der Geschichte, wenn es sich um solche und nicht nur um eine Legende bei der *Meropios-Aidesios-Frumentius*-Geschichte gehandelt haben sollte — und wir gingen bisher von ihrer historischen Wahrheit aus, wie sich noch zeigen wird, zu Recht —, verzerrenden Einflusses, muß man, wenn man feststellen will, welcher positive Wert in *Rufins* und seiner Kollegen Berichten steckt, also erst einmal ausklammern, daß zwei antike Zeugen, d.h. *Rufin* und *Theodoret* in ihren anderweitig voneinander teilweise variierenden Berichten gemeinsam als Feld der missionarischen Tätigkeit des *Frumentius* Vorderindien angenommen haben, die drei anderen, *Sokrates*, *Sozomenos* und *Gelasios* sich faktisch für die *India citerior* (*Aethiopiae adhaerens*) entschieden.

Der zum Vergleich mit der äthiopischen Überlieferung zur Verfügung stehende Stoff der eigentlichen *Meropios-Aidesios-Frumentius*-Geschichte läßt sich am besten aufgegliedert zugänglich machen[192].

186 So richtig DIHLE, *Daten*, 47.

187 Gegen ALTHEIMS (*GH* 5, 158ff.) einseitige Bevorzugung *Rufin*s und DIHLE, v. Anm. 145.

188 Siehe oben S. 138.

189 Siehe bereits oben S. 140 und 142ff. sowie das Folgende.

190 DIHLE, v. Anm. 145.

191 Anders merkwürdigerweise der um 578 geborene Chronist und Historiker *Theophanes*, der behauptete, daß »die diesseitigen Inder die Lehre Christi annahmen, als *Meropios*, ein Philosoph aus Tyros, seine Schüler *Aidesios* und *Frumentios* mit sich führte und ihnen nach Ausführung einer Reise zu den dort gelegenen, noch zu nennenden Orten Gottes Wort predigte. *Frumentios* wurde als erster Bischof bei ihnen von *Athanasios* geweiht«.

192 Nur für die folgende Aufstellung gelten die Abkürzungen R = *Rufin*, S = *Sokrates*, So = *Sozomenos*, T = *Theodoret* und G = *Gelasios*. Griechische Worte und Namen werden, auch wenn sie lateinisch überliefert sind, in der griechischen Form angeführt. Nichterwähnung eines Autors hinter einer Eintragung bedeutet fehlende Überlieferung, es sei denn er erscheint in einer anderen Abteilung mit einer Alternative.

A *Mit den äthiopischen Texten ungefähr übereinstimmende Überlieferung*:

1. *Meropios*: ein φιλόσοφος:	R, S, So, T[193], G: »ein bemerkenswerter Philosoph«[194]
2. *Meropios*: aus Tyros:	alle
3. Mit ihm zwei (kleine) Knaben[195]:	alle
4. Dem *Meropios* verwandt:	S, So, G, T[196]
5. Deren Namen waren *Aidesios* und *Frumentius*:	alle (mit variierender Reihenfolge)
6. Tötung aller, außer den beiden Knaben:	R, S, So, G[197]
7. Die Knaben werden dem König	
a) gebracht:	R, So, T
b) geschenkt:	S, G
8. a) *Aidesios* wird Haushofmeister:	T[198]
b) *Frumentius* wird Sekretär des Königs:	R[199], S
9. Tod des Königs:	alle
10. Hinterbliebene: Ehefrau mit kleinem Sohn:	R, S, So, [T[200]], G[201]
11. Wahrnehmung der Herrschaft im Königreich, bzw. Teilhabe an ihr seitens der *Frumentius* und *Aidesios*:	R, S, So, G[202]
12. Sorge für den verwaisten Prinzen:	S, So, T, G[202]
13. Erbauung eines »Bethauses«:	S[203]

193 S. a. B 1.

194 »ἐν φιλοσόφοις ἐπίσημος«.

195 Siehe aber den Gebrauch von παῖς im Sinne von »Sohn« für den Sohn des verstorbenen Königs der »Inder« bei *Theodoret*.

196 S. a. C 1 und dazu Anm. 210a.

197 Anders *Theodoret*: siehe C 4 f).

198 Zusammen mit *Frumentius*; s.a. D 2.

199 Und Schatzmeister; s.a. D 2 b).

200 Nur der Sohn, jedoch nicht die Ehefrau wird erwähnt.

201 Hier erscheint die »Mutter« des halbwaisen Prinzen erst im Zusammenhang des Begehrens der *Aidesios* und *Frumentius*, heimzukehren.

202 Etwas variierend: »οἱ περὶ Φρουμέντιον ἐφεξῆς πάσης τῆς βασιλείας τοῦ παιδὸς ἐπίτροποι« und »... τὰ τῆς βασιλείας τοῦ παιδὸς ἰθύνοντες πράγματα«. Vgl. *Sokrates* Abs. 14 »οἱ περὶ Φ.«

203 εὐκτήριον; falsch, gleichwohl diesen Text stützend *Rufin*, *Sozomenos* und *Gelasios*: s. D 3. Vgl. a. Anm. 217.

14. Nach dem Heranwachsen des Prinzen dürfen *Frumentius* und *Aidesios* das Königreich verlassen, um in ihre Heimat zurückzukehren :	R, S[204], So, T (nur indirekt), G
15. *Aidesios* kehrt nach Tyros zurück :	alle
16. *Frumentius* geht nach Alexandrien :	alle
17. Dort war »soeben« (»νεωστί«) *Athanasios* Bischof geworden :	S
18. *Frumentius* berichtet dem *Athanasios* was vorgefallen sei :	S, So, T, G
19. Wie sie erwarteten (hofften), würden die »Inder« den Χριστιανισμός annehmen :	S, T (der Sache nach), G
20. Es geht um deren »Rettung« (»σωθῆναι«) :	S
21. Diese brauchen einen Bischof, *Athanasios* soll einen schicken :	R, S[205], So, G[206]
22. Weihe des *Frumentius* zum Priester und Bischof :	R, S, So, T (indirekt), G[206]
23. Aussendung des *Frumentius* und seine Rückkehr nach »Indien« :	alle
24. a) Seine dortige Predigt- und Lehrtätigkeit :	S, T, G (indirekt)
b) *Frumentius* als Priester :	R (indirekt), So, G
c) Bekehrung »Indiens« zum Christentum :	alle

B *Über die äthiopische Überlieferung hinausgehende, dieselbe mit Recht ergänzende Angaben* :

1. *Meropios* war »τῆς θύραθεν φιλοσοφίας μετέχων« :	T
2. a) *Meropios* reiste auf dem Seeweg nach »Indien« :	S
b) Er wollte über Ägypten nach Hause zurückkehren :	So

204 »ἀνεχώρουν ἐπιθυμίᾳ τῆς ἐνεγκαμένης«. Hinsichtlich dieser Unklarheit vgl. oben S. 129.

205 »ἐπίσκοπόν τε καὶ κλῆρον ἀποστέλλειν«.

206 *Athanasios* war »ἐπίσκοπος τῆς ᾿Αλεξανδρέων« und »τότε τῆς ἐκεῖσε ἀρχιερωσύνης κατέχων τοὺς οἴακας« (*Gelasios*; ähnlich *Theodoret*).

3. a) Als *Frumentius* und *Aidesios* im Raum von Aksum ihre Ämter als Prinzenerzieher und Regenten ausübten, gab es dort schon Christen aus dem römischen Reich[207]:	alle
b) Diese fungierten als	
α) »Agenten«:	R
β) »Kaufleute«:	S, So, T
c) Mit ihrer Hilfe fand(en) die erste(n) Gemeindebildung(en) statt:	alle
d) Einige der »Inder« wurden bereits in die »Kirche« aufgenommen:	R (indirekt), S[208], So (indirekt[209]) T (indirekt[209]), G[210]
4. »ut provideat [*Athanasios*] virum aliquem dignum, quem ... episcopum mittat«:	R, So (ähnlich), T (indirekt[209]) G (indirekt[209])
5. Nach seiner Rückkehr nach »Indien« baute *Frumentius* viele Kirchen:	R, S, G
6. Nach seiner Rückkehr wurde *Aidesios* in Tyros	
a) Priester:	S
b) Presbyter:	R, So, G

207 Siehe C 8; siehe auch oben Anm. 114.

208 *Sokrates*: »καί τινας τῶν Ἰνδῶν κατηχοῦντες συνεύχεσθαι αὐτοῖς παρεσκεύασαν«. Man wird unwillkürlich an die Situation erinnert, die für das 4. Jh. nach den Katechesen des Bischofs *Kyrillos* (um 350) und den »apostolischen Konstitutionen« für Jerusalem so plastisch von LIETZMANN (*Gesch.* III,292ff.) beschrieben worden ist, nur fehlten eben der geweihte Bischof und sonstige Kleriker. Vielleicht berichtet *Sokrates* aber nur das, was er aus seiner Lebenssituation kennt, und verfälscht so das Bild von den Anfängen der Mission im aksumitischen Reich. Immerhin paßt die beschriebene Sachlage zum späteren Verlangen eines Bischofs durch *Frumentius*, und man kann sich die Vorgänge auch nicht viel anders vorstellen.

209 Siehe den Bericht über die Gedanken des *Athanasios*.

210 *Gelasios* stellt die Unterweisung von »Indern« als schon vor der Sammlung der »Auslandsrömer« vorhergesehen dar.

C *Aussagen, die mit der äthiopischen Überlieferung nicht übereinstimmen, jedoch durchaus historisch wahrheitsgemäß sein können*

1. *Frumentius* und *Aidesios* waren wohl »Neffen, Brudersöhne«, vielleicht auch »Schwestersöhne«[210a], des Meropius: T
2. a) Die Knaben wurden/waren in der Kunst zu denken und sich in Worten auszudrücken liberal erzogen: R, So, G (ähnlich[211])
   b) Sie konnten griechisch sprechen: S[212]
   c) Sie hatten *Meropios* gebeten, sie mit auf die Reise nach »Indien« zu nehmen, um sich so weiterzubilden: G
   d) Sie waren (zusammen) zu gottesfürchtigen Menschen (εὐσεβεῖς), also Christen erzogen: T, G
3. a) *Aidesios* — der jüngere: R, So
   b) *Frumentius* — der ältere: R (indirekt), So
4. a) Auf der Rückfahrt will der Kapitän Wasser und Proviant nehmen, er läuft einen »Hafen« an: R, S, So, G (ausgeschmückt)
   b) Das Schiff hat auch mit widrigem Wind zu kämpfen: G[213]

210a Wenn die Akzentuierung als ἀδελφιδοῖς vorherige Kontraktion verdeckt. Sollte der Plural von ἀδελφιδός gemeint sein, würde die Übersetzung durch »geliebte« (Knaben) möglich sein, jedoch wegen mangelnder Begründung des Vorkommens dieses seltenen Wortes wohl kaum zutreffen (s. LIDDELL-SCOTT, 20).

211 »παῖδας ... μεμνημένους μὲν εἰς ἄγαν πᾶσαν τὴν τῶν πραγμάτων παιδείαν, σπουδὴν δὲ ἔχοντας <εἰς> ἱστορίας ἁπάσης φιλομάθειαν ...«: Daher C 2 c).

212 Zumindest nach Ansicht des *Sokrates*, der es offensichtlich für normal (vgl. oben Anm. 98) hält, daß die Kinder von Einwohnern der Provinz Syria Phoenice kein Griechisch, sondern Aramäisch und/oder gelegentlich noch ein vielleicht etwas aramaisiertes Spätphönizisch (s. jetzt die Behandlung der Inschrift von El-Wāsta [= KAI 174] in B.W.W. DOMBROWSKI, *Der Name Europa auf seinem griechischen und altsyrischen Hintergrund* ..., Amsterdam 1984, S. 193-211) sprechen, eine Auszeichnung, die wohl der Aussage von C 2 a) ungefähr gleichbedeutend sein soll.

213 Unter Berücksichtigung der bei *Theodoret* gebotenen Verwendung der Worte »ὑδρείας δὲ χάριν« und der Stelle »μὴ δυνηθέντες προβῆναι ἀνέμων ἐναντιότητι κωλυθέντες« bei *Gelasios* war ALTHEIMS (*GH* 5,157f.) Attacke gegen B. SPULER höchst unangebracht. Vermutlich hat ALTHEIM selbst nicht alle Quellen sorgfältig gelesen. Das legt ja auch schon seine starke Bevorzugung von *Rufin*s Bericht nahe. Richtig ist zwar zugestandenermaßen, daß die von *Theodoret* wohl als »Neffen« bezeichneten Knaben (s. oben C 1) auch nach *Theodoret* keine Brüder gewesen zu sein brauchen, doch ist wohl anzunehmen, daß *Theodoret* sie als von *einem* Bruder oder auch *einer* Schwester des *Meropios* stammend gedacht oder durch Überlieferung übermittelt bekommen hat, und dann waren sie eben doch Brüder oder wenigstens Halbbrüder.

c)	Möglicherweise: Das Schiff zieht Wasser[213]:	T
d)	Zumindest Teile der Besatzung und Passagiere gehen an Land:	R, G
e)	Das Schiff wird überfallen:	R, S, So, T
f)	»Die einen warfen sie über Bord[214], die anderen aber versklavten sie.«:	T
g)	Die Barbaren haben »Erbarmen« mit den zwei Knaben:	R, S, So, G
5. a)	Der König der »Inder« hat Gefallen an den ihm zugeführten Knaben:	S
b)	Er sieht, die Knaben sind begabt:	T
c)	Besonders *Frumentius*:	R, So, G
d)	Dieser gilt auch als besonders zuverlässig:	R
6. a)	*Frumentius* und *Aidesios* werden vom König in Ehren gehalten und geliebt:	R
b)	Der König läßt *Frumentius* und *Aidesios* frei:	R, S, So
7. a)	*Frumentius* und *Aidesios* bleiben auf Bitten der verwitweten Königin in deren Reich und am Hof[215]:	R, S, So, G (indirekt[216])
b)	*Frumentius* hat die höhere Stellung inne:	S
c)	Die ausländische Herkunft der beiden Männer soll sich günstig auf die Erziehung des Prinzen auswirken:	G
d)	Sie sind während der Knabenerziehung »πλείονος τιμῆς ἀπολαύοντες«:	T
e)	Der Prinz kommt ins Mannesalter:	R, S, So, G
f)	Auf ihre Bitten hin entläßt (entlassen) der junge König (und seine Mutter) *Frumentius* und *Aidesios* in ihre Heimat (mit ausschmückenden Variationen):	alle

214 Zu beachten ist, daß *Theodoret* nichts von einer Ausschiffung sagt. Offensichtlich war er der Meinung, daß es sich bei den *Bárbaroi* um Piraten handelte, die das Schiff des *Meropios* schon vorher überfielen.

215 Siehe oben A 11.

216 Diese hat ja, laut *Gelasios*, noch im Mannesalter ihres Sohnes erheblichen Einfluß.

8. a) Während seiner Zeit als Erzieher und Regent sind dem *Frumentius* göttliche Offenbarungen zuteil geworden:	So
b) Die Anregung zur Bildung einer (mehrerer) christlicher Gemeinde(n) kam von Gott:	R, So
c) Sie schritten dazu, »weil sie in Frömmigkeit aufgezogen worden waren«:	T
9. Altäre, die im Boden verankert waren, konnten sie freilich nicht aufstellen, da ihnen die priesterliche Autorität fehlte[217]:	G
10. *Frumentius* zieht den Eifer um die göttlichen Dinge seinen Eltern vor[218]:	T; milder Anklang auch bei So[218a]
11. a) An *Athanasios* gerichtete Worte des *Frumentius*	
α) Gottes Werk darf nicht verborgen werden:	R

217 Die Bemerkung »εἰ καὶ μὴ δύναιντο θυσιαστήρια πηγνύναι τῷ μὴ παρεῖναι αὐτοῖς αὐθεντίαν ἱερωσύνης« als Hinweis auf die Voraussetzung einer Vollwertigkeit von Kirchen kann auf Repristination beruhen. Andernfalls ist sie eine beachtliche Ergänzung zum Verlangen des *Frumentius* nach einem Bischof (siehe A 21), zur Notiz, daß *Frumentius nach* seiner Rückkehr nach »Indien« viele Kirchen baute (siehe B 5), und — zusammen mit anderen Indizien (siehe unten S. 156ff.) — für die Datierung der *Meropios-Aidesios-Frumentius*-Geschichte, denn nicht nur wurden zwar bereits in der Mitte des 3. Jh. im Osten des römischen Reiches die Altäre dauerhaft verankert und hatten sie ihren festen Platz im Kirchenraum und war um 400 n. Chr. der feststehende Altar überall gebräuchlich, es wurde vielmehr »eine gewisse Heiligkeit« dem Altar erst »mitgeteilt durch die Weihe, die ihn für seine Bestimmung, Thron des Hl. Geistes u. Christi zu sein, vorbereiten« sollte, und eine förmliche Weihe wie die Gotteshäuser selbst erfuhren die Altäre in Ost und West des römischen Reiches »spätestens seit der 1. Hälfte des 4. Jh.« (J.P. KIRSCH, »*Altar III (christlich)*«, *RAC* I, Sp. 334-54, bes. 335.352 [unter Berufung auf J. BRAUN, *Der christliche Altar in seiner geschichtlichen Entwicklung* I (München 1924), 169-74, und F.J. DÖLGER, »*Die Heiligkeit des Altars und ihre Begründung im christlichen Altertum*«, *Antike und Christentum* II (Münster 1930), 180-82], und H. CLAUSSEN, »*Altar III. Im Christentum*«, *RGG* 1, Sp. 255-262).
Mit seiner Betonung der Notwendigkeit priesterlicher Autorisierung, d.h. Weihe, als des Wichtigsten für die Verankerung eines Altars als Voraussetzung des Baus einer vollgültigen Kirche nennt *Gelasios* hier also eine Situation, wie sie in der konstantinischen Zeit normal war, aber eben nicht viel früher.

218 Denkt *Theodoret* hier nur an die Situation von Mc 3,33-35 // Mt 12,48-50 // Lc 8,21? Immerhin sind sich alle Berichte über die ἀποδημία des *Frumentius* einig.

218a »Φρουμέντιος δὲ τὴν ἐπὶ Φοινίκην ὁδὸν τέως ἀναβαλλόμενος, ἀφίκετο εἰς ᾽Αλεξάνδρειαν.«

β) Das unter den Βάρβαροι geschehene göttliche Werk darf nicht übersehen werden:	G
b) *Athanasios* geht mit sich selbst zu Rate:	R, S
c) Er berät sich mit anderen (»*in consilio sacerdotum*« u.ä.):	R, So
d) Worte des *Athanasios*:	R, S, T, G
12. a) Frumentius verläßt »τὴν πατρίδα«:	T
b) Er begibt sich auf den Seeweg:	T
13. Gott schenkt ihm seine Gnade:	R, S, So (indirekt), T, G
14. Die Informationen betreffend die *Meropios-Aidesios-Frumentius* - Geschichte stammen von *Aidesios*:	R, S[219], G

D *Aussagen, die mit der äthiopischen Überlieferung nicht übereinstimmen und vermutlich oder sicher falsch sind*:

1. a) Vertragloser Zustand zwischen Römern und Βάρβαροι:	R, S, So, G[220]
b) *Also usus*, Römer zu töten:	R, G[221]
c) Die Knaben sitzen unter einem Baum	
α) »meditantes et lectiones suas parantes«:	R
β) Sie sind dabei, ihre Zeit lesend zu verbringen:	G[222]
2. Die Stellungen der Frumentius und Aidesios unter dem alten König:	
a) *Aidesios* ist Mundschenk:	R, S, So, G[223]

219 Über *Rufin*.

220 Siehe oben S. 138 f.

221 Anders die unkomplizierte Feststellung der Tötung von Besatzung und Passagieren des Schiffes unter Ausnutzung des Fehlens eines Vertrages (*Sokrates*) bzw. unter Nichterwähnung eines solchen (*Theodoret*). Vgl. oben A 6 und C 4 f).

222 Das Ganze mag auf vagen Erinnerungen an Abbildungen des *Buddha* unter dem Baum in Buddha Gaya (vgl. Buddhacarita IX,8 und den Vergleich dazu mit *Indra*s Sohn *Jayanta* unter dem *pārijāta*-Baum ebda. IX,12) beruhen.

223 Dagegen zusammen mit *Frumentius* Haushofmeister bei *Theodoret* (vgl. A 8 a). Die überwiegende Anführung der angeblichen Funktion als Mundschenk schmeckt sehr nach Abwertung des *Aidesios* seitens der Berichterstatter, vor allem angesichts der generell vorgenommenen Höherbewertung des *Frumentius* (vgl. A 8 b) und C 5 c) f.; 7 b); 8 a)) im Zuge des vornehmlichen Interesses an seiner Person (s. weiter unten S. 156 ff.).

b) *Frumentius* ist	
α) Sekretär und Schatzmeister :	R[224]
β) Schatzmeister :	G
γ) Haushofmeister und Schatzmeister :	So
δ) Haushofmeister :	T[225]
3. Während seines ersten »Indien«-Aufenthaltes richtete ein und/oder erbaute *Frumentius*	
a) *aedificia* »*ut Christianorum inibi semen exsurgeret*« :	R
b) Gebetsstätten in Privathäusern :	S[226]
c) Bethäuser :	So, G
d) Gemeindehäuser (= οἴκους ἐκκλησίων) :	G[227]
4. Zusammenschluß der Gemeinden zu einer Kirche :	G[228]
5. Nur der junge König wird um Freilassung gebeten :	T[229]
6. Nach seiner Rückkehr nach »Indien«	
a) vollbringt *Frumentius* Wunder und Heilungen :	S, So, T, G
b) setzt *Frumentius* Zeichen :	alle[230].

Aus der vorstehenden Aufstellung wird deutlich, in welch weitgehendem Maße die antiken Berichte sowohl von den späteren äthiopischen als auch untereinander in vielen Einzelheiten der eigentlichen *Meropios-Aidesios-Frumentius*-Geschichte und nicht nur hinsichtlich ihres Rahmens variieren, so daß man keine bestimmte Gruppierung oder einen Urtext mit davon abhängigen, untereinander enger verwandten, hauptsächlich reproduzierten »Filialtexten«, etwa in *Rufin* oder seiner wahrscheinlichen Vorlage [d.h. der Kirchengeschichte des *Gelasios* von Caesarea mit dem von *Rufin*, *Sokrates* und *Gelasios* von Kyzikos angegebenen Gewährsmann *Aidesios*, also vielleicht einer »Aidesischen Überlieferung«], und von *Rufin* oder seiner Vorlage ab-

224 Aber nur Sekretär bei S (vgl. A 8 b)).
225 Zusammen mit *Aidesios* (vgl. A 8 a)).
226 *Danach* Erbauung eines Bethauses (siehe A 13).
227 Siehe aber C 9 und dazu Anm. 217.
228 Hier hat *Gelasios* falsch repristiniert und Kommen und Tätigkeit des (geweihten) Bischofs *Frumentius* vorgegriffen.
229 Siehe aber C 6 b) und 7 f).
230 Siehe schon oben S. 141-6.

hängigen Autoren ausmachen kann. Andererseits ist in allen Versionen der gleiche Kern enthalten, und man kann überdies bei ihrem gründlichen Studium Zweifel der Geschichtsschreiber an der ihnen zugekommenen Überlieferung[231] oder etwa ihre Auseinandersetzung mit bestimmten Themen durch den Text hindurch erkennen, wo man Bezugnahmen auf solche findet[232]. Schließlich läßt sich aber auch einiges zusätzliches oder korrektives Material den äthiopischen Texten an die Seite stellen, das der historischen Beurteilung der *Meropios-Aidesios-Frumentios*-Geschichte zugute kommt.

Auf einiges ist bereits oben, vor allem unter B, hingewiesen worden. Dennoch erscheint die Unterstreichung und ggf. Besprechung von Aussagen nützlich, die für die Beurteilung der im folgenden Abschnitt IV zu behandelnden Sachkomplexe aufschlußreich sind.

1. Es gibt keinerlei Abweichungen von der Überlieferung, daß *Meropios*, *Frumentius* und *Aidesios* aus Tyros in Phönizien stammten und welche Beziehungen sie, soweit sie das Massaker auf der Rückfahrt aus »Indien« überlebt hatten, auch später dazu hatten.
2. Nur *Rufin*, der sich ja ausdrücklich auf *Aidesios* beruft, sagt nichts von einem Verwandtschaftsverhältnis zwischen *Meropios* und den Knaben. In Betracht, daß die »Kurzen Chroniken« nur indirekt von *Meropios* als Vater des *Frumentius* sprechen[233] und *Aidesios* als für den Verlauf der äthiopischen Geschichte uninteressant gar nicht erwähnen, die griechischen Texte jedoch die Verwandtschaft angeben und *Theodoret* die Knaben sogar spezifisch als »Bruder-« oder »Schwestersöhne«, d.h. als »Neffen« bezeichnet[234], kann man wohl nur von einem Verwandtschaftsverhältnis sprechen.
3. Ähnlich wird man sich hinsichtlich anderer relativ kleinerer Unstimmigkeiten, wie etwa der Variationen in den Angaben der Stellungen, die *Frumentius* und *Aidesios* am Hofe des alten Königs der »Inder« bekleideten[235], zu verhalten haben, die aus der Aufstellung zu entnehmen sind und die nur für das Gesamtbild der Überlieferung wichtig, aber nicht entscheidend sind.
4. Von *besonderer* Wichtigkeit sind dagegen beispielsweise:
   a) die in der äthiopischen Überlieferung fehlende Behauptung, daß sich *Frumentius* in seinen Bemühungen um Christianisierung während seiner

231 Siehe oben S. 135 ff.
232 Siehe oben S. 141-6.
233 Siehe oben S. 115 und 133 f.
234 Siehe C 1.
235 Siehe A 8, D 2 und dazu die Angaben betreffend die Situation in Aksum im *Senkesār*.

Regentschaft auf Auslandsrömer gestützt habe[236], — das gibt nämlich guten Sinn;

b) die Angabe, *Meropios'* Schiff habe seine Segel in Richtung Ägypten gesetzt gehabt[237], — das ist nämlich wichtig für die Lokalisierung des Landes, in dem *Frumentius* und *Aidesios* gefangen gehalten wurden und dann zu hohen Würden kamen;

c) daß, worin alle Berichte übereinstimmen, *Frumentius* eine vieljährige, erfolgreiche Tätigkeit als Missionar im selben Land ausgeübt habe, in dem er und *Aidesios* zuvor als Gefangene gelebt hatten, — dies ist für die Chronologie zu berücksichtigen;

d) daß *Frumentius* zu *Athanasios* gekommen sei, als dieser gerade sein Bischofsamt bzw. sein Patriarchat angetreten hatte[238], — denn dies hilft der Chronologie noch mehr;

e) daß die antiken Geschichtsschreiber zwar mit mancherlei Varianten, aber doch grundsätzlich mit der äthiopischen Überlieferung übereinstimmen, daß *Frumentius* und *Aidesios* trotz oder wegen ihrer ausländischen Herkunft führende Positionen am königlichen Hof bekleideten[239], — siehe dazu als nächstes unten.

IV

Obwohl also — noch einmal — die antiken Berichterstatter untereinander in Substanz und Wert stark variieren, läßt sich ein allen gemeinsamer Kern feststellen, der im wesentlichen mit der äthiopischen Überlieferung übereinstimmt. Es ist innerhalb der *Meropios-Frumentius-Aidesios*-Geschichte der Bericht wie es zur Bekehrung des Landes »Indien« (was immer darunter im Augenblick verstanden werden mag [s. weiter unten]) zum Christentum kam.

Wir haben bereits auf die Verdacht erregende Ähnlichkeit der Geschichte von *Joseph*s Versklavung und dem dann folgenden Aufstieg am ägyptischen Hofe und seinen rettenden Taten für die Seinen hingewiesen[240], und man braucht nun auch nicht überrascht zu sein, daß bereits *Theodoret* möglichen Zweiflern gegenüber apologetisch gemeint hat: »Εἰ δέ τις ἀπιστεῖ τοῖς λεγομένοις, τὰ κατὰ τὸν Ἰωσὴφ καὶ τῆς Αἰγύπτου τὴν βασιλείαν σκοπησάτω·

236 Siehe B 3 a)-c) trotz der Variationen.

237 Siehe B 2 b).

238 Siehe A 17 und das *Senkesār* sowie dazu S. 129f.

239 Siehe die *Meropios-Aidesios-Frumentius*-Geschichte insgesamt bei allen Überlieferern und besonders C 7 c) und zum *Senkesār* Anm. 19.

240 Siehe oben S. 129.

πρὸς δὲ τούτοις, καὶ τοῦ προφήτου ἀναμιμνησκέσθω Δανιήλ, καὶ τῶν τριῶν ἐκείνων τῆς εὐσεβείας ἀγωνιστῶν. Καὶ γὰρ ἐκεῖνοι δορυάλωτοι γενόμενοι τὴν Βαβυλωνίων ἡγεμονίαν παρέλαβον«, wobei für den frommen *Theodoret* die Geschichten vom wundersamen Ergehen *Joseph*s und *Daniel*s ebenso historische Vorgänge gewesen sind wie die als historisch bekannten Karrieren ehemaliger Sklaven oder *libertini* im römischen Reich und am osmanischen Hofe. Daß freilich solche legendären Vorbilder auf die Bildung der *Frumentius*-Erzählung Einfluß gehabt haben können und werden, ist wohl auch aus dem Vorkommen des Namens *Sidrakos*, d.h. dem des Gefährten *Daniel*s *Sedrach*, als *signum* oder Beiname für *Aidesios* wie auch die Verwendung desselben als Name des bereits erwähnten Generals des Kaisers *Numerianus*, wohl eines Christen in unruhiger, christenfeindlicher Zeit[241], zu schließen. So stellt sich nun im rückgreifenden Anschluß an die Ausführungen auf S. 139-46 erneut die Frage, ob es sich bei der *Meropios-Aidesios-Frumentius*-Geschichte nicht nur um eine *Missionslegende* handelt, die die einen, d.h. *Rufin* und *Theodoret*, in das bis dahin *keinem* Apostel *fest* zugeschriebene Vorderindien und die anderen, also *Sokrates*, *Sozomenos*, *Gelasios* und die äthiopische Überlieferung, in das zur Zeit der drei antiken Autoren ebenso bisher keinem Apostel zugeteilte Gebiet des heutigen Äthiopien legten, wobei auf wundersame Weise auf Grund der *providentia dei* in die Hände des Herrschers geratene Menschen als Werkzeuge Gottes das Land für ihn in Besitz nehmen.

Sicher läßt sich allenthalben legendärer Wildwuchs um den Kern herum und aus ihm heraus beobachten[242], doch dieser Kern zeigt eben einen hohen Grad von Konsistenz und innerer Logik. Auch ist auffällig, daß bewußt und unbewußt alle antiken Autoren mit Aussagen von und über Einzelheiten als auch ihrem Einbau der *Meropios-Aidesios-Frumentius*-Geschichte in die Berichte über Geschehnisse der konstantinischen Zeit eine grobe Datierung ihres Stoffes in dieselbe vorgenommen und somit eine gewisse Bestätigung für den grundsätzlichen Zeitansatz, wie er aus den äthiopischen Texten deutlich wird, geliefert haben.

Folgendes indikatives Material sollte noch einmal aufgeführt werden:

1. Das Interesse an *Frumentius* koinzidiert mit dem Stand der Ausbildung der Missionslegenden im 4. Jh.[243].

241 Siehe oben S. 123f.

242 Siehe z. B. den Vorspann bei *Sozomenos* (vgl. oben S. 135, bes. Anm. 129) oder die Texte von *Rufin* und *Gelasios*. Während *Theodoret*s Bericht 53 Zeilen lang ist, füllen der des *Sokrates* 71 Zeilen und der des *Sozomenos* sogar 95, wobei alle Zeilen gleiches Format haben; die Erzählung des *Gelasios*, wegen anderer Zeilenlänge im Druck nur schwer vergleichbar, ist noch umfangreicher.

243 Siehe oben S. 145f.

2. *Mētródōros* gehört in die konstantinische Zeit[244].
3. Sämtliche Berichterstatter haben die *Meropios-Aidesios-Frumentius*-Geschichte bewußt in der Zeit Konstantins angesetzt durch
   a) direkte Aussagen bzw. Referenzen (zum Kaiser, d.i. im Zusammenhang *Konstantin*, *Athanasios* u.a.)
   b) ihre Darbietung mit und zwischen Stücken, die sich eindeutig auf Begebenheiten und Personen der Zeit *Konstantins* beziehen, d.h. Berichten über
      α) *Konstantins* Kirchenbau[245],
      β) die Synode von Tyros 335[246],
      γ) die Bekehrung der Iberer, d.h. der Georgier[247] und
      δ) den Brief Kaiser *Konstantins* an den Sassaniden Schapur II[248].
4. *Frumentius* kam zu *Athanasios* bereits 328/9[249].
5. Frumentius Bekehrungswerk in »Indien« dauerte viele Jahre[250].

Allerdings läßt sich aus den Angaben der antiken Berichterstatter allein keine genauere Chronologie gewinnen, wohl aber sind die aus ihren Berichten entnommenen Aussagen wichtige Indizien
a) zur Stützung der von uns auf Grund der äthiopischen Überlieferung versuchten Chronologie[251] und
b) zur Verbindung derselben mit den Ausführungen Dihles[252] und E. Hammerschmidts[253] u.a.[254] betreffend den historischen Wert des in der Apologie des *Athanasios* an Kaiser *Constantius*[255] dargebotenen Briefes dieses Herrschers an *ʿĒzānā* und *Šeʿezānā* von Aksum.

Ihren gründlichen Bemerkungen, die wir uns im wesentlichen zu eigen machen, ist nur noch weniges hinzuzufügen:

244 Siehe oben S. 135-7.
245 *Sokrates*, eccl. hist. I, 18.
246 *Sozomenos*, eccl. hist. II, 25.
247 Die Assoziierung der Bekehrungen der »Inder« und der Iberer, welch letztere eine *kriegsgefangene* Frau, die *Nino*, seit 324 n. Chr. bekehrt haben soll (*Rufinus*, hist. eccl. I,10; *Theodoretos*, eccl. hist. I,23; *Gelasios*, eccl. hist. III, 10 und georgische Überlieferung), ist besonders auffällig; Überblick bei HARNACK, *MAC*, 761 f. und K. KEKELIDZE-M. TARCHNIŠVILI-J. ASSFALG, *Geschichte der kirchlichen georgischen Literatur* = *Studi e Testi* 185 (Città del Vaticano 1955), durch »Namenregister«, S. 514: »*Nino*«, THELAMON, *Païens et Chrétiens*, S. 85 ff., bes. S. 92, deren Interpretation von »captiva« uns freilich nicht überzeugt hat.
248 *Theodoretos*, eccl. hist. I, 24.
249 Siehe A 17 und S. 129-31.
250 Siehe A 24 c) und S. 118. 129 und unten 160.
251 Siehe oben S. 129-31.
252 *Daten*, 49 ff.
253 *Äthiopien*, 39 ff.
254 Siehe etwa C. CONTI ROSSINI, *Storia d'Etiopia* I = *Africa italiana* 3 (Milano 1928), 149 f.
255 ΠΡΟΣ ΤΟΝ ΒΑΣΙΛΕΑ ΚΩΝΣΤΑΝΤΙΟΝ ΑΠΟΛΟΓΙΑ 31, *PG* 25, Sp. 636 f.

1. Wir sind geneigt, die von *Athanasios* benutzte Bezeichnung für *ʿĒzānā* und *Šeʿezānā* alias *Abrehā* und *Aṣbeḥa* τύραννοι mit dem Geʿez-Titel *ella*[256] gleichzusetzen. Dies wird umso eher erlaubt sein, als der aus Kleinasien stammende Titel τύραννος, noch viel weiter gehend als Dihle gesehen hat, auch in römischer Zeit eine vor allem im hellenisierten Nahen Osten gebrauchte besonders hohe Ehrenbezeigung gewesen ist, die auch Göttern wie *Mēn* und *Isis* gern beigelegt wurde[257]. Altheims Anstoß an ihrem Gebrauch für die Herrscher Aksums seitens des *Athanasios* (erneut in *GH* 5, 167f.) kann also noch eindrücklicher zurückgewiesen werden, als dies bereits durch Dihle geschehen ist[258].
2. Selbst wenn man unterstellen wollte, *Athanasios* sei hier einem Falsifikat auf den Leim gegangen[259] oder habe es selbst angefertigt oder herstellen lassen[260], dann hat er doch um des *Frumentius* Episkopat in Aksum gewußt, ebenso wie ihm eben bekannt war, daß er selbst den *Frumentius* geweiht und nach Aksum abgeordnet hatte.
3. An der Historizität des Aufenthaltes des *Frumentius* in Aksum kann nach den Einzelheiten des Briefes also kein berechtigter Zweifel aufkommen, und die Zahl der Christen in diesem unstreitig durch die schnelle Einsicht und Initiative des *Athanasios* als Missionsgebiet unter den kirchlichen Einfluß desselben geratenen Raume muß immerhin so bedeutend gewesen sein, daß die die negative Disposition des Kaisers gegenüber *Athanasios*[261] ausnutzenden kirchlichen Feinde dieses Mannes[262] den *Constantius* dazu überredet haben werden, *Athanasios* mit Aksum eine seiner Positionen aus der Hand zu schlagen[263]. Es sollte nicht das letzte Mal sein, daß Aksum und seine im Laufe der Zeit angesammelten Gebiete, d.h. Äthiopien, von Auseinandersetzungen innerhalb der Christenheit des römischen Reiches betroffen wurde[264].
4. Kaiser *Constantius* starb 361, und die Anwesenheit des wiederholt in der

256 Siehe oben S. 131 f.

257 Siehe auch B.W.W. DOMBROWSKI, *Background* (v. Anm. 113), Appendices 1 und 14.

258 *Daten*, 51 ff.

259 Immerhin kann man fragen, wie *Athanasios* an eine Kopie des kaiserlichen Schreibens an ʼΑἰζανᾶς und Σαζανᾶς gekommen ist.

260 Würde er wagen, ein solches dem Kaiser als dem Adressaten seiner Apologie als dessen eigenes Schreiben vorzulegen? Das ist doch gänzlich unwahrscheinlich.

261 Siehe hierzu etwa LIETZMANN, *Gesch.* III, 210ff.; KIRSCH, *KG*, 394ff.

262 In deren Kampf gegen *Athanasios* ging es weithin gar nicht mehr um dessen und seiner Anhänger Konflikt mit den Lehren des Arius (vgl. LIETZMANN, ebda., 183).

263 So schon KIRSCH, *KG*, 434.

264 Bereits der »kirchenpolitische und diplomatische Vertrauensmann Constantius' II.« *Theophilos* reiste in den sechziger Jahren des 4. Jh.s nach Aksum (s.u.), um die dortige Kirche für die arianische Form des Christentums zu reformieren (s. DIHLE, *Daten*, 50f., nach *Philostorgios*, 33,11 ff.).

Apologie des *Athanasios* erwähnten Gegenbischofs *Geōrgios*[265] in Alexandrien ist von etwa Mai 356 bis Oktober 358 zu datieren[266]. In dieser Zeit hat auch *Athanasios* seine Apologie geschrieben[267]. Das bedeutet, daß *Frumentius* kaum vor 358 n. Chr. gestorben sein[267a] und damit seine Tätigkeit in Aksum beendet und die von dem Missionsreisenden *Theophilos* in den sechziger Jahren des 4. Jh.s vorgefundene christliche Kirche[268] hinterlassen haben kann.

5. Da keine der besprochenen äthiopischen und antiken Überlieferungen etwas über die Bekehrung der Herrscher Aksums, des Königs und seines Bruders[269], aussagt und die wohlwollende Tolerierung der Bekehrung einer Bevölkerung zum Christentum seitens des (noch) andersgläubigen Herrschers sowohl in der Antike als auch in späteren Zeiten wiederholt ein geschichtlicher Vorgang gewesen ist, wird die die Einleitung der Bekehrung Aksums und Äthiopiens (im modernen Sinne), d.h. von Teilen der *India citerior* (und ihrer sprachlichen Äquivalente), erzählende *Meropios-Aidesios-Frumentius*-Geschichte in ihrem Charakter als Missions-

265 Dieser und nicht der gelegentlich damit verwechselte, am 22. März 339 in Alexandrien eingezogene Bischof *Gregorios*, da *Athanasios'* Apologie u.a. die ihm gegenüber vorgebrachte Beschuldigung seiner Konspiration mit *Magnentius* im Jahre 350/1 voraussetzt (vgl. LIETZMANN, *Gesch.* III, 208f.).

266 LIETZMANN, ebda., 214f.

267 LIETZMANN, a.a.O.; DIHLE, *Daten*, 54: »... während des 3. Exils des Athanasios (356-361)«.

267a Woher KIRSCH, *KG*, 434, das Todesjahr 383 hat, ist uns nicht klar.

268 Auf ungefähr diese Zeit kommt man, wenn man berücksichtigt, daß er in der Mitte des Jahrhunderts erst eine »Gesandtschaft an den Himyaritenhof« geleitet hatte, »die zur Gründung mehrerer christlicher Gemeinden, der ersten in Südarabien, sowie angeblich zur Bekehrung der Dynastie führte. Dann besuchte er seine Heimatinsel, wo nichts von einer Missionstätigkeit verlautet. Sokotra war demnach schon christlich. Darauf reist er nach Indien. Wiederum hören wir nichts von einer Missionstätigkeit, doch erfahren wir, daß Theophilos in einer bereits bestehenden christlichen Kirche, die ihren Ursprung auf den Apostel Bartholomaios zurückführte, liturgische Mißbräuche beseitigte ... Nach dem Aufenthalt in Indien reist Theophilos zu den Aksumiten ...« (DIHLE, *Daten*, 50).

269 Mitregentschaft zweier Brüder in variierenden Formen ist bis in die Gegenwart (man denke an König Hussein von Jordanien und seinen Bruder Hassan) eine besonders in arabischen Ländern geübte Praxis. Da es sich bei den frühen Herren Aksums um Einwanderer aus Südarabien bzw. deren noch ziemlich unmittelbare Abkömmlinge, genannt die *Agʿāzi*, d.h. die auf die Süd-Südwestseite des Roten Meeres »Ausgewanderten« (vgl. oben Anm. 17), handelt, kann nicht überraschen, daß man diesen Brauch auch für Aksum bezeugt findet.
Zusätzlich sollte in diesem Zusammenhang wohl auch an die bereits berührten Anklänge an das zum Teil aus Südarabien stammende Erbe im Milieu Aksums und Äthiopiens im allgemeinen erinnert und auch noch auf die Bemerkung in den »Kurzen Chroniken« aufmerksam gemacht werden, daß »in jener Zeit die Bevölkerung Äthiopiens den Gesetzen des Mose folgte und (nur) ein Teil von ihnen jedoch *Arwē*, den Drachen verehrte«. Die starke Präsenz als Juden oder judaisiert angesehener Menschen hatten also die arabischen Gebiete und Äthiopien gemein, wie ja auch anderweitige Zeugnisse besagen.

legende mit einem greifbaren historischen Kern durchaus der Missionslegende von Edessa vergleichbar sein[270].

6. Dihle[271] hat, trotz seiner Interpretation von *India ulterior*, im wesentlichen richtig bemerkt: »Nach dem Aufenthalt in Indien reist Theophilos zu den Aksumiten, die in diesem Bericht erstmals [??] Aethiopen genannt werden. Er nimmt also einen ähnlichen Weg wie weiland Meropios. Bei den Aksumiten gibt es gleichfalls[272] nichts zu bekehren, vielmehr muß Theophilos wiederum Reformen durchführen..., was auf die Existenz einer christlichen Kirche schließen läßt«. In der Tat wird hier zu wiederholen sein, was bereits zuvor bei der Besprechung der äthiopischen Berichte von uns gesagt wurde: Deren Erzählung klingt so echt, daß man sich gut vorstellen kann, daß sie die geschichtlichen Vorgänge ziemlich getreu wiedergeben[273]. Und jetzt sollte hinzugefügt werden, daß sich dieser Eindruck umso mehr verstärkt, je mehr aus antiker Überlieferung hinzukommt, vorausgesetzt, man geht eben davon aus, daß *Meropios* und die Seinen tatsächlich zuerst nach Vorderindien fuhren, dann auf der Rückreise an der Aksum einigermaßen zunächst liegenden Küste des Roten Meeres überfallen wurden und ihr tragisches Geschick erlitten. Die von uns versuchsweise aufgestellte ungefähre Chronologie erweist sich somit mehr und mehr als stichhaltig und ist insoweit auszudehnen, als noch als weiteres ungefähres Datum für *Frumentius/Abbā Salāmā*, den Mann aus Syrien, der zum *Kaśātē berhān* für die Äthiopier wurde, für sein Leben und Wirken wenigstens das Jahr 358 hinzugekommen ist. Auch hat Dihle[274] bereits auf das sog. Commonitorium Palladii oder Liber de Brahmanibus aufmerksam gemacht, das einen Bischof *Moses* von Adulis noch für das 4. Jh. nennt, und ihn zu Recht als Ergebnis des Wirkens des *Frumentius* angesehen, was seinen oben angegebenen Schluß vom Vorhandensein

270 Hierzu HARNACK, *MAC*, 678-83; siehe auch seinen Hinweis auf »die starke Judenschaft, die dort wohnte« als Voraussetzung für die Christianisierung Edessas (ebda., 679 Anm. 3 mit Hinweis auf E. SCHÜRER, *Gesch.* III, 5ff.). Ferner siehe u.a. NEUSNER, *HJB*, bes. in Bd. I, S. 65 (Anm. 1), 95, 180-3, in Bd. III S. 347, 356-8, und in Bd. IV, S. 435; H.J.W. DRIJVERS, »*Edessa und das jüdische Christentum*«, *Vigiliae Christianae* 24 (Amsterdam 1970), 4-33; W. BAUER, *Rechtgläubigkeit und Ketzerei im ältesten Christentum* = *Beiträge zur Historischen Theologie* 10 (Tübingen 1934, 2. Aufl. 1963:), 6-48; und H.H. SCHAEDER, »*Bardesanes von Edessa in der Überlieferung der griechischen und der syrischen Kirche*«, *ZKG* 3. Folge II, Bd. 51 (1932), 21-74.

271 *Daten*, 50.

272 Wie bei den »damals seit mehreren Generationen von ihrer ägyptischen Mutterkirche abgeschnittenen Christen Südindiens ... zu denen schon Pantainos, der Lehrer des Clemens, gereist war (Euseb. h.e. 5,10)« (DIHLE, *Daten*, 50).

273 Siehe oben S. 129.

274 *Daten*, 49f.

einer christlichen Kirche in Äthiopien ebenso bestätigt wie der letztendliche Übertritt *ʿĒzānās* und seines Bruders zum Christentum[275].

V

Trotz kleinerer Abweichungen, einschließlich der zu Absatz Nr. 5 auf Seite 160 f. gegensätzlichen Ausführungen der *Acta Sanctorum*[276], wonach »Fremenatos ...«, den »sie, weil er ihnen das Heil gebracht hatte, Abba Salama nannten, ... unter der Herrschaft der *königlichen Brüder Abra* [*Abrehā*] *und Azba* [*Aṣbeḥa*] nach Äthiopien kam, *welche* die heilige Lehre annahmen wie trockenes Land den Regen des Himmels«, sind sich alle Traditionen darüber einig, daß das Christentum endgültig unter *Abrehā* und *Aṣbeḥa* in Äthiopien eingeführt wurde. Da laut chronistischer Überlieferung[277] Jesus Christus etwa in der Mitte der Regierungszeit des Königs *Bazēn* geboren sein soll, muß dessen Herrschaft ungefähr im Jahre 1 der christlichen Zeitrechnung (A.D.) begonnen haben. Es ist deshalb nur die zweite Hälfte derselben mit den Regierungsjahren seiner Nachfolger bis zum Beginn der Herrschaft der *Abrehā* und *Aṣbeḥa* zusammenzuzählen, und es ergibt sich so aus der mit eben diesen Regierungsjahren versehenen Liste C in Conti Rossinis *rois*[278] bis zum Beginn der Herrschaft *Abrehās* und *Aṣbeḥas* (= *ʿĒzānā* und *Šeʿezānā*) bei der oben dargelegten Auffassung der Bezeichnung *ella azgʷāgʷā*[279] die Summe von 342.57 Jahren, also 351 Jahre nach dem Zeitpunkt 0 A.D. Diese Zahl ist der Angabe der Chroniken, daß die Bekehrung Äthiopiens 340/1 bzw. 347/8 nach 0 A.D. stattfand, sehr nahe. Sie kann sogar noch dahingehend revidiert werden, wenn man berücksichtigt, daß Varianten die dortige Herrscherliste nicht immer über jeden Zweifel erhaben erscheinen lassen, obwohl Conti Rossinis erste Wahl der Zeitspannen die am sichersten bezeugten Zahlen waren. Außerdem weist das zweimalige Vorkommen der Wortverbindung *ella azgʷāgʷā*, deren erstes auf nur 67 Jahre geht und von Conti Rossini als »ajouté seulement par [Handschrift] D« nicht gezählt worden ist[280], auf eine gewisse Ungenauigkeit und Unsicherheit hin. Gleichwohl ist die Übereinstimmung der [sehr detaillierten und in ihrem Aufbau wie ihren Einzelgliedern und der großen Variationsbreite von deren

275 Siehe den Hinweis oben in Anm. 11.

276 Octobris Bd. 12, 269, mit B. TELLEZ, *Historia Geral de Ethiopia a alta* (Coimbra 1660), I, Kap. 28.

277 Zur Berechnung siehe DOMBROWSKI, *Ṭānāsee 106*, 146 Anm. 8. Vgl. auch CONTI ROSSINI, *rois*, 266.279.289.300f.

278 289-292: Nr. 27 (d.i. *Bazēn*) - 59/60 (d.h. *Abrehā* und *Aṣbeḥa*).

279 Siehe oben Anm. 19.

280 Ebda., 290.

Regierungsdauer (von zwei Tagen bis zu 37 Jahren) als auch der offensichtlich ziemlich gemeinsamen Genesis von deren Namen] sehr überzeugenden genealogischen Liste C mit der chronistischen Datierung der Einführung des Christentums in Äthiopien beeindruckend, wenngleich letzterer variierende Namenslisten vorausgehen. Sie ist besonders wertvoll, weil ihre Angabe der Regierungsdauer von Ella *Abrehā* und *Aṣbeḥa* nach dem o.a. Zeitraum von 342.57 Jahren mit 27 Jahren und 6 Monaten und, weiter, für *Aṣbeḥa* nach *Abrehā* noch 12 zusätzlichen Jahren eine synchronische Deckung mit den im Zusammenhang mit der Apologie des *Athanasios* oben in Absatz 4 auf S. 159f. angeführten Daten bietet.

Nota bene: Auch bei Ansetzung der Bekehrung auf etwa das Jahr 350, wobei die berühmte Aksum-Inschrift Nr. 11 ja nur von *ʿĒzānā* stammt[281], braucht man übrigens für die Zeitspanne zwischen ca. 330 A.D., d.h. der Rückkehr des Frumentius nach Äthiopien, und 350 (laut Littmann und Liste C bei Conti Rossini) keinen zusätzlichen Herrscher zwischen *Sayfa Arʿād/Ella Allādā/Ella Aʾedā* und *Abrehā ʿĒzānā* und *Aṣbeḥa/Šeʿezānā* anzunehmen, der in den »Kurzen Chroniken« fehlt[281a], wie ihn aber Liste C mit dem laut dortiger Angabe drei Jahre regierenden *Ella Aḥyawā* hat. Andererseits ist nirgends gesagt, daß der König (oder die königlichen Brüder), unter dessen (deren) Herrschaft *Frumentius* als *Bischof* begann, mit dem jungen Sohn des *Ella Allādā* identisch oder nicht identisch gewesen sei. Immerhin könnte der Name *Aḥyawā* wie *Abrehā* und *Aṣbeḥa* bereits auf christlichen Glauben seines Trägers hindeuten und »der Lebendige« bedeuten[282]. Der von *Frumentius* und *Aidesios* nach seinem Heranwachsen zurückgelassene junge König hätte dann nur während der in Liste C angegebenen drei Jahre regiert, was auch das plötzliche Auftauchen *zweier* Herrscher, d.i. *Abrehās* und *Aṣbeḥas*, erklären würde. Der Name von *Aḥyawās* Vorgänger laut Liste C, *Alʿamīda*[283] (= »Constans« [!]) wäre dann ein epithetischer Zweitname des *(Ella) Allādā = (Sayfa) Arʿād.*

Stimmt aber die in Anm. 112a angeführte Aussage, daß die (endgültige) Einführung des Christentums zur Zeit des siebzehnten Regierungsjahres von

281 Siehe E. LITTMANN, *»Äthiopische Inschriften«* = *Miscellanea Academica Berolinensia*, Berlin 1950, S. 114ff., und A. RAHLFS, »*Zu den altabessinischen Königsinschriften I*«, *OrChr* NF 6 (1916), 282ff.

281a BASSET I, 410 und Ṭānāsee 106 haben *Sayfa Arʿād* als Erzeuger *Abrehās* und *Aṣbeḥas.*

282 Nomen pr. pers. wie beispielsweise die bei J.H. MORDTMANN - E. MITTWOCH, *Sabäische Inschriften* = Hamburgische Universität: Abhandlungen aus dem Gebiet der Auslandskunde 36, Hamburg 1931, belegten *ʾṣnʿ* Nr. 139,1; 140,1, *ʾnʿm* Nr. 171 D 1, *ʾzʾd* Nr. 25,1. 18 [hier Beiname], *ʾśʿd* Nr. 99,1 [neben *sʿdm*], *ʾḥṣn* Nr. 164,3 [Beiname]. Für Namenbildungen von der Wurzel *ḥy* aus s. HARDING, *Index*, 211f. 28.

283 Mit Schreibvarianten, u.a. *Alʿamidā.*

Abrehā und *Aṣbeḥa* stattgefunden habe, dann ergibt sich ein verschiedenes Verhältnis zu denen der Chronisten, daß diese Einführung 340/1 A.D. bzw. 347/8 A.D. erfolgt sei. Während das letztere Datum (Littmann) und die Daten in Punkt 4 auf Seite 159 f. sowie die Angabe der Liste C von der 27 1/2-jährigen Regierungsdauer von *Abrehā* und *Aṣbeḥa* hiermit gut zusammenpaßten und demnach diese beiden »*Týrannoi*« etwa um 330 A.D., der ungefähren Zeit der Rückkehr des *Frumentius* — nun als Bischof — nach Aksum, ihre Regierung offiziell oder faktisch angetreten hätten und nur die Dauer der Zeit der Gesamtheit der Regierungen der in Liste C aufgeführten Herrscher vor *Abrehā* und *Aṣbeḥa* und seit *Bazēn* um etwa zehn Jahre zu vermindern wäre, was gut möglich ist (s.o.), ergäben sich dagegen für das überwiegend in den Chroniken genannte Jahr 333 äthiopischer Zeitrechnung = 340/1 A.D. und die Zeit des Schreibens Kaiser Constantius' unüberbrückbare Schwierigkeiten. *Abrehā* und *Aṣbeḥa* müßten bereits 323 A.D. zur Herrschaft gekommen sein und der Kaiser hätte sich nur noch irrtümlich sechs bis acht Jahre *nach* der Regierungszeit dieser beiden Herrscher Aksums an sie wenden können, weil ja diese letztere Zeitspanne für das Kaiserschreiben wegen der Bezugnahme auf den Gegenbischof *Geōrgios* und die *Athanasios* gegenüber vorgebrachte Beschuldigung von Konspiration seinerseits mit *Magnentius* im Jahre 350/1 feststeht[284]. Zu einer solchen Annahme kaiserlichen Irrtums besteht jedoch nicht der geringste Anlaß. Entweder ist also die Datierung wie in der Chronik Littmanns richtig: Dann mag auch die in Anm. 112a gebrachte Information stimmen. Oder, wenn die das Jahr 340/1 erwähnenden Chroniken recht haben, dann beruht besagte Auskunft auf Irrtum und ist irreführend.

Hier bleiben also Unklarheiten, die aber weder der historischen Wahrheit noch der hier vorgetragenen ungefähren Chronologie und absoluten Ansetzung des *Frumentius/Abba Salāmā* und anderer Abbruch zu tun vermögen.

»Wenn dereinst der Glaube allgemein verbreitet war, daß die Schicksale der Menschen und Völker nach einem unerforschlich weisen Ratschluß Gottes gestaltet und gelenkt würden, so gibt es zur Begründung dieser Anschauung kaum ein merkwürdigeres Beispiel als die Art und Weise, wie im 4ten Jhd. n. Chr. das damals mächtige axumitische Reich, der Vorläufer des heutigen Abessinien, dem Christentum gewonnen wurde« hat Richard Hennig bemerkt[285], und es ist in der Tat so, daß alle Indizien auf historische Wahrheit der wesentlichen Aussagen im Ganzen und in Einzelheiten der *Meropius-Aidesios-Frumentius*-Geschichte hinweisen. Sie weiter anzuzweifeln, kann sachlich nicht gerechtfertigt sein, es sei denn, weiteres Material käme zutage[286].

284 S. o. Anm. 265.

285 R. HENNIG, *Terrae Incognitae* Bd. II, 2. Aufl. Leiden 1950, 13.

286 Hilfreich kann dabei schon solches Material sein, wie es B.M. WEISCHER mit freilich die

Darüber hinaus darf wohl bemerkt werden, daß im Gegensatz zu Altheims und Duensings Meinungen gerade das den Stoff der *Meropios-Aidesios-Frumentius*-Geschichte am konzentriertesten wiedergebende *Senkesār* nebst und zusammen mit dem sich auf den innersten Kern und das Ergebnis derselben beschränkenden Bericht der »Kurzen Chroniken« eine äußerst wertvolle historische Quelle, die wertvollste aller Überlieferungen ist.

Abkürzungen von Literatur und Quellen

AAES III	W. K. PRENTICE, *Greek and Latin Inscriptions = Publications of an American Archaeological Expedition to Syria in 1899-1900*: Part III (New York 1908)
Acta Sanctorum	J. BOLLAND et al., *Acta Sanctorum, quotquot toto orbe coluntur vel a Catholicis Scriptoribus celebrantur*, Antwerpen und Venedig 1643 ff. (Nachdr. Paris 1854 ff.)
ALTANER, *Patrologie*	B. ALTANER - A. STUIBER, *Patrologie: Leben, Schriften und Lehre der Kirchenväter* (7. Aufl.: Freiburg-Basel-Wien 1966)
ALTHEIM, *Entw.*	F. ALTHEIM, *Entwicklungshilfe im Altertum: Die großen Reiche und ihre Nachbarn = Rowohlts deutsche Enzyklopädie* 162 (München 1962)
ALTHEIM, *GH* 5	F. ALTHEIM et al., *Geschichte der Hunnen* Bd. 5 (Berlin 1962)
AVI-YONAH, *HL*	M. AVI-YONAH, *The Holy Land from the Persian to the Arab Conquests* ... (Grand Rapids, Michigan 1966)
BASSET I und II	R. BASSET, *Études sur l'histoire d'Éthiopie*: Première partie: *Chronique éthiopienne, d'après un manuscrit de la Bibliothèque Nationale de Paris = Journal Asiatique* 7, 17 (1881), 315-434 (= I); 18 (1881) 93-183 und 285-389 (= II)
BAUER, *WNT*	W. BAUER, *Griechisch-deutsches Wörterbuch zu den Schriften des Neuen Testaments und der übrigen urchristlichen Literatur* (mehrere Aufl., zuletzt Nachdr. der 5. Aufl.: Berlin 1975)
BEESTON, *Gramm.*	A. F. L. BEESTON, *A Descriptive Grammar of Epigraphic South Arabian* (London 1962)
BERGER, *WE*	H. BERGER, *Geschichte der wissenschaftlichen Erdkunde der Griechen* (2. Aufl.: Leipzig 1903)
BROCKELMANN, *Gr.* I und II	C. BROCKELMANN, *Grundriss der vergleichenden Grammatik der semitischen Sprachen* 2 Bde. (Berlin 1908/13)
BROCKELMANN, *Lex. S.*	C. BROCKELMANN, *Lexicon Syriacum* 2. Aufl. (Halle a.d. Saale 1928)
BURTON-DRAKE, *USyr* I und II	R. T. BURTON-C. F. T. DRAKE, *Unexplored Syria* 2 Bde. (London 1872)

hiesigen Ausführungen unwissentlich unterstützender Tendenz in seinem Aufsatz »*Historical and Philological Problems of the Axumitic Literature (especially in the Qérellos)*« = *Journal of Ethiopian Studies* IX,1 (Addis Ababā 1971) 83-93 besprochen hat. Einer seiner Schlüsse ist, daß »Indirectly it is proved that King ʿEzana must be placed in the middle of the 4th century« (S. 93).

CHI I	E.J. RAPSON (Hrsg.), *The Cambridge History of India* Bd. I (London 1922)
Cicero, Pro lege Man.	*Cicero*, Pro Lege Manilia
CIH	*Corpus Inscriptionum Semiticarum ab academia inscr. et litt. hum. conditum atque digestum, pars IV, Inscriptiones Himyariticas et Sabeas continens* (Paris 1889ff.)
CONTI ROSSINI, *rois*	C. CONTI ROSSINI, *Les listes des rois d'Aksoum = Journal Asiatique* 10e série 14 (Paris 1909) 263-320
D'ABBADIE	A. D'ABBADIE, *Catalogue raisonné de manuscrits éthiopiens appartenant à Antoine d'Abbadie* (Paris 1859) Nr. 66
DALMAN, *Hwb*	G. DALMAN, *Aramäisch-Neuhebräisches Handwörterbuch zu Targum, Talmud und Midrasch* (3. Aufl.: Göttingen 1938)
DEISSMANN, *Paul*	A. DEISSMANN, *Paul. A Study in Social and Religious History* (2. Aufl.: New York 1927)
DE-VIT, *Onomasticon* I.III	V. DE-VIT, *Totius Latinitatis Onomasticon* Bd. I.III = A. FORCELLINI, *Totius Latinitatis Lexicon* Bd. VII.IX (Prato 1883)
DIHLE, *Daten*	A. DIHLE, *Umstrittene Daten. Untersuchungen zum Auftreten der Griechen am Roten Meer = Wissenschaftliche Abhandlungen der Arbeitsgemeinschaft für Forschung des Landes Nordrhein-Westfalen* Bd. 32 (Köln-Opladen 1965)
DILLMANN, *Gr.*	A. DILLMANN, *Grammatik der äthiopischen Sprache. Zweite Auflage bearbeitet von* CARL BEZOLD (Leipzig 1899; photomechan. Nachdruck: Graz 1959)
DILLMANN, *Lex.*	A. DILLMANN, *Lexicon linguae Aethiopicae* (Lipsiae 1865; photomechan. Nachdrucke: New York 1955 und Osnabrück 1970)
DOMBROWSKI, *Ṭānāsee 106*	F.A. DOMBROWSKI, *Ṭānāsee 106: Eine Chronik der Herrscher Äthiopiens = Äthiopistische Forschungen* Bd. 12 A und B (2 Teile) (Wiesbaden 1983)
DROWER-MACUCH, *MD*	E.S. DROWER - R. MACUCH, *A Mandaic Dictionary* (Oxford 1963)
DUENSING, *SGA*	H. DUENSING, *Liefert das äthiopische Synaxar Materialien zur Geschichte Abessiniens?* (Dissertation: Göttingen 1900)
EISSFELDT, *Syr. Städte*	O. EISSFELDT, *Tempel und Kulte syrischer Städte in hellenistisch-römischer Zeit = Der Alte Orient* Bd. 40 (Leipzig 1951)
Eun., v. soph.	*Eunapius*, Vitae sophistarum
Eusebios, eccl. hist.	*Eusebios*, Ἐκκλησιαστικὴ ἱστορία
Eusebios, v. Const.	*Eusebios*, Vita Constantini
GEFFCKEN, *Ausgang*	J. GEFFCKEN, *Der Ausgang des griechisch-römischen Heidentums* = WILHELM STREITBERG (Hrsg.) *Religionswissenschaftliche Bibliothek* Bd. 6 (Heidelberg 1920)
Gelasios, eccl. hist.	*Gelasios*, Ἐκκλησιαστικὴ ἱστορία? = G. LOESCHKE - M. HEINEMANN (Hrsg.), *Gelasius Kirchengeschichte = Die griechischen christlichen Schriftsteller der ersten drei Jahrhunderte* (hrsg. von der Kirchenväter-Commission der Königl. Preussischen Akademie der Wissenschaften) (Leipzig 1918)
GEORGES, I.II	K.E. GEORGES, *Ausführliches lateinisch-deutsches Handwörterbuch* Bd. I.II (11. Aufl.: Hannover 1962)
GL	Von E. GLASER gesammelte und numerierte Inschriften, zitiert nach Inventarnummer
GUIDI, *Storia lett.*	I. GUIDI, *Storia della letteratura etiopica* (Roma 1932)

GUIDI, *Syn.* — I. GUIDI avec le concours de MM. L. DESNOYERS et A. SINGLAS, *Le Synaxaire éthiopien* II: *Mois de Hamlê* = *PO* Bd. VII, Fasc. 3 (Paris 1911) [191-440]

GUIDI, *VA* — I. GUIDI, *Vocabolario amarico-italiano* (Roma 1901; photomechan. Nachdruck: Roma 1953)

HAMMERSCHMIDT, *Äthiopien* — E. HAMMERSCHMIDT, *Äthiopien. Christliches Reich zwischen Gestern und Morgen* (Wiesbaden 1967)

HARDING, *Index* — G. L. HARDING, *An Index and Concordance of Pre-Islamic Arabian Names and Inscriptions* (Toronto 1971)

HARNACK, *MAC* — A. VON HARNACK, *Die Mission und Ausbreitung des Christentums in den ersten drei Jahrhunderten* (4. Aufl. Leipzig 1924)

HATCH, *Influence* — E. HATCH, *The Influence of Greek Ideas on Christianity* (hrsg. von F. GRANT) (Neuaufl.: New York 1957)

HATCH-REDPATH, I.II. Suppl. — E. HATCH - H. REDPATH, *A Concordance to the Septuagint and the other Greek Versions of the Old Testament* Bd. I.II (Oxford 1897), Suppl. (Oxford 1906)

HAW — *Handbuch der Altertumswissenschaft* (München)

Herodot, hist. — *Herodotos*, Ἱστορίη

HÖFNER, *Gramm.* — M. HÖFNER, *Altsüdarabische Grammatik* = *Porta Linguarum Orientalium* Bd. XXIV (Leipzig 1943)

HOMO, *RPI* — L. HOMO, *Roman Political Institutions from City to State* (London 1929)

HThR — *The Harvard Theological Review* (Cambridge Mass.)

Iranica Antiqua — *Iranica Antiqua* (Leiden)

Isidorus Hispalensis, Origines — *Isidorus von Sevilla*, Etymologiae bzw. Origines

Josephos, Ant. — *Josephos*, Ἰουδαικὴ ἀρχαιολογία

Kedrenos, Syn. hist — *Georgios Kedrenos*, Σύνοψις ἱστοριῶν

KIRSCH, *KG* — J. P. KIRSCH, *Die Kirche in der antiken griechisch-römischen Kulturwelt* = J. P. KIRSCH et al. *Kirchengeschichte* Bd. I (Freiburg i.B. 1930)

KOEHLER-BAUMGARTNER[2] — L. KOEHLER - W. BAUMGARTNER, *Lexicon in Veteris Testamenti Libros* (2. Aufl.: Leiden 1958)

KRUMBACHER, *GbL* — K. KRUMBACHER, *Geschichte der Byzantinischen Literatur von Justinian bis zum Ende des Oströmischen Reiches (527-1453)* Bd. I = *Handbuch der klassischen Altertumswissenschaft* Bd. 9 (2. Aufl.: München 1897)

LEIPOLDT, *Relig. gesch.* — J. LEIPOLDT, *Frühes Christentum im Orient (bis 451)* = B. SPULER et al., *Religionsgeschichte des Orients in der Zeit der Weltreligionen* = *HO* I, 8,2 (Leiden-Köln 1961) 3-42

LEIPOLDT, *Umwelt* — J. LEIPOLDT, *Umwelt des Urchristentums. Bilder zum neutestamentlichen Zeitalter* Bd. III (4. Aufl.: Berlin 1976)

LEVY, *ChWb* — J. LEVY, *Chaldäisches Wörterbuch über die Targumim und einen großen Theil des rabbinischen Schrifttums* Bde. I.II (Leipzig 1867-8; Nachdruck: Köln 1959)

LEVY, *WTM* — J. LEVY, *Wörterbuch über die Talmudim und Midraschim* Bde. I-IV (Leipzig 1876-89; 2. Aufl.: Nachdruck: Darmstadt 1963)

LIDDEL-SCOTT — H. G. LIDDELL - R. SCOTT et al., *A Greek-English Lexicon* (Nachdruck der 9. Aufl.: Oxford 1961)

LIETZMANN, Gesch. I-IV	H. LIETZMANN, *Geschichte der Alten Kirche* 4 Bde. (4. und 3. Aufl.: Berlin 1961)
LITTMANN, äth. Spr.	E. LITTMANN, *Äthiopisch. Die Äthiopische Sprache* = B. SPULER et al., *Semitistik* = *HO* I, 3 (Leiden-Köln 1964) 350-75
M'CLINTOCK	J. M'CLINTOCK - J. STRONG, *Cyclopaedia of Biblical, Theological, and Ecclesiastical Literature* Bde. I-X (New York 1870ff.)
MOMMSEN, *Staatsrecht* I	T. MOMMSEN, *Römisches Staatsrecht* Bd. I (3. Aufl.: Leipzig 1887; Nachdr.: Darmstadt 1963)
NEUSNER, *HJB*	J. NEUSNER, *A History of the Jews in Babylonia*, 5 Bde. (Bd. I in 2. Aufl.), = *Studia Post-Biblica* 9, 11, 12, 14 und 15, Leiden 1966-70
ODEBERG, *AP* II	H. ODEBERG, *The Aramaic Portions of Bereshit Rabba with Grammar of Galilaean Aramaic* Bd. II = *Lunds Universitets Årsskrift* Bd. 36, Nr. 4 (Lund-Leipzig 1939)
Oxford Bodl. Libr.	Oxford, Bodleian Library, n° XXV
PAPE-BENSELER	G.E. BENSELER, *Dr. W. Pape's Wörterbuch der griechischen Eigennamen*, 2 Bde. (4. Abdruck der 3. Aufl.: Braunschweig 1911; davon ein weiterer Nachdr. Graz 1959)
Pauly-Wissowa	A.F. VON PAULY, *Realencyclopädie der Classischen Altertumswissenschaften*, neu hrsg. von G. WISSOWA, W. KROLL et al. (Stuttgart 1894ff.)
PERTHES, *Atlas*	A. VAN KAMPEN (Hrsg.), *Justus Perthes Atlas Antiquus. Taschen-Atlas der Alten Welt* (6. Aufl.: Gotha 1898)
Plin., Nat. hist.	*C. Plinius Secundus*, Naturalis Historia
Porph., v. Plot.	*Porphyrios*, Vita Plotini
POxy	*Oxyrhynchus Papyri*
ROSENTHAL, *Aram. Forsch.*	F. ROSENTHAL, *Die Aramaistische Forschung* (Leiden 1939)
ROSENTHAL, *GBA*	F. ROSENTHAL, *A Grammar of Biblical Aramaic* = *Porta Linguarum Orientalium* N.S. V (Wiesbaden 1961)
SAPETO-DILLMANN	Text der geboten wird in G. SAPETO, *Viaggio e Missione Cattolica fra i Mensâ i Bogos e gli Habab* (Rom 1857) S. 395ff., und wiederabgedruckt wurde in A. DILLMANN, *Chrestomathia Aethiopica* (Leipzig 1866) 33f.
SCHALIT, *NwbJ*	A. SCHALIT, *Namenwörterbuch zu Flavius Josephus* = K.H. RENGSTORF (Hrsg.), *A Complete Concordance to Flavius Josephus* Suppl. I (Leiden 1968)
SCHOFF, *Periplus*	W.H. SCHOFF, *The Periplus of the Erythraean Sea* (New York 1912)
SCHÜRER, *Gesch.*	E. SCHÜRER, *Geschichte des jüdischen Volkes im Zeitalter Jesu Christi* Bde. I-III (3. und 4. Aufl.: Leipzig 1901-09)
SCHULTHESS, *Gr.*	F. SCHULTHESS, *Grammatik des Christlich-Palästinischen Aramäisch* (Tübingen 1924)
SCHULTHESS, *Lex.*	F. SCHULTHESS, *Lexicon Syropalaestinum* (Berlin 1903)
SEGERT, *AG*	S. SEGERT, *Altaramäische Grammatik* (Leipzig 1975)
SMITH, *OHI*	V. SMITH et al., *The Oxford History of India* (3. Aufl.: Oxford 1958; verbesserter Nachdr.: London 1970)
Sokrates, eccl. hist.	*Sokrates*, Ἐκκλησιαστικὴ ἱστορία
Sozomenos, eccl. hist.	*Sozomenos*, Ἐκκλησικστικὴ ἱστορία

SPULER, *ÄK*	B. SPULER, *Die Äthiopische Kirche* = B. SPULER et al., *Religionsgeschichte des Orients in der Zeit der Weltreligionen* = *HO* I, 8,2 (Leiden-Köln 1961) 309-18
SPULER, *Semitistik*	S. LITTMANN
STARK, *PN*	J.K. STARK, *Personal Names in Palmyrene Inscriptions* (Dissertation : Oxford 1971)
STEVENSON, *Gr.*	W.B. STEVENSON, *Grammar of Palestinian Jewish Aramaic* (2. Aufl. : Oxford 1962)
STR.-B.	P. BILLERBECK et al., *Kommentar zum Neuen Testament aus Talmud und Midrasch* 6 Bde. (München 1922ff.)
Strabo, geogr.	*Strabo*, Geographica
STRAUB, *Herrscherideal*	J.A. STRAUB, *Vom Herrscherideal in der Spätantike* (Stuttgart 1939)
THELAMON, *Païens et Chrétiens*	F. THELAMON, *Païens et Chrétiens au IVe siècle. L'apport de l'»Histoire ecclésiastique« de Rufin d'Aquilée* (Paris 1981)
Theodoretos, eccl. hist.	*Theodoretos*, Ἐκκλησιαστικὴ ἱστορία
VON SODEN, *AHw.*	W. VON SODEN, *Akkadisches Handwörterbuch* 3 Bde. (Wiesbaden 1965ff.)
WADDINGTON	Zählung nach W.H. WADDINGTON, *Inscriptions grecques et latines de la Syrie* (Paris 1870)
WEHR-COWAN	H. WEHR-J.M. COWAN, *A Dictionary of Modern Written Arabic* (3. Aufl. : Ithaca N.Y. 1976)
WIDENGREN, *Mani*	G. WIDENGREN, *Mani und der Manichäismus* (Stuttgart 1961)
WIDENGREN, *RI*	G. WIDENGREN, *Die Religionen Irans* = C.M. SCHRÖDER, *Die Religionen der Menschheit* Bd. 14 (Stuttgart 1965)
WUTHNOW, *Sem. Namen*	H. WUTHNOW, *Die semitischen Menschennamen in griechischen Inschriften und Papyri des vorderen Orients* = F. BILABEL (Hrsg.), *Studien zur Epigraphik und Papyruskunde* Bd. I, Schrift 4 (Leipzig 1930)

Korrekturnachträge

1. Den auf S. 117 (Anm. 19 unten) aufgeführten Herrschern ist auch noch der Sassanide und *Zeitgenosse Konstantins und seiner Nachfolger* bis 379, dem Jahr der Erhebung *Theododosius' I.* auf den oströmischen Thron, *Schapur II.* hinzuzufügen, der es unter Einbeziehung der ungefähr 16 Jahre seiner Minderjährigkeit auf die erstaunliche Zahl von etwa 70 Regierungsjahren brachte (309-79), und der ja auch im Umfeld der in dieser Studie behandelten Texte und Begebenheiten von Interesse ist (vgl. S. 136f.).
2. Zu S. 136f. (bes Anm. 139):
   Für Weiteres bezüglich *Kartēr* und seine Durchsetzungsbestrebungen zoroastrischer »Orthodoxie«, namentlich ihre Folgen im Zusammenstoß u.a. mit in Persien lebenden Christen auf Grund der »election of a certain Papa as bishop of Seleucia-Ctesiphon ... about the time of Shapur's birth«, wodurch »the Christians of the Sasanian Empire acquired a chief and a much more centralized organization than previously« und infolgedessen »contacts between Christian clerics in the east and west increased, which cannot have passed unnoticed by officials of the government or the Zoroastrian church«, auf dem Hintergrund der derzeitigen Geschehnisse im kleinasiatischen und mittelöstlichen Raum siehe jetzt wieder R.N. FRYE, *The History of Ancient Iran* = *HAW* III. 7 (1984), durch Index auf S. 394 (Stichwort *Kerdīr*); Zitate aus S. 309.
3. Zu S. 131 (Anm. 114). 149. 155f. und 158 (Anm. 247) vgl. auch die Anfänge der Bekehrung der Goten (z.S. kürzlich wieder zusammenfassend H. WOLFRAM, *Geschichte der Goten von den Anfängen bis zur Mitte des sechsten Jahrhunderts ...*, München 1979, bes. S. 87f.).

J. NEVILLE BIRDSALL

The Euthalian material and its Georgian versions*

It is symptomatic of the neglect of codicology in current New Testament textual criticism that to study the Euthalian apparatus [1] to the praxapostolos we still need to have recours to the work of Zacagni published in 1698 [2]. It has never even been fully reprinted. It is found in over four hundred manuscrits of the Greek New Testament : it is known in Syriac, Armenian and Georgian : it may have left traces in the Gothic version. It has much to teach us about the application of rhetorical methods to the study of scripture, and may, if some interpretations of its data be correct, reach back to the third century of the era. The last studies to accord it a place are those of Guenther Zuntz [3] in the fifth and sixth decades of the present century, word which casts light upon the complier's intentions.

Yet we have no beginning, so far as one can see, of a critical edition. We have a work which may rank as prolegomena to this, namely the unpublished thesis of Dr L.C. Willard "A Critical Study of the Euthalian

* The work which is reported in this article was begun in 1977 and revised for inclusion in a Festschrift in 1981. Since that time, two factors have combined to enrich the available information. Firstly, a thorough study of the oldest recensions of the Georgian version has been begun and is still ongoing : some intimations of its early stages will be available in an article in New Testament Studies vol. 29, July 1983, entitled "Georgian studies and the New Testament". Secondly, the invitation of the Georgian Academy of Sciences to the congress of October 1982 (to celebrate the millenary of the Georgian house on Mount Athos) provided the opportunity for a rapid examination of the three manuscripts Ⴀ|Ⴁ|Ⴂ which are kept in the Institute of MSS. in Tbilisi. Some additions to text and notes have been made on the basis of these researches where it seemed necessary.

1 A good conspectus is given by C.H. TURNER, *Greek Patristic Commentaries on the Pauline Epistles. V. Patristic Editors of the Pauline Epistles* in *Hastings' Dictionary of the Bible*. Extra Volume, Edinburgh, 1909, pp. 525-529. The classical study in English is J. Armitage ROBINSON, *Euthaliana* (= Texts and Studies, III, 3), Cambridge 1895. For a brief and more recent summary, the reader may consult the section devoted to the Euthalian material in J. NEVILLE BIRDSALL, *The New Testament Text* in *The Cambridge History of the Bible*, vol. 1, (edited by P.R. ACKROYD and C.F. EVANS), reprinted 1975, esp. pp. 362f and viii (corrections to the text).

2 L.A. ZACAGNI, *Collectanea monumentorum veterum ecclesiae graecae ac latinae*, Rome 1698, pp. 401-708.

3 Especially in his study *The Ancestry of the Harklean New Testament* (The British Academy. Supplemental Papers no. VII) London. n.d. (1945) ch. III. *The Ancestry of the Philoxenian Text : 'Euthalius' and Pamphilus.*

Apparatus"[4] to which the CPG s. nn. 3640-3642 draws our attention. Having used it in the preparation of the present article, I can bear witness to its great usefulness. The arguments devoted to the problems of the Euthalian material are fully summarized and often sagely commented upon. A very full bibliography is given. Most valuable, in my view, is the manuscript survey (appendix 3) which enables us to see the occurrence of the material in Greek mss. and even in some cases its significant textual features. It also contains a valuable summary of the arguments of Vardanian whose important edition of the Armenian material (see CPG l.c.) is rendered practically inaccessible to most scholars in that it is written entirely in Armenian.

The versions are of great importance in the study of this apparatus as they are in the study of the text of scripture itself. If we can date their origins even approximately, we can discern by means of their form the form (or at least a form) in which the text in question was extant and current at that date : it is very likely that we have access thereby to a text which was in some sense authoritative in Greek circles and to which the scholars of the church in outlying places would be directed as they sought to bring their churches into line with the learning of the Greek church. It has from time to time been intimated that the Euthalian apparatus is to be found in a Georgian translation[5]. But most of the references to it are merely allusive or even tentative, while the only fuller account which has been published[6] has received little attention, perhaps because it is not expressed with complete clarity. Even Willard has overlooked this article.

The Georgian version is however now available in a number of publications by Georgian scholars. It comes before us in two quite distinct forms associated with different recensions of the Praxapostolos in the Georgian language. The older recensions contain only the apparatus to the Pauline epistles : the younger recensions contain in the Paulines only the most meagre traces of the apparatus, but provide the prologues to both the Acts and the Catholic epistles and some other material. We shall survey all this but it is to the apparatus to the Paulines that we shall give the major part of our attention since this is certainly the most intriguing.

The whole of the New Testament in Georgian is now available for scholarly purposes : the edition of the Pauline epistles is the latest part to appear.

4 University Microfilms, Ann Arbor, Michigan, 1971.

5 E.g. KIRSOPP LAKE, *The Text of the New Testament*, Sixth Edition, revised by SILVA NEW, London, 1928, p. 60.

6 THEODOR KLUGE, *Ueber zwei altgeorgische neutestamentliche Handschriften* in *Novum Testamentum* 1 (1956) pp. 304-321.

7 პავლეს ეპისტოლეთა ქართული ვერსიები (ძველი ქართული ენის კათედრის შრომები 16) = *The Georgian Versions of the Epistles of Paul* (Works of the Department of Old Georgian Language 16). Tbilisi 1974.

This was edited by K'eteven Dzocenidze and after her death by Korneli Danelia: it was published in 1974. The meagre Euthalian material of the later recensions is to be found in this edition, but unfortunately the publication of the Euthalian material which precedes the Paulines in the older recensions was not pursued at the same time, but reserved to appear as an article in the Festschrift for the 90th birthday of the general editor of the series, the great Georgian philologist and linguist Akaki Šanidze, published in 1977[8]. It is the work of Danelia. It is provided with a long introduction in Georgian and a summary of this in Russian, and with a select lexicon.

The older recensions are edited from six manuscripts, two of which attest the oldest form (recension A) and the others the next in age (recension B). Two of the manuscripts in the latter group do not provide the Euthalian apparatus. Thus the edition by Danelia is based on four manuscripts. These are praxapostoloi giving their material in the order Paulines, Acts, Catholic Epistles, an order known in some Greek, Latin and Syriac manuscripts and quite widely in the tradition of the Armenian New Testament. Three of the manuscripts are to be dated in the tenth century and the fourth in the eleventh.

The manuscripts in question are referred to in the edition of the Pauline epistles and of the Euthalian apparatus to these by the following sigla:

- Ⴀ (capital form of *ani*) — ms. A 407 of the Institute of Manuscripts in Tbilisi
- Ⴁ (capital form of *bani*) — ms.S 1138, same collection
- Ⴊ (capital form of *lasi*) — ms.S 1398, same collection
- Ⴂ (capital form of *gani*) — ms. 176 of the Historical-Ethnographical Museum in K'utaisi.

The Euthalian material contained in them can be best presented by means of a table of parallel columns. In this the following sigla will represent the parts of the Euthalian apparatus: their reference in Zacagni and in Migne's partial reprint is given. In one case, the reference is elsewhere than to Zacagni; in another, no other occurrence of the material is known.

Pr	=	Prologue (to the Paulines): Z. 515-535; M. PG 85.693-713
pun	=	play on the names Saul and Paul: Z. 519f; M. ibid. 697
M	=	Martyrium Pauli apostoli: Z. 535-537; M. ibid. 713-716
Av	=	ἀνακεφαλαίωσις τῶν ἀναγνώσεων: Z. 537-541; M. ibid. 715-720

8 ევთალეს სტიქომეტრიის ქართული რედაქციები in (ძველი ქართული ენის კათედრის შრომები 20), pp. 53-150 = *The Georgian Redactions of the Stichometry of Euthalius* in (Works of the Department of Old Georgian Language 20) Tbilisi 1977.

S = short list of testimonia with programma: Z. 542-548; M. ibid. 719-726

L = long list of testimonia with programma: Z. 548-569; M. ibid. 725-745

πλ = πλοῦς Παύλου, navigatio Pauli: Z. 515; M. ibid. 691, 692

Πρ 1 = Προσφώνησις — ἀντίφρασις: not found in the material published by Zacagni; known in the New Testament mss. H, 88 and 773, and in the Armenian version. Transcribed from H in J.A. ROBINSON *Euthaliana* p. 3; from 773 in ERNST VON DOBSCHUETZ, *Harvard Theological Review* 18 (1925) p. 281; translated from the Armenian by F.C. CONYBEARE, *Journal of Philology* 23 (1895) pp. 243f. (Armenian text in the edition of Vardanian pp. 156f.)

Πρ 2 = a second version of the same.

K = kephalaia: Z. 573-576; 591-593; 613-615; 625-627; 635-636; 643-644; 650-651; 658-659; 665; 669 (ἡ δὲ πρὸς Ἑβραίους ἐπιστολή)-674; 688-690; 697-698; 704; 708: M.P.G. 85.749-753; 753-756; 757-760; 761; 764; 765; 767; 769-772; 773; 776-780; 781-784; 785; 788; 789.

T = a table with explanatory preface allegedly giving correspondences between Paul and the gospels; elsewhere unattested.

ⴀ ⴁ	ⴂ	ⴃ
Pr (without pun)	Pr (without pun)	Pr (without pun)
M	M	M
—	—	Πρ 2
Av	Av	Av
S	S	S
L	L	L
πλ	πλ	πλ
Πρ 1	Πρ 1	Πρ 1
Πρ 2	—	—
T	—	T
K	K	—
—	T	—
—	Πρ 2	—

A few words in exposition of these data are necessary. The Prologue to the Pauline epistles has not been observed (in the present state of research upon the Greek original) to have many variants. The absence of the play on the names Saul and Paul or its inclusion is noteworthy. The majority of witnesses appear to be without it. The Georgian joins them. The Martyrium was discussed in some detail by Robinson[9]: whether we accept or not his hypotheses about the stages of recension visible in the Euthalian material, the data he gathered and presented is of permanent value. He draws up a list of variants concerning the date of Paul's martyrdom, which, as he says "may be of service as a guide for the future classification of Euthalian manuscripts". We may note in this regard that the Georgian in the passage found at the head of page 536 in Zacagni, omits both the phrases which are missing in certain witnesses and which Robinson considered to be later additions to the text, namely the gloss κατὰ συρομακεδόνας and the correlation of the month Panemos with the Egyptian Epiphi.

The kephalaia are to be found twice in the Georgian tradition. In the table above, that occurrence is given which presents a list of all the kephalaia in the corpus, given in one place at the head of the corpus. A perusal of the material will show that in Zacagni's presentation, which is broken up according to the individual epistles, each list is preceded by an ἔκθεσις. In the Georgian material, which gives a list for all the epistles together, only the ἔκθεσις given in Zacagni at the head of the list for Romans, is to be found.

The items Πρ 1 and Πρ 2 are intriguing. They are clearly each translated, or at least descended from, the subscriptions which first attracted attention when their presence in ms. H was indicated by Omont[10], and in the Armenian by Conybeare. Unlike the presentation in these sources, however, the Georgian has no trace of the colophon which attests a collation with a manuscript of Pamphilus. The fact that the colophon and the subscription are separated in ms. 88 by the Navigatio (which precedes the Πρ in the Georgian) may suggest that the two were not originally linked. On the other hand, it may be rather an indication of links between the exemplar of the Georgian and the ancestor of ms. 88. The relationship of the Greek, Armenian and Georgian forms may best be presented in parallel columns.

H - 88 - 773	Armenian	Georgian (= Πρ 1)	Georgian (= Πρ 2)
προσφώνησις	Advice	Address	Command of Paul
κορωνίς εἰμὶ δογ- μάτων θείων διδάσκαλος	Chief am I, of the divine religion teacher	Servant am I, of the divine instructions teacher	Head I - am and of the divine instructions teacher
ἄν τινί με χρήσῃς	If to anyone me thou lendest	If to anyone thou passest on the book	If to anyone thou passest me on for the needs of thy friends and thy neighbours

9 *Op. cit.*, pp. 28-31; 46f.

10 HENRI OMONT. Notice sur un très ancien manuscrit grec en onciales des Épîtres de Saint Paul (Paris) 1889. = Notices et extraits des manuscrits de la Bibliothèque nationale T. 33,1 pp. 141-192 (Paris) 1890.

H - 88 - 773	Armenian	Georgian (= Πρ 1)	Georgian (= Πρ 2)
ἀντίβιβλον λαμβάνε	thou shalt take a beautiful copy in my place	take a book in its place	thou shalt take a pledge in exchange for me
οἱ γὰρ ἀπόδοται κακοί	for these who give back are evil	for thou who give back are evil	so that thou shalt not desire easy gain for such - a - one because this time is hastening on
ἀντίφρασις	Reply	Agreement	Reply
θησαυρὸν ἔχων σε	(As) a treasure I have thee	A treasure thou hast	A spiritual treasury thou-art to me
πνευματικῶν ἀγαθῶν	of spiritual blessings	for spiritual good	
καῖ πᾶσιν ἀνθρώποις	adorned with embellishments and	and desired of all men	and an adornment for all men
ποθητόν	desired of all men		
ἁρμονίαις τὲ καὶ	and	of many parts	and with various
ποικίλαις γραμμαῖς	with all sorts	combined and adorned with	ornaments
κεκοσμημένον	of ornaments	various-coloured writing.	decorated
νὴ τὴν ἀληθείαν	yes! I speak with truth	I swear in truth	I undertake to thee in truth that
οὐ δώσω σε	I will not rashly	rashly to no one	to no one
προχείρως τινί	lend thee to anyone	will I give (thee)	will I give thee (who is) careless or a stranger
οὐδ' αὖ φθονέσω	nor again will I be jealous	nor will I be jealous	
τῆς ὠφελείας	of the well-being of anyone	of what is useful	
χρήσω δὲ τοῖς φίλοις	but when I lend thee to my friends	but I will serve my friends	If I give thee to anyone of my brethren or my beloved ones
ἀξιόπιστον		and a worthy	in place of thee
ἀντίβιβλον λαμβάνων	a beautiful copy in thy place I will take	trusted book will take	a pledge I will take so that I shall not desire easy gain for any people at all.

These data present an intriguing picture of the translation history of a difficult text. The Armenian was first brought to attention by Conybeare and was further discussed by von Dobschuetz[11] : it was the latter who pointed out

11 *Centralblatt fuer Bibliothekswesen* Bd. 10 t. 2 (1893) pp. 49-70.

that the translator has misunderstood the term ἀντίβιβλον. This means "a receipt" but has been broken into its constituent elements and interpreted as "a book in exchange". No comment has been made on the rendering of κορωνίς in the Armenian. It seems to be a wild guess: it may be occasioned by the fact that the use of the coronis diminished after the fourth century and that it was never used in a very thoroughgoing manner in manuscripts of Christian literature. It was not passed on in the Eastern versions, so far as I know. The interpretation, which is akin to that of the second Georgian version, seems to be derived from the context, and perhaps from the presence of the subscription at the end of a manuscript of Paul. Otherwise, the translation is a careful word for word rendering which in general conveys the meaning of its original. It does not succeed however with such a rendering of the clause οὐδ᾽ αὖ φθονέσω τῆς ὠφελείας which must mean "nor, on the other hand, will I grudge the use (fulness) [sc. of this book]". The rendering as outright "jealousy" or "envy" has dominated the the understanding of the translator rather than the more subtle sense of "to begrudge", and this is true too of the Georgian tradition.

That tradition in its two strikingly distinct forms is hard to construe, especially in relation to the Armenian. Πρ 1, as we have termed it in the chart, shares with the Armenian the misunderstanding of ἀντίβιβλον. Yet it goes its own way in other things. κορωνίς is rendered as "servant" (მსახური), for no very evident reason[12]. "Jealousy", or even "lust" (შურებაჲ usually for ζηλοῦν)[13], renders ὠφελεία but, "what is useful" (სარგებელი) seems to be closer to the Greek original and not to be derived from the Armenian. "Thou hast" as a rendering of ἔχων σε ranks with the most flagrant examination "howlers", and has quite lost sight of the construction in the Greek, which both the Armenian and Πρ 2 have kept in view. "Worthy, trusted" for ἀξιόπιστον is a literal etymological rendering like that of the Armenian for ἀντίβιβλον, in contrast with the "beautiful" or "goodly" (thus, Conybeare) of the Armenian. We may conclude that the two stand in the same tradition, but that the Georgian as we have it cannot be a direct derivative of the Armenian (in the tradition of which there are no variants related to the peculiarities of the Georgian).

12 It may be observed that the word rendered "I will serve" in column three is ვამსახურო, a verb derived from this noun.

13 Equivalents for the vocabulary of the New Testament may be conveniently found in the lexica assembled by JOSEPH MOLITOR, *Glossarium Ibericum in Quattuor evangelia et Actus apostolorum* (= C.S.C.O. voll. 228, 243) Louvain 1962, 1964: *Glossarium Ibericum. Supplementum in epistolas catholicas et Apocalypsim* (id. vol. 265) ibid. 1965: *Glossarium Ibericum in epistolas Paulinas* (id. vol. 373) ibid. 1976. These data are extended and sometimes more rationally classified for the student of Georgian in the posthumously published work of ILIA ABULADZE ძველი ქართული ენის ლექსიკონი (Lexicon of the Old Georgian Language) Tbilisi 1973.

Πρ 2, on the other hand, seems unrelated to the Armenian, although it has hit on the same rendering of κορωνίς: the Armenian գլխաւոր and the Georgian თავი, have coincided in their semantic history in the meaning of "prince" or "leader". Πρ 2 however seems to emphasise this rendering by its paraphrase of προσφώνησις as "the command of Paul", which directly links the book with its author[14]. Paraphrase and adaptation are the keynote of this version: while evidently a rendering of the Greek, it brings in items of its own, and is especially fond of balance and parallel phrases. "Thy friends and they neighbours" of the "Command" corresponds to "my brethren and my beloved ones" of the response, but also to the addition "careless or a stranger". The "desire" (შური: or should we render it "jealousy, lust, envy" as in Πρ 1? It is hard to make sense of the Georgian if we do) which corresponds to φθονέσω in the "Reply", has been brought into the "Command". Here Πρ 2 goes its own way: faced perhaps with the probably corrupt final sentence of the προσφώνησις (οἱ γὰρ ἀπόδοται κακοί), it has sought to make a sensible reason for the warning and the undertaking. Forgetfulness over the return of loaned books is a way of easy gain, which it is not the intention of the owner to condone even if his "kindly spirit was willing to go on lending to his friends"[15]. The translator's liking for the parallel construction shows itself very clearly here, with a nice touch of literary variation. Our English attempts to show this: but it is necessary to give the Georgian of the two sentences since even to those who do not know the language the identities of root will be visible.

არა ვისამე გშურდეს ცუდად შეძინებისათჳს	*thou shalt* not *desire* EASY GAIN for such-a-one
არა მშურდეს ცუდად ვიეთთჳსმე შეძინებისა	*I shall* not *desire* EASY GAIN for any people at all.

The introduction of the further clause "because this time is hastening on" is harder to follow. Does the translator conjecture that the reason for the "command" is that the owner of the Apostolos needs it constantly in his possession because the time (of his death?) draws on and he stands in need of its spiritual guidance?

But in one matter at least Πρ 2 is truer to the Greek, namely in the understanding of ἀντίβιβλον. He renders it correctly as წინდი (= pledge): it would seem fortuitous that the Georgian წიგნი (book) and this word are so similar. A corruption in Πρ 1 seems unlikely.

14 It may be noted that in ms. Ⴂ this form of the προσφώνησις is placed after the Martyrium Pauli.

15 ERNST VON DOBSCHUETZ, *The Notice prefixed to codex 773 of the Gospels* in *Harvard Theological Review* vol. 18 (1925) pp. 280-284, esp. the last paragraph.

Thus we have two translations, neither of which is a complete success. One stands in the same tradition of (mis)understanding as the Armenian; one is independent, and is less literal, and very much more interpretative. If we look at the chart of the contents of the Euthalian portion of the four manuscripts, we see that the position of Πρ 1 is stable, whereas Πρ 2 is to be found in three different positions. It may be that we have here a clue to the evolution of the Georgian Euthaliana : Πρ 2 is a later addition.

The affinity of Πρ 1 with the Armenian, but the absence of absolute identity between the two versions, is further corroborated by study of the chart. The Navigatio is found in both versions, but in the Armenian it follows, in the Georgian it precedes the subscription (= Πρ 1); the Pamphilus colophon is found in the Armenian but is absent from the Georgian. Further evidence of the affinity is shown in another feature of the apparatus. The stichometry given after the summary of ἀναγνώσεις (= Αν) is in the Greek tradition, according to Zacagni, δϡλς′ (= 4936)[16]: the Armenian and the Georgian however share the divergent figure of 5936 (Armenian *րջլզ* : Georgian ჭშლვ). But two differences underline the conclusion already reached, that while there is affinity, there is no direct dependence of the Georgian upon the Armenian. Another numeration, namely the number of martyriai given at the head of pg. 568 in Zacagni is ρκζ′ (= 127): the Georgian tradition agrees with this, and the Armenian gives the figure *ճիէ* (= 127). Again, in the Prologue, a significant passage concerning the celebration of the date of Paul's martyrdom, shows the divergence of Armenian and Georgian. The Greek at this point[17] reads τῇ πρὸ τριῶν καλανδῶν ἰουλίων πέμπτῃ Πανέμου μηνός. The Armenian gives, for πέμπτῃ Πανέμου μηνός, "which is the sixth day of the month Noomon, which is Mareri". This arises from a variant form of the Greek, into which a correlation with the Asian month Lous has been inserted in some witnesses : the *vox nihili* "Noomon", has arisen by a corruption.

The Georgian has nothing in common with this, although it has some peculiarities of its own. For the whole Greek phrase as given, it reads, "before the third calend of Tibi, which is the month of Panemos" (უწინარჱს მესამისა კალანდისა თიბისასა რომელ არს პანემოსი თთუჱ). The editor supplies მეხუთჱ (= πέμπτῃ) before პანემოსი. A parallel passage in the Martyrium gives the fifth day of Panemos, and in the translation at that point the Georgian renders correctly by the ordinal numeral : nevertheless, I consider that an omission of any numeral at this point is not unlikely, as the datings at the various points in the apparatus lent

16 Zacagni 541.
17 id. 523.

themselves to expansions and correlations, and, even within the Greek tradition, to corruptions. The omission of any equivalent of πέμπτῃ seems to me not unlikely: to gloss over it and to conform it to the Greek does not further the philological cause. In any case, it is clear that the Armenian and the Georgian traditions are quite unrelated at this point. Indeed, so wide is this divergence that it may suggest that the transmission of the two has followed a very distinct course in either case.

Before we pursue the course of that transmission further, it will be well to look at that quite distinct peculiarity of the Georgian denoted by T, a table with explanatory preface, elsewhere unattested. It is another part of the apparatus whose position varies within the Georgian. It runs as follows. "There is added to specify for this Paul(ine corpus) a brief list of the εὐαγγέλιον at each place which agrees with the gospel of Paul. Thou shalt find this below in the order of the pages (კაპატონთა). The red letters signify of which gospel (თავი) it is; but the black letters provide the (means of) discovering each particular "lection" (საკითხავი). If you wish such information, you will find this list simple to use".

There follows (in three of the four manuscripts laid under contribution) a table which we transcribe, using capitals for the uncials in Danelia's edition, and numerals for the minuscule letters which are apparently used in their numeral signification. The editor gives no clue which letters are red and which black. Perusal of three of the manuscripts (viz. ႠႡႩ) shows that the uncials are red and the minuscules (= numerals) black.

M	MR	L	J
177	136 (v.l. 137)	261	68 (v.l. 18)
J	J	L	M
94	1	204 (v.l. 24)	76
M	M	J	L
96	316	88	21·
MR		L	L
205		241	14
		J	M
		38	5

In spite of the promise at the end of the explanatory preface to this table, the clue to its use seems to have vanished in the course of transmission. The table appears to have the form of a canon-table when found at the foot of a page. The word თავი (literally "head") is rendered "gospel" in the translation above in accordance with this, following its use in the expression

ოთხთავი "fourfold gospel". But the sections of different gospels have no correspondence, and the same gospel appears sometimes more than once on a horizontal line. Nothing whatever remains to indicate the relationship to the Paulines. The only certain fact is that these must be the numbers of Ammonian sections. No other lists extend to so long a series as these presuppose.

Judging from the list already drawn up of the occurrence of the elements of the Euthalian apparatus in the Georgian tradition, this table, like Πρ 2, is a late and uncertain addition to it. It appears in differing places : and in ms. Ⴂ consists only of the preface without the table. Unless it survives undetected in a Greek or other dress (which is within the bounds of possibility since this apparatus is not yet exhaustively charted), it is otherwise unattested.

We have observed that the coronis-subscription exists in Georgian in a dual version and we know that the κεφάλαια lists are to be found in two forms one of which is part of the apparatus preceding the Pauline corpus and one to found within the body of the text. We may examine the latter datum in the Palaeographical Album of Abuladze[18] where mss. Ⴃ and Ⴈ are depicted. In the folia of the former we may see not only this feature but also marginal numeration of στιχοί and a subscription giving the place of origin of the epistle and its total stichometry. In the latter, we see the indication of a μαρτυρία within the text and its serial number within the epistle given in the margin. Thus the presence of the Euthalian material at the head of the corpus is related to Euthalian features within the presentation of the text of the corpus : it is not a later addition. But it has itself been added to, at least by a variant form of the coronis-subscription and a second listing of the κεφάλαια. The instability of the latter element is shown by its absence in ms. Ⴂ We therefore enquire if there are to be found other traces of growth in the Euthalian apparatus in Georgian.

There are several places within the Greek original of the apparatus where we find parallel phraseology two of which have played a part in the discussions about the origin, growth and purpose of the work. These are the dating of Paul's martyrdom in the Prologue and in the Martyrium, and the shorter and longer listings of the martyriai with their respective programmata (S and

18 Ilia Abuladze ქართული წერის ნიმუშები. პალეოგრაფიული ალბომი. First edition (Tbilisi 1949) Plates 29 and 30 (= ms. Ⴃ), 20 (= ms. Ⴈ); Second edition (Tbilisi 1973) Plates 36 and 37 (= ms. Ⴃ), 29 (= ms. Ⴈ). Study of ms. Ⴃ at first hand revealed the serial numbers of the μαρτυρίαι and their scriptural references noted in the margin, which Abuladze's plates do not show. It was also found that there are additional marginal references to scriptural allusions and quotations of the text, which do not find a place in the Euthalian lists.

L of the chart). Both of these upon examination show similarities of wording in the original Greek: when we compare them at these points in the Georgian, we perceive differences which allow us to apply the criterion of rendering to which versions, unlike originals, may often be subject. We give in parallel the relevant passages of the Prologue and Martyrium, and of the programmata to S and L, first in Greek, and secondly in Georgian.

Prol. (Z. 523)	Mart. (Z. 536) (cp. Robinson, Euthaliana, 29 & 46)
τῇ πρὸ τριῶν καλανδῶν ἰουλίων, πέμπτῃ Πανέμου μηνὸς,	πέμπτῃ ἡμέρᾳ Πανέμου μηνὸς, ἥτις λέγοιτο ἂν παρὰ Ῥωμαίοις ἡ πρὸ τριῶν καλανδῶν Ἰουλίων,
ed. Danelia 99 (§ 8.3)	id. 104 (§ 17.2)
უწინარჱს მესამისა კალანდისა თიბისასა რომელ არს* პანემოსი თთუჱ	უწინარჱს სამთა კალანდათა ივლიოსისათა რომელ არს თიბისაჲ

* editor adds მეხუთჱ

We note here two distinct ways of dealing with the text to be translated. In the Prologue (apart from the absence of an equivalent of πέμπτῃ in the manuscript tradition, which we have commented upon above), καλανλῶν has become a singular, and τριῶν an ordinal, while a Georgian month name has been substituted for the Latin name ἰουλίων. In the Martyrium, καλανδῶν remains a plural and τριῶν a cardinal number, while ἰουλίων has been retained although it is glossed, with the Georgian month name.

For the comparison of the programmata, we give the text of the programma to the short list of martyriai in full, and in parallel to it, phrases identical or near-identical, which in the original occur in different positions, in that of the long list.

Z. 542

᾿Αρόγραμμα [1]

῾Ο διὰ τοῦ μέλανος ἀριθμὸς ποσότητα [2] μόνον δηλοῖ τῶν ἐφ᾿ ἑκάστης βίβλου μαρτυριῶν [3]· ὁ δε διὰ τοῦ κινναβάρεως [4] [5] τάξιν ὁμοῦ, καὶ ποσότητα τῶν καθ᾿ ἑκάστην ἐπιστολήν· καὶ κανονίζεται τῷ πάλιν ἔνδον ὁμοίως παρακειμένῳ [6] ἀριθμῷ αὐτοῖς τοῖς [7] ῥητοῖς τοῦ ἀποστολικοῦ [8] τεύχους· [9] ἀπολήγει δὲ ἑκάτερος αὐτῶν, καὶ πάλιν ἄρχεται κατ᾿ ἐπιστολήν·

Z. 548f.

Πρόγραμμα [1]

῾Ο δὲ διὰ τοῦ μέλανος … καθολικός ἐστιν ἀριθμὸς πάσης τῆς βίβλου, … γνωρίζων ἡμῖν τὴν ποσότητα [2] τῶν ἀφ᾿ ἑκάστης βίβλου μαρτυριῶν [3]. // Ἔστιν οὖν ὁ διὰ τοῦ κινναβάρεως [4] [5] … ἀριθμὸς τὴν τάξιν, καὶ τὴν ποσότητα δηλῶν τῶν καθ᾿ ἑκάστην ἐπιστολὴν μαρτυριῶν, // Εὑρήσεις δὲ τὴν διὰ τοῦ κινναβάρεως ἀπαρίθμησιν κανονιζομένην τῇ πάλιν ἔνδον παρακειμένῃ [6] αὐτοῖς τοῖς [7] ῥητοῖς τοῦ ἀποστολικοῦ [8] τεύχους [9]. // συναπολήγων πάλιν τῇ ἐπιστολῇ

ed. Danelia 107 (§ 18)

ზემო [1] წერილი

რომელ-იგი მელანითა არს რიცხჳ რაოდენ არს [2] თავები [3] მას ხოლო აუწყებს. ხოლო რომელ-იგი ზანდუკითა [4] არს [5] აუწყებს თითოეულისა წიგნისა წამებათა განწესებასა ერთბამად და რაოდენ არს თითოეულსა მას ეპისტოლესა და განჰკარგებს კუალად შინაგან ეგრევე მსგავსად თანადაწერილსა [6] მას რიცხუსა მათ თჳთ [7] სიტყუათა სამოციქულოჲსა [8] კარგთა [9] და დაესრულების ორკერძოვე მათსა.

id. 110f. (§ 20.1-5)

ზედა [1] წერილი

რომელი-იგი მელანითა არს … კათოლიკჱ რიცხჳ ყოვლისა ამის წიგნისაჲ … მაუწყებს ჩუენ რაოდენ არიან [2] თითოეულისა მის წიგნისა წამებანი [3]

არს უკუე აწ რომელი წითლითა [4] წერილ არს [5] … რიცხჳსა განწესებასა და რაოდენ არს, მას აუწყებს თითოეულისა მის ეპისტოლესა წამებათა

ხოლო ჰპოვო წითლითა მით რიცხჳ განკარგებული კუალად შინაგან დაწერილი [6] მათ [7] სიტყუათა მოციქულისა [8] მუკლთა [9].

თანა-დაესრულების ეპისტოლესა მას კუალად.

To assist the perusal of these data we have indicated by numbers the identical words of the Greek and the differing words of the Georgian corresponding to these. We find that they fall into various categories. In case no. 3, we are probably dealing with a mistake of the translator through momentary oversight or a corruption: the Georgian თავები (*tavebi*) is a plural form of *tavi* which in this apparatus is the rendering of κεφάλαιον. No. 2 concerns the number of the verb "to be": with the form *tavebi* the singular is used (since this form is often collective in use), with the form *camebani* the plural is proper. It may be noted that the Greek originals here, each without verb, have been rendered in two different ways. The πρόγραμμα of the short list gives a sentence which may be rendered "sets out only how many are the *tavebi* in it": that of the long list, "how many are the martyriai of each book". Another case where supplementation has taken place is no. 5. In the parallel instances ὁ διὰ τοῦ μέλανος, we find a single form which may be rendered "that which is in black": in this case however the short list form follows the same pattern, "that which is in red", while the long list form has "that which is written in red". Case no. 7 concerns the rendering of αὐτοῖς τοῖς. Here the short list has both demonstrative and reflexive, while the long list has the demonstrative only. The remaining four cases are matters of vocabulary. The prefix of πρόγραμμα is rendered *zemo* and *zeda* in the short and long lists respectively: the difference is slight. Similarly, the participle of παρακεῖμαι is rendered by a longer compound form in the short list than in the long: it should however be noted that this longer form is found in the same πρόγραμμα rendering both παρακεῖμαι and παρατίθημι. Another case of the same root in different forms is no. 8, the rendering of ἀποστολικοῦ. The short list uses an adjectival form *samoçik'ulo* with more literal precision, the longer list *moçik'uli*, literally ἀπόστολος, which clearly is related to the Greek use of ἀπόστολος for the Pauline corpus. In the remaining cases, nos. 9 and 4, we find quite different choices of rendering. In the first case, τεύχος becomes in one case *kargi*, in the other *muẖli*. Both these words are elsewhere used in the apparatus to render other Greek words: *kargi* renders ὑφή and is also used within a rendering of ἐστίχισα, while *muẖli* is the regular equivalent of στίχος. No. 4 gives us variant words (*zanduki*, *çiteli*) for κινναβαρί, which also is found elsewhere rendered in a third way, namely, transliterated, in the heading to the list of κεφάλαια (Z. 573).

What do these data signify? They will immediately strike anyone who has worked on versional material of any literature as typical instances of the feature of "rendering", which often assists the researcher in relative datings and sometimes in geographical location of different stages in the production of versions. It has played a major part in the study of biblical versions. In one case at least, more recent scholarship has in fact demurred to the confident use made of this feature in this respect in the work of past generations. This is in regard to the treatment of the Old Latin where Dom Bonifatius Fischer[19] has suggested that the notion has too often been dominant that a translator must always have been consistent in rendering one word by one word. Too little room has been left for the possibility that he varied his style and vocabulary. We are mindful of this pitfall. If the apparatus lay before us without the duplication of material which we have studied, and the variation of position in which we find some of the duplicates, we should, I think, be inclined to view the data which we have just surveyed as variation of style, indicative of the difficulties of translation which were encountered. The apparatus is not the easiest of Greek documents to translate : today, as much as in earlier times, we are hampered by the absence of exact equivalents especially in the fields of rhetoric and indexing with which the original compiler and his successors were primarily concerned. However in the light of the various evidence surveyed we shall venture to propose an alternative hypothesis, bearing perhaps upon the evolution of the Euthalian apparatus, not only in Georgian, but in the original Greek. In short, it is suggested that the colophon in the form Πρ 2 and the synoptic table are later additions to the Georgian apparatus, and that the fuller list of martyriai with its programma, one form of the κεφάλαια and perhaps the Martyrium belong to this stage of the Georgian translation. One stage of the Georgian was taken from an earlier form of the apparatus : the supplements of the second stage derive from a form of the Greek apparatus to which additions had been made.

To proceed to details. The two distinct ways in which the dates are translated in the Prologue and in the Martyrium seem unlikely to come from the same translator. In the Prologue we find a bold although mistaken attempt to interpret the Latin form (which is strange in Greek). He has further supplanted the month name ἰουλίων by that of the Georgian month Tibi which in terms of the Julian calendar ran from June 2 to July 1. The translator of the Martyrium keeps nearer to the Greek of the dating, retaining a plural form and a cardinal numeral : he has elected to identify the month for his Georgian readers, not by a substitution, but by a relative clause indicating identity. Later in the same piece, in a passage not reproduced here, the date is repeated in the Greek original as the twenty-ninth of June. To this month-name too, retained in its Greco-Latin form, a relative clause is appended in which the month's identity with Tibi is also intimated. This must have been potentially misleading, even if the translator could have claimed that Tibi did in fact cover parts of both June and July.

19 *Das neue Testament in lateinischer Sprache* in K. ALAND (editor) *Die alten Übersetzungen des neuen Testaments, die Kirchenväterzitate und Lektionare*. Berlin 1972, pp. 1-92 esp. pp. 5-16 (*Die Forschungsmethode und ihre Entwicklung*).

The major coincidence is with June however. Thus, the translator of the Prologue is the more misleading. Has the translator of the Martyrium, been influenced by the Georgian form of the Prologue in the first date, and has attempted a greater precision in the second?

Another difference of rendering may confirm the distinction suggested between these translators. ἐπισημειόω is found in the Prologue at Zacagni 529 and in the Martyrium at 536. In the former the Georgian renders it by one compound, in the latter by another, albeit of the same root. (დასწევებად in the Prologue, შევისწევით in the Martyrium).

Distinctions of the same kind may be seen in a comparison of the Prologue with other parts of the apparatus. The root /ανακεφαλαιο/ is rendered თავად-თავად განეწესა for the phrase τὴν ἀνακεφαλαίωσιν ποιούμενος (Z. 529). In the heading of the ἀνακεφαλαίωσις τῶν ἀναγνώσεων however, we have the distinct word შეკრებაჲ

This difference is also to be seen in the headings to the short and long lists of martyriai : the shorter list is headed თავად-თავად აღწერილი, the longer შეკრებაჲ. This may well be linked with the data of the προγράμματα. In the elucidation of these, we observe an accumulation of evidence : whereas a single instance of differing renderings might not be convincing as evidence of a different translator at work, nine cases of various distinct kinds must be.

The variant renderings of κινναβαρί by *zanduki* and *çiteli* may give a clue about the relative dating of the ἀπογράμματα. *Çiteli* is found, ostensibly, for this word, in the synoptic table (= T). This we have argued is a later addition to the Georgian Euthaliana because of its uncertain occurrence, length and position within the tradition. We may suggest then that the πρόγραμμα to the longer list of martyriai is the later of the two to be translated.

This brings us to the martyriai themselves. They are found, of course, within the body of the text, and also in the list within the apparatus. Comparison shows that the extracts in the apparatus are often quite distinct from the text of the epistles themselves. Our examination (limited to Romans) shows that there is no one pattern of variation. Parts of a quotation will coincide in vocabulary with the text of the older recensions, parts with the later. Other aspects may differ from the whole New Testament tradition but agree with the text of the Georgian Old Testament. Some will differ from all these three possibilities of comparison, suggesting thus that the translation is basically independent of the Georgian Biblical tradition, its coincidences being the result of memory. It is then later than the older recension at least and than those recensions of Old Testament books which it echoes.

There are also in the Georgian tradition of the Euthalian apparatus two sets of titles of κεφάλαια, one of which figures as part of the apparatus in three manuscripts and is missing in one other; the other set is found in the text. The two lists differ both in text and rendering. There is some record in von Soden's work of the textual variations in the τιτλοί[20]; these are not many but we have used them as a basis of the information given. But no attestation of the variations is given so that we cannot correlate the textual aspect with any particular Greek manuscript. We can make a comparison through the work of Vardanian with the Armenian version of the apparatus. There is no constant agreement either way, but there is greater concord between the τιτλοί which are part of the apparatus and the Armenian than between it and the τιτλοί which are found interspersed in the body of the text. But this is a textual agreement: there are no Armenian calques. Here as elsewhere, we discern affinity with the Armenian rather than derivation from it or identity with it.

Thus we find that the earliest Georgian version of the Pauline epistles possesses a form of the Euthalian material. This shows various signs of relationship to parts of the Armenian version of that apparatus, but does not appear to be directly derived from it. This link coheres with that close link of the text of the earliest stratum of the Georgian Biblical tradition with the Armenian on which many scholars have written[21]; and also with the order Paulines-Acts-Catholic epistles within the Praxapostolos which this version shares with the Armenian[22]. The original stage of the Euthalian apparatus in Georgian contained the Prologue, the shorter enumeration of martyriai with its πρόγραμμα, one form of the κεφάλαια (probably within the text), and a form of the coronis subscription (= Πρ 1). About the Navigatio Pauli we have no comparative data by which to judge the stage of its production. Its presence before the colophon is known in one Greek minuscule. In the Armenian it follows. At a later stage in the evolution of the Georgian version, this form of the apparatus has been expanded: there have been added the Martyrium, the long list of martyriai with its corresponding πρόγραμμα, and the ἀνακεφαλαίωσις τῶν ἀναγνώσεων at the points where these are to be found in the Greek tradition. This stage also

20 HERMANN FREIHERR VON SODEN, *Die Schriften des neuen Testaments in ihrer ältesten erreichbaren Textgestalt hergestellt*, Berlin and Göttingen, 1902-1913. I. Teil: Untersuchungen, I. Abteilung: Die Textzeugen, pp. 461-471.

21 E.g. STANISLAS LYONNET S.J. *Les origines de la version arménienne et le Diatessaron*. Rome 1950. Ch. 4 *La version géorgienne*: ARTHUR VÖÖBUS, *Early Versions of the New Testament*, Stockholm 1954 (= *Papers of the Estonian Theological Society in Exile* 6) Ch. 5, *The Georgian Versions*.

22 Cp. ERROLL F. RHODES, *An annotated list of Armenian New Testament manuscripts*. Tokyo 1959. Mss. 18, 78, 258, 383, 410, 422, 549, 675, 701, 711, 719.

saw a second form of the coronis subscription (= Πρ 2) (which shows some better understanding of the Greek) and a table of correspondences with the gospels which has survived only in a partial or corrupt form (= T). The place of the latter two is mobile within the manuscript tradition. This probably shows that, unlike the other items added at this later stage, they were not taken (directly at any rate) from a Greek exemplar. Much that is enigmatic remains still unexplained about them.

There is also a question unanswered about the list of κεφάλαια. This is not found in one Georgian manuscript: its place in relation to Πρ 2 and T is unstable in the others. In its renderings it does not exactly coincide with either of the other strands we have discerned: κινναβαρί is transliterated, and ἔκθεσις, which is განწესებაჲ in the Prologue, has been rendered by გამოთქუმაჲ here (= Z. 573). All these data might suggest that the list within the apparatus was added to the Georgian version later than that which is found punctuating the text. But, as we have noted, affinity with the Armenian is closer in the list within the apparatus. This might indicate that it belongs to the earlier stage. But since this is a textual affinity rather than a linguistic, we might suggest alternatively that the source from which this list was taken had textual affinity with the source of the Armenian version's list, but was not directly related to it. If this were so, and the list within the apparatus were the later of the two lists of κεφάλαια to be translated, presumably that which punctuates the text would belong to the earlier stage of the evolution of the Georgian form of the Euthaliana. But we have been unable to discern any objective proof of this possibility.

We may also observe that in the manuscripts from which the edition has been made there are in the text, in addition to κεφάλαια, numeration of the martyriai, and stichometries. There are also at the end of each epistle subscriptions with historical data of the place of writing.

Before the production of these manuscripts in the tenth (or in one case, eleventh) century, the Georgian philologists have not only produced two recensions of their translation of the Pauline epistles, but also have paralleled this by the expansion of the Euthalian apparatus thereto attached. Armenian affinities in the parts of that apparatus which we have judged to belong to the earlier stage of its Georgian translation might suggest that that earlier form was made when recension A was made, and that the additions date from the point when recension B was made, perhaps with more direct reference to the Greek. This seems very likely, but remains hypothetical. As both recensions seem to lie behind the quotations in the Martyrdom of Susanik, which traditional dating places in the mid-fifth century, we might require a very early date for the Georgian versions of the Euthalian apparatus. If however, as the present writer thinks probable, the Martyrdom is to be considered a pseudepigraphon, we could suggest dates more in line with the probability that the recension B, with its closer Greek contacts, postdates the schism of the Armenian and Georgian churches round about AD 600[23]. The shorter Georgian Euthaliana could be dated with the earliest version sometime in the fifth century, and the expanded apparatus in the seventh century.

We may draw attention to the remarkable affinity which is to be observed with what remains of the Paulines in the much fragmented ms. H[24]. We may show this in a comparative table:

H	*Georgian version*
a) kephalaia at the head of each epistle: corresponding numbers in the margins	kephalaia distributed within the epistle: marginal numbers not required
b) stichometries at end of list of kephalaia and at the end of the epistle	stichometries at the end of the epistle (no distinct list of kephalaia)
c) colophon with coronis verse	coronis verse in prose version
d) O.T. quotations noted in margin and numbered in sequence	identical
e) subscriptions with historical data	the same (exact identity not ascertainable)
f) numeration of each fiftieth stichos is *not* known in H, but is in the related ms. 88	every fiftieth stichos numbered in margin

C.H. Turner, in his discussion of the Euthalian apparatus, basing his argument on the data of H, but taking other data into account, arrives at

23 On this controversial and complex matter see, *interalia*, the article of PAUL PEETERS, *Sainte Sousanik, Martyre en Arméno-Georgie (14 Décembre 482-484)* in *Analecta Bollandiana* 53 (1935), pp. 5-48, 245-307. See also J. NEVILLE BIRDSALL, Evangelienbezüge im georgischen Martyrium der hl. Schuschaniki, in Georgica 4 (Jena and Tbilisi, 1981). However, as intimated above, an examination of the text of the oldest recensions is in progress since after the completion of this report. This makes it probable that the A recension was made from Greek and not from Armenian (as appears to be the case — or at least the consensus — for the gospels and Acts). The fact that the Georgian Euthaliana have affinity, but not identity with the Armenian, accords with the data of the text itself. The Georgian and the Armenian versions of the Paulines may then be sisters, rather than child and parent: we may be encouraged to investigate the applicability of this definition to the text of the rest of the New Testament.

24 For a bibliography of H (015) see KURT TREU, *Die griechischen Handschriften des neuen Testaments in der UdSSR*, Berlin, 1966, pp. 31-34: for a facsimile see Kirsopp LAKE, *Facsimiles of the Athos fragments of Codex H of the Pauline Epistles*, Oxford, 1905.

the conclusion that the original form contained Martyrium, list of either the short or the long list of martyriai with its programma, the kephalaia (in a unified list, as he thinks), subscriptions to the epistles and stichometries. The presence of the Prologue in the original form he leaves uncertain. It would seem that the earliest form of the Georgian version provides further data from which to plot coordinates. The data of the Georgian, as we have analyzed it, would add weight to the view that the apparatus in H is an early, and not a late abbreviated form, of the Euthalian product.

Hints of relationship with other Greek manuscripts are fewer. There is no clear cut case in which a significant number of the features of the Georgian version is to be found in a Greek witness. Apart from the uncial H only the minuscule 88 (Naples, Bibl. Naz. II. A. 7)[25] has the coronis verse. Like H, but unlike the Georgian it has also the colophon linking the tradition with Pamphilus. As we have noted, the coronis verse is preceded in this manuscript by the Navigatio Pauli: this is shared by the Georgian. But otherwise, it is distinct from the Georgian, at least in the extent of its materials. In addition to the same content as the Georgian, it also contains the Pseudo-Athanasian argumenta, and has a very full complement of Euthalian material for the Acts and Catholic epistles. Using the material published by Willard, and other material found in the discussions of Robinson and von Soden, we have made all correlations possible, taking various features of the Georgian as our basis. We have correlated other manuscripts containing the Navigatio Pauli, those sharing the forms of dating found in the Prologue and in the Martyrium, those containing the ἀνακεφαλαίωσις τῶν ἀναγνώσεων and, those in which the Pauline epistles precede the Acts and Catholic epistles. In no instance is any other link with the Georgian to be found. It would appear that even in its fuller form (taking the whole of the Praxapostolos into account) there are no Greek manuscripts known to us at present with which the Georgian is very closely linked. The separation of the form of the Euthalian apparatus known in this version goes back to a considerable antiquity. The links and similarities with H which we have traced emphasis this, since H itself remains unique within the tradition.

Subsequent research has, however, brought to light, from Danelia's apparatus, confirmed from the manuscripts examined at Tbilisi, the presence of a series of glosses, mainly though not solely, identifying unnamed persons

25 See HAROLD S. MURPHY, *On the text of codices H and 93*, in *Journal of Biblical Literature* 78 (1959) pp. 228-237; id. *The text of Romans and I Corinthians in minuscule 93 and the text of Pamphilus*, in *Harvard Theological Review* 52 (1959) pp. 119-131. (The siglum 93 belongs to an earlier period when minuscules were classified according to the parts of scripture contained in them, not infrequently by different numbers; why Murphy in 1959 used a system out of date for almost fifty years remains unclear, a relatively unimportant enigma of textual criticism).

or expanding personal names with greater biographical detail. These are to be found in I and II Corinthians, Galatians, Ephesians, Philippians, Hebrews and II Timothy. It transpires that the majority of these are also found in certain of the manuscripts from which Zacagni drew the material of his edition, particularly from Vaticanus Reg. gr. 179 and Vaticanus gr. 1650. Van Esbroeck (Biblica 53 (1972) pp. 43-64), had already drawn attention to the glosses in Hebrews 11, which he knew from other Georgian manuscripts before the appearance of the Tbilisi edition: and had demonstrated their affinity not only with Ephraem the Syrian's commentary on the Pauline epistles, but also with a number of Greek commentators. Their presence in the edition of Zacagni was not, however, noted by him. No one has treated them as part of the Euthalian material, and it seems ambiguous whether Zacagni himself so regarded them. It would be premature to make an unqualified assertion, but we hazard the opinion that the evidence of the Georgian may lead to consider such glosses as part of that material; clearly there was transmission of apparatus and glosses together both in South Italy and the Caucasus.

It would take another study to investigate further ramifications of these and the other data. We need to know the Greek tradition in greater detail, while a careful examination of the Armenian and a comparison of it with the Georgian is needed, beyond what has been incidentally attempted here. If the stratification which we have traced in the Georgian has the contacts we surmise with so ancient a strain of the apparatus as H contains, a closer perusal yet of the Greek might be appropriate to establish in the light of the new data stages in the prehistory of the apparatus for which we have previously had only conjecture to guide us.

As we have intimated, the younger recensions of the Georgian Praxapostolos alone contain any form of the Euthalian apparatus to the Acts and Catholic epistles, and present traces of that to the Paulines distinct from that which has just been studied. These younger recensions are attributable to Giorgi the Athonite and Ephrem the Less respectively. They have been edited from several manuscripts, which for the most part also figure in the edition of the Pauline epistles referred to: but confusingly enough, different sigla are assigned to them (and indeed to the manuscripts of the older recensions too) in the respective editions. The recensions which in the Pauline corpus are denominated A, B, C and D, are in the Acts and Catholic epistles Ⴀ (ani), Ⴁ (bani), Ⴂ (gani), Ⴃ (doni): the manuscripts, which are known in the edition of the Pauline corpus by the sigla drawn from the Georgian alphabet, are in the earlier published editions of the Acts and Catholic epistles known by sigla of the Latin alphabet. We will give a concordance for those of the older recensions, as well as those of the later about whose forms of Euthalian apparatus we shall speak.

Paulines	*Acts-Catholic Epistles*
Ⴀ (ani)	A
Ⴁ (bani)	does not contain these.
Ⴊ (lasi)	K
Ⴂ (gani)	C
Ⴅ (vini)	E
Ⴆ (zeni)	not utilised
Ⴡ (he = ē)	F
Ⴇ (tani)	G
Ⴈ (ini)	H
Ⴉ (kani)	I (Acts), J (Catholics)

The manuscript Ⴃ (doni) (Sinai 58-31) does not contain Euthalian material and is not used in the editions of the non-Pauline parts of the Praxapostolos: the manuscript Ⴄ (eni) (Athos, Iveron 42) is denominated D in the edition of Acts, but being a manuscript of one of the older recensions does not contain Euthalian material. The manuscripts from which the Euthalian apparatus to the Acts and Catholic Epistles has been edited are those in the above list from siglum E onward. They are to be identified as follows:

Ⴅ (vini)	=	E — ms. A 584 of the Institute of Manuscripts in Tbilisi
Ⴡ (he)	=	F — ms. A 34, same collection
Ⴇ (tani)	=	G — ms. A 137, same collection
Ⴈ (ini)	=	H — ms. A 677, same collection
Ⴉ (kani)	=	I or J — ms. K-4 (formerly K-12) of the Oriental Institute of the Academy of Sciences of the U.S.S.R., Leningrad

The Acts of the Apostles was edited by Ilia Abuladze in 1950[26]. This edition contains the text of the older recensions of the scriptural book: but these, as we have said, have no Euthalian material. As in the case of the Pauline epistles, the Euthalian material from the later recensions is given at the end of the volume. The Catholic Epistles were edited by Ketevan Lortkipanidze in 1956[33]. In this case, the Euthalian material is found interspersed with the text, as is the case in most of the manuscripts.

26 საქმე მოციქულთა (ძველი ქართული ენის ძეგლები 7), Tbilisi 1949 (*Acts of the Apostles — Monuments of the Old Georgian Language* 7).

In Acts, the following Euthalian material is found, and in the following order.

Prologue	: Z. 403-410; M.P.G. 85.627-636
Argumentum	: Z. 421-425; M. ibid. 645-650
Peregrinationes Pauli	: Z. 425-427; M. ibid. 649-652
ἔκθεσις κεφαλαίων	: Z. 428; M. ibid. 652
κεφάλαια τῶν πράξεων	: Z. 428-438; M. ibid. 651-662
Testimonia (long list)	: Z. 415-421; M. ibid. 639-646

The Prologue is entitled "First account the Acts of the Apostles and Explanation of the Arrangement of the Chapters"[27]. It is basically the Prologue identified as above: but towards its close an expansion has been made which, in a "Euthalian" style, indicates that the work undertaken at the behest of brother Athanasius, has been the arrangement of chapters in στιχοί, and the provision of numbers and asterisks distributed throughout the book to make clear the sense of each chapter. A similar, although not exactly identical, expansion has been made in the ἔκθεσις[28]: the Greek here intimates that black notation has been used to indicate the chapters, but red the subdivisions of the chapters. The Georgian reads that "dividing numbers are in black, but chapters in red, and sub-chapters with asterisks". The editor adds a note in the margin here, to the effect that "in the margin of the manuscript in fact the numeration of chapters is given in black writing, at the beginning of chapters the first letters are in red, but for sub-chapters an asterisk is placed". We may anticipate somewhat to note in connection with these data a similar in the parts of the Euthalian apparatus to the Paulines contained in the later recensions. In the mss. of recension C (mss. E, F, G) a preface to the list of kephalaia is found[29], an expansion in fact of the ἔκθεσις on pg. 573 of Zacagni's edition. It runs "from this point I shall list the division of these apostolic epistles chapter by chapter with numbers so that whoever wishes to read a particular passage shall without difficulty find it by the number in each epistle. But there is by (or, in addition to) the numbers before the chapters a list distinct from the one with numbers where there is an asterisk drawn as a sign, so that the listing of the passage and its sense may be conspicuous". In all these, "asterisks" are named as part of the apparatus, and in the two instances where we have Greek equivalents, it is the use of vermilion for which the asterisk is either a substitute or a supplement. These must show a link with the notes known to us from the minuscule 1970 (Coislin 25) for Acts and from the minuscule

27 Op. cit., pp. 212-215.
28 *Ibid.* p. 218.
29 Op. cit. (fn. 7 above) p. 479.

307 (Coislin 30) for the Paulines, to which Robinson drew attention in his attempt to resolve some of the problems of chapter numeration especially in the Acts[30].

To return to the Acts, we find a further distinctive feature in the long list of testimonia. These are not given in full but in the abbreviated form of their opening words only[31]. This is a feature found in a number of manuscripts of the Greek, which like the Georgian contain only the long list[32]. Following Willard, we can see that of these the minuscules 82, 462, 603 and 2484 have the same content of the apparatus for Acts: none however continue this identity into the rest of the Praxapostolos.

The Georgian version of the Catholic Epistles was edited in 1956 by Ketevan Lortkipanidze[33]. The later recensions contain the Prologue to the Catholic Epistles (Z. 475-477: M.P.G. 85.665-668) and the Argumenta and lists of κεφάλαια for each letter. These are found as follows in the Greek editions.

James. Argumentum.	Z. 486-487 :	M.P.G. 85.675-678
	Z. 487-489 :	M.P.G. ibid. 677f
I Peter. Argumentum.	Z. 492-493 :	M.P.G. ibid. 679-680
	Z. 493-494 :	M.P.G. ibid. 679-682
II Peter. Argumentum.	Z. 497-499 :	M.P.G. ibid. 681-684
	Z. 499 :	M.P.G. ibid. 683-684
I John. Argumentum.	Z. 501-503 :	M.P.G. ibid. 683-686
	Z. 503-504 :	M.P.G. ibid. 685-688
II John. Argumentum.	Z. 507 :	M.P.G. ibid. 687-688
	Z. 507-508 :	M.P.G. ibid. 687-688
III John. Argumentum.	Z. 508-509 :	M.P.G. ibid. 667-688
	Z. 509 :	M.P.G. ibid. 687-690
Jude Argumentum.	Z. 510-511 :	M.P.G. ibid. 689-690
	Z. 511-512 :	M.P.G. ibid. 689-692

There is some expansion of the end of the prologue. Instead of the reading of the epistles στιχηδὸν, the Prologue declares the object to be the listing of the სახე და ძალი და მიზეზი of them (form and meaning [*lit.* power] and occasion). There is no reference to any signs or numerations. In the κεφάλαια however, the sub-divisions are indicated by asterisks, although no explanation of the sign is given.

30 Op. cit. pp. 22, 24.
31 Op. cit. p. 222.
32 WILLARD, op. cit. pp. 55f.
33 კათოლიკე ეპისტოლეთა ქართული ვერსიები (ძველი ქართული ენის ძეგლები 9), Tbilisi 1956. *The Georgian Versions of the Catholic Epistles* (*Monuments of the Old Georgian Language* 9).

For the later recensions of the Pauline Epistles, we are indebted for our knowledge to the edition already referred to[7]. The material is gathered together at the end of the volume, which does not correspond to the format of the manuscripts. In most of these, the material is divided and appears before the epistle to which it refers. In two manuscripts (namely, ⴄ and ⴉ), the material is gathered together at the head of the manuscript. All that survives in these recensions are the Pseudo-Athanasian Argumenta and the list of κεφάλαια. In recension C, as we have said, there is found at the head of the κεφάλαια, a form of the words (ἔκθεσις) found there on pg. 573 of Zacagni. This has already been discussed. In the three manuscripts of the same recension a kind of colophon is found at the end of the list of κεφάλαια[34], "Accept then, o honoured father, the evidence of our poverty and forgive our ignorance, because we, as you commanded, have set out this list of chapters, so that together we may glorify the Father, the Son and the Holy Spirit now and always and for ever and ever". There are links here with the style and language of the Euthalian prologues; with "honoured father", we may link the πάτερ τιμιώτατε of the beginning of the Prologue to the Paulines, while the form "accept then", is identical with words in that to the Catholic Epistles. The asseverations of his lack of ability have a number of links, although they are a common-place, too, of many a colophon to manuscripts of sacred content. Are these words then another instance of the tendency to expand and adapt the material which both the Prologue to Acts and that to the Catholic Epistles evinced in the later Georgian recensions?

Finally a word must be said about the stichometry. This name is often given to the whole Euthalian apparatus, but every student of the area will know that the relation of the stichometrical calculations to the work of Euthalius is one of the most problematical questions raised by the investigation. Both the early and the later Georgian versions of the Praxapostolos have stichometries. Those for the text of the individual books present no problem which relates to the Euthalian material : the variations which are to be found are readily paralleled in scriptural manuscripts of any version or the original Greek. In the Paulines, these figures are accompanied in all recensions by subscriptions about the place of origin : in the later recensions information about the number of κεφάλαια and μαρτυρίαι is to be found. In Acts, however, the stichometry of the book is given only in recension ⴂ : in the Catholics, recensions ⴂ and ⴃ present stichometrical data at the end of most epistles recension ⴃ also giving κεφάλαια and μαρτυρίαι for I Peter, and κεφάλαια only for I John and Jude.

34 Op. cit. (fn. 7 above) p. 516.

As for the stichometries within the Euthalian apparatus, we find the Prologue to Acts alone has its stichometry calculated, in the later recensions. In the Euthalian material to the Paulines, on which we have concentrated, we find the following data. The stichometry for the prologue is moved to follow the Martyrium Pauli. No stichometry is given for the section διεῖλον ... τυγχάνοι (Z. 541) nor for the following πρόγραμμα (Z. 542). Within the sections such as the ανακεφαλαίωσις τῶν ἀναγνωσέων and the two lists of μαρτυρίαι there are sometimes divergences in the stichometry. The significance of these no doubt must await the publication of the full Greek data and a comparison with that of other versions for its elucidation.

We must be grateful that the policies of the educational and research institutions of the Soviet Republic of Georgia are such that we have full and valuable presentations of these data and the texts which they accompany at our disposal. In this regard the student of the transmission of scripture in Georgian is now better provided than his fellow in the Syriac or Armenian fields. One cannot conclude such a survey and preliminary investigation without making the plea that in the West the study of Georgian may be further promoted so that the area of scripture study and the related field of patristic study, to which recent work[35] has made such signal contribution, may be enhanced by the deeper research into the materials which our Georgian colleagues have placed within our reach.

35 Corpus Christianorum. Clavis Patrum Graecorum I-IV (Turnhout) 1974-1983.

WAKHTANG DJOBADZE

Observations on the Georgian Monastery of Yalia (Ġalia) in Cyprus

One of the most significant events in the spiritual life of Georgia was the bold revival of monastic life and the emergence of numerous monasteries toward the end of the tenth and during the eleventh century. These were not only in the homeland (e.g. Tao, Klarjet'i, Šavšet'i) but beyond its borders: in the Holy Land, in Syria, Palestine, Sinai, Antioch on-the-Orontes, Constantinople, Athos (Greece) and even in Bulgaria (Bačkovo)[1]. Most of them were new settlements, rapidly expanding and becoming centers of learning and literary activities. Their locations are known to us through historical sources, namely patristic literature, or through numerous lengthy 'testaments' and colophones contained in these manuscripts copied in their scriptorias. In addition evidence of their existence was gathered through archeological investigations[2]. Yet there exists a number of medieval monastic centers whose exact location remains unknown even though they are mentioned in these literary sources. One of them is the monastery of Ġalia (or Žalia) in Cyprus. The existence of Georgian monasteries on Cyprus, however, is known beyond doubt. For instance, the chronicler of the Georgian King David IV, the Builder (1089-1125), in enumerating his monarch's achievements, says that David has endowed with numerous gifts and priviliges not only the monasteries in their fatherland proper, but also Georgian monasteries in far away places: Greece, Bulgaria, Palestine, Jerusalem, Syria, Black Mountains ... and Cyprus[3]. Other sources are more specific; in the "Life of our Blessed Father John and Euthymius", written between 1042 and 1044 by their devoted disciple Giorgi At'oneli (George from Athos), he relates the Byzantine Emperor Basil's II unsuccessful attempt to persuade Euthymius (one of the founders of the monastery at Iberon on Athos)

1 W. Djobadze, *Materials for the Study of Georgian Monasteries in the Western Environs of Antioch on-the-Orontes*, CSCO 372, Subsidia 48, Louvain 1976; L. Menabde, *Dzveli K'art'uli mçerlobis kerebi*, II, Tbilisi 1980.

2 For instance in the western environs of Antioch (W. Djobadze, "Vorläufiger Bericht über Grabungen und Untersuchungen in der Gegend von Antiochia am Orontes" *Istambuler Mitteilungen* 15 (1965) 218-242.

3 *K'art'lis Cḫovreba* ed. S. K'auḫčišvili, vol. I, Tbilisi 1955, 352-353.

to take over the vacant seat of the deceased archbishop in the church of St. Epiphanius in Salamis on Cyprus[4].

Other scanty references concerning the Georgian monasteries in Cyprus can be gathered from other European sources, such as pilgrims' and travellers' reports from which we learn that the Georgians had established a monastery in Mazoto near Alamino in southern Cyprus[5]. In another instance the pilgrim Jacob von Bern, who visited Cyprus in 1346, tells us that in Famagusta (Famagost) the Georgians were celebrating the mass in accordance with Greek customs[6].

The Georgian chroniclers lauding Queen Thamar (1184-1213) as a benevolent and generous protector of churches and monasteries at home and abroad, emphasize that she supported numerous monastic establishments and also beautified that of Ġalia (ღალია) on Cyprus which she rebuilt, bought land for their income, enriched and embellished it as it is befitting for an honorable monastery[7]. On another occasion the monks from Cyprus (presumably from Ġalia) are mentioned among the visiting monks from various Georgian monasteries such as Antioch, the Black Mountains and other holy places, being generously rewarded by Queen Thamar with numerous gifts, gold and precious ecclesiastical objects for use in their monasteries[8]. A confirmation of these Georgian sources is to be found in a document from Vatican (No. 1298) dated February 3, 1306 which mentions three Cypriot monasteries; and according to which the superior of a monastery called *Yal* or *Yail* (situated NE of the Kirsofon [Khrysokhou] Bay between the towns *Yailia* and *Finekli*) is a Georgian[9]. This was confirmed in the summer of 1981 after I located the monastery of Yailia and surveyed its remains. There is no doubt that *Yail* (*Yailia*) is a synonym of *Ġalia* (ღალია) or *Žalia* (ჟალია) mentioned in the Georgian sources[10]. This monastery is located above a fertile valley and the town Yalia, some seven kms. east of the northern shores of Khrysokhou Bay on a hill on the

4 *Dzveli k'art'uli agiograp'iuli literaturis dzeglebi*, ed. I. Abuladze, vol. II, Tbilisi 1967, ch. XVIII, p. 69. For the Latin translation of this "Life" see P. Peeters, "Histoires monastiques géorgiennes" *AnBoll* XXXVI-XXXVII, 1917-1919, appeared 1922 in Bruxelles, ch. 33, 40-41.

5 H. Hackett, *A History of the Orthodox Church of Cyprus*, New York 1972, p. 523 (reprint of the 1901 ed.); L. de Mas Latrie, *Histoire de l'Ile de Chypre* I, 112.

6 R. Röhricht and H. Meisner, *Deutsche Pilgerreisen nach dem Hl. Lande* Berlin 1831, 52, 178.

7 *K'art'lis Cḥovreba* ed. S. K'auḫčišvili, vol. II, Tbilisi 1959, 81, lines 12-14 and p. 141 f.

8 *Ibid.*, 142.

9 J. Richard, *Chypre sous les Lusignan, Documents chypriotes des archives du Vatican* (XIV et XVe siècle). Institut français d'archéologie de Beyrouth (1962) 75 note 2; see also N. G. Kyriazis, Τὰ χωρία τῆς Κύπρου, Larnaca 1952, 96-97.

10 Djobadze, *op. cit.* 77 note 82. P. Ingorok'va (*Giorgi Merčule*, Tbilisi 1954, 165f.) suggests that the term "Ġalia" derives from the Georgian "Ġele" (= stream, small river) or "Ġali" (a river in Megrian dialect).

Fig. 1.

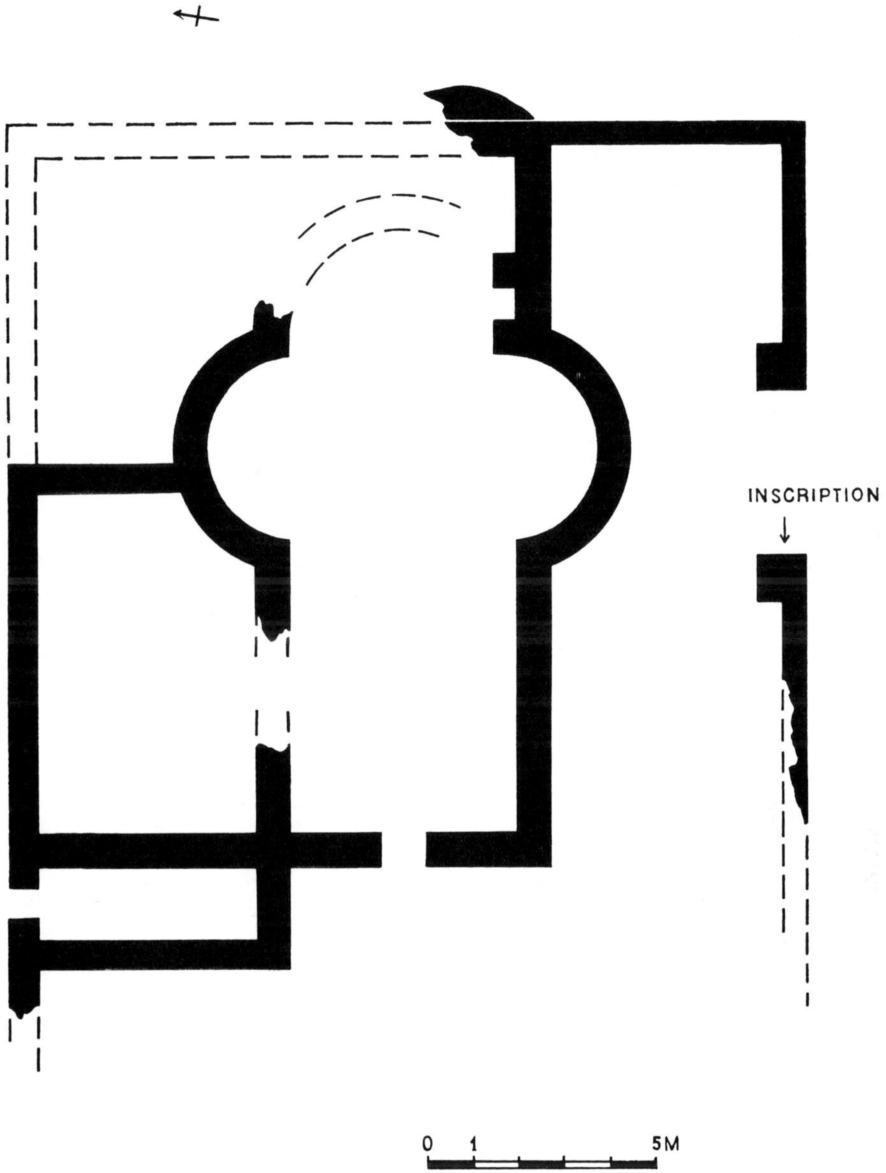

Fig. A.

right bank of the mountain stream Yalia. Completely overgrown by a pine tree forest (fig. 1), it lies in ruins, although three portions of the conches of the church as well as both sides of the southern (and only) gate stand up to three meters high.

The monastery is of a rectangular form in plan and very small in size (fig. A). Its interior width is 16.30 m. and its length is ca. 20.00 m., perhaps some five meters longer if one considers the accumulated debris on the western side which may cover some compartments of the complex. The unusually small size of the monastery could be partly explained by the lack of arable land in its surroundings. Some structures belonging to the monastery could have been located some 3 kms. south of it in an area well suited for agriculture. This is suggested by a scribe of the same monastery, who in his colophon states directly that he copied his manuscript not in the monastery itself but in its vicinity (*Infra* p. 208).

The technique and the material of construction varies. For the circuit walls of the monastery itself and the western arm (l. 6.35 m., w. 5.05 m.) of the church, evenly squared greenish sandstone (h. 0.15 m. to 0.24 m.) has been laid in even rows with a minimal application of lime between the courses[11]. The space between the exterior and interior faces occupying slightly more than one third of the walls total width (0.70 m.), is filled with gravel upon which the mortar has been poured. This does not apply to the southern circuit wall which is only 0.49 m. thick. On the other hand the masonry of the conches of the church and the barrel-vaulted compartment located northwest of the monastery consists of irregular stones of various types including river bed stones and occasional brick set in irregular courses in broad mortar beds and rubble. The monastery is accesible from the south by a 3.55 m wide gateway of which the large portions still remain (fig. 2). The middle of the court is occupied by the church which appears to be a triconch, of which the portions of the northern and southern conches (fig. 3, w. 3.00 m., depth 1.80 m.) are partly standing up to 3.00 m. height, while the eastern conch is not clearly discernible. This architectural form is not common for Cyprus, but has been used frequently since the ninth-tenth centuries in the southern province of Tao (Georgia) in Ortuli, Dort-Kilisa, Bağčali-Kišla and Isi. In all these variations of triconchoi the dome is supported not by free standing piers, but by the exterior walls of the church as in Yalia[11a].

As the remaining fragments indicate, the interior faces of the northern and southern conches were plastered with lime and completely covered with

11 The broad lines of lime visible between the courses are the result of later repairs made to fill the broken edges of the all too brittle sandstone.

11a E. Takaišvili, *Arkheologiuri ekspedicia Kola-Oltisši da Čanglši, 1907 cels* (Archeological Expedition in Kola-Oltisi and Čangli in 1907) Paris 1938, for Ortuli p. 38 pl. 23c; Dort-Kilisa p. 12f pl. 23b; Bağčali-Kišla p. 52 pl. 23a; Isi *Idem.*; 1917 *C'lis arkheologiuri ekspedicia Samḫret' Sakart'veloši* (Archeological Expedition in Southern Georgia) Tbilisi 1960, 72 pl. II 4-3.

Fig. 2.

Fig. 3.

Fig. 4.

paintings now washed off to such a degree that the identification of the depicted themes can be made only with strong reservations. On the wall adjacent to the eastern side of the southern conch are depicted two bearded holy men in half figures, one above the other (fig. 4). Each of them is individually framed by 0.06 m. wide purple stripes. Both figures wear a *pallium*, the one above has a purple one while the other's is green in color. The second fragment located on the southern conche suggests the *entombment* (fig. 5), and the remains of the northern conch appear to respresent some gospel scene (fig. 6). A very small but better preserved fragment of a painting is located on the western face of the barrel-vaulted compartment northwest of the monastery. It depicts a military saint (fig. 7) with a red coat fastened on the right shoulder by a purple fibula encircled by white pearls. The coat is floating backwards. The most significant find was a few laconic Georgian supplicatory inscriptions in *mrgwlovani* (capital) letters carved on the western jamb of the southern gate ca. 1.50 m. high. The concave carving is rather shallow and the inscriptions are distributed in four courses (fig. 8). The letters on the first course are smaller in size (h. 0.06 m. to 0.07 m.) and some of them are weathered beyond recognition. On the second course all four letters are considerably effaced but still legible. The letters on the third course are in better condition, being carved deeper and larger in size (h. 0.10 m.). On the fourth course there are only two, widely spaced letters. No abbreviation sign was used and no intervals are left between the words.

The distribution of the inscriptions suggests that they are not contemporary with the monastery and could have been executed much later, when the surfaces of the stones were already weathered or purposely deformed. This is attested to by the horizontal grooves on the second and third

Fig. 5.

Fig. 6.

Fig. 7.

courses; particularly on the third course, where the inscription had to be squeezed into the lower half of the block. Furthermore, the paleographic symptoms and the difference in size of the letters suggest that the inscriptions were carved in different chronological sequences by different hands. For instance, the last letter "n" on the second course is distinctly angular, while the same letter on the third course is consistently rounded in three instances. Likewise the letters of the first course are smaller (h. 0.06 m.) than those carved on the third course (h. 0.10 m.). The inscriptions of the first line are too fragmentary and some letters too weathered to allow a meaningful reconstruction and interpretation. In the second line instead of "Kvirike" one may suggest any other proper name which begins with the letter "K" and ends in an "e", such as Kirile or Konstantine. I do not understand the meaning or purpose of the two widely spaced letters in the fourth line. In fig. B. I am offering a facsimile of the inscriptions made on the site: on its right is the solution of abbreviations in modern Georgian script (*mḫedruli*), and below these lines is the translation of the inscriptions in English.

1. And (?) isans ... (?)
2. May God forgive Kvirike
3. May God forgive Mat'e. May Nikoloz be forgiven by God.
4. P t'

It is difficult to ascertain the date of these inscriptions. Professor Basil Ciskarišvili of the National Museum of Georgia in Tbilisi kindly informs me that they could not have been executed before the thirteenth century. This date, according to him, is indicated by the narrowing of the closely spaced letters, as for example on the left block of the third course. Such an argument would be admissible if the mason had sufficient suitable surfaces for the inscriptions which, however, was not the case. Nonetheless the thirteenth — fourteenth centuries seem to be a likely date for the execution of all the inscriptions.

The laconic nature of these inscriptions does not permit us to identify the persons named in them. Yet in one case one is tempted, to associate the "Nikoloz" mentioned in the third line, with Nikoloz Dvali, who was martyred in Jerusalem in 1314, and whose "life" was written soon after his death in the first quarter of the fourteenth century[12]. In this "life" it is told that Dvali was repeatedly thrown in jail by the Arab authorities for the frequent abuse of "Mohammedan religion", and each time he was freed by the brethren and the Metropolitan of Jerusalem. Eventually, for reasons of his safety, Nikoloz was sent to Cyprus where he spent some time in great

12 *Dzveli k'art'uli agiograp'iuli literaturis dzeglebi*, ed. I. Abuladze, IV, 1968, 119-124.

Fig. 8.

devotion and labor, and commissioned an icon of John the Baptist, who told him in a dream to return to Jerusalem and to fulfill his ardent desire to give his life for Christ[13]. Unfortunately, the author of the "life" does not reveal the name of the Cypriot monastery where he may have settled, but it is quite probable that it could have been the monastery of Ġalia, since it was, among the Georgian monasteries in Cyprus, the only one specifically identified in literary sources. If Nikoloz Dvali and Nikoloz mentioned in our inscription are identical, then the inscription could have been carved during the activity of Nikoloz Dvali in this monastery. This possibility is also suggested by the chronological affinity between the date of the inscription suggested above (fourteenth century), and the martyrdom of Nikoloz Dvali in 1314.

13 *Ibid.*, 348-351.

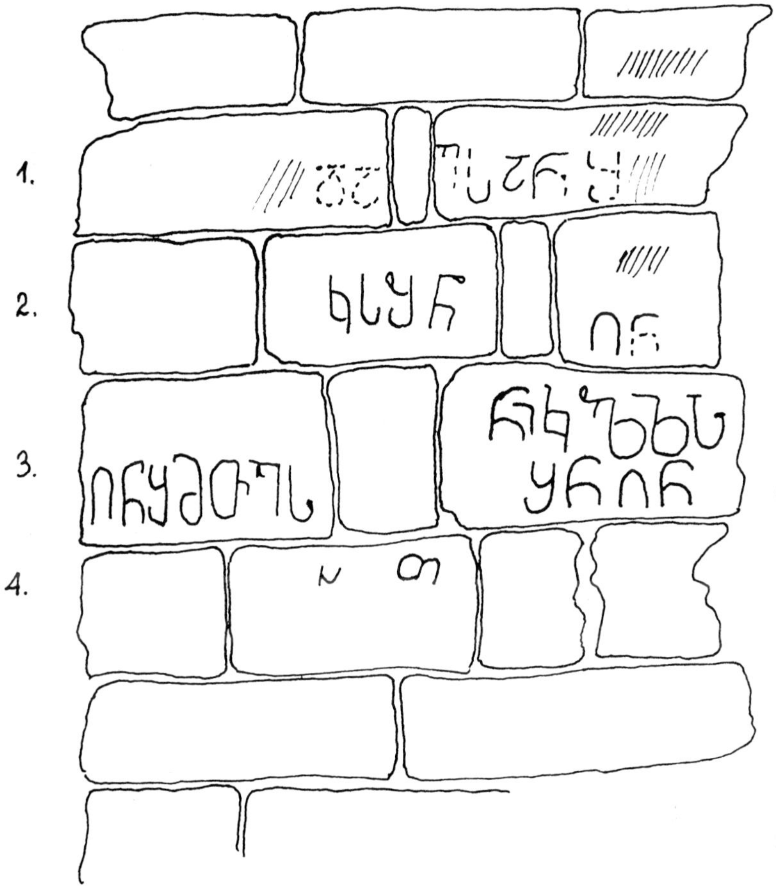

		[---]
		[---]
1.	და ისან შ[(ეუნდვე)ნ]?	
		[---]
2.	კ(ვირიკე)ს შ(ეუნდვე)ნ	ღ(მერთმა)ნ
3.	ღ(მერთმა)ნ შ(ეუნდოს)	ნიკ(ო)ლ(ო)ზს
	მ(ა)თეს	შ(ეუნდვე)ნ ღ(მერთმა)ნ
4.	პ თ	

Fig. B.

The monks of the Yalia monastery were evidently engaged in literary activites which is attested to by a manuscript — commentaries of Psalms — written there, and now preserved in the library of Oriental Institute (H-18) in Leningrad. Below I offer the translation of the rather instructive testament of this manuscript:

"Glory and thanks ... to the merciful fulfiller of all things ... Glory to the Mother of God, through whose benevolence, grace and help ... I, who am but weak and ... in flesh, in my old age gained strength and undertook the writing of this holy book of seventyfive Psalms — illuminating the ignorant — through the strength of the Lord and the benvolence of the Mother of God; but not through the support of any man, be it the Prior or the brethren (of the monastery); on the contrary, they caused difficulties for me, for some deprived me ... some were envious, no one looked for me, no one encouraged me, but my supporters were our sweet Lord — our God, — and His bearer, the all-holy Mother of God. Without them what could I have done? ... They gave me the help, which I had to receive from the Prior or the brethren. This should be also known: If one reads this book attentively (he will find out) that it has no equal, if one is striving to learn about the incarnation of our Lord, or the passion, or the resurrection or (about the) repentance, penitence, and mourning, or fasting and vigil, or prayer, or about the evangelists or the prophets, the entire Old and New Testament, all can be found in this very book. (This book) was copied in Cyprus, in the Georgian monastery Žalia, not in the monastery itself, but at a distance of two *milion* (= 3 km.).

Thus we all three are filled with joy: I for writing and for the assidious labor, the reader for his laborious and clear reading, and the listeners for the fulfillment of that which was read, so that for your piety I also may attain salvation. Amen"[14].

It has been suggested that this manuscript was written towards the end of the tenth century[15]. If this date is correct it would be safe to assume that at this time the monastery of Ġalia already existed and was engaged in literary activity and even had a scriptorium. However, the scribe of the testament does not offer the precise location of the scriptorium, saying merely that it was three kilometers distant from the monastery. This could have been only between the sea and the monastery in the lower valley of the Yalia Greek, an irrigable fertile land well suited for agriculture.

In regard to the duration of the monastery we can say that it continued to exist until the thirteenth — fourteenth centuries, because sometime during the reign of Queen Thamar (1184-1213) the monastery was restored.

14 Th. Žordania, *K'ronikebi* II, Tbilisi 1893, 128, 130, 131.
15 *Ibid.*, 130.

Furthermore, the inscriptions in the monastery itself, and the aforementioned document of the Vatican from February 3, 1304 leave no doubt that the monastery was in Georgian hands and still functioning. After this date there is no record of the Ġalia monastery. Amazingly enough, it is not even mentioned by Georgian travellers who in 1758, 1784 and 1820 visited Cyprus and the Kiko monastery located in the vicinity of Ġalia[16].

The presence of Georgians in Cyprus could be explained by the island's proximity to North Syria (ca. 100 kms.), particularly to the western vicinities of Antioch, where from the end of the eleventh to thirteenth centuries Georgians possessed at least thirteen monasteries[17]. They were supported by their compatriots who either occupied high administrative posts in this region or who were in the service of the Byzantine empire, such as the sebastos Grigol Bakurianis-dze (+ 1086)[18] and his brother Abbas, who possessed a great estate (κτῆμα)[19] in Antioch.

Furthermore, since early Christian times Antioch had ecclesiastical jurisdiction over Cyprus whose metropolitans were consecrated in Antioch[20]. It is also known that even during the Latin domination some monasteries conveniently located on the Mediterranean shores west of Antioch were active in trade with Cyprus[21].

At any rate the Georgian-Cypriot relations did continue. In 1780 the King of Georgia, Heraclius II (Erecle), donated to the renowned Kiko monastery the "wonderworking icon" of the Mother of God and a vellum, both of which are still preserved there. At the same time the *protosynkellos* of the Kiko monastery, Ioachim, wrote to the same monarch asking for material support for the restoration of his monastery which had been damaged by fire. The request was granted and one half of the income of the monastery in Vardzia (in western Georgia) was donated to the Kiko monastery[22]. Eventually Ioachim arrived in Georgia in 1780 and was received by King Heraclius II, and finally settled in the Vardzia monastery, where he continued his literary activity[23].

16 Menabde, *op. cit.*, 252f.
17 Djobadze, *op. cit.*, 86-107.
18 *Typicon Gregorii Bacuriani*, ed. M. Tarchnišvili, CSOC 144, Louvain 1954, chaps. I 10; II 14.
19 *Ibid.*, chap. II 19.
20 G. Downey, "The Claim of Antioch to Ecclesiastical Jurisdiction over Cyprus", *Proceedings of the American Philosophical Society*, 102 (1958) 224-228.
21 C. Cahen, *La Syrie du nord a l'époque des Croisades et la principauté franque d'Antioche*, Paris 1940, 324.
22 Menabde, *op. cit.*, 253 note 7.
23 S. Djik'ia, *An Eighteenth Century Turkish Educational Book* (Institute of Oriental Studies) I (Georgian), Tbilisi 1954, 187-207.

MITTEILUNGEN

Le Livre des Signes de Al-Ḥasan b. Bahlūl

Il s'agit d'une encyclopédie inédite, dont l'Auteur est du Xe siècle, intitulée «Livre des Signes» (Kitāb al-Dalā'il).

Dans plusieurs chapitres notre Auteur parle des Fêtes et des Jeûnes. Il faut noter qu'il ne se limite pas aux fêtes et aux jeûnes de l'Église d'Orient de Séleucie-Ctésiphon (Assyro-Chaldéenne d'aujourd'hui) à laquelle il appartient, mais il mentionne les fêtes et les jeûnes des Melchites, des Arméniens, des Coptes, des Musulmans, des Juifs, des Ḥarranites, et des Sabéens. Il est donc d'une mentalité très ouverte dans une époque très ancienne. Son livre est en arabe, mais il tâche de nous rappeler les noms de quelques fêtes et jeûnes en autres langues. Ce recueil est encore très utile pour les études liturgiques, pour les martyrologues, et notamment pour l'étude de l'Année liturgique de l'Église d'Orient.

Nous donnons ici des informations concentrées concernant le Livre et son Auteur. Comme nous avons l'intention de publier ce texte important prochainement, avec une traduction française dans la *Patrologia Orientalis*, nous croyons bien que cette information pouvait être utile aux rechercheurs, et elle apportera une contribution aux études liturgiques, hagiographiques et scientifique d'ordre général.

Le nom de l'auteur est Al-Ḥasan ou Abu-l-Ḥasan bar Bahlūl, en syriac, ou Ibn ou Bin Bahlūl ou Al-Bahlūl, en arabe. En effet, son nom en syriac est : Ḥasan bar Bahlūl [1], tandis qu'en arabe est : Al-Ḥasan bin Al-Bahlūl [2]. A exclure : Abū Al-Ḥasan [3] et Josué ou ʿĪsā [4].

Né à Awāna dans le diocèse de Tirhān à 60 km au nord de Baghdad dans la première moitié de Xème siècle. Il fit ses études à Baghdad et il y enseigna dans une période culturelle floraissante. Il fut l'un parmi les notables de l'Église d'Orient Mésopotamien de Séleucie-Ctésiphon, car il joua un rôle considérable dans l'affaire d'élection du Patriarche-Catholicos ʿAḇdīšōʿ I en 967 [5].

1 Lexicon syriacum auctore Hassan Bar Bahlul, éd. R. Duval, Paris 1886-1903, praefatio.

2 Cfr. le manuscrit du Livre des Signes, passim.

3 Baumstark 241 ; I. Ortiz de Urbina, Patrologia Syriaca, Roma 1965, 219.

4 J.S. Assemani, Bibliotheca Orientalis III, 1, cap. CCXXVI, 257 ; S. Giamil, Nuhara ..., pro ms.

5 Liber Turris (Al-Mağdal) de Mari : Maris de Patriarch. Nestor. éd. Gismondi, 101.

De petit il aima bien dessiner et il étudia la médecine[6].

ʿAḇdīšōʿ de Nisibe († 1318) le nomme dans son Catalogue parmi les lexicographes syriaques[7]; son lexique greco-syriaco-arabe nous est parvenu et a été édité, il s'agit d'une encyclopédie linguistique en culturelle[8].

L'érudition de b. Al-Bahlūl pouvait difficilement se limiter à la composition du seul lexique. Nous savons qu'il a traduit le livre médical abrégé de Yuḥanna, ou Yaḥya, bin Sarābiyūn (3 H./9 A.D. s.) connu sous le nom de Al-Kunnāš al-Saġīr[9], traduit plus tard en latin par Gérard de Crémone sous le titre: Practica Joannis Serapionis dicta breviarium[10].

Plus important encore est le livre encyclopédique des Signes que nous venons heureusement de découvrir.

En février 1974 le Prof. Fuat Sezgin promit de m'envoyer le manuscrit du Livre des Signes avec une reconnaissance délicate à la suite de sa participation au Festival Ephrem-Hunayn, organisé à Baghdad par l'Académie Syriaque (Section Syriaque de l'Académie Irakienne actuellement) dont j'étais le secrétaire général. Le manuscrit ne me parvenait qu'en octobre 1982; Sezgin l'avait entretemps cité deux fois dans sa GAS[11].

L'unique manuscrit du Kitāb al-Dalāʾil est celui de Ḥekimoġlu 572/1, ff. 1-291, daté du 556 H./1160 A.D.; une partie concernant les Signes des Mois gréco-romains et arabes (aš-šuhūr ar-rūmīya wa-l-ʿarabīya) se trouve dans un autre manuscrit, Fatiḥ 5411/4, ff. 113a-136b de l'an 688 H./1289 A.D., mais que nous n'avons pas pû obtenir.

Le Livre des Signes se compose de 49 chapitres, appelés Abwāb (sing. Bāb), que voici:

1. Signes généraux des saisons de l'année et de tous les mois en général
2. Signes des mois lunaires en général
3.-14. Signes du mois d'octobre (Tišrīn al-awwal) jusqu'au mois de septembre (Aylūl)
15.-26. Signes du mois de muḥarram (de l'Hégire) jusqu'au mois de Ḏu 'l-ḥiǧǧa
27. Signes de premier septénaire (7 semaines environ) du Carême
28. Signes du second septénaire de Pâques
29. Signes du troisième septénaire (du Jeûne des) Apôtres

6 F. 189r du Livre des Signes, cfr. Sezgin et Ullmann (note 9, 10).
7 Assemani, BO III, 1, 257.
8 Cfr. son Lexicon, n. 1.
9 F. Sezgin, GAS VI (1978), 231; VII (1979), 333-4.
10 M. Ullmann, Die Medizin im Islam, Leiden/Köln 1970, 102-3, 133.
11 Voir n. 9. Sauf lui personne n'a mentionné Le Livre des Signes. Des Auteurs qui ont parlé encore de notre Auteur sont: Barhebraeus, Chronicon Ecclesiasticum, 2, 251; W. Wright, A Short History of Syriac Literature, 228; R. Duval, La Littérature syriaque, 198; J.B. Chabot, Littérature syriaque, 116-7; A. Abuna, Adab al-Luġa al-Arāmīya, 407-8.

30. Signes du quatrième septénaire de l'Eté
31. Signes du cinquième septénaire (du Jeûne) d'Elie
32. Signes du sixième septénaire de Moïse
33. Signes du septième septénaire du Baptême
34. Signes de l'histoire
35. Deux Calendriers pour les Fêtes des Chrétiens
36. Calendrier pour connaître le degré du soleil et de la lune
37. Calendrier de l'année des Juifs, de leur Pâque et de leur Fêtes
38. Fêtes des Arméniens
39. L'année des Coptes et leur Fêtes
40. Fêtes des Ḥarranites
41. Secte des Sabéens
42. Signes météorologiques (al-aṯar al-ʿulwīya)
43. Signes de la physiognomie (al-firāsa)
44. Signes des poisons (al-sumūm)
45. Signes des corps (al-abdan)
46. Achats des serfs (al-mamālik) et signes de santé de leurs corps
47. Signes des maladies (al-amrāḍ)
48. Crinières des chevaux et leurs maladies (dawāʾir al-ḫayl)
49. Signes de l'interpretation des songes (taʿbīr al-ruya = l'onirique)

Il s'agit donc d'un recueil encyclopédique des signes de tout genre.

Notre Auteur puisse ses informations chez les anciens auteurs grecs, syriens, arabes, nommés par leurs noms, ou mentionnées implicitement; il nous rapporte leurs textes littéralement, ou il les résume, il en désume quelques dits, il les modifie etc. C'est aussi grâce à son érudition et à son expérience que nous avons des informations spécifiques.

La date 1253 des Grecs/942 A.D. pourraît être bien l'année de la composition de cette Encyclopédie des Signes de b. al-Bahlūl[12].

Joseph Habbi

12 Cette date est mentionnée par b. al-Bahlūl dans son Livre des Signes, f. 127b du ms.; elle pourraît bien être l'année dans laquelle l'Auteur écrivait son Encyclopédie.

On the Dating of Īliyā al-Ǧawharī's *Collectio canonica**

The famous *Collectio canonica* of Īliyā al-Ǧawharī is usually dated either to ca. 893[1], the year of the author's appointment as Metropolitan (*Muṭrān*) of Damascus[2], or to ca. 900[3], although in both cases without any conclusive argument[4]. A neglected piece of chronological evidence is actually supplied by the text itself, whose second part includes two documents issued by John IV b. Abgārē (Sept. 8, 900-May 16, 905)[5]: the 'Responsio' to Abū 'l-'Abbās b. Faḍl b. Sulaymān's 'Quaestio de jejunio, quod Ninivitarum appellant'[6] and the 'Epistola canonica' directed to the Yemenite presbyter (*al-qiss*) Ḥasan b. Yūsuf[7]. Since the former was written in 903, *fī aḥad*

* This note was written while I held a Fellowship at Dumbarton Oaks (1983-84).

1 E. SACHAU, *Zur Ausbreitung d. Christentums in Asien* (Berlin, 1919: APAW Phil.-hist. Kl., 1), p. 11 and note 2; C.F. SEYBOLD, in *'Aǧab nāmah. A Volume of Oriental Studies Presented to E.G. Brown*, ed. by T.W. Arnold & R.A. Nicholson (Cambridge, 1922), p. 414; U. MONNERET DE VILLARD, in Rivista degli Studi Orientali XVII, 1938, p. 314, note 2, on which, see my forthcoming contribution to the *Festschrift* for E. Bresciani (Pisa, 1984): "Yemen nestoriano".

2 'Amr b. Mattà & Ṣalībā b. Yūḥannā (ca. 1332), *Aḫbār faṭārikah kursī 'l-mašriq*, ed. and tr. H. GISMONDI, *De Patriarchis Nestorianis Commentaria*, II. *Amri et Slibae textus* (Rome, 1896), p. 80. 16f. = *Versio Latina* (1897), p. 47. Cf. J.S. ASSEMANI, *Bibliotheca Orientalis*, II (Rome, 1721), p. 440 *a*, and III 1 (1725), p. 513 *b*; M. LE QUIEN, *Oriens Christianus* (Paris, 1740), II, coll. 1290 A-B, 1299 A; GRAF II, p. 132; S. JARGY, in *Dictionnaire de Droit Canonique* V 1 (1950), col. 249. See also below, note 9.

3 I. GUIDI, in ZDMG XLIII, 1889, p. 338; H. KAUFHOLD, *Syrische Texte zum islamischen Recht. Das dem nestorianischen Katholikos Johannes V. bar Abgārē zugeschriebene Rechtsbuch* (Munich, 1971: ABAW Phil.-hist. Kl., n.F. 74), p. 29; ID., *Die Rechtsammlung d. Gabriel v. Baṣra u. ihr Verhältnis zu den anderen juristischen Sammelwerken d. Nestorianer* (Berlin, 1976), p. 24.

4 No date is however suggested by ASSEMANI, III 1, pp. 513 *b*-514 *a*, GRAF, p. 133 (§ 2), and JARGY, col. 250 s.

5 Notwithstanding the statement of GRAF, p. 134 (§ 2; less explicite JARGY, col. 250), there is no ground for excluding from the *Collectio* the two works in question (which are also found in the Diyārbakr MS 157, karš., A.D. 1602: A. SCHER, *Notice sur les mss. syriaques et arabes conservés à L'Archevêqué Chaldéen de Diarbékir*, Paris, 1908, p. 78 = Journal Asiatique, 10e s., X, 1907, p. 427; see below, notes 6 and 7). On the contrary, they form an integral part of it, according to the *praxis* followed in this kind of literature; similarly, for instance, an Arab compendium of the 'Canones de principiis (*fī 'l-uṣūl*)' and of the 'Praescriptiones (*Zuhhārīn*)' or 'C. ministerii altaris' (Syriac text and tr. in *Assemani*, III 1, pp. 238 *b*-249 *a*) of the same John IV was inserted, together with many other *Qawānīn*, in the *Fiqh an-Naṣrāniyyah* of Ibn aṭ-Ṭayyib († 1043), cod. Vat. Ar. 153 (14th c.), ff. 105v-108v, 108v-109v, ed. and tr. W. HOENERBACH-O. SPIES, I, *CSCO* 161, Ar. 16 (1956), pp. 210. 7-215. 9, 216. 1-218. 20 = *CSCO* 162, *Ar. 17*, pp. 202. 30-207. 29, 208. 1-211. 15. Cf. BAUMSTARK, pp. 235 and notes 6-7; GRAF, pp. 151f. (§§ 1-2), 174 (§ 12).

6 *Fī amr aṣ-ṣawm al-ma'rūf an-Ninīwī*, cod. Vat. Ar. 157 (13th c., second half), ff. 83v-84v (= Vat. Ar. 635, 18th c., ff. 90v-92v; Diyārb. 157, II 1), ed. e tr. ASSEMANI, II, coll. 426 *a*-429 *a*. Cf. BAUMSTARK, p. 235 and notes 9-10; GRAF, p. 152 s. (§ 4).

7 *Kitāb ... ilà raǧul min ahl al-Yaman*, cod. Vat. Ar. 157, ff. 85v-90v (= Vat. Ar. 635, ff. 92v-97v; Diyārb. 157, II 2), partial ed. and tr. in ASSEMANI, III 1, pp. 249 *a*-254 *b*. Cf. GRAF, p. 153

ʿašar min Qānūn aṯ-ṯānī 'die undecima Januarii'[8], the composition of the whole *Collectio* must be placed after this precise terminus, which could also shed some light on Īliyā's otherwise unknown biography[9]. It was clearly the first product of the renewed interest in canon law that seems characteristic of John IV's patriarchate[10].

Gianfranco Fiaccadori

Nochmals zur Datierung der Kanonessammlung des Elias von Damaskus

Eine genauere Datierung der Kanonessammlung, wie sie Fiaccadori in seinem vorstehenden Beitrag versucht, stößt schon deshalb auf Schwierigkeiten, weil wir über den Urheber des Werkes, d.h. den Übersetzer aus dem Syrischen, nichts Sicheres wissen. Er wird am Beginn »Elias, Metropolit von Damaskus« genannt (fol. 2ᵛ der Hs. Vat. Arab. 157; am Anfang des zweiten Teils, fol. 54ᵛ, ist der Name Elias wohl nachträglich eingefügt). Soweit ich sehe, schreibt keine andere syrische oder arabische Quelle einem Metropoliten Elias von Damaskus eine Rechtssammlung zu.

Die Gleichsetzung mit Elias ibn ʿUbaid, der nach der Patriarchengeschichte des ʿAmr zunächst nestorianischer Bischof von Jerusalem war und im Jahre 893 n.Chr. Metropolit von Damaskus wurde, geht vermutlich auf J.S. Assemani[1] zurück. Dieser Elias war zwar schriftstellerisch tätig[2], doch

(§ 5); strangely enough, referring to the Diyārbakr MS only (above, note 5), he also lists "Ein Brief des Patr. Johannes, dessen Sekretär Ibn aṭ-Ṭaiyib war, an den Priester Ḥasan ibn Yūsuf mit Beantwortung von Fragen über die Pflichten der Kleriker" (p. 176, § 15). Apart from the irrelevance of such an entry among the 'kanonistische Werke' of Ibn aṭ-Ṭ., it should at least be noted that the latter was secretary to John VI (Yūḥannān b. Nāzūk, 1012-22), as Graf himself correctly points out, *ibid.*, p. 160 (for the Patriarch's supposed dates: E. TISSERANT, in *DThC* XI 1, 1932, col. 262 = *Recueil Card. E. T. "Ab Oriente et Occidente"*, Louvain, s.d. [1955], p. 272). See my "Yemen nestoriano", notes 39-40.

8 ASSEMANI, II, p. 426 *a-b*; cf. III 1, p. 249 *a*, note 1.

9 See: GRAF, p. 132, JARGY, col. 248ff., and especially G. LEVI DELLA VIDA, in *Mélanges E. Tisserant*, II (Vatican City, 1964: Studi e Testi, 232), p. 346f.; but the name al-Bannāʾ 'the Bricklayer' given by Ibn al-Muqaffaʿ, *Kitāb aṯ-ṯānī* (A.D. 955), ed. and tr. L. LEROY, in *PO* VI 4 (1911), p. [88] 552. 5 ("al-Banâ"), should not be corrected to Īliyā as Levi della Vida claims (p. 347, note 6), since it is more likely a *nabaz* or a pun of Sāwīrus on the original *nisbah* al-Ǧawharī 'the Jeweler'.

10 See: BAUMSTARK, p. 235; GRAF, p. 151f., corrected by KAUFHOLD, *Syrische Texte*, p. 28 and note 6.

1 Bibliotheca Orientalis, Band III,1, Rom 1725, 513. Die Meinung Assemanis wurde weitgehend übernommen, vgl. unter anderem G.E. Khayyat, Syri orientales, Rom 1870, 125; I. Guidi, Ostsyrische Bischöfe, in: ZDMG 43, 1889, 388f.; O. Braun, Das Buch der Synhados,

erfahren wir von einer Beschäftigung mit dem Kirchenrecht nichts. Außerdem lebten zumindest zu Beginn des 11. Jhdts. zwei weitere Metropoliten von Damaskus mit dem Namen Elias[3], so daß die verbreitete Annahme Assemanis keineswegs als gesichert gelten kann. Für sie spricht eine gewisse Wahrscheinlichkeit, weil der muslimische Bibliograph Ibn an-Nadīm 987/8 n.Chr. bereits ein »Buch der westlichen und östlichen Synhodos« (dieser Begriff kommt auch am Anfang der Sammlung des Elias von Damaskus vor) in arabischer Übersetzung zu kennen scheint[4], das aus zeitlichen Gründen jedenfalls auf die erwähnten späteren Metropoliten nicht zurückgehen kann.

Elias ibn ʿUbaid bzw. der Verfasser der arabischen Kanonessammlung trug aber kaum den Beinamen »al-Ǧauharī«. Die wohl ebenfalls zuerst von J.S. Assemani vorgenommene weitere Gleichsetzung mit einem Metropoliten Elias al-Ǧauharī von Jerusalem, der ein »Buch der Übereinstimmung des Glaubens« geschrieben hat, ist eher unwahrscheinlich, weil — wie Graf feststellte — diese Schrift erhebliche sachliche Unterschiede gegenüber dem Buch des Elias ibn ʿUbaid aufweist, also zwei verschiedene Verfasser anzunehmen sind[5]. Daran ändert auch ein weiteres Werk (»Trost der Traurig-

Stuttgart-Wien 1900, 2 u.ö.; J.B. Chabot, Synodicon orientale, Paris 1902, 14; Baumstark 82; J. Dauvillier, Chaldéen (droit), in: Dictionnaire de Droit Canonique, Band III, Paris 1938, Sp. 351f. Vorsichtiger dagegen: A. Baumstark, Die christlichen Literaturen des Orients, Band II, Leipzig 1911, 30 (»vielleicht«); Graf II 132ff. (»Wenn auch für diese Gleichsetzung keine äusseren Zeugnisse vorliegen, bietet jedenfalls die Chronologie keine Schwierigkeit«, »offene Frage«). Ablehnend W. Riedel, Die Kirchenrechtsquellen des Patriarchats Alexandrien, Leipzig 1900, 152: die Identifizierung sei »durchaus willkürlich« (unter Berufung auf Lequien, Oriens Christianus II 1290).

2 Graf II 134f. Darüber hinaus nennt der islamische Bibliograph Ibn an-Nadīm in seinem 987/8 n.Chr. entstandenen Kitāb al-Fihrist das Kitāb ad-duʿāʾ eines (identischen?) »Elias, Metropoliten von Damaskus«, vgl. meine Besprechung zu W. Selb, Orientalisches Kirchenrecht, Band I, Wien 1981, in: Zeitschrift der Savigny-Stiftung für Rechtsgeschichte, Romanistische Abteilung, Band 100, Wien-Köln-Graz 1983, 731f. Siehe auch das Folgende im Text.

3 Erwähnt in der Chronik des Elias bar Šīnāyā, der ihnen allerdings zwar Gottesfurcht, aber keine Gelehrsamkeit bescheinigt, so daß sie als Verfasser wohl weniger in Betracht kommen (vgl. W.E. Brooks, Eliae Metropolitae Nisibeni opus chronologicum I, Louvain 1910 (= CSCO 62, 63), 70f. (Text), 35f. (Übersetzung).

4 Siehe meine Besprechung des Buches von Selb.

5 Graf II 134f. Außerdem hatte der nestorianische Bischof von Jerusalem zu der in Frage kommenden Zeit noch nicht den Titel Metropolit, vgl. meine Besprechung. (Einen Metropoliten Elias von Jerusalem zitiert übrigens in der Mitte des 13. Jhdts. al-Muʾtaman abū Isḥāq Ibrāhīm ibn al-ʿAssāl, vgl. Graf II 410.) Weniger beweiskräftig erscheinen mir die stilistischen Unterschiede, die S. Jargy, Élie de Damas, in: Dictionnaire de Droit Canonique, Band V, 1953, Sp. 248ff., festgestellt hat, weil sich der Stil eines Rechtstextes — noch dazu eines auf syrischer Vorlage beruhenden — von dem eines literarischen Werkes naturgemäß unterscheidet.

Die Annahme Fiaccadoris, der von Severos ibn al-Muqaffaʿ für den von ihm kritisierten Elias ibn ʿUbaid verwendete Beiname »al-Bannāʾ« (der Erbauer) sei ein Spottname (»the bricklayer«) anstelle von al-Ǧauharī (der Juwelier), erscheint mir weit hergeholt; sie kann noch nicht einmal einen Hinweis dafür bieten, daß Elias ibn ʿUbaid den Beinamen »al-Ǧauharī« trug.

keiten«) eines Elias, Bischofs von Jerusalem, wenig, auf das als erster G. Levi della Vida[6] näher hingewiesen hat; er datiert es aus stilistischen Gründen in das 9. Jhdt., so daß sein Verfasser mit Elias ibn ʿUbaid identisch sein könnte. Der Beiname »al-Ǧauharī«, den Levi della Vida verwendet, findet sich, soweit ich sehe, in den betreffenden Handschriften nämlich nicht[7].

Die Annahme Fiaccadoris, die Kanonessammlung sei in die Zeit nach 903 n.Chr. zu datieren, weil darin ein in diesem Jahr geschriebener Brief des Katholikos Johannes bar Aḇgārē aufgenommen sei[8], widerspricht den obigen Überlegungen nicht und würde sogar die späteren Metropoliten von Damaskus namens Elias noch als Urheber der Sammlung zulassen. Sie scheint mir jedoch nicht zuzutreffen. Die Sammlung der Synoden reicht in der Hs. Vat. Arab. 157 bis fol. 79ʳ. Das Ende wirkt etwas abrupt, weil der letzte Kanon der Synode des Katholikos Georg fehlt und der untere Teil der Seite nicht beschrieben ist. Die folgenden Texte (fol. 79ᵛ-81ᵛ) muß man aber wohl noch zum ursprünglichen Inhalt der Sammlung rechnen, weil auf fol. 81ᵛ ein kurzer Schlußvermerk für die »Synhodos« steht. Die Frage kann hier aber auf sich beruhen. Es schließt sich nämlich eine Liste der nestorianischen Katholikoi bis »Mar Makkīḥā« (II.; regierte von 1257 bis 1265)[9] an, die natürlich nicht mehr Bestandteil einer Kanonessammlung aus dem 10. oder 11. Jhdt. sein kann. Auch der nächste Text (fol. 82ʳ-83ᵛ), ein Verzeichnis der nestorianischen Metropolitien und ihrer Suffragansitze, der meist als Werk des Elias von Damaskus gilt[10], ist seiner Sammlung demnach nicht mehr zuzurechnen und gehört vielleicht auch aus inhaltlichen

6 »Il conforto delle tristezze« di Elia al-Ǧawharī (Vat. ar. 1492), in: Mélanges E. Tisserant, Band 2, Rom 1964, 345-397. S. auch Graf I 403.

7 Zu den Hss. s. Levi della Vida aaO 349-353. Die Hs. Vat. Arab. 1492 ist unvollständig und gibt den Namen des Verfassers nicht an. Nach Levi della Vida und den entsprechenden Hss.-Katalogen trägt der Verfasser nur den Titel eines Bischofs von Jerusalem, der Beiname al-Ǧauharī erscheint nicht: Paris Arab. 206 (Troupeau, Catalogue ..., Paris 1972, 176); Borg. Arab. 200; Šarfe Syr. 13/2 (Armalet, Catalogue ..., Jounieh 1936, 234); Ming. Syr. 465 und 549 (Mingana, Catalogue ..., I, 835 und 1017).

8 Ähnlich bereits Dauvillier aaO Sp. 352: »A moins que ces additions ne soient l'œuvre d'un copiste, il nous semble donc que la rédaction de cette collection est postérieure à 901 et se place au début du Xᵉ siècle«. Bereits Assemani begründete seine Meinung, daß Elias von Damaskus noch zur Zeit des Patriarchats des Johannes bar Aḇgārē gelebt habe, damit, daß Elias Schriften des Johannes in seine Sammlung aufgenommen habe (Bibl. Orient. III, 1, S. 513).

9 Ersichtlich von anderer Hand fortgesetzt bis Timotheos II. († 1332). Im Hinblick auf den als letzten der ursprünglichen Reihe genannten Makkīḥā wird die Datierung der Hs. auf die 2. Hälfte des 13. Jhdts. durch Graf aaO zutreffen.

10 Vgl. Assemani, Bibl. Orient. II 458-460; Ed. Sachau, Zur Ausbreitung des Christentums in Asien, Berlin 1919, 11; J. Dauvillier, Les provinces chaldéennes «de l'extérieur«, in: Mélanges F. Cavallera, Toulouse 1948, 266 Fußn. 15 (wieder abgedruckt in: J. Dauvillier, Histoire et institutions des Églises orientales au Moyen Age, London 1983); J.M. Fiey, Assyrie Chrétienne, Band 1, Beirut 1965, 48 Fußn. 1.

Gründen einer späteren Zeit an[11]. Die beiden Texte des Johannes bar Aḇgārē, auf die Fiaccadori seine Datierung stützt, folgen noch später, nämlich erst auf fol. 83ᵛ ff., sind also mit größter Wahrscheinlichkeit — wie schon Graf annahm[12] — auch ein späterer Anhang. Fiaccadori begründet seine abweichende Meinung — ohne auf den Befund in der Handschrift einzugehen — nur mit einer angeblichen Praxis bei dieser Art von Literatur. Sein Beispiel dafür besagt aber nicht viel, weil die Sammlung des Ibn aṭ-Ṭaiyib erst in der 1. Hälfte des 11. Jhdts. entstanden ist und bei ihr die Einbeziehung von Schriften des Johannes bar Aḇgārē (übrigens anderer als in der Hs. Vat. 157) näherliegt. Rückschlüsse auf die Sammlung des Elias von Damaskus erscheinen mir daher nicht zulässig, ganz abgesehen davon, daß wir nicht genau wissen, ob die Texte an die Sammlung des Ibn aṭ-Ṭaiyib nicht ebenfalls nachträglich angehängt wurden. Werktreue können wir bei den Abschreibern ja nicht unbedingt erwarten. In der Hs. Diyarbakir 157 sind nach der Beschreibung Addai Schers[13] die Schriften des Johannes bar Aḇgārē gleichfalls ein Nachtrag zu der Sammlung des Elias von Damaskus. Fiaccadoris Hypothese wäre nur zu halten, wenn man davon ausginge, daß ein späterer Abschreiber insbesondere die Patriarchenliste selbständig auf den neusten Stand gebracht oder überhaupt erst an dieser Stelle eingefügt hätte. Dann könnte man aber mit gleicher Berechtigung annehmen, daß die Schriften des Johannes bar Aḇgārē spätere Zusätze sind.

Die Entstehungszeit der Sammlung des Elias von Damaskus läßt sich daher noch nicht als geklärt oder auch nur als auf einen kürzeren Zeitraum eingegrenzt ansehen. Es ist deshalb am ehesten vertretbar, sie wie bisher auf etwa 893, das Jahr der Erhebung des Elias ibn ʿUbaid zum Metropoliten von Damaskus, oder — wenn man eine runde Zahl angeben will — auf etwa 900 n.Chr. zu datieren.

Hubert Kaufhold

---

11 Auf fol. 79ᵛ sind bereits die Metropoliten in ihrer Rangfolge aufgezählt, und zwar in etwas anderer Anordnung als üblich. Auch Graf aaO und Jargy aaO rechnen die Liste der Katholikoi und der Bistümer nicht mehr zur Sammlung des Elias.
12 Graf II 134.
13 Journal Asiatique, 10ᵉ ser., X, 1907, 427. Zu den übrigen Hss., die zu unserer Frage nichts beitragen können, vgl. Graf aaO, Jargy aaO und Levi della Vida aaO 347 Fußn. 7.

Die Quelle der Ergötzlichen Erzählungen des Bar Hebräus

Das *Buch der Ergötzlichen Erzählungen/Kṯāḇā ḏ-ṯunnāyē mḡaḥḥḵānē* des Bar Hebräus, des fruchtbarsten Schriftstellers syrischer Sprache, ist im Rahmen der syrischen Literatur einzigartig. E.A. Wallis Budge, der den Text London 1897 (mit englischer Übersetzung) edierte, stellte eine geistige Verwandtschaft des Werkes mit der arabischen Literatur und einen in ihm aufzuweisenden Einfluß derselben fest, vertrat aber ansonsten die Ansicht, daß der Autor die Materialien des Werkes in eigenständiger Sammelarbeit aus den verschiedensten Literaturen zusammengetragen habe. Die entsprechende pauschale Beurteilung konnte in Ermangelung einer detaillierten Quellenuntersuchung bis in die jüngste Sekundärliteratur bestehen bleiben.

Durch vor kurzem edierte arabische Texte kann nunmehr der Nachweis geführt werden, daß die schriftstellerische Leistung des Bar Hebräus bei diesem Buch keineswegs in so hohem Maße, wie bisher vermutet, auf eigenständiger Sammelarbeit beruht. Vielmehr hat er im wesentlichen direkt aus einer einzigen arabischen Quelle exzerpiert und übersetzt. Seine Vorlage hierbei sind einzelne Kapitel aus Bd. 3 bzw. 7 des *Kitāb Naṯr ad-durr*/»Prosaperlen« des Abū Saʿd Manṣūr b. al-Ḥusayn al-Ābī (gest. ca. 421/1030). Zwar ergänzt Bar Hebräus die Materialien dieser Vorlage auch aus anderen Quellen — so vor allem Kap. 5 und 20 ganz —, die inhaltliche Übereinstimmung der Erzählungen mit Gegenstücken des gut zwei Jahrhunderte früher geschriebenen arabischen Werkes beträgt aber durchschnittlich ca. 80%, so daß grundlegende Zweifel daran, daß Ābīs Werk direkte Vorlage war, ausgeschlossen werden können.

Eine ausführliche Abhandlung hierzu, die die Quellen der einzelnen Kapitel der *Ergötzlichen Erzählungen* untersucht sowie stilistische Eigenarten der Textredaktion des Bar Hebräus aufzeigt, ist abgeschlossen und wird demnächst veröffentlicht werden.

Ulrich Marzolph

Neuer syrologischer Studiengang an der Universität Oxford

Nach Mitteilung von Herrn Prof. Dr. S. Brock wurde an der Universität Oxford ein einjähriger Studiengang für Postgraduierte eingerichtet, der nach bestandener Abschlußprüfung zur Führung des Titels »Master of Studies in Syriac« berechtigt. Kandidaten können drei aus den folgenden Fächern zur Spezialisierung auswählen: Bibelübersetzungen, exegetische Literatur, frühe Dichtung, Liturgie, Hagiographie, historische Literatur, weltliche Literatur, monastische Literatur, Übersetzungen griechischer patristischer Texte. Bewerber müssen bereits syrische Sprachkenntnisse besitzen.

Nähere Auskünfte erteilt: The Secretary, Faculty of Oriental Studies, Pusey Lane, Oxford OX1 2LE.

Julius Aßfalg

PERSONALIA

Professor Kalistrate Salia, Paris, Begründer und Herausgeber der Zeitschrift »Bedi Kartlisa/Revue de Kartvélologie«, wurde in Anerkennung seiner Verdienste am 13. Oktober 1983 zum Ehrenmitglied der Georgischen Akademie der Wissenschaften in Tbilissi gewählt.

Oberstudienrat Dr. Johannes Madey, wissenschaftlicher Mitarbeiter am Johann-Adam-Möhler-Institut für Ökumenistik in Paderborn, wurde am 4. Juni 1983 vom Präsidenten des Pontifical Oriental Institute of Religious Studies der ostkirchlichen Theologischen Fakultät in Kottayam (Kerala/Indien) zum Honorar- und Gastprofessor für vergleichende orientalische und ökumenische Theologie ernannt. Dr. Madey gehört auch dem Herausgebergremium der dort erscheinenden theologischen Zeitschrift »Christian Orient« an.

Frau Professor Dr. Gabriele Winkler, Saint John's University, Collegeville, Minnesota/USA, erhielt 1984 als erster Laie und erste Frau am dortigen Department of Theology die Anstellung auf Lebenszeit (Tenure).

Frau Dr. Ioli Kalavrezou-Maxeiner wurde mit Wirkung vom 1. Oktober als Nachfolgerin von Prof. Dr. Klaus Wessel als Professorin für Byzantinische Kunstgeschichte an die Universität München berufen.

Herr Dr. theol. Jouko Martikainen hat am 1. April 1984 an der Theologischen Fakultät der Universität Göttingen seine Lehrtätigkeit als Professor für Kirchengeschichte des Orients mit besonderer Berücksichtigung der syrischen Kirchengeschichte (Nachfolge Prof. Dr. W. Hage, jetzt Marburg/Lahn) aufgenommen.

Professor Dr. Robert Godel, Universität Genf, Faculté des Lettres, vollendete am 7. August 1982 sein 80. Lebensjahr. Seine Forschungen erstrecken sich auf das Gebiet der Allgemeinen Sprachwissenschaft und der lateinischen, türkischen und armenischen Sprache.

P. Dr. Wilhelm de Vries SJ, Professor am Päpstlichen Orientalischen Institut in Rom, Verfasser zahlreicher wichtiger Werke über Geschichte und Theologie der Ostkirchen, vollendete am 26. Mai 1984 sein 80. Lebensjahr.

Professor Dr. Arthur Vööbus, Chicago, hochverdient um die Erforschung der syrischen Literatur, wurde am 28. April 1984 fünfundsiebzig Jahre alt.

P. Mag. Dr. Johannes Petrus Maria Van der Ploeg OP, 1951-1979 Professor an der Katholischen Universität Nijmegen/Holland, bekannter Forscher auf dem Gebiet des Alten Testaments und der orientalischen Kirchen, von dem gerade das Buch: »The Syriac Manuscripts of St. Thomas Christians« (Bangalore/India, 1983) erschienen ist, vollendete am 4. Juli 1984 das 75. Lebensjahr. Vergl. dazu die Festschrift: »Von Kanaan bis Kerala«, hrgb. von W.C. Delsman u.a., Kevelaer 1982.

P. Dr. Jean-Maurice Fiey OP, der verdienstvolle Erforscher der syrischen Literatur, Kirchengeschichte und kirchlichen Geographie, vollendete am 30. März 1984 sein 70. Lebensjahr.

Professor Dr. Wachtang Beridze, Direktor des Instituts für Georgische Kunstgeschichte in Tbilissi und durch zahlreiche Veröffentlichungen auch im Westen bekannt, vollendete am 30. Mai 1984 sein 70. Lebensjahr.

Professor Dr. Rudolf Macuch, Freie Universität Berlin, bekannt durch seine Forschungen über das Mändäische, das Samaritanische und die neusyrische Literatur, vollendete am 16. Oktober 1984 das 65. Lebensjahr.

Professor Dr. Wolfhart Westendorf, Ägyptologe an der Universität Göttingen, Neubearbeiter des koptischen Handwörterbuchs von W. Spiegelberg, wurde am 18. September 1984 sechzig Jahre alt.

Mgr. Joseph Nasrallah, Exarch des melchitischen Patriarchen von Antiochien in Paris, geb. am 10. Oktober 1911 in Nebek (Syrien), erwarb am 9. Mai 1983 an der Universität Dijon das Doctorat d'État. In einer großen Anzahl von Veröffentlichungen erforschte Mgr. Nasrallah besonders Geschichte und Literatur der Melchiten. Eine Zusammenstellung seiner Werke findet sich in seiner Schrift: »Cheminement d'un chercheur de la littérature arabe chrétienne« (Imprimerie Orientaliste, B-3000 Leuven, 1983). Am 20. Juli 1984 konnte Mgr. Nasrallah sein goldenes Priesterjubiläum feiern.

Herr Dr. Manfred Kropp habilitierte sich am 11. Juli 1984 an der Universität Heidelberg für das Fach Semitistik. Thema der Habilitationsschrift: »Zekrä Nägär. Die äthiopischen Königschroniken in der Sammlung des Generals Haylu. Unveröffentlichte und neubearbeitete Texte der äthiopischen Historiographie«.

Herr Silas Peter Cowe (geb. 1953) promovierte am 20. Januar 1983 an der Hebräischen Universität Jerusalem zum Dr. phil. mit der Dissertation: »The Armenian Version of Daniel. Diplomatic Edition and Investigation of its Textual Affinities« bei Prof. M.E. Stone. Die Arbeit soll in der Reihe: »University of Pennsylvania Armenian Texts and Studies« veröffentlicht werden.

Herr Andrew Palmer (geb. 1955), Schüler von Prof. Dr. S. Brock, promovierte an der Universität Oxford zum Dr. phil. mit der Dissertation: »Sources for the Early History of Qartamin Abbey; with Special Reference to the Period A.D. 400-800«.

Herr Ulrich Seidel (geb. 1954) promovierte am 15. Mai 1983 an der Philosophischen Fakultät der Martin-Luther-Universität Halle-Wittenberg mit der Dissertation: »Untersuchungen zum Fachwortschatz der Landwirtschaft im Syrischen (Ostaramäischen)« zum Dr. sc. Die Arbeit wurde u.a. von Prof. Dr. Dr. P. Nagel und Prof. Dr. K. Tseretheli, Tbilissi, begutachtet.

An der Universität Bonn promovierten im Fach »Wissenschaft vom Christlichen Orient« bei Professor Dr. C. Detlef G. Müller zum Dr. phil.:
Herr Jürgen Tubach am 30. Juni 1982 mit der Dissertation: »Im Schatten des Sonnengottes; der Sonnenkult in Edessa, Ḥarrān und Ḥaṭrā am Vorabend der christlichen Mission«;
Herr Harald Suermann am 20. Juni 1984 mit der Dissertation: »Die geschichtstheologische Reaktion auf die einfallenden Muslime in der edessenischen Apokalyptik des 7. Jahrhunderts«.

Herr Dr. Dr. Michael Breydy ist ab 1. August 1984 als Professor für Nahöstliche Orientalistik und Leiter des Instituts für christlich-arabische Literatur an der Universität Witten/Herdecke tätig. Anschrift des neugegründeten Instituts: Institut für christlich-arabische Literatur, Bochumer Straße 10 a, D-5810 Witten/Ruhr.

Julius Aßfalg

TOTENTAFEL

In Georgien verstarben im Laufe des Jahres 1983 zwei bedeutende Gelehrte:

Pavle Ingoroqva, geb. 1. November 1893, Literaturwissenschaftler, dessen gesammelte Werke seit 1962 in einer siebenbändigen Ausgabe erscheinen, bekannt vor allem durch sein großes Werk: »Giorgi Merč'ule«, Tbilissi 1954, über den Verfasser der Vita des georgischen Klostergründers Grigol von Handzt'a (gest. 861).

Professor Isidor Dolidze, geb. 5. April 1915, Rechtshistoriker, u.a. Herausgeber der »Denkmäler des altgeorgischen Rechts« (6 Bände, Tbilissi 1963-1977).

Julius Aßfalg

BESPRECHUNGEN

Joseph-Marie Sauget, Un cas très curieux de restauration de manuscrit: Le *Borgia Syriaque 39*. Étude codicologique et analyse du contenu, Città del Vaticano 1981 (Studi e Testi 292), VII + 128 Seiten, 8 Tafeln.

Die Hs. Borg. Syr. 39 der Vatikanischen Bibliothek, die zahlreiche hagiographische Texte überliefert, fällt dadurch auf, daß in ihr mehrfach kleinere Textstücke doppelt hintereinander stehen. Sauget kann zeigen, daß die ursprüngliche, unvollständig gewordene Hs. (von ihr sind noch 231 Blätter vorhanden) dadurch ergänzt wurde, daß an verschiedenen Stellen insgesamt 67 Blätter einer anderen Hs. mit sehr ähnlichem Inhalt und nur unwesentlich abweichendem Format eingefügt wurden, also nicht — wie sonst — eigens für die Restaurierung geschriebene Blätter. Weil die Texte aus den beiden Hss. an den Nahtstellen natürlich nicht genau aneinander anschließen, sind Überschneidungen und damit Wiederholungen unausbleiblich, aber auch kleinere Textauslassungen (die manchmal durch Zusätze — wohl des Restaurators — auf dem Rand der vorhergehenden Blätter geschlossen werden). Dieses bei der Instandsetzung angewandte Verfahren erscheint auf den ersten Blick unerklärlich: Die Blätter, mit denen die eine Hs. vervollständigt wird, fehlen ja schließlich dann in der anderen! Welchen Vorteil bringt es, wenn hinterher doch wieder eine der Hss. unvollständig und die andere wegen der Textbrüche obendrein mehr schlecht als recht ergänzt ist? Sinnvoll erscheint ein solches Vorgehen nur, wenn auch die andere Hs. ihren Zweck nicht mehr erfüllte. In unserem Fall können wir das tatsächlich annehmen, weil die Hs. Borg. Syr. 39 nach der Ausbesserung immer noch lückenhaft geblieben ist, also die zur Ergänzung verwendete Hs. wohl ebenfalls schon unvollständig war (das vermutet auch Sauget S. 15). Der Restaurator hat aber jedenfalls recht oberflächlich gearbeitet; vielleicht glaubte er, die Hs. ließe sich so besser an einen eiligen und unachtsamen Aufkäufer losschlagen. Sauget könnte deshalb damit recht haben, daß sie ihre jetzige Gestalt erst kurz vor der Verbringung nach Rom erhielt; deren Zeitpunkt steht allerdings nicht fest (Sauget S. 59f.).

Ein Kolophon ist nicht erhalten, so daß die Hs. über Datum und Entstehungsort keine Auskunft gibt. Aus zwei kurzen Vermerken auf Blättern der ursprünglichen Hs. erfahren wir nur, daß sie der Marienkirche in Karsāwā gehörte und ihr Schreiber Yaldā hieß. Aufgrund einer eingehenden vergleichenden Untersuchung insbesondere von Verzierungen und Wasserzeichen kommt Sauget zu dem Ergebnis, daß sie mit Hss. verwandt ist, die um 1680 n.Chr. in Alqōš geschrieben wurden; auch fast alle bekannten anderen Hss. mit ähnlichem Inhalt dürften von dort stammen. Hier lassen sich am ehesten Bedenken anmelden, weil Saugets Untersuchung sich auf eine geringe Zahl von Hss. beschränkt und deshalb nicht auszuschließen ist, daß auch anderswo Hss. mit gleichen Merkmalen entstanden.

Nach diesem Zwischenergebnis wendet sich Sauget der Frage nach dem Schreiber zu. Weil die Hs. Alqōš 147 ebenfalls für die Marienkirche in Karsāwā geschrieben wurde, und zwar 1683 von einem Schreiber Yaldā aus Alqōš, schließt Sauget zu Recht, daß die Hss. Alqōš 147 und Borg. Syr. 39, d.h. deren ursprünglicher Bestand, vom selben Schreiber herrühren. Es ist, wie Sauget richtig annimmt, kein anderer als der bekannte Kopist Yaldā bar Daniel bar Elias bar Daniel, von dem Hss. aus dem Zeitraum von 1679 bis 1725 erhalten sind. Gegen die Vermutung, die Hs. Borg. Syr. 39 sei um 1680 entstanden, läßt sich nichts einwenden. Die Hs., die für die Ergänzung herhalten mußte, ist nach Sauget etwa gleichalt, entstanden wohl ebenfalls in Alqōš.

Die Beweisführung und die Ergebnisse des kodikologischen Teils (S. 1-63) konnten hier nur angedeutet werden. Die Arbeit enthält — über die Hs. Borg. Syr. 39 hinaus — noch zahlreiche beachtenswerte Feststellungen über weitere syrische Hss. und Schreiber.

Im folgenden seien einige Einzelheiten angemerkt:

Zu S. 37f.: A. Mai wird mit seiner Annahme recht haben, daß der Metropolit Yasūʿ, »Wärter des erhabenen Jerusalem«, der 1682 die Hs. Vat. Arab. 607 kopierte, Jakobit war (und nicht, wie Sauget erwägt, Nestorianer). Ein Metropolit Gregorios (= der übliche Beiname für die jakobitischen Bischöfe von Jerusalem) Yešūʿ schrieb nämlich 1684 auch die Hs. Markuskloster 44 (vgl. J. Koriah, The Syrian Orthodox Church in the Holy Land, Jerusalem 1976, 79). Die vatikanische Hs. läßt sich für Saugets Beweisführung daher nur bedingt heranziehen.

Zu S. 43, Fußn. 120: Joseph bar Hormizd aus Ḥurdap̄nē ist nicht als Schreiber, sondern nur als Besteller von Hss. in der Zeit von 1682 bis 1716 bezeugt. Geschrieben hat er höchstens die Hs. Alqōš 264, falls er überhaupt gemeint ist und Vosté, Catalogue Alqōš S. 99, den Kolophon richtig wiedergibt. Vostés Angabe, daß Joseph die Hs. Alqōš 212 geschrieben habe (S. 81), ist falsch; Saugets Vermutung, ihr Schreiber sei Hōmō bar Daniel gewesen, ist nur eine der Möglichkeiten, weil noch andere Kopisten für Joseph bar Hormizd tätig waren.

Zu S. 45f.: Die Hss. Ming. Syr. 85 und 593 gehen offenbar auf dieselbe — nach Sauget: unbekannte — Vorlage zurück. Warum nicht auf die Hs. Alqōš 211 (vgl. die Tabelle bei Sauget, nach S. 48)?

Zu S. 52: Das von Fiey (Assyrie chrétienne I 289) erwähnte Evangeliar stammt sicherlich von unserem Yaldā, nur kann die Jahreszahl 1656 nicht richtig sein. Der Besteller Marqos bar Hormizd aus Billa taucht noch einmal als Auftraggeber in der 1720 geschriebenen Hs. Aqra 44 auf. Dort wird zwar Tella als Herkunftsort des Marqos angegeben, doch liegen Billa und Tella dicht beieinander (Fiey ebda. 287f.). Yaldā hat das Evangeliar noch als Diakon geschrieben, war aber zumindest 1693 schon Priester (vgl. die Hs. Aqra 23), so daß vielleicht 1686 (Druckfehler?) zu lesen ist.

Zu S. 52, Fußn. 160: Der Priester Elias Hōmō aus Alqōš ist nach Mingana, Catalogue I, Sp. 1133, im Jahre 1932 gestorben.

Zu S. 54: Die Vorfahren des Schreibers Yaldā ließen sich nach den Hss. Ming. Syr. 540 und 246 (geschrieben 1749 bzw. 1913 n. Chr.) um einen Ururgroßvater namens Elias erweitern der aber sonst in den Kolophonen nicht vorzukommen scheint. Der eben genannte Priester Elias Hōmō hat übrigens 1910 eine kurze Skizze über die Familie geschrieben: Ming. Syr. 541, fol. 287b (Mingana, Catalogue I, Sp. 995). Einer der Söhne Yaldās, der Priester Elias, kopierte mehr als die von Sauget angegebenen Hss., nämlich noch Aqra 44 (1720) und 67 (1721) sowie die von Vosté, OrChrP 7, 1941, 240 erwähnte Hs. (1723). Elias hatte wohl mindestens zwei Söhne: außer dem von Sauget genannten Priester Denḥā (für ihn ist zusätzlich die Hs. Mardin 31 aus dem Jahre 1753 zu nennen) noch den Priester Joseph, den Schreiber der Hs. Ming. Syr. 568 (1757).

Zu S. 56, Fußn. 199: Yaldā bar Daniel hatte noch einen dritten, anscheinend jüngeren Bruder, nämlich den Diakon und späteren Priester Gīwargīs, mit dem zusammen er 1695 eine Hs. kopierte (s. Fiey, Assyrie chrétienne I 302), der aber auch sonst als Kopist hervorgetreten ist: s. Fiey aaO II 720 (1705; noch als Diakon), Alqōš 254 (1722) und Telkeph 42 (1730; s. J. Habbi, Fihrist al-maḫṭūṭāt as-suryānīya fī l-Irāq, I., Bagdad 1977, 34). In der Hs. von Telkeph trägt er den Titel *maqdasī* »Jerusalempilger«, so daß er wohl mit dem »prêtre George, fils du prêtre Daniel d'Alqoš, sacristain de (l'église de) Jérusalem« identisch ist, der 1724/25 die Hss. Jerusalem 7 und 27 neu eingebunden hat (s. J.-B. Chabot, Notice sur les manuscrits syriaques ... de Jérusalem, in: Journal Asiatique, 9 sér., Bd. 3, Paris 1894, S. 102 und 119). Auch der Schreiber der Hs. Alqōš 139 (1731), »Gaghis Maqdešaya c.-à-d.

pèlerin à la Ville-Sainte, fils du prêtre Daniel«, sowie der Diakon Gīwargīs, Sohn des Priesters Daniel, der 1702 die Hs. Brit. Libr. Rich. 7174 restaurierte (J. Forshall, Catalogus codicum manuscriptorum orientalium ..., pars prima, London 1838, Nr. 30, S. 53) dürften dieselbe Person sein.

Für Yaldās anderen Bruder Ḥaušab (Ḥaḏbšabbā) sind noch folgende Hss. nachzutragen, die er nicht mehr als Diakon, sondern als Priester geschrieben hat: Alqōš 25 (1722) und Marburg Or. fol. 3123 (s. Aßfalg, Syrische Handschriften, Nr. 22; 1723).

Ein Ḥuttāmā eines nicht näher bezeichneten Priesters Yaldā aus Alqōš (vgl. Baumstark 335; R. Macuch, Geschichte der spät- und neusyrischen Literatur, Berlin 1976, 49) ist unter anderem in der 1716 entstandenen Hs. Alqōš 93 auf uns gekommen. Sein Verfasser kann daher ohne weiteres mit unserem Yaldā bar Daniel gleichzusetzen sein, der dichterisch tätig war (vgl. Vosté, Catalogue Alqōš S. 46; Sauget S. 55). Der ebenfalls sehr bekannte Kopist Yaldā bar ʿAḇdīšōʿ aus Alqōš, von dem Hss. aus den Jahren 1725 bis 1778 erhalten sind (vgl. Sauget, S. 55 n. 194), dürfte aus zeitlichen Gründen als Dichter jedenfalls ausscheiden (daher wohl unrichtig: J. Habbi, Udabāʾ as-sūriṯ al-awāʾil, in: Maǧallat maǧmaʿ al-luġa as-suryānīya, 4. Band, Bagdad 1978, S. 110).

Zu S. 58: Für die Marienkirche in Karsāwā ließ schon 1660 der aus diesem Ort stammende Priester Jakob bar Nisan (vielleicht ein Bruder — oder Onkel? — des in der Hs. Alqōš 147 genannten Priesters Simeon bar Nisan) durch den Priester Israel bar Hormizd in Alqōš eine Hs. (*Gazzā*) schreiben: Nr. 8 der von G. Diettrich in den Nachrichten von der Königl. Gesellschaft der Wissenschaften zu Göttingen, phil.-hist. Kl., 1909, Berlin 1909, S. 160-218, beschriebenen Hss., heute in Leningrad (N. Pigulevskaja, Katalog Sirijskich Rukopisej Leningrada, in: Palestinskij Sbornik 69, 1960, Nr. LX, S. 162-167).

Im zweiten Teil (S. 65-120) gibt Sauget einen genauen Überblick über den Inhalt der Hs., mit Titel, Prolog, Incipit und Explicit der 35 einzelnen Texte, ferner Hinweise auf andere Hss., Editionen sowie griechische und arabische Parallelen. Dieser Abschnitt erweist sich damit auch als nützliches Nachschlagewerk. Den Schluß bilden Indices und Tafeln mit Abbildungen aus den besprochenen Hss.

Saugets Buch ist nicht zuletzt als Beispiel für eine mustergültige und umfassende Untersuchung einer Hs. lesenswert und lehrreich. Weitere solche Arbeiten wären sehr zu begrüßen, damit wir mehr über das Handschriftenwesen der Syrer erfahren, über Schreiber, Schreibschulen, Schreibergewohnheiten, Umfang der Kopistentätigkeit, bevorzugte Texte, Verwendung von Vorlagen, Auftraggeber, Bibliotheken und vieles mehr. Bislang wissen wir darüber noch ziemlich wenig. Eine weitere Untersuchung in dieser Richtung, nämlich über die Angehörigen einer der bekanntesten Kopistenfamilien, hat Sauget erfreulicherweise schon angekündigt (S. 26, n. 64).

Hubert Kaufhold

Hubert de Mauroy, Les Assyro-Chaldéens dans l'Iran d'aujourd'hui, Paris 1978 (Publications du Département de Géographie de l'Université de Paris-Sorbonne N° 6), 93 Seiten.

Klaus-Peter Hartmann, Untersuchungen zur Sozialgeographie christlicher Minderheiten im Vorderen Orient, Wiesbaden (Reichert, in Kommission) 1980 (Tübinger Atlas des Vorderen Orients: Beihefte, Reihe B, Nr. 43), XI + 250 Seiten, DM 106,-.

Die beiden Bücher berühren und ergänzen sich inhaltlich, doch setzen die Verfasser unterschiedliche Schwerpunkte. Mauroy beschreibt allgemein die Lage der iranischen Christen mit (ursprünglich) syrischer Muttersprache, während Hartmann unter besonderer Berücksichtigung auch der iranischen Verhältnisse der Frage nachgeht, inwieweit sich die Christen im Vorderen Orient von ihrer muslimischen Umwelt unterscheiden. Beide stützen sich dabei auf vorgefundenes statistisches Material und eigene Untersuchungen: Mauroy hielt sich 1966 im Iran auf, Hartmanns Feldforschungen stammen aus den Jahren 1973 (südlicher Libanon) und 1974 (Nordwesten des Iran). Daß gerade diese Gebiete seither infolge der politischen Ereignisse besonders starken Umwälzungen unterworfen wurden, mindert den Wert der Arbeiten keineswegs. Zum einen war die Lage der Christen seit vielen Jahrhunderten meist recht unbeständig, so daß ohnehin keine auf lange Zeit hin gültigen Bilder verlangt werden können, zum anderen zeigen unsere Verfasser nicht nur Momentaufnahmen — was auch schon genug wäre —, sondern darüber hinaus den Gang der Entwicklung.

Mauroy beginnt mit einer historischen Einleitung und geht dabei besonders auf die politisch veranlaßten Wanderungsbewegungen der Ostsyrer in unserem Jahrhundert ein. In einem zweiten Hauptteil schildert er Umfang und Ursachen der Abwanderung der christlichen Bevölkerung aus den ländlichen Gebieten Aserbeidschans in die Städte und die für die Zukunft der christlich-syrischen Kirchen im Iran verhängnisvollen Bestrebungen, ins Ausland zu ziehen, vor allem nach Amerika und Australien. Er gibt gleichzeitig einen Überblick über die Situation in verschiedenen Dörfern und in den von syrischen Christen bewohnten iranischen Großstädten (Wohngebiete, Herkunft, Berufe, Altersstruktur, kirchliche Verhältnisse u.a.) sowie in den Auswanderungsländern. Im dritten Abschnitt trägt er zunächst demographische Angaben zusammen, zeichnet den Rückgang der syrischen Sprache bei den Christen nach und geht auf ihr religiöses und nationales Bewußtsein ein. Das abschließende Kapitel steht unter der Überschrift: Welche Zukunft haben die Assyro-Chaldäer im Iran? Trotz der meist pessimistisch stimmenden Feststellungen in den voraufgehenden Abschnitten hegt Mauroy gewisse Hoffnungen, vorausgesetzt, daß die Christen nicht einfach nur die Vergangenheit bewahren wollen und ihre kulturelle Eigenständigkeit auch von den anderen Iranern anerkannt wird. Besonders letzteres muß nach den Ereignissen der letzten Jahre fraglich erscheinen.

Hartmann beginnt sein Buch mit Definition und Merkmalen von Minderheiten im allgemeinen und des Vorderen Orients im besonderen. Die Methode, der »religions-geographische Ansatz« wird m.E. zu Recht nur kurz gestreift: die Ergebnisse sind interessant und wissenswert genug, so daß es nicht weiter wichtig ist, wie die entsprechende wissenschaftliche Schublade beschildert gehört! Daß es sinnvoll ist, das Verhalten einer Sozialgruppe — sei sie durch die Religion oder durch andere Faktoren bestimmt — im Verhältnis zu anderen zu untersuchen, liegt auf der Hand. Was das besondere Anliegen gerade der Religionsgeographie ist, habe ich auch nach der Lektüre der meist sehr theoretisch gehaltenen Beiträge in dem von M. Schwind herausgegebenen Sammelband »Religionsgeographie« (Darmstadt 1973) nicht recht verstanden; ich bekenne auch, daß ich mit Sprachschöpfungen wie »Kultlandschaft«, »kultreligiöse Beprägung der Kulturlandschaft«, Bereich »des vom Heiligen bestimmten menschlichen Tuns, der sich im Diesseits raumrelevant objektiviert« (vgl. die Zitate bei Hartmann S. 8, 55) nichts anfangen kann.

In einem zweiten Abschnitt (S. 11-37) skizziert Hartmann sachverständig Geschichte und heutigen Stand des Christentums im Nahen Osten. Dazu nur einige beiläufige Bemerkungen: Den Papst als »Primus inter pares« unter den Oberhäuptern der verschiedenen katholischen (!) Kirchen zu bezeichnen, überrascht und entspricht dem katholischen Verständnis nicht. Auf S. 19 ist bei den Armeniern noch das Patriarchat von Jerusalem aufzuführen (erwähnt S. 21). Daß die monophysitischen Kirchen (Kopten, Armenier, Westsyrer) »in absoluter Isolierung voneinander« lebten (S. 21), trifft nicht zu. Das Gemeinsame der »chalkedonischen« Kirchen besteht nicht nur in der Annahme der Kanones des Konzils von Chalkedon (S. 23), sondern — vor allem — in der Zustimmung zu den dogmatischen Entscheidungen.

Die Abschnitte über den Nordwestiran (S. 38-114) und den Libanon (S. 115-170) nehmen wegen der eigenen Befragungen des Verfassers den breitesten Raum ein (Israel, Jordanien, Irak, Ägypten und Türkei werden nur kurz behandelt, S. 171-186). Nach Angaben über Landesnatur, verwaltungsmäßige Gliederung und Bevölkerungszusammensetzung folgt die sozialgeographische Untersuchung der christlichen Minderheit (im Libanon wird das südliche Staatsgebiet, in dem die Christen nur etwa ein Fünftel der Bevölkerung ausmachen, herausgegriffen). Der Verfasser bezieht überall auch die historische Entwicklung anhand der Reiseberichte und der sonstigen Literatur mit ein.

Es ist — wie auch bei dem Buch von Mauroy — natürlich ausgeschlossen, die zahlreichen einzelnen Befunde zu würdigen. Es können nur wenige allgemeine Ergebnisse berichtet werden: Die Zahl der Christen nimmt im Vorderen Orient wegen der hohen Emigrantenzahl und der vergleichsweise niedrigen Geburtenrate so gut wie überall relativ zu den Muslimen ab, häufig auch absolut, wenngleich die Entwicklung in den einzelnen Gebieten sehr verschieden ist. Von besonderer aktueller Bedeutung sind die Ausführungen des Verfassers über die Verhältnisse im Libanon: er betont, wie schwierig es sei, sich anhand des unzureichenden Zahlenmaterials ein einigermaßen zuverlässiges Bild zu machen. Bemerkenswert ist, daß nach seiner sehr vorsichtigen Einschätzung die Nichtchristen nach dem Stand von 1973 wohl die Mehrheit der tatsächlich im Libanon aufhältlichen Bevölkerung ausmachen (51,4%), es aber nicht als gesichert gelte, daß sie — worauf es im staatlichen Bereich ankommt — auch die Mehrheit der libanesischen Staatsangehörigen darstellen. Da inzwischen sicher keine genaueren Zahlen ermittelt werden konnten, müssen die in den öffentlichen Medien gelegentlich verbreiteten Behauptungen über eine muslimische Majorität jedenfalls als voreilig und unbeweisbar angesehen werden.

Obwohl die Christen im Orient insgesamt zahlenmäßig in der Minderheit sind, nehmen sie in verschiedenen Lebens- und Wirtschaftsbereichen eine dominante Stellung ein. Sie zeichnen sich durch weit höheren Bildungsgrad und größere räumliche Mobilität — insbesondere eine Stadt-Land-Wanderung — vor den Muslimen aus. Dabei zeigen vor allem die Mitglieder der katholischen und evangelischen Gemeinschaften eine regere Dynamik. Grund dafür ist in erster Linie die engere Berührung mit europäischem Gedankengut.

Die Ergebnisse der beiden Bücher überraschen eigentlich nicht, sondern entsprechen den Vermutungen und bisherigen Erkenntnissen. Wichtig ist aber, daß die Verfasser — soweit möglich — weitere verläßliche empirische Grundlagen dafür liefern, sie sachkundig auswerten und mithilfe von zahlreichen Tabellen, Abbildungen und Karten dokumentieren konnten.

Mauroy versucht die Situation der syrischen Christen des Iran umfassend darzustellen. Er kann sich dabei zwangsläufig nicht überall in gleichem Umfang auf gesichertes Material stützen. Das Buch beleuchtet die Lage daher teilweise nur streiflichtartig. Erwähnt sei noch, daß Mauroy der Christenheit des Iran — neben den im Literaturverzeichnis angegebenen weiteren Arbeiten — mehrere Beiträge in der Zeitschrift »Proche-Orient Chrétien« (1974-1978) gewidmet hat; sie decken sich teilweise mit dem hier angezeigten Buch, bieten aber auch zusätzliche Einzelheiten und umfassen vor allem noch die anderen christlichen Kirchen.

Hartman hat einen größeren geographischen Raum im Blick, beschränkt sich aber auf eine bestimmte Fragestellung, die er sehr planvoll abhandelt. Sein Buch ist, wie schon der Umfang zeigt, materialreicher, aber gleichwohl gut lesbar. Es enthält noch ein umfangreiches Quellen- und Literaturverzeichnis sowie ein eingehendes Sachregister.

Beide Bücher, jedes in seiner Art, bereichern unsere Kenntnis über den Christlichen Orient beträchtlich.

Hubert Kaufhold

Werner Strothmann, Johannes von Mossul, Bar Sira, herausgegeben, übersetzt und mit einem vollständigen Wortverzeichnis versehen, Wiesbaden, Otto Harrassowitz, 1979, XXIV + 144 S. (= Göttinger Orientforschungen, I. Reihe: Syriaca, Band 19).

Das dreizehnte Jahrhundert kannte, wenigstens bei den Nestorianern, eine »hervorragende Nachblüte« der Poesie (siehe Baumstark S. 303). Einer der hervorragenden Dichter dieser Blüte ist Johannes von Mossul, Verfasser eines Werkes über die »Schönheit des Wandels«, eines asketischen und ethischen Lehrgedichtes mit einer ziemlich verworrenen Geschichte (siehe R. Duval, *La littérature syriaque*, Paris 1907, S. 404; und Baumstark S. 307). Aus dieser Schrift des Johannes hat nun W. Strothmann den Teil über das alttestamentliche Buch Jesus Sirach mit Übersetzung herausgegeben. Strothmann ist ein guter Kenner der syrisch überlieferten Weisheitsliteratur; so legte er früher u.a. schon vor: *Konkordanz des syrischen Koheletbuches nach der Peshitta und Syrohexapla* (als vierter Band im Jahre 1973 in der gleichen Serie erschienen). Strothmann hat 6 Hss. benutzt; von allen Hss. ist das Faksimile einer Seite beigegeben mit einer Liste der Varianten der betreffenden Hs.; deren gibt es nur wenige: die siebensilbige Metrik, in die Johannes seine Sprache gießt, läßt Fehler nicht leicht zu; eine Hs. aber (Brl 202 Sach 51, nach Sachau aus dem 18. Jh.) ist in Serto geschrieben: dort mehren sich die Abweichungen. — Interessant ist m.E., daß die nun von Strothmann zugänglich gemachte poetische Bearbeitung des Jesus Sirach als Autor des biblischen Buches den »weisen Symeon« nennt (außer in der Überschrift noch in Z. 8 und Z. 1166), wie dies sonst nur der hebräische Text tut (Sir. 50, 27 und 51, 30 — Zählung nach der Rahlfs'schen Ausgabe der LXX; vgl. jetzt M.M. Winter, *A Concordance to the Peshiṭta Version of Ben Sira* [Monographs of the Peshiṭta Institute, 2], Leiden 1976, S. 626 s.v. ܫܡܥܘܢ); in der Septuaginta (und der Vulgata) fehlt der Name des Symeon. — Ein Verzeichnis der Eigennamen, der griechischen Lehnwörter und der syrischen Wörter beschließen den Band. Diesem Buch haben die Göttinger Gelehrten W. Hage, L. Schlimme, W. Strothmann, und G. Wiessner eine schöne Widmung für Arthur Vööbus zum siebzigsten Geburtstag vorangestellt.

Adelbert Davids

Lorenz Schlimme, Der Johanneskommentar des Moses bar Kepha, I: Einleitung, Text Joh. 1,1-10,21, XXX + 367 S.; II: Übersetzung, Joh. 1,1-10,21, Wiesbaden, Otto Harrassowitz, 1978, 614 S. (= Göttinger Orientforschungen, I. Reihe: Syriaca, Band 18).

Über Moses bar Kepha, einen wichtigen Zeugen der syrisch-monophysitischen Bibelexegese im 9. Jh., hat L. Schlimme in der Reihe Syriaca der Serie Göttinger Orientforschungen schon eine ausführliche Untersuchung publiziert: *Der Hexaemeronkommentar des Moses bar Kepha*. Einleitung, Übersetzung und Untersuchungen (Band 14, 1977), siehe OrChr 64, 1980, 228-229. Im Jahre 1978 legte er den nun anzuzeigenden ersten Teil des Johanneskommentars des Moses vor. Zwei weitere Teile folgen noch. Der erste Band enthält, neben einer kurzen Einleitung, die Faksimile-Ausgabe des syrischen Textes aus der Hs. Add. 1971 der Universitätsbibliothek von Cambridge, einer Hs. aus dem Kloster Mar Mattai bei Mossul aus dem Jahre 1196, geschrieben in deutlicher Serto-Schrift; nicht wenige Stellen aber sind undeutlich, ja sogar unlesbar durch Flecke, Radierungen, Korrekturen usw.; einige Blätter sind verlorengegangen. Im zweiten Band ist die Übersetzung zu finden, die, soweit festgestellt werden konnte, dem Syrischen recht treu folgt. Über das gewählte Editionsverfahren wird man geteilter Meinung sein: für nicht wenige Benutzer, die den Originaltext konsultieren möchten, wird die Suche im Faksimile mühsam verlaufen; neben der Übersetzung ist zwar die Folienzählung der Hs. angegeben, die auch in der Faksimile-Ausgabe oben auf den Seiten abgedruckt ist, aber manchmal fragt man sich bei schwer lesbaren Stellen, was davon nun übersetzt worden ist (z.B. fol. 7v und fol. 8v). Wo die Übersetzung vom Text der Hs. abweicht, wird auf eine Liste der wichtigsten Varianten in der Einleitung verwiesen. Marginalien, Korrekturen und dergleichen werden, wenn sie einen Sinn ergeben, stillschweigend in die Übersetzung aufgenommen. Die Übersetzung ist übersichtlich gegliedert: der jeweils behandelte Evangelientext, in der Hs. mit roter Tinte geschrieben und in der Schwarz-weiß-Reproduktion also nicht als solcher erkennbar, ist gesperrt gesetzt, und alle sonstigen Bibelstellen sind, auch im Apparat, angezeigt. Dagegen kommt der Verf. dem Leser bei den Quellen des Moses aber viel zu wenig zu Hilfe, die vor allem bei einem Text kompilatorischer Art von Bedeutung sind. Genaue Angaben z.B. für die den Johanneshomilien des Joannes Chrysostomos entnommenen Stellen dürften wohl zu kompliziert sein, aber für manche anderen Stellen, wie z.B. die Zitate aus dem Johanneskommentar des Philoxenos, gar nicht schwer (vgl. dazu die Einleitung, S. XXIIff.). — In der Übersetzung wird einmal im Apparat auf eine Stelle aus der »ersten Rede 'Über den Sohn'« des Gregor von Nazianz hingewiesen (S. 19, bei Anm. 7). Schlimme hat die Stelle identifiziert; genauer könnte noch angeführt werden: Oratio 29, 9 (PG 36, 85 A) des Nazianzeners; syrisch lautet der Text bei Moses (fol. 7v, Z. 9): ܡܢܘ ܓܝܪ ܩܫܝܫ ܡܢ ܗܘ ܕܡܢ ܒܪܫܝܬ. Es ist also eine wörtliche Übersetzung des Satzes des Gregor: Τί γὰρ τοῦ ἀπ᾽ ἀρχῆς πρεσβύτερον; (SC 250, S. 194, Z. 8f.).

Schlimme übersetzt den syrischen Satz mit: »Was ist älter als das, was im Anfang war«; Gregor meint aber: »Was denn ist älter als 'seit dem Anfang'«, und denkt dabei in erster Linie an den Ausdruck ἀπ᾽ ἀρχῆς von 1 Joh. 1, 1, wie er auch schon am Anfang der Rede deutlich macht (PG 36, 76 B; 77 B = SC 250, S. 180, 13; 182, 10). Da Schlimme dem zweiten Bande ein Register der von Moses angeführten Bibelstellen beigegeben hat, kann schnell festgestellt werden, daß Moses beide Male, da er den Anfang des 1. Johannesbriefes zitiert, wie zu erwarten, tatsächlich ܡܢ ܒܪܫܝܬ für das griechische ἀπ᾽ ἀρχῆς hat (fol. 18r, Z. 7; fol. 23r, Z. 14).

Adelbert Davids

Elsa Gibson, The »Christians for Christians« inscriptions of Phrygia. Greek texts, translation and commentary, Missoula (Montana), Scholars Press, 1978, XIII + 160 S.; 2 Karten + 33 Tafeln (= Harvard theological Studies, 32).

Sind die phrygischen Inschriften mit der Formel Χρηστιανοὶ Χρηστιανοῖς (meistens mit -η- geschrieben, aber auch Texte mit -ι-/-ει- kommen vor) nun wirklich montanistischer Herkunft, wie im Laufe der letzten Jahrzehnte so oft behauptet worden ist? Um diese Frage zu beantworten, hat E. Gibson in ihrem Buche zuerst das Korpus von 29 (8 davon bisher nicht ediert) aus der Gegend von Altıntaş am oberen Porsuk-Flusse (der alten Tembris) in der türkischen Provinz Kütahya stammenden Inschriften herausgegeben, übersetzt und mit Kommentar versehen. Sie datieren alle aus dem 3. oder frühen 4. Jh., also aus der Zeit, in der auch die Eumenäische Formel ἔσται αὐτῷ πρὸς τὸν θεόν sowohl bei Juden wie bei Christen im Gebrauch war (siehe zu dieser Formel noch C.H. Emilie Haspels, *The highlands of Phrygia. Sites and monuments*, I, Princeton 1971, S. 205f.). Zum Vergleich werden von Gibson auch noch 15 weitere Inschriften aus dem vorkonstantinischen Phrygien herausgegeben, davon 5 bisher unedierte. Das epigraphische Material wird von Gibson vorzüglich behandelt. Des öfteren geht sie in Exkursen auf weitere Probleme ein, wie z.B. auf die Sprache, auf die Arbeitsweise der Werkstätten, auf die Ikonographie, auf die soziale Stellung der Auftraggeber und die Zusammensetzung der Familien usw. Am Schluß faßt Gibson die Diskussion über die Herkunft der »Christians for Christians«-Inschriften (W.M. Calder hat immer von »Christians-to-Christians« gesprochen, siehe S. 135) zusammen; die Verfasserin kommt schließlich zum Ergebnis, daß eine montanistische Herkunft auf keinen Fall feststeht. — Über die Novatianer im Osten, die Gibson auf S. 141-143 aufführt, siehe z.B. noch H.J. Vogt, *Coetus sanctorum. Der Kirchenbegriff des Novatian und die Geschichte seiner Sonderkirche* (Theophaneia, 20), Bonn 1968, S. 236ff. — Indizes von Namen, Ethnika und Fundorten sowie Konkordanzen beschließen den Text. Von den meisten Inschriften sind in den Tafeln Abbildungen enthalten.

Adelbert Davids

Un Éloge de Jacques, le frère du Seigneur, par un Pseudo-André de Crète. Avec une paraphrase ancienne de l'Épître Catholique de saint Jacques. Édition, traduction et notes critiques par Jacques Noret avec la collaboration de Herman Gaspart, Toronto, Institut Pontifical d'Études Médiévales, 1978, 113 S. (= Studies and Texts, 44).

A. Papadopulos-Kerameus hat im ersten Bande seiner Ἀνάλεκτα Ἱεροσολυμιτικῆς Σταχυολογίας (St.-Petersburg 1891) auf Grund einer Hs. aus St. Sabas die editio princeps des Βίος καὶ Μαρτύριον τοῦ ἁγίου Ἰακώβου τοῦ ἀποστόλου καὶ ἀδελφοῦ τοῦ Κυρίου geliefert (= BHG 766). Der Hs. entnahm er den Verfassernamen des Andreas von Kreta (ca. 660-740); an der Authentizität wurde weiter nicht gezweifelt. Nun hat J. Noret in Zusammenarbeit mit H. Gaspart eine neue Ausgabe vorgelegt, wobei, außer der altrussischen Übersetzung, weitere zehn griechische Hss. benutzt werden konnten. Mit Ausnahme von nur zwei griechischen Hss. schweigen alle über den Verfassernamen der Vita. Nach sorgfältiger Untersuchung kommt Noret zum Ergebnis, daß der Text wohl in Palästina in den Jahren zwischen 610 und 640 zustandegekommen sein wird und somit nicht Andreas von Kreta zugeschrieben werden kann. Die historischen Nachrichten der Vita gehen alle auf Eusebios' Kirchengeschichte zurück. Da die Vita auch einen Kommentar zum Jakobusbrief enthält, ist sie ein wichtiger Zeuge für die in Vorbereitung befindliche *Editio Maior Critica* des Neuen Testaments. — In Vita VIII (S. 56, Z. 7) wird der Apostel Petros ὁ τῶν ἀποστόλων ἔκκριτος genannt (»le premier des apôtres«); das Wort ἔκκριτος scheint in diesem Zusammenhang nicht sehr geläufig zu sein; drei griechische Hss. haben die Variante ἔγκριτος; die Bezeichnung ἔγκριτος τῶν ἀποστόλων für Petros findet sich auch in (Ps.-)Basileios von Kaisareia, De baptismo I, 2, 13 (siehe *A Patristic Greek Lexicon*, S. 404). — Ausgabe, Übersetzung und kritische Anmerkungen sind ausgezeichnet.

Adelbert Davids

Aurelio de Santos Otero, Die handschriftliche Überlieferung der altslavischen Apokryphen, Band II, Berlin-New York, Walter de Gruyter, 1981, XLVI + 271 S.; 4 Tafeln (= Patristische Texte und Studien, 23).

Im Jahre 1978 erschien der erste Band dieses umfangreichen Forschungsvorhabens; er wurde in OrChr 63 (1979) 217-220 besprochen. In den nun vorliegenden zweiten Band sind diejenigen altslavischen neutestamentlichen Apokryphen aufgenommen, die, wie der Verfasser im Vorwort (S. V) bemerkt, »unter den allgemeinen Begriff der *Evangelien* fallen«. Und weiter: »Bei der Fülle des Stoffes kann mitunter die Frage auftauchen, ob eine bestimmte in diesen Band aufgenommene Schrift nicht besser im I. Band untergebracht worden wäre oder umgekehrt«. Um einen Überblick über die im slavischen Raum vorhandenen Apokryphen im weiten Sinne zu bekommen, braucht man also beide Bände, nicht zuletzt auch, weil der zweite Band auch Nachträge zum ersten enthält. Die Behandlung der Texte ist im zweiten Band im großen und ganzen die gleiche geblieben; aber besonders hervorzuheben ist, daß die Notizen zur slavischen Überlieferung manchmal ziemlich ausgedehnt sind. Die vier farbigen Tafeln sind einem schönen Sbornik aus dem 14. Jh. entnommen (Codex Wuk 48, Berlin, Staatsbibliothek Preussischer Kulturbesitz). Es ist überaus zu begrüßen, daß de Santos Otero nun ein reichhaltiges Hilfsmittel zum Studium der neutestamentlichen slavischen Apokryphen hat beenden können. Übrigens darf in diesem Zusammenhang darauf hingewiesen werden, daß für die alttestamentlichen Apokryphen nun vorliegt: Émile Turdeanu, *Apocryphes slaves et roumains de l'Ancien Testament* (Studia in Veteris Testamenti Pseudepigrapha, 5), Leiden 1981.

Adelbert Davids

Vetera Christianorum 19 (1982) und 20 (1983), hrsg. vom Istituto di Letteratura Cristiana Antica, Università degli Studi, Bari, 467 S.; 502 S.

Giorgio Otranto, Esegesi biblica e storia in Giustino (Dial. 63-84), Istituto di Letteratura Cristiana Antica, Università degli Studi, Bari, 1979, 281 S. (= Quaderni di »Vetera Christianorum«, 14).

Antonio Quacquarelli, Lavoro e ascesi nel monachesimo prebenedettino del IV e V secolo, Istituto di Letteratura Cristiana Antica, Università degli Studi, Bari 1982, 167 S. (= Quaderni di »Vetera Christianorum«, 18).

Im ersten Faszikel des 19. Jahrganges der Vet. Chr. sind folgende Artikel erschienen: A. QUACQUARELLI, *Accenti populari alla catechesi pneumatologica dei primi secoli* (S. 5-23); J. DOIGNON, *Une définition oubliée de l'amour conjugal édénique chez Augustin: piae caritatis adfectus* (gen. ad litt. 3, 21, 33) (S. 25-36); M. GIRARDI, *Scrittura e battesimo degli erectici nella lettera di Firmiliano a Cipriano* (S. 36-67); M. MARIN, *Sol intaminatus. Complemento al repertorio di testi* (S. 69-83), mit weiteren Belegen zum Topos im Anschluss an A. Olivar's Studie über die unbefleckte Sonne in der patristischen Literatur (erschienen in Didaskalia 5, 1975, 3-20); M. MELLO, *Due iscrizioni cristiane di Paestum* (S. 85-95); M. SORDI, *Sacramentum in Plin ep. X, 96, 7* (S. 97-103); G.N. VERRANDO, *Le numerose recensioni della Passio Pancratii* (S. 105-129). Und in der Sektion »Apuliae res«: G. DE TOMMASI, *Il restauro del »Colosso« di Barletta* (S. 131-157), mit vielen Abbildungen; G. OTRANTO, *Pardo vescovo di Salpi, non di Arpi* (S. 159-169); L. TODISCO, *Un nuovo capitello bizantino da Bisceglie* (S. 171-175): das Epitaph des Bischofs Bisantius aus dem 13. Jh. ist in ein byzantinisches Kapitell eingemeißelt worden. Des weiteren sind besonders zu verzeichnen: M. MARIN, *Due note giustinee* (S. 177-189) über das von G. Mercati (Biblica 22, 1941, 354-362) veröffentlichte Fragment des Dialogus des Apologeten Iustinus aus cod. Vat. gr. 744 und über Parellelen zwischen Iustinus und der Didascalia Apostolorum; die Notiz ist interessant für die Geschichte der Exegese des Themas der »Schnur der Sünde«. Die neunte *Rassegna di Studi Copti* von T. ORLANDI und G. MONTOVANI (S. 191-204) setzt sich jetzt vor allem aus Rezensionen zusammen. — Im zweiten Faszikel sind erschienen: A. QUACQUARELLI, *L'antitesi retorica* (S. 223-237); G. CARLOZZO, *L'ellissi in*

Ignazio di Antiochia e la questione dell' autenticità della recensione lunga (S. 239-256); F. CESANA, *Annotazioni al testo di H.G. Opitz dell' «Historia Arianorum ad monachos» di Sant' Atanasio* (S. 257-274); A. FERRUA, *Note al Thesaurus Linguae Latinae. Addenda et corrigenda ad vol II* (S. 275-330); in Vet. Chr. 18 (1981) 309-331 hatte Ferrua den ersten Band des Thesaurus behandelt; M. MARIN, *Sulla fortuna delle Similitudini III e IV di Erme* (S. 331-340); G. OTRANTO, *Note sul sacerdozio femminile nell' antiquità in margine a una testimonianza di Genasio I* (S. 341-360). Und in der Abteilung »Apuliae res«; A. CAGGIANO, *L'amministrazione periferica longobarda in Puglia: gastaldi e gastaldati* (S. 361-372); M. FALLA CASTELFRANCHI, *La chiesa inedita di San Salvatore a Monte Sant'Angelo* (S. 373-394); die *Rassegna di Studi Copti n. 10* von T. ORLANDI und G. MANTOVANI (S. 407-423) eröffnet die Rubrik der Rezensionen.

Die von A. Quacquarelli begründete Zeitschrift konnte mit dem Jahrgang 1983 ihr zwanzigjähriges Bestehen feiern. Im Vorwort wird erwähnt, daß im Laufe der Jahre außer der frühchristlichen Literatur auch immer mehr Studien zur Epigraphik, zur Ikonographie und zur christlichen Archäologie in der Zeitschrift veröffentlicht worden sind. In diesem Band sind folgende Aufsätze erschienen: A. QUACQUARELLI, *L'influenza spirituale del monachesimo femminile nell' età patristica* (S. 9-23); V. FAZZO, *Rifiuto delle icone e difesa cristologica nei discorsi di Giovanni Damasceno* (S. 25-45); M. GIRARDI, *Le fonti scritturistiche delle prime recensiones greche della passio di S. Sofia e loro influsso sulla redazione metafrastica* (S. 47-76); C. GUARNIERI, *Note sulla presenza dei laici ai concili fino al VI secolo* (S. 77-91); F. HALKIN, *Paul et Julienne martyrs à Ptolémaïs de Phénicie* (S. 93-110), mit einer Edition der Passio (BHG 964) aus der Hs. Patmos 736; S. ISETTA, *Carmen ad Flavium Felicem, Problemi di attribuzione e reminiscenze classiche* (S. 11-140); M. MARIN, *Problemi di ecdotica ciprianea. Per un' edizione critica dello pseudociprianeo de aleatoribus* (S. 141-239); A.V. NAZZARO und P. SANTORELLI, *Quae orthographica in codicibus ad tres S. Ambrosii sermones edendos adhibitis reperta sint* (S. 241-303); G. OTRANTO, *Tra esegesi patristica e iconografia: il personaggio maschile in una scena di Priscilla* (S. 305-328); A. PENATI, *Le seduzioni della »potenza delle tenebre« nella polemica anticristiana di Guiliano* (S. 329-340); M. SIMONETTI, *Lettera e allegoria nell' esegesi veterotestamentaria di Didimo* (S. 341-389); G.N. VERRANDO, *Osservazioni sulla collocazione cronologica degli apocrifi Atti di Pietro dello Pseudo-Lino* (S. 391-426). Und in der Abteilung »Apuliae res«: C. CARLETTI, *Lucera paleocristiana: la documentazione epigrafica* (S. 427-441); C. COLAFEMMINA, *Tre iscrizioni ebraiche inedite di Venosa e Potenza* (S. 443-447), mit Ausgabe dreier Inschriften: zwei aus Venosa, nämlich ein Graffito mit dem kurzen Text שאלום aus der Katakombe (4.-6. Jh.) und eine Grabinschrift für einen gewissen Salomon, Sohn des David (9. Jh.), die beim Amphitheater gefunden wurde; das dritte Stück ist ein aus Potenza stammendes Steinfragment, das sich jetzt bei der Soprintendenza ai Beni Archeologici della Basilicata befindet; ersichtlich sind darauf eine eingeritzte Menora und der Buchstabe I (aus dem 5.-6. Jh.?); C. D'ANGELA, *Una nuova iscrizione altomedievale da Siponto* (S. 449-454). E.M. MEYERS von der Duke University (Durham, North Carolina) schreibt mit seinem Report on the excavations at the Venosa catacombs, 1981 (S. 455-459), einen interessanten Bericht über die in Zusammenarbeit mit der Universität Bari (G. Otranto; C. Colafemmina) durchgeführte Katakombenausgrabung, die vor allem auch für die Geschichte der Judensiedlung in der Gegend von Venosa wichtig ist; G. FEDALTO, *Il toponimo di Petr. 5,13 nella esegesi di Eusebio di Cesarea* (S. 461-466): das im ersten Petrusbrief erwähnte Babylonien steht nicht für das mesopotamische Babylonien, wie Eusebios es wollte, sondern für die u.a. in koptischen Chroniken belegte Festung Babylonien in Ägypten.

Die ausgezeichnete Studie von G. OTRANTO, *Esegesi biblica e storia in Giustino (Dial. 63-84)*, die in den Quaderni di »Vetera Christianorum« erschienen ist, behandelt die zentrale Partie des Dialogs des Apologeten Iustinus, in der die messianische Weissagung von Is. 7 ausführlich behandelt wird. Otranto kann mit viel Akribie nachweisen, wie Iustinus in seinem Dialog mit dem gelehrten Juden in zusammenhängender Weise theologisch zu argumentieren weiß, obwohl seit Photios Iustinus' kompositorische und literarische Fähigkeiten nie hoch angeschlagen worden sind. Auch wird ersichtlich, welch gute Kenntnisse Iustinus vom zeitgenössischen Judentum gehabt hat; Otrantos Buch ist somit eine wichtige Ergänzung zu den Forschungen von A. Lukyn Williams und P. Prigent. Ganz neu ist bei Otranto übrigens die Stellung, die Iustinus im Rahmen der von M. Simonetti skizzierten theologischen »asiatischen Kultur« zukommt, wodurch z.B. der von Iustinus vertretene Millenarismus einsichtig wird.

Eine andere in den letzten Jahren erschienene Monographie in der gleichen Serie stammt von der Hand des unermüdlichen A. QUACQUARELLI und handelt von der Arbeit im vorbenediktinischen Mönchtum: *Lavoro e ascesi nel monachesimo prebenedettino del IV e V secolo*. Nicht zuletzt ist die kurze Monographie für den Nicht-Kenner geschrieben, um den Reichtum der Welt der frühchristlichen Aszeten auch in weiteren Kreisen bekannt zu machen. Auch das syrische und das koptische Mönchtum kommt neben den Regeln des Basileios von Kaisareia zur Sprache. Da das Thema der Arbeit mit der Aszese überhaupt engstens zusammenhängt, ist dieses Buch von Quacquarelli eine übersichtliche Einführung in die Geschichte des frühchristlichen Mönchtums geworden.

Adelbert Davids

D. Baldi-B. Bagatti, Saint Jean-Baptiste dans les souvenirs de sa Patrie. Adaptation française d'Albert Storme. Jerusalem, Franciscan Printing Press, 1980 (Studium Biblicum Franciscanum, Collectio minor, N. 27). 115 S, 21 Abb., XXIV Taf.

Das pietätvolle Buch der beiden prominenten Autoren des Studium Biblicum Franciscanum enthält eine Reihe von Aufsätzen über den Vorläufer Christi, die zwischen 1956 und 1980 erschienen sind. Das Buch stellt sich als Aufgabe, die ununterbrochene Verehrung Johannes' des Täufers im Heiligen Land zu dokumentieren (S. 7). Der erste Teil des Buches »Recherches sur l'authenticité des sanctuaires de Saint Jean-Baptiste en Terre Sainte« (S. 11-58) enthält einen Beitrag des verstorbenen Gelehrten P. Donato Baldi (OFM), der als Aufsatz in *Liber Annuus* 6, 1956, S. 196-239 erschienen ist. Der Autor, bekannt geworden besonders durch sein *Enchiridion Locorum Sanctorum*, Jerusalem, 1939, ^{2}1955, versucht einerseits in seinem Beitrag die Aufenthaltsorte und die Stätten des Wirkens des Vorläufers im Heiligen Lande zu bestimmen, andererseits geht er gründlich der Frage nach, inwieweit die durch Sanktuarien fixierten Lokaltraditionen Johannes' des Täufers im Einklang mit den Evangelien stehen.

Der zweite Teil des Buches ist von dem seit Jahrzehnten schon für seine unermüdlichen Arbeiten im Bereich der christlichen Archäologie des Heiligen Landes international bekannten Franziskaner-Gelehrten P. Bellarmino Bagatti verfaßt. Dieser zweite Teil verfolgt unter dem Titel: »Les traditions de saint Jean-Baptiste dans les premiers siècles chrétiens« (S. 61-95) das Bild Johannes' des Täufers in den Lokaltraditionen Palästinas während der ersten christlichen Jahrhunderte. Auch dieser Teil des Buches ist keine vollständige Neuerscheinung. Das erste Kapitel ist eine überarbeitete Fassung eines Aufsatztes, den Bagatti in *Euntes Docete* 30, 1977, S. 260-269 erstmals publiziert hat. Das zweite Kapitel befaßt sich mit der Authentizität des Grabes Johannes' des Täufers von Samaria und ist gleichfalls eine Neubearbeitung eines älteren Aufsatzes, erschienen in *Euntes Docete* 25, 1972, S. 294-298. Neu in diesem Kapitel sind die Erwägungen Bagattis über die Archäologie des Grabes (S. 74-80). Das dritte Kapitel

(S. 83-95) ist der einzig vollständig neue Beitrag des Buches, in dem Bagatti die Ikonographie Johannes' des Täufers in der Kunst des Heiligen Landes untersucht.

Schon beim ersten Blick in das Inhaltsverzeichnis erhebt sich unwillkürlich die Frage, inwieweit die Beiträge der beiden Autoren sich organisch ergänzen oder aber parallel die gleiche Problematik behandeln. Die Lektüre läßt keinen Zweifel daran, daß das Buch nicht als eine straff gegliederte Einheit konzipiert wurde und dementsprechend auch keine einheitliche Auffassung enthält. So erklärt sich auch, daß eine Zusammenfassung des Buches fehlt. Das erste Kapitel von Bagatti ist nicht eine Ergänzung unter anderem Gesichtspunkt der ersten drei Kapitel von Baldi, sondern eine selbständige Behandlung des gleichen Stoffes. Dies gilt auch für das zweite Kapitel von Bagatti, das von der Fragestellung her eine Wiederholung des vierten Kapitel von Baldi ist. Bei Bagatti wird die gleiche Fragestellung mehr vom archäologischen Standpunkt her betrachtet, ohne daß dabei die schriftlichen Quellen vernachläßigt werden, Baldi dagegen setzt sich mehr mit den schriftlichen Quellen auseinander, bezieht jedoch immer wieder auch die Sanktuarien in seine Betrachtung ein. Die unterschiedliche Akzentsetzung der beiden Autoren ist jedoch nicht genug ausgeprägt, um inhaltliche Überschneidungen zu vermeiden. So wird z.B. das Problem der Lokalisierung des Grabes Johannes des Täufers von Baldi auf S. 53-57 behandelt und von Bagatti etwa zwanzig Seiten später (S. 72) erneut erörtert. Baldi bringt die zwei möglichen Grabstätten Johannes' des Täufers (Machärus, nach Josephus Flavius, und Sebastia, seit dem 4. Jahrhundert bei Hieronymus bezeugt) als Tatsachen, ohne der doppelten Tradition näher nachzugehen. Bagatti dagegen stellt einen Zusammenhang zwischen den beiden Traditionen her, indem er eine Übertragung der Leiche des Vorläufers durch seine Anhänger von Machärus nach Sebastia annimmt. Es ist ein Beispiel unter vielen anderen, wo der Leser das gleiche Problem an zwei verschiedenen Stellen des Buches von den zwei Autoren erklärt findet und dabei vergeblich nach einer kritischen Gegenüberstellung der beiden Meinungen sucht. Dadurch ist die Einheit des Buches zugunsten der individuellen, voneinander unabhängigen Darstellungen der beiden Autoren aufgegeben. Aus dieser Perspektive wäre es vielleicht richtiger gewesen, die Beiträge der beiden Autoren als »Gesammelte Aufsätze«, deren gemeinsames Thema Johannes der Täufer gewesen wäre, herauszugeben und nicht als ein Buch erscheinen zu lassen, das immer eine konsequent verfolgte Gliederung und grundlegende These voraussetzt.

Wenden wir uns kurz dem einzig neuen Beitrag dieses Buches zu, nämlich der Ikonographie Johannes' des Täufers in der palästinensischen Kunst. Es ist das Verdienst des Autors, eine Reihe von Darstellungen des Vorläufers, die dem palästinensischen Kunstkreis angehören, erstmals zusammengebracht zu haben, wobei manche dieser Darstellungen inzwischen verschwunden sind, von Bagatti jedoch in den dreißiger Jahren noch gesehen wurden, wie z.B. die Ikonen des Chozibaklosters (S. 91) in Wadi-Kelt. Eine dieser Darstellungen fällt wegen ihrer ikonographischen Problematik besonders auf. Es ist eine Graffito-Darstellung in Nazareth, von Bagatti ins 3./4. Jahrhundert datiert und auf Grund der judenchristlichen Umwelt, zu der sie gehört, unzweideutig als Johannes der Täufer interpretiert. Manche Details dieser Darstellung, wie z.B. die Kopfbedeckung und Bartlosigkeit der Figur, widersprechen jedoch der ikonographischen Tradition Johannes' des Täufers, wenn man diese Darstellung sowohl mit den ältesten nichtpalästinensischen Darstellungen des 3./4. Jahrhunderts, als auch mit den ältesten erhaltenen palästinensischen Darstellungen des Vorläufers aus dem 6. Jahrhundert vergleicht. Die palästinensische Ikonographie Johannes' des Täufers steht nicht außerhalb der allgemeinen ikonographischen Tradition, wie uns die frühen Beispiele zeigen, und das wird ausnahmslos auch von allen anderen späteren Beispielen, die Bagatti aufführt, bezeugt. Ob sich trotzdem seine Behauptung, die sich auf eine lange wissenschaftliche Erfahrung und feste Kenntnis der palästinensischen Kunst stützt, durchsetzen wird, muß vorläufig offenbleiben. Zweifelsohne wird sie in der Forschung eine lebhafte Diskussion hervorrufen.

Das Buch der beiden Gelehrten ragt nicht nur durch die Fülle des schriftlichen und archäologischen Materials, sondern auch durch die tief aus den religiösen Wurzeln des Landes schöpfende Auslegung Johannes' des Täufers hervor. Vom Standpunkt des Heiligen Landes und seiner lebendigen Frömmigkeit aus gesehen, erfüllt diese Neuerscheinung ein Desiderat der Palästinaforschung.

Gustav Kühnel

Irmgard Hutter, Corpus der byzantinischen Miniaturenhandschriften, unter dem Protektorat der Oesterreichischen Akademie der Wissenschaften zu Wien herausgegeben von Otto Demus (Redaktion: Irmgard Hutter) Bd. 3,1 u. 2 (Denkmäler der Buchkunst Bd. 5,1 u. 2): Oxford, Bodleian Library III, Bd. 3,1 Text XXXII/398 S., 1 Farbtaf., Bd. 3,2 Tafeln XII S., 282 Taf. mit 885 schwarz-weißen Abb., 1 Farbtafel. Stuttgart 1982: Anton Hiersemann.

Es hat erheblich länger gedauert, ehe Frau Hutter den beiden ersten Bänden des CBM den dritten folgen ließ (vgl. Bd. 62 und 63 des Oriens Christianus). Das hat seinen Grund in einer ebenso begrüßenswerten wie den Wert des Corpus erheblich steigernden Änderung des Aufbaues der Textgestaltung: Frau Hutter hat sich entschlossen, durch eine generell eingeführte Sparte »Bemerkungen« ihre Datierungen und Lokalisierungen zu begründen, und zwar mit paläographischen wie stilgeschichtlichen Argumenten. Aber nicht nur für die großenteils nur mit z.T. bescheidenem illuminatorischem Dekor ausgestatteten Bände, die sie in Bd. III zusammengestellt hat, sondern auch in einem recht ausführlichen Nachtrag zu den Bdd. I und II. Gerade diese Nachholarbeit ist besonders wichtig, da Frau Hutter ihre seinerzeit gebotenen Datierungen und z.T. auch Lokalisierungen in nicht wenigen Fällen korrigiert, wobei sie sich anerkennenswerterweise auch nicht vor Formulierungen scheut wie »E.D. Clarke 36 in CBM 1 von mir gründlich fehldatiert« (S. 346); es handelt sich in diesem Falle um die Umdatierung von »spätes 13. Jh.« in »1. Hälfte 11. Jh.«. Die Zahl der Korrekturen ist so groß, daß sie hier nicht alle aufgezählt werden können (ich habe 25 gezählt). Aber es seien doch einige Beispiele als besonders überzeugend herausgehoben: Sehr überzeugend ist die ausführliche Auseinandersetzung über die Datierung, mehr noch über die Lokalisierung (gut begründete Ablehnung der Vermutung süditalienischer Herkunft) beim Barocci 50 (I/10), die auch einen ausgezeichneten Einblick in die Methode und die profunde Literaturkenntnis der Verf. bietet (S. 319f.), ebenso die Diskussion um den Laud gr. (I/16); falsch hingegen ist die Korrektur Barocci 15, fol. 39^{v} (S. 332), wo »Ikone der Hodegetria« in »Eleousa« verbösert wird: Es handelt sich um eine Dexiokratousa, d.h. das Spiegelbild der Hodegetria (vgl. Bd. I, Abb. 204). Dieser kleine ikonographische Irrtum verblaßt angesichts so kluger, scharf abwägender Diskussion wie der um die Datierung Laud gr. 3 (I/56), die mich restlos überzeugt hat. Weniger überzeugend scheint mir die Datierung des Auct.T.inf. 1.3 (I/43), den die Verf. mit dem Epithalamion Vat. gr. 1851 in Zusammenhang bringt; angesichts der Unsicherheit, die diese Handschrift umgibt, ist die Argumentierung mit ihr doch fraglich, und was sonst angebracht wird, ist recht mehrdeutig. Wie dem auch sei — es gibt auch sonst schwache Begründungen, was angesichts unserer bruchstückhaften Kenntnis gar nicht anders sein kann —, die Nachträge zu Bd. I und II machen diese erst wirklich der wissenschaftlichen Auseinandersetzung zugänglich und stellen das CBM auf eine Stufe mit dem Corpus der Athener Nationalbibliothek. Leider fehlen entsprechende Bemerkungen für die so überaus wichtige und interessante Hiob-Handschrift Barocci 201 (II/3), für die eine Begründung der Datierung sehr erwünscht wäre!

Der Bd. III (ein Bd. IV ist angekündigt für Oxford) behandelt 197 Handschriften. Nur wenige von ihnen bieten, abgesehen von den nachbyzantinischen, meist im Westen entstandenen Handschriften, mehr als eine oft nur sehr schlichte Ornamentik (Zierleisten, Zierbuchstaben u.ä.). Interesse verdient der Auct. T. 1.2 (Nr. 12) mit seinen in meist umrandeten ornamentalen oder figuralen Feldern geschriebenen Scholien zu den Homilien des Gregor von Nazianz; zu ihrer Stellung innerhalb der Buchmalerei des 10. Jh.s vgl. die treffenden Ausführungen S. 17f. Eine sehr qualitätvolle Ornamentation bringt das Lektionar Canon. gr. 92 aus der Zeit um 1100 (Nr. 68). Frau Hutter sieht sich zu einer sehr umfangreichen Diskussion möglicher verwandtschaftlicher Beziehungen genötigt, wobei die »überaus reiche Initialornamentik« ohne rechte Parallele in dem bisher publizierten Material bleibt. Gerade eine solche Feststellung beweist, wie notwendig die verschiedenen Bemühungen sind, das breite noch unveröffentlichte Material vorzulegen, und wie vorläufig viele der Einordnungen vorerst bleiben müssen. Bedauerlich schlecht erhalten sind die Evangelistenbilder des Holkham gr. 115 aus der Mitte des 12. Jh.s (Nr. 87), die älter als die Hs. (wohl Ende 11. Jh.), aber wichtige Zeugen für die Zuordnung der Evangelistensymbole zu den Bildnissen der Evangelisten sind; das ausgezeichnet erhaltene Ornament der Kopfstücke und Zierleisten sichert die von der Verf. gegebene Datierung. Die ikonographisch interessanten beiden Bilder des Canon. gr. 62 (Nr. 89) sind leider in miserablem Zustand. Mit leichtem Bedauern kann man nur zur Kenntnis nehmen, daß die Verf. beim Holkham gr. 114, dessen ursprüngliche Ausstattung sie um 1200 ansetzt, eine eingehende Diskussion mit dem Hinweis darauf vermeidet, die Hs. gehöre zu der bis in jüngste Zeit mit Nikaia in Verbindung gebrachten Gruppe, die jetzt von einigen Forschern mit beachtlichen Argumenten in spätkomnenische Zeit zurückdatiert wird. Es wäre gut, die Stellung einer so profunden Kennerin der Geschichte der byzantinischen Buchmalerei zu diesem Thema zu kennen. So muß man sich damit begnügen, daß sie sich der neuen Richtung offenbar anschließt, wie ihr Datierungsvorschlag zeigt. Angesichts des Markus (Abb. 375) wird man Zweifel kaum unterdrücken können. Die später hinzugefügen Evangelienszenen (Abb. 378-382) werden glaubhaft dem 16. Jh. zugewiesen, wobei die Szene auf fol. 87^v richtig auf die Ankündigung des Todes der Gottesmutter umgedeutet wird (Abb. 380; früher auf Christus in Gethsemane trotz der Beischrift fehlgedeutet).

Widerspruch dürfte die Bestreitung der Verf. zum Canon. gr. 93 (Nr. 166), der von Manuel Tzykandyles geschrieben und mit Ornamenten verziert worden ist (1362), finden, dieser Schreiber könne unmöglich der Illuminator des Par. gr. 135 gewesen sein; sie postuliert dagegen einen westlichen Maler, der seine Anregungen aus einer Hiob-Hs. etwa in der Art des Barocci 201 geschöpft und sie z.T. mißverstanden habe. Ich habe versucht, das durch Vergleiche mit dem Barocci 201 nachzuvollziehen (CBM II, Nr. 3), konnte aber Frau Hutters Vorstellungen nicht recht realisieren. Den scharfen Angriff auf Frau Velmans sollte diese selbst beantworten.

Von Nr. 180 an könnte man fragen, ob die in der Emigration entstandenen Hss. noch zur byzantinischen Buchmalerei gehören, zumal manche Miniaturen eindeutig westlichen Geist und wohl auch westliche Hand verraten. Das gilt allerdings nicht für den Roe 5 (Nr. 196), eine Sammelhandschrift von 1611-1613/1614 mit z.T. rührend volkstümlichen Zeichnungen verschiedener Illustratoren, und das Proskynetarion von 1693 (Nr. 197), das in Jerusalem entstand (Canon gr. 127), einen dürftigen und späten Ausläufer von Hss. wie Dochariou 129 und Gregoriou 139m. Zu den im Westen entstandenen Illustrationen sei nur zu der 1564 in Paris entstandenen Hs. des Bestiariums des Manuel Philes (Auct. F. 4.15, Nr. 195), geschrieben von Angelos Bergekios, eine Randbemerkung gestattet: Die phantastischen Tier- und Zwitterdarstellungen dürfen m.E. nicht als Hinweis auf Byzanz gewertet werden; Einhörner, Kentauren und Kynokephaloi können dem Abendland keineswegs so entfremdet gewesen sein, waren sie doch dort im Mittelalter ebenso geläufig wie im Osten.

Abschließend sei Frau Hutter für diesen Doppelband aufrichtig gedankt. Ihre Arbeitsleistung ist bewundernswert. Wir hoffen auf Bd. IV — und darauf, daß die fortschreitende Materialveröffentlichung nicht zu allzu vielen Korrekturen zwingen wird.

Klaus Wessel

Yaqob Beyene, L'unzione di Cristo nella teologia etiopica = Orientalia Christiana Analecta 215, Roma 1981, gr. 8°, 314 S.

Der vorliegende Band ist ein außerordentlich wichtiges Dokument zum Studium der äthiopischen Theologie und ihrer Sonderlehren. Es handelt sich hier um das Thema der Salbung Christi (vgl. Apg. 4,27 und 10,38), das als eine Fortsetzung der Diskussion um die zwei Naturen in Christus anzusehen ist. Diese Diskussion, die im 17. Jahrhundert aufkam und sich bis in die zweite Hälfte des vergangenen Jahrhunderts hinzog, wurde hauptsächlich von bestimmten Mönchsschulen geführt. Sie kreist darum, wie die menschliche Natur Christi vergöttlicht wurde, nur durch die Vereinigung, die Union der beiden Naturen oder durch einen besonderen Akt, d.h. durch die Salbung Christi mit dem Hl. Geist. Die Kārročč (= Messer) aus dem Norden Äthiopiens hingen der ersten Theorie, die Qebātočč (= Unktionisten) — hauptsächlich die Mönche von Dabra Warq — der zweiten Theorie an. Die Ṣaggā Leğočč (= Söhne der Gnade) nahmen einen mehr vermittelnden Standpunkt ein. Später wurde dann die Lehre von den drei Geburten entwickelt, der Geburt des Logos aus dem Vater, der Geburt Christi aus der Jungfrau und der Geburt durch die Salbung des Hl. Geistes, denen die Kārročč die Lehre von den zwei Geburten aus dem Vater und aus der Jungfrau entgegensetzten. Diese inneräthiopischen theologischen Diskussionen hinterließen zahlreiche literarische Spuren.

Der vorliegende Band enthält nun vier wichtige Dokumente zu diesen Debatten. Dokument A, in amharischer Sprache, stammt aus dem Anfang des 18. Jahrhunderts und behandelt den Ursprung der theologischen Diskussion über die Salbung Christi. Das umfangreiche Dokument B, teils in Geʿez, teils in Amharisch, stammt aus dem Jahre 1875 aus der Feder von Mamher Kefla Giyorgīs Abbā Takla aus Karan und greift die Thesen der Qebātočč und Kārročč an. Dokument C, in Amharisch verfaßt, verteidigt die Thesen der Qebātočč. Das letzte Dokument geht über das Einigungskonzil in Borru Mēdā (21.5. 1870), das noch die Unterstützung der Kārročč durch Kaiser Yohannes IV. widerspiegelt, während Kaiser Menelik II. sich zu keiner Stellungnahme mehr bereitfand. Das Dokument ist der Abdruck eines 1963 erschienenen amharischen Textes. Die übrigen, bisher unedierten Texte sind in lesbarem Faksimile geboten und mit einer präzisen italienischen Übersetzung auf der jeweils gegenüberliegenden Seite versehen. Der Text eines jeden Dokumentes wird mit vielen Anmerkungen inhaltlich erschlossen, ebenso wie die konzentrierte Einleitung zu den komplizierten theologischen Problemen (S. 7-23), die den hohen Grad theologischer Spekulation in Äthiopien beweisen. Dem Rezensenten fiel auf, daß der Autor Cyrill- bzw. Qērellostexte noch nach der veralteten Dillmann-Chrestomathie oder nach der französischen Übersetzung von G.M. de Durand, Cyrille d'Alexandrie, Deux dialogues christologiques, zitiert und noch nicht die neue Qērellos-Edition zu kennen scheint. Eine Gegenüberstellung der Texte hätte sich gelohnt, auch was die Auszüge aus dem Hāymānota abaw angeht. Eine Bibliographie und Indices schließen den wertvollen Band ab, der eine Bereicherung auf dem Gebiet der äthiopischen theologischen Literatur darstellt.

Bernd Manuel Weischer

Alfred Schlicht, Frankreich und die syrischen Christen 1799-1861. Minoritäten und europäischer Imperialismus im Vorderen Orient, Berlin 1981 (Islamkundliche Untersuchungen. 61.)

In dieser als Dissertation angefertigten Arbeit behandelt Schlicht die Orientpolitik Frankreichs im 19. Jahrhundert. Ihr geographischer Rahmen umfaßt »Syrien« im weiteren Sinne (das heißt die Randgebiete des Mittelmeeres bis zur syrisch-arabischen Wüste vom Amanus und Taurus im

Norden bis zum Sinai), und den zeitlichen Rahmen markieren militärische Interventionen Frankreichs (Napoleons Syrienexpedition im Jahre 1799 und die Entsendung eines französischen Expeditionskorps in den Jahren 1860/61). Es sind Jahrzehnte, die nicht erst Frankreichs Präsenz im Orient begründen (auf die Vorgeschichte seit dem 16. Jahrhundert geht Verf. kurz ein), die ihr aber jetzt — im Zusammenhang mit der Besetzung Syriens durch Muḥammad ʿAlī von Ägypten und den sich verstärkenden Aktivitäten auch anderer europäischer Mächte (Großbritannien, Österreich-Ungarn, Rußland) — eine besondere Dynamik verleihen.

In diesem Rahmen miteinander rivalisierender europäischer Interessen, die sich im schwachen Osmanischen Reich jeweils ihre religiöse Minderheit als Interventions-Basis suchen, gründet Frankreich seinen Machtanspruch auf sein Protektorat über die Katholiken des Orients: über die lateinischen Institutionen ebenso wie insbesondere über die mit Rom unierten orientalischen Kirchen. Das führt Schlicht in einer Breite aus, wie sie das Thema seines Buches nicht erwarten läßt. Denn nicht nur um die »syrischen Christen« (nämlich die Kirchen mit syrischer Liturgiesprache) geht es in seiner Darstellung, sondern (im Blick auch auf die unierten Griechen und unierten Armenier, auf die Streitereien um den Besitz an den Heiligen Stätten Palästinas) um die katholischen »Christen in Syrien« allgemein. Im Zentrum der Arbeit stehen freilich die Maroniten des Libanon als Glieder der größten unierten Kirche: für Frankreich die festeste Stütze im Osmanischen Reich — und umgekehrt Frankreich für sie als das heimliche Vaterland, als dessen Vorhut sie sich selber sehen und dessen Kultur sie sich ganz öffnen (was Verf. bis in die Gegenwart hin auszieht).

Die Fronten, die im 19. Jahrhundert auf verschiedenen und sich zugleich überschneidenden Ebenen einander gegenüberstehen (Maroniten gegen Drusen, Christen gegen Muslime, Minderheiten vereint gegen Osmanen, europäische Mächte miteinander und gegeneinander, gegen das Osmanische Reich oder mit ihm im Bunde), und die immer wieder blutigen Auseinandersetzungen (mit ihrem Höhepunkt in den Jahren 1860/61) stellt Schlicht — gestützt auf zeitgenössische Einzelpublikationen und umfangreiches Archivmaterial — in wünschenswerter Klarheit dar. Daß er dabei seine schwer zugänglichen Quellen ausführlich im Wortlaut zitiert, weiß ihm der Leser zu danken. Schlicht wäre freilich einem noch breiteren Leserkreis entgegengekommen, wenn er seine Zitate (die nicht nur französisch und englisch, sondern im Einzelfalle auch spanisch, arabisch und türkisch begegnen) auch in Übersetzung geboten hätte.

Und an den breiteren Leserkreis denkt der Verf. zu Recht selber, wenn er (Vorwort, S. I) in seiner Arbeit ein historisches Phänomen behandelt sieht, »das ebenso zur osmanischen wie zur französischen Geschichte gehört, gleichermaßen die Geschichte des arabischen Vorderasien berührt wie die des christlichen Orients«, und das zumal die unruhige Geschichte des Libanon im gegenwärtigen 20. Jahrhundert in ihrer Wurzel erkennbar macht.

Wolfgang Hage

Bertrand de Margerie, Introduction à l'histoire de l'exégèse, I: Les pères grecs et orientaux, Éditions du Cerf Paris 1980, VII/328 S.

Der vorliegende Band aus der Reihe »Initiations« bietet in knapper und inhaltsreicher Form den Exegeten, den Patrologen, den Kirchenhistorikern und den Vertretern verschiedener nichttheologischer Wissenschaften einen Durchblick, wie es ihn bislang noch nicht gab. Trotz des Interesses, das an den theologischen Schulen auf die Exegese verwandt wird, und trotz vieler Studien zu Einzelfragen, welche die Exegese der Kirchenväter mit betreffen, wurde erstaunlicherweise noch in keiner Sprache eine Geschichte der altkirchlichen Exegese vorgelegt. Nach den guten Erfahrungen in der Dogmatik, die durch das Studium der Dogmengeschichte und besonders durch das Hinhören auf die Theologie der Väter von allerlei Engführungen befreit wurde, ist es begrüßenswert, daß der V. durch seine Arbeit auch die Exegese zum Studium ihrer Geschichte herausfordert und damit gewiß zu ihrer Erneuerung und Bereicherung beiträgt.

Der V. nennt seine Arbeit bescheiden nur eine Einführung in die Geschichte der Exegese und betont im Vorwort ausdrücklich, daß noch vieles ausgearbeitet werden müßte, damit eine eigentliche Geschichte der Exegese entstünde. Aus doppeltem Grund macht er seine Einschränkung: weil seine Arbeit begrenzt ist und wichtige Exegeten aus der Zahl der Kirchenväter nicht behandelt werden (»In dieser Einführung wird der Leser nichts finden über Gregor von Nazianz, Basilius, Cyrill von Jerusalem, Maximus den Bekenner, Johannes von Damaskus; auch nichts über andere wichtige Schriftsteller der Väterzeit wie Meliton von Sardes sowie später von den Antiochenern über Diodor von Tarsus und Theodoret von Cyrus oder von den Alexandrinern über Isidor von Pelusion; der oder jener von ihnen wird höchstens beiläufig erwähnt« S. 9f) und wegen der Kürze seiner Darlegungen (»Man könnte jedem von den Vätern, auf die ein Kapitel verwandt wird, einen ganzen Band widmen; oder auch mehr als nur einen Band ...« S. 10). Er wolle künftiges Forschen durch seine Einleitung erleichtern, schreibt er, und er habe sich darauf beschränkt, von anderen Forschern (in einigen Fällen auch von ihm selber) erarbeitete Ergebnisse über die exegetischen Arbeiten der verschiedenen Väter zusammenzustellen »und dabei darzutun, was der besondere Beitrag (die besonderen Beiträge) jedes einzelnen war (waren), wobei für jeden konkrete Beispiele seiner Exegese angeführt werden« (S. 12). In zehn Kapiteln über Justin den Martyrer, Irenäus von Lyon, Clemens von Alexandrien, Origenes, Athanasius, Ephräm den Syrer, die Schule von Antiochien, Johannes Chrysostomus, Gregor von Nyssa und Cyrill von Alexandrien versucht der V. seinem Programm, das er »à la fois limité et ambitieux« nennt, gerecht zu werden und legt seine Sicht dar vom Werden der kirchlichen Exegese, von ihren entscheidenden Schritten in Richtung auf eine tiefere und vollere Einsicht in den Sinn des Bibeltexts, aber auch von ihren Schwächen und Gefährdungen, die es jeweils durch weiteres Eindringen aufzufangen galt.

Das Werk ist nicht nur eine Lektüre, in die man sich gerne vertieft; es ist in der Tat so abgefaßt, daß es beim Leser weiteres Fragen und hoffentlich bei den Fachleuten weiteres Forschen provoziert.

Ernst Chr. Suttner

Pro Oriente, Ökumene – Konzil – Unfehlbarkeit, Tyrolia Innsbruck/Wien/München 1979, 230 S.

Die Referate dreier Arbeitstagungen aus den Jahren 1972, 1973 und 1976, die vom Wiener Stiftungsfonds Pro Oriente veranstaltet wurden und die internationale Zusammenarbeit altorientalischer, orthodoxer, katholischer und evangelischer Theologen förderten, werden in diesem Band vorgelegt. Kardinal Willebrands, der ein Vorwort gab, führt aus: »Der Band umfaßt Texte, die auf den ersten Blick alt erscheinen mögen: Referate und Berichte der 4. Theologischen Konferenz vom Mai 1972 über 'Konzil und Unfehlbarkeit', Referate und Berichte der fünften Konferenz vom April 1973 über 'Die eine Kirche und die vielen Kirchen', zwei Vorträge zur Zehnjahrfeier der Aufhebung der Anathemata im Januar 1976 in Graz. Aber schon beim Lesen dieser kurzen Aufzählung spürt man, daß solche ökumenische Arbeit nicht Vergangenheit ist. Sie ist, um es auszudrücken mit einem Wort des Metropoliten Meliton zur deutschen Ausgabe des Tomos Agapis, 'durch die Liebe charakterisiert, die nie statisch und nie Object der Überlegung und der Berechnung ist; sie ist dynamisch, ist Leben'. Deswegen bin ich dankbar, daß die Texte der geleisteten Arbeit uns hier noch einmal vorgelegt werden«.

An der ersten der drei Tagungen hatte der damalige Sekretär des römischen Sekretariats für die Einheit der Christen, P. Jérôme Hamer OP, teilgenommen und in seinem Begrüßungswort Ausführungen über die theologischen Arbeiten des Stiftungsfonds Pro Oriente gemacht, die wir hier zitieren, weil sie den Wert der vorliegenden Publikation bestens beleuchten: »Das Wort 'nicht-offiziell' ist einige Male angeführt worden als Beschreibung der Arbeit dieses Stiftungsfonds. Ich bin sicher, daß dieses Wort nicht fehlinterpretiert werden wird im Sinne von 'unwichtig' oder 'nichtengagiert'. Der Stiftungsfonds ist weder ein offizielles Organ der Kirchen noch bindet seine Aktivität die Kirchen. Er ist aber immerhin eine Organisation, die die Ermutigung und die Unterstützung der kirchlichen Obrigkeiten erhalten hat. Seine Mitarbeiter sind ausgezeichnete Glieder ihrer Kirchen, die in der Lage sind, ein gültiges Zeugnis ihrer eigenen christlichen Tradition zu geben; die Ergebnisse der Aktivitäten des Stiftungsfonds werden den Kirchen für die weitere Verwendung dargeboten. Diese freiere Form in der Arbeitsweise macht es dem Stiftungsfonds möglich, auf vielen Gebieten tätig zu sein, wo es schwierig wäre, mit Aktivitäten auf einem streng offiziellen Niveau zu beginnen«.

Abgerundet wird die Publikation durch eine Dokumentation über »die Tätigkeit des Stiftungsfonds Pro Oriente 1975-1979« (S. 221-227) und durch »Anmerkungen über die Autoren und Diskussionsteilnehmer« (S. 228-230) mit Angaben über die kirchliche Zugehörigkeit der betreffenden Persönlichkeiten und über ihre Position zum Zeitpunkt ihrer Mitarbeit sowie zum Zeitpunkt der Veröffentlichung des vorliegenden Bandes. Es erscheint angebracht, in einem Fall die Angaben zu ergänzen, denn Mar Severius Zakka Iwas, der als Erzbischof von Bagdad und Basra verzeichnet ist, wurde 1980 als Mar Ignatius Zakka I. Iwas zum Patriarchen der Syrischen Orthodoxen Kirche gewählt. Als solcher besuchte er 1984 Rom, und die am 24. Juni 1984 von ihm gemeinsam mit dem Papst unterzeichnete Erklärung (vgl. Osservatore Romano vom gleichen Tag) gehört zu den ökumenischen Dokumenten, von denen der Stiftungsfonds Pro Oriente in Dankbarkeit sagen darf, daß er an ihrem Zustandekommen Anteil hat.

Ernst Chr. Suttner

Grundriß der Arabischen Philologie

Herausgegeben von WOLFDIETRICH FISCHER und HELMUT GÄTJE

Band I: Sprachwissenschaft

Herausgegeben von WOLFDIETRICH FISCHER

1982. 4°. XIV, 326 Seiten, Leinen DM 118,—

Der »Grundriß der Arabischen Philologie« versucht die Grundlinien dieses Fachgebietes auf gedrängtem Raum dem heutigen Kenntnisstand gemäß vorzuführen. Dem Spezialisten auf dem einen oder anderen Gebiet werden die einschlägigen Kapitel wenig Neues sagen; da aber kaum mehr ein einzelner alle Zweige seines Fachs in gleichem Maße übersieht, wird der eine oder andere Abschnitt auch ihm Einblicke in ferner liegende Bereiche bieten, die er sich nur mit Mühe und großem Zeitaufwand erarbeiten könnte. Der »Grundriß« will aber dem Fachgelehrten auch die Gelegenheit bieten, einmal von seinem spezifischen Blickpunkt zurückzutreten, um das Ganze seines Fachgebiets zu betrachten. Der »Grundriß« wendet sich nicht zuletzt an die Studierenden, denen er einen Überblick über die wesentlichen Grundtatsachen des Faches vermitteln will. Vor allem war es diese Zielsetzung, die Beschränkung auf das Wesentliche und eine möglichst knappe Darstellung erzwang. Das Werk will die Grundzüge der arabischen Philologie aufzeigen, ohne dabei ins einzelne zu gehen. Hierfür muß auf die Spezialliteratur verwiesen werden, die in den jedem Kapitel beigegebenen Bibliographien genannt wird.

Der vorliegende Band I umfaßt die Geschichte und Struktur der arabischen Sprache, die Geschichte der arabischen Schrift sowie die Arten der in ihr fixierten Dokumente: Inschriften, Münzen, Papyri und Handschriften. Auch die in anderen Schriftarten geschriebenen arabischen Texte und der Typendruck in arabischen Lettern werden kurz behandelt. Dabei wird hier unter »Arabisch« der oft auch »Nordarabisch« genannte Zweig der semitischen Sprachfamilie verstanden, der erstmalig in den frühnordarabischen Inschriften und Graffiti aus vorchristlicher Zeit in Erscheinung tritt und dessen jüngste Glieder die neuarabischen Dialekte der Gegenwart darstellen. Einige der angesprochenen Themen wie die nordarabischen Elemente in den nabatäischen, palmyrenischen, altsüdarabischen und vorislamischen Inschriften (Abschnitte 2.1 und 2.2), arabischen Inschriften und Münzen als Textgattung (Abschnitte 6 und 7) oder das Handschriftenwesen (Abschnitt 9) sind bisher noch nicht in eigenen Abhandlungen oder Untersuchungen behandelt worden. Sie stellen also nicht nur den Kenntnisstand referierend dar, sondern bieten eigene Forschungsergebnisse an dieser Stelle zum ersten Mal. Ähnliches gilt auch für den hier zum ersten Mal unternommenen Versuch, die arabische Sprachgeschichte als Ganzes darzustellen.

Der abschließende Band II – Literatur –, herausgegeben von Helmut Gätje, wird voraussichtlich in etwa einem Jahr folgen.

DR. LUDWIG REICHERT VERLAG · TAUERNSTRASSE 11 · 6200 WIESBADEN

ÄTHIOPISTISCHE FORSCHUNGEN

HERAUSGEGEBEN VON ERNST HAMMERSCHMIDT

8 **Richard Pankhurst: History of Ethiopian Towns.** From the Middle Ages to the Early Nineteenth Century. 1982. 343 S., 1 Faltkte., Ln. DM 128,–

9 **Hans Wilhelm Lockot: Bibliographia Aethiopica: Die äthiopienkundliche Literatur des deutschsprachigen Raums.** 1982. 441 S., Ln. DM 130,–

10 **Stanislaw Chojnacki: Major Themes in Ethiopian Painting.** Indigenous Developments, the Influence of Foreign Models and their Adaptation (from the 13th to the 19th Century). 1983. 564 S. m. 236 Abb., davon 34 farbig, Ln. DM 272,–

11 **Wolf Leslau: Ethiopians Speak.** Studies in Cultural Background. **Part IV: Muher.** 1981. XI, 205 S. m. 2 Ktn., Ln. DM 112,–

12 **Franz Amadeus Dombrowski: Ṭānāsee 106:** Eine Chronik der Herrscher Äthiopiens. Teil A: Einleitung und äthiopischer Text; Teil B: Übersetzung und Apparat. 1983. 2 Bde. m. zus. 374 S. u. 1 Faltkte., Ln. DM 128,–

13 **Ewald Wagner: Harari-Texte in arabischer Schrift.** Mit Übersetzung und Kommentar. 1983. XII, 318 S., Ln. DM 116,–

14 **Siegbert Uhlig: Hiob Ludolfs „Theologia Aethiopica".** 1983. 2 Bde. m. zus. 337 S. m. 111 Faks. u. 120 Abb., Ln. DM 160,–

15 **Heinrich Scholler: The Special Court of Ethiopia 1920–1935.** 1984. Ca. 432 S. m. ca. 190 Faks., Ln. ca. DM 160,–

16 **Wolf Leslau: Ethiopians Speak.** Studies in Cultural Background. **Part V: Chaha-Ennemor.** 1983. XI, 243 S. m. 2 Ktn., Ln. DM 128,–

17 **Richard Pankhurst: History of Ethiopian Towns (Bd. 2).** From the Mid-Nineteenth Century to 1935. 1984. Ca. 368 S., Ln. ca. DM 118,–

18 **Bairu Tafla: History of the Galla and Sawa 1500–1900.** 1984. Ca. 400 S. u. ca. 448 Taf., Ln. ca. DM 240,–

FRANZ STEINER VERLAG WIESBADEN GMBH